20世纪俄罗斯文学：思潮与流派

理论篇

主　　编：张建华　王宗琥
副 主 编：吴泽霖
本册著者：张建华　王宗琥　吴泽霖

外语教学与研究出版社
北京

图书在版编目(CIP)数据

20世纪俄罗斯文学：思潮与流派．理论篇／张建华，王宗琥主编；张建华等著．—北京：外语教学与研究出版社，2012.9
ISBN 978-7-5135-2423-0

Ⅰ．①2…　Ⅱ．①张…　②王…　Ⅲ．①文学史—俄罗斯—20世纪
Ⅳ．①I512.095

中国版本图书馆CIP数据核字（2012）第220069号

出 版 人：蔡剑峰
责任编辑：周小成
封面设计：赵　欣
出版发行：外语教学与研究出版社
社　　址：北京市西三环北路19号（100089）
网　　址：http://www.fltrp.com
印　　刷：紫恒印装有限公司
开　　本：650×980　1/16
印　　张：20
版　　次：2012年10月第1版　2012年10月第1次印刷
书　　号：ISBN 978-7-5135-2423-0
定　　价：39.90元

*　　*　　*

购书咨询：(010)88819929　　电子邮箱：club@fltrp.com
如有印刷、装订质量问题，请与出版社联系
联系电话：(010)61207896　　电子邮箱：zhijian@fltrp.com

物料号：224230001

序

从19～20世纪之交到20～21世纪之交，具有独立民族品格的俄罗斯文学经历了其历史上的第二个百年。无论从思想发现来看，还是就艺术品质而言，这仍然是一个成就斐然的辉煌的百年。与俄罗斯文学的上一个百年——“黄金世纪”相比，它显然具有种种不同的新质。

第一，这是俄罗斯文学从近代走向现代的百年。

俄国现代文学发轫于19世纪90年代，它的标志不仅仅是象征主义文学的出现与繁荣以及随之而来的现代主义文学思潮、流派的勃兴，还表现在作为俄罗斯文学巨型话语的现实主义文学的现代性流变和演进。无论是前者，还是后者，都取得了具有世界意义的思想、艺术成就。勃洛克，这位“俄罗斯象征主义最伟大的诗人”试图通过艺术对绝对美、绝对精神的追求来实现人类的和谐统一。索洛古勃的象征主义小说由对日常生活的叙写走向了对人存在的哲学思考，表现了人生的两重世界——现实存在的丑恶、荒诞与幻想存在的美好、真实，俄国的现代派荒诞小说由他揭开了第一页。安德烈耶夫、扎米亚京、布尔加科夫、普拉东诺夫等作家具有“表现主义”特征的“新现实主义”小说使现实主义走向了与现代主义的融合。高尔基通过浓郁的浪漫主义风格和象征特征的融入，将现实主义提高到了一种精神崇高和含义深刻的象征境界。此外，布宁、帕斯捷尔纳克、肖洛霍夫、索尔仁尼琴这些在世界文坛上响亮的名字以各自独特的现实主义叙事极大地丰富了新时期的小说景观。俄罗斯文学在这些作家的笔下呈现出20世纪风采各异的现代特征。

其二，这是俄罗斯文学各种思潮、流派浪潮翻涌的百年。

如果说，19世纪的俄罗斯文学，特别是叙事文学，是以现实主义为主潮的，那么20世纪的文学则呈现出截然不同的新景观。思潮杂陈，流派纷呈，各种不同的文学思潮、流派呈现出相互关联和依存、相互影响和渗透，然而又并行不悖的崭新局面。由一个或几个作家引领一个文学时期，文学思潮的发展变化呈明显链式更替的时代宣告结束。即使是世界一流的大作家，也无法引领一个时代，他们仅仅是整个文学的一个组成部分，多元现象中的一元，多种文学中的一种。其中既有再现世界、贴近现实生活和人生的“写实性”艺术创造，也有表现世界、距离现实生活和人生较为玄远的“写意性”艺术创造。写实文学汇聚着各种各样的流派风格，它们以不同方式表达了对传统现实主义的叛逆与扬弃，在保存写实原则的前提下，极大地拓展了小说表现与批判历史、现实的多样性、复杂性、不确定性，出现了各种不同的写实新潮。各种写意性文学的崛起，其独特而尖锐的存在，一度的繁荣也构成俄罗斯文学百年一道道亮丽的风景。这些文学创造都有对生活的真知灼见，对人生的深邃哲思，对艺术的革新创造，可谓“美色不同面，皆佳于目；悲音不共声，皆快于耳”。

其三，这是俄罗斯文学历史上曲折复杂，而又充满矛盾迷误的百年。

从文学场，即文学写作的疆域和作家创作思想的整体特征来看，20世纪20年代后俄罗斯文学由完整统一的民族文学分裂成本土文学与侨民文学两个板块，而本土文学又裂变为显性文学与隐性文学（“地下文学”）两种形态。从文学总体进程和创作走向来看，俄罗斯文学并非一路走着越来越宽广的道路，而是经历了多元-一元-多元的历史发展进程。其间，有过创作个性高度张扬，风格流派竞相争艳的三个时期：世纪早期的“白银时代”、苏维埃文学的20年代与世纪末的“后苏联”时期。作家打破前传统的局囿，跨越既有文体、风格的界限，文学创作呈现出多元化和多样化的“新、奇、怪”的景观。与此同时，滚滚流淌的现实主义文学这条大江，有过辽阔的水面，经历过湍急的险滩，也呈现过几近干涸的浅水——曲折坎坷、迷误重重的苏维埃时期的数十年中，这一个文学一度被时代主题所贯穿，被意识形态功利所左右，个性、独立性被遮蔽。

20世纪俄罗斯文学的新质，毋庸置疑是历史的反映和时代的产物。充满动荡、灾难、变革、创新的世界和俄国社会，必然使文学内容与形式发生重大的变化，从而形成其特有的样式。文学的种种形态和样式，任何思潮、流派的发生、发展、衰败、演变都有其社会文化和文学自身规律的成因，其每一个代表作家也都是“应运而生”的。就艺术探索而言，寻找、发现、创新适合表现独特而复杂的时代特定内容的文学形式，恰恰应该是我们文学研究的着力点。

那么，如何才能更好地呈现充满重大形式变革的20世纪俄罗斯文学的整体状貌呢？

20世纪俄罗斯文学史的研究（整体史、断代史、体裁史等）有一个传统的好方法，而文学批评史的研究也有个不错的范式。这两种很是成熟的叙写方法和模式都有其观察和把握文学现象的独特角度，都能揭示文学的全景状貌和广泛意义，无论在俄国，还是在我国都已有传统的优势和累累的硕果。

本书著者试图吸收这两种方法“历史追溯”的思维优势，回归文学现象——思潮、流派的自身，对20世纪俄罗斯文学的各种思潮流派的价值意义、风格特征等作出符合实际的判断与阐释，以提供20世纪俄罗斯文学的全景。我们以为，这样的追溯能更深地看到这种种现象的时代特点和内在规律，它们与以往现象的异同，可能会促使文学研究思维空间的进一步扩大，对文学性探求的进一步深入。因为这种研究不把注意力放在文学发展历史的分期界定上，可摈弃长期以来俄罗斯文学研究沿用的题材、体裁分类原则（农村小说、战争小说、城市小说、“响派”诗歌、道德小说、新浪潮戏剧等），也能避免过分局囿于社会历史学批评的不足，对于认知不同时期、不同艺术样式的内部规律，探索文学艺术形式的本质有着独特的价值和意义。

著者试图将本书写成兼具学术研究前沿性和教科书包容性的著作，努力实现内容全面、代表性强、学术有创见的学术追求。各章内容基本包括思潮流派的简要综述（意义、价值定位）、历史沿革、代表作家及创作简介、诗学特征四个方面。其中的个别流派，如“后苏联合成小说”因其独特性在内容体例上有所不同。论著各章的具体分工如下：第1、2、11、13章由张建华撰写；第4、6、8、12章由王宗琥执笔（其中第12章由王宗琥和李新梅共同执笔）；第3、5、7、9、10章由吴泽霖执笔。全书由张建华统稿。

文中所列的13种思潮流派的分类原则不尽一致，如境外文学实际上不是一种流派，而只是一种地域文学，但为了论述方便起见，我们仍作为一种文学样式列入。它们肯定也无法包容20世纪俄罗斯文学现象和作家创作个性的全部，一些文学家既未参加任何文学团体，他们的创作也未必能纳入一定的流派，比如女诗人茨维塔耶娃。在一定意义上真正不朽的文学精品恰恰是文学大师们逆潮流而动，另辟蹊径而独立创建的，他们独特的艺术世界往往很难用思潮、流派这样的字眼予以准确地描述，这是需要留待我们在日后的研究中补遗的。一些作家同时兼具不同艺术流派的特点，比如叶赛宁，他既是意象派诗歌的代表，又是新农民派诗歌的杰出诗人，书中我们只是在其影响和成就更大的新农民诗派中列入。而另一些作家，比如高尔基、布宁，前者既是新现实主义的代表作家，也是社会主义现实主义的奠基者，后者既是世纪之交现实主义文学的重要代表人物，也是境外文学作家的卓著者，由于着重点不一，我们则在两章的代表作家中分别列出，其中不无交叉、重叠，但体现了著者的不同视角。

受著者的学术眼光和水平所限，文献资料的拥有与把握可能不全，论著对各种文学现象的认知、分析以及所作出的结论难免会有偏颇，甚至不无错漏之处，我们诚恳地期待读者的批评指正。我们诚挚地希望，这本书的出版能为我们对20世纪俄罗斯文学的研究提供新的参照，为高校的俄罗斯文学教学有所给力。

张建华

2012年7月11 日

目录

СОДЕРЖАНИЕ

1 第1章 19~20世纪之交的现实主义
Глава 1 Реализм на рубеже XIX-XX веков
26 第2章 象征主义
Глава 2 Символизм
50 第3章 阿克梅主义
Глава 3 Акмеизм
71 第4章 未来主义
Глава 4 Футуризм
103 第5章 意象主义
Глава 5 Имажинизм
127 第6章 表现主义
Глава 6 Экспрессионизм
157 第7章 新农民诗派
Глава 7 Новокрестьянская поэзия
181 第8章 现实艺术协会
Глава 8 ОБЭРИУ
206 第9章 社会主义现实主义
Глава 9 Соцреализм
233 第10章 俄国境外文学
Глава 10 Литература русского зарубежья
255 第11章 后苏联现实主义文学
Глава 11 Постсоветская реалистическая литература
273 第12章 后现代主义文学
Глава 12 Постмодернизм
303 第13章 20~21世纪之交的合成性艺术形态
Глава 13 Художественный синтетизм на рубеже XX-XXI веков

第1章　19~20世纪之交的现实主义
Глава 1　Реализм на рубеже XIX-XX веков

梅列日科夫斯基（Д. Мережковский 1865-1941）在 1892 年提出，现实主义文学在走向衰落，象征主义文学新潮流已经出现。1897 年，列·托尔斯泰（Л.Толстой 1828-1910）同样表达了俄国文学亟待推陈出新的看法。他说："文学曾经是一张白纸，如今它已经被写满了。应该把它翻过来，或者另外找一张纸。"[1]文学转型的现代性命题的提出意味着一个文学新时代的到来，这一新时代的特征是：现实主义文学代际更替链式进程的结束，一个流派统领一个时代的终结，多元共生、共存的时代的到来。现实主义与现代主义两种流派的碰撞、对话构成了 19~20 世纪之交俄罗斯文学多声部交响的主旋律。

现代主义文学的出现更新了文学的创作理念，表达了文学把握时代、社会、人的新的理念和形式，但它不可能穷尽俄国精神生活与文学探索的方方面面。人数有限的文学团体，相对狭窄的艺术视野，精英化的"阳春白雪"诗歌极大地限制了这一文学的传播与影响。

与"黄金世纪"文学传统坚守者的创作相比，现代主义文学不仅受众较少，其对社会精神生活的影响也要小得多。在现代主义文学的鼎盛期，勃洛克（А. Блок 1880-1921）的诗集《雪中大地》(«Земля в снегу» 1908) 发行了 2 000 册，别雷（А. Белый 1880-1934）的《骨灰罐》(«Урна» 1909）为 1 200 册，巴尔蒙特（К. Бальмонт 1867-1942）的《绿色园》(«Зеленый ветроград» 1908）为 1 300 册，曼德尔施坦姆（О. Мандельштам 1891-1938）的诗集《石头集》(«Камень» 1913)仅为300册，谢维里亚宁(И. Северянин 1887-1941)的诗集《公主的宝石项链》(«Келье принцессы» 1910）更是可怜，仅为 100 册，茨维塔耶娃（М. Цветаева 1892-1941）的《魔灯》(«Волшебный фонарь» 1912）也未超过 500 册。而高尔基（М. Горький 1868-1936）的《特写与短篇小说集》(«Очерки и рассказы» 1898）达到了 3 500 册，布宁（И. Бунин 1870-1953）

1. «Русская литература XX века. Вчера и сегодня», Чалмаев В., Зинин С., Русское слово, 2004, С.17.

的现实主义诗集《在广阔的天空下》(«Под открытым небом» 1898) 发行了3600册，布宁、施缅廖夫（И. Шмелев 1873-1950)、阿·托尔斯泰（А. Толстой 1883-1945)、谢尔盖耶夫-青斯基（С. Сергеев-Цинский 1875-1958）的现实主义小说和诗集（共7个文集）在1906年3月至12月就发行了22.2万册[1]。1904~1907年间高尔基的作品都以1~2万的发行量在文学出版物中高居榜首[2]。

作为时代文学生态的一个组成部分，现代主义文学无法取代，甚至难能动摇现实主义文学在俄国精神生活和文学生活中的重要地位。尽管在那个时代现实主义文学“衰败”“过时”的说法甚嚣尘上，但事实上，现实主义文学并未因现代主义文学的出现而失去其强大的生命力。拥有大半个世纪成熟经验的这一文学巨型话语始终与俄国社会的发展、时代的进步相伴而行，从时代的文化激流涌进中不断汲取力量，体现了作家对世界、社会、民族、人的命运的新把握与认知，表达着他们对历史本质的艺术呈示和审美探索的不懈追求，参与着俄国社会的文化转型和民族心灵的建构。

历史沿革

世纪之交的俄国文化转型，文学的各种新潮在民粹主义思想失败和社会充满危机的19世纪80年代已露端倪。现实主义作家在新的文化语境下也在不断寻求着表现时代与人精神的新的艺术形式，呈现出一系列新的现代特征。

一是，文学对“人-环境”概念的重新评价。相当多的作家由再现“环境对人的制约”的理念转变为重在表现人与环境的疏离和对抗、个性的独立、人改变环境的能动作用。被侮辱被损害的人被叛逆的、积极进取的个性所取代。二是，文学与社会生活的关系由“再现”向“表现”的转向。作家对物欲下的平庸苟且、精神萎缩、人种退化以及艺术的无想象力表现出了一种不甘平庸的挑战性反叛与抗争，显现出一种高度主体性的价值判断。第三，对人的日常生活和生存状态的表达呈现出新的思路：对人自身存在命题的优先关注。对充满自由独立的激情与异化、孤立意识矛盾并存的个性的探究。对人的精神生活、精神存在的描述成为文学的重要内容。第四，长篇小说的消疲，中短篇小说的繁荣。叙事小体裁的勃兴说明，文学家整体性理念的缺失，作家完整、和谐、美好的终极理想的不再。

在新的历史条件下，现实主义文学对现实的观照表现出三个具有标志性

---

1. «Русская литература XX века. Вчера и сегодня», Чалмаев В., Зинин С., Русское слово, 2004, С.19.
2. «История русской литературы. XX век. Серебряный век», под редакцией Жоржа Нива, Ильи Сермана и др., Прогресс, ЛИТЕРА, 1995, С.610-611.

的转向：历史的、社会的、理性的内容向超越历史和社会的、非理性的、潜意识的、无意识内容的转向；社会批评、社会期待向超历史的、超社会的文化批评、文化期待转向；时代价值被永恒价值取代，意识形态关注向对人的生命价值和意义的人类学关注转向。在这方面 19 世纪批判现实主义经典大师创作的影响和作用是不可低估的。

陀思妥耶夫斯基（Ф. Достоевский 1821-1881）实现了对欧洲传统命运小说形式的突破。他不再以再现外部现实生活为艺术追求，而重在表现人精神的、意识的真实，显现出 "最高意义的现实主义" 的种种特征。在书写内容上，他不再采取从主人公出生开始讲起的传记形式，而是选择人生的一个时刻，在高度浓缩的时间过程中，在旋涡般的戏剧性事件中，展开人物的心灵对话。在叙事方式上，他排斥理性，崇尚直觉、本能和潜意识，在艺术手法上，他不重客观描写，而多用象征、暗示、直觉、梦幻、怪诞、意识流。他的创作极大地融入了宗教精神和对民族性格、文化精神的深入思考，充满了对人类生存的永恒命题的论争。从人现实的生存境遇来揭示社会的不公、罪恶，人与社会的分离，人的自我分裂和异化，正是在以上几个方面他取得了与现代主义小说在创作理念、题材内容、人物体系、艺术手法上的沟通，为现实主义小说的现代性转型提供了巨大的思想与美学资源。

从 19 世纪 80 年代开始，列 · 托尔斯泰走向其精神探索及文学创作的新阶段。作家以其天才的文学创作和忠实不渝的道德说教，参与了俄国文化历史和俄罗斯人精神生活的重构。欧洲文学最高成就的 "命运小说"，经过几个世纪的创造与积累，由列 · 托尔斯泰在他的《复活》中推进到了辉煌的顶峰。社会批判、哲学道德探索、史诗规模、心灵辩证法达到了绝妙的融合。他的中短篇小说开始具有更为激烈的社会抗议，更为鲜明的价值判断，更为深入的良心审判，更为质朴的叙事语言，也进入了此前他很少涉猎的人的意识的深层。作家在继续其对社会现实批判的同时，更充满了对生命价值与意义等哲理命题的思考。列 · 托尔斯泰创作巨大的现实意义不仅在于其与俄罗斯社会历史的联系，还在于他提出的关于社会变革、生命、人性、两性、家庭等一切重大问题，至今仍然是人类生存的重大命题。在他社会的和美学的、伦理的和宗教哲学的思想中充满了一种世界主义与全人类主义。在生命的最后十年，现实主义作家的列 · 托尔斯泰已经成为俄国和欧洲社会精神生活的中心话语之一。

"19 世纪末，在俄罗斯现实主义转型进程中，柯罗连科（Вл. Короленко 1853-1921）起了显著的作用。"[1]早在 80 年代初，柯罗连科就告别了民粹主

1. «Русский реализм. От Тургенева к Чехову», Бялый Г., Советский писатель, Ленинградское отделение,1990, С.248.

义文学，改变了试图靠农民改造社会的乌托邦式的乐观承诺，提出了文学要表现“可能的现实”的思想。他遵循“美好的希望胜过丑陋的现实”的艺术原则，强调小说应有积极的人文取向和高昂的英雄主义，使现实主义文学获得了强烈的主体表达意向和浓郁的浪漫主义色彩。高尔基称他为“我的老师”，说他是一个善于用想象将日常世界中的种种情景与人物变成美好现实的真正的幻想家。踟蹰在社会底层的流浪汉、小偷、乞丐等人物成为柯罗连科此间一系列中短篇小说中的主人公，他们酷爱自由，英勇不屈，充满理想，既是现实生活中具体真实的人物再现，又是富有浪漫气息、充满乐观主义精神的文学英雄。90 年代，因无法容忍文学的“颓废主义”倾向，柯罗连科走向了更为激进的批判现实主义。“他一生都在迎接着白天，走着一条艰难的英雄之路，为了加快白日黎明的到来柯罗连科所做的一切是难以估量的[1]。”

契诃夫（А. Чехов 1860-1904）是现实主义文学一个阶段的结束者和一个新阶段的起始者。从文学发展的动态进程来看，他是现实主义文学与现代主义文学之间的过渡者。他延续并更新了大半个世纪传统的现实主义的艺术理念，完成了俄国现实主义小说在体裁的、题材的、结构的，艺术旨趣与接入方式上的一次“文学革命”。他让短小的体裁样式在长篇小说占主导地位的 19 世纪现实主义文学历史上获得了极大的成功，同时赋予了现实主义小说一系列新的特质。在 19 世纪俄国现实主义文学中，他是除列 · 托尔斯泰之外，第二个最具有社会生活“包容性”和“经典性”的作家。他的笔触深入到的是广阔的生活领域中几乎很少有人涉及的琐细小事。在他的笔下，作为小说叙事基本组元的“故事”由宏大的“事件”化作了细微的“庸常”，而内在视域上却保持了陀思妥耶夫斯基和列 · 托尔斯泰两个经典大师所具有的“共时性”。小说言近旨远，大义微言：一个画面捕捉一种智慧，一个瞬间揭示一个新鲜的思想。在小说艺术理念上契诃夫更接近象征主义，尽管这与其宗教哲学思想大相径庭。别雷说，契诃夫的现实主义是一种“高度透明的，无意识地与象征主义融为一体的现实主义”[2]。而他的戏剧创作更是消解了中心人物与其他人物冲突的传统范式，弱化并均衡了戏剧人物在事件发展中的功能角色，大大凸现了人物内心的矛盾冲突。生活的庸常、情感的囚困、理想的破灭、精神的麻木，成为人物内在冲突的纠集点，成为社会混乱无序、充满危机的表征。对存在性命题的关注，对心灵生活的探究，象征意象的运用，高度的简约，情节的缺失，开放性的结尾 —— 不仅是艺术家实现其温暖的

1. «Русский реализм . От Тургенева к Чехову», Бялый Г., Советский писатель, Ленинградское отделение, 1990, С.617.
2. «О поэтике Чехова», Полоцкая Э., Наследие, 2000, С.196.

人道主义关怀的艺术手段所在，也是他留给新世纪小说巨大的美学财富所在。

世纪之交的两个十年，俄国社会的积难与积怨之深重已经到了变革的狂风暴雨不可避免的态势，希望与绝望交织，求索与变革共存。现代主义文学犹如一个全新的世界展现在俄国作家面前，反现实主义思潮随着象征主义文学的兴盛而于90年代在俄国文坛登陆。然而新的社会生活也强化了现实主义文学拯救苦难，帮助民族、人类获得自由和尊严的使命感和庄严感，深化了这一文学对人及其价值的思考，也激活了现实主义文学家的变革与更新意识。

一批对民粹主义思想传统有所继承的作家，如乌斯宾斯基（Г. Успенский 1843-1902）、加林 - 米哈伊洛夫斯基 (Н. Гарин-Михайловский 1852-1906)、维列萨耶夫 (В.Вересаев 1867-1945) 等着眼社会底层的劳苦大众，特别是农民，用特写、中短篇小说记叙社会生活的真实，表现俄国农村的贫穷、落后，农民的苦难、愚昧与绝望，书写了一部俄罗斯“民众破产的编年录”。乌斯宾斯基在特写《乡村日记》（«Из деревенского дневника» 1883）和短篇小说《直起身子的人》（«Выпрямил» 1885）中不仅再现了农民的苦难，不无留恋地缅怀宗法农奴制下农民与土地的依存关系，还塑造了具有变革精神、对未来充满憧憬的乡村教师形象，成为新时期再现俄国宗法农村破败、资本主义迅猛发展和塑造新人的第一人。普列汉诺夫说，这是一位“用鲜活的现实事实说话”的作家[1]。加林 - 米哈伊洛夫斯基在他的系列特写《在乡村的数年》（«Несколько лет в деревне» 1892）和《纷乱的外省生活》（«Провинциальная жизнь в сутолоке» 1900）中表达了一个民粹社会主义者对宗法村社文化传统与资本主义文明难能共荣的悲哀。被批评界誉为“知识分子的编年史家”的维列萨耶夫以中篇小说 《无路可走》（«Без дороги» 1894）、《在转折中》（«На повороте» 1901）表现了民粹主义思想失败后一代民主主义知识分子渴望为民众服务，准备为他们牺牲的高尚情怀以及难能看到社会与自身出路的思想迷惘与苦闷。这些作家似乎是同社会历史的发展疏离、对峙的，但从深层看，却是对资本主义文明的质疑、审视，对俄国乡村文化的重构与弘扬。

另一批作家，如勃勃雷金（П. Боборыкин 1836-1821 ）、马明 - 西比里亚克（Д. Мамин-Сибиряк 1852-1912）、波塔边科（И. Потапенко 1856-1929）、艾尔杰利（А. Эртель 1855-1908）、安非捷阿特洛夫（А. Анфетеатров 1862-1938）等人则剑走偏锋，奔向了自然主义。他们从现实主义传统的社会历史原则和道德伦理原则背转身去，回到了生活的日常和世俗中，表现出对日常生活中的尊严、高贵等价值观念的淡漠。他们遵循经验主义和客观主义

1. «Русские писатели. Библиографический словарь в 2 томах»(Т.2), под редакцией П.Николаева, Просвещение, 1990, С.336.

的"事实原则"，成为生活"不偏不倚"的记录者和编辑者。他们甚至把目光集中专注于人生命存在的生物场域，拒绝以任何现实力量来限制和束缚个人的生活世界，试图建立一种以自我利益和欲望为引导的情感秩序和伦理秩序。尽管这批作家为数不多，艺术成就不高，只是现实主义文学大江中的一条喧嚣的河道，并没有形成真正意义的一种流派，但其基本指向无疑在宣告与经典现实主义的道别，呼吁开辟现实主义文学发展的别样路径。

如果说，契诃夫的文学变革是悄然的，隐秘的，潜移默化的，去浪漫主义的，那么高尔基对现实主义文学传统的改造用的却是一种浪漫主义的，呐喊式的，激烈的"革命手段"。他在给契诃夫的信中说，"需要英雄主义的时代到来了：大家都渴望激动人心的，鲜明的，知道吗，一种不像生活，却比生活更高、更好、更美的东西"[1]。

英雄主义既是高尔基小说创作中最具震撼力的话语形态，也是建构与彰显俄罗斯民族精神的新的话语，时代精神与时代英雄成为这一话语形态的思想内核。英雄成为立足现实又指向未来的愿望理想与行动力量的化身，英雄话语见证了文学对时代生活最积极最旺盛的表述力，表达了文学家对国家与民族未来最富理性、最为崇高的使命感。《马卡尔 · 楚德拉》(«Макар Чудра» 1892) 和《契尔卡什》(«Челкаш» 1897) 为作家赢得了巨大的声誉。它们似乎像是现实主义向传统浪漫主义的回归，同时又有着尼采所宣扬的一种超人思想。就高尔基而言，他创作中整个精神的、智慧的、思想的贡献相对于其强烈、鲜明的生活印象而言是第二性的，他的创作思想与尼采思想的相通之处主要在于一种对独特个性的高度张扬和一种不可阻挡的进取精神。这种个性是具有高度浪漫主义特点的无政府主义的个人主义：反社会的流浪汉，浪漫主义的叛逆者，具有自发反抗情绪的个体。但这种个性不是纯粹个人的，而是民众情绪的反映，这一民众全然不是民粹派所理解的农民。高尔基与农民以及关于农民的神话没有任何关联。他笔下的个体的审美意义不是民族学的描述性的，而是哲学象征意义的。这种哲学性的象征意义是随着他创作的发展与深化在变化的，由与社会决然对立的个性朝着新的、全人类的人道主义思想在转变，个体逐渐融化在了为全人类福祉的奋斗之中。高尔基不仅以其个体的创作实践大大丰富、拓展、更新了现实主义文学的文化精神，而且在很长一段时间里起到了现实主义作家的组织者、协调者的角色，成为新时期现实主义文学的一面旗帜。

90 年代末，面对"颓废主义"颠覆现实主义的极端情绪，莫斯科现实主

1. «Собрание сочинений в 30-ти т.» (Т. 28), Горький М., 1954, С.71.

义文学小组“星期三”[1]（«Среда» 1899-1916）应运而生。1902年，高尔基开始领导圣彼得堡的“知识”出版社（«Знание» 1898-1913），将这一旨在文化普及和思想启蒙的出版机构变成了现实主义文学的创作基地和出版团体。在1905年前后，现实主义作家通过高尔基创办的“知识”出版社有了更为紧密的联系。这个被高尔基称为“真正的艺术殿堂”[2]的创作群体团结了一大批19世纪90年代进入文坛的、富有叛逆精神的新一代作家，如布宁、库普林（А. Куприн 1870-1938）、安德烈耶夫（Л. Андреев 1871-1919）、绥拉菲莫维奇（А. Серафимович 1863-1949）、斯基塔列茨（С. Скиталец 1869-1941）、尤什凯维奇 (С. Юшкевич 1868-1927) 等。他们中的不少人成为新世纪俄国文坛的一流作家，为俄国现实主义文学的深化与现代性转型起到了重要作用。

“知识人”既看到了经典现实主义大师文学遗产的不可超越性，也看到了其艺术表现方式落伍于时代，他们在坚持社会批判与思想启蒙、张扬民主主义和人道主义思想的同时，提出了面向广大普通读者的“大众化”写作口号，发出了寻找高于生活现实的“榜样的人”“榜样的生活”的文学呼唤。第一次资产阶级民主革命前高昂、激扬的社会情绪更强化了文学家的这一创作思想。与契诃夫、柯罗连科从现实生活中寻找并发现美的理念不同，高尔基及一部分“知识人”提出了要通过创作主体对现实生活的感受与态度来表现生活的文学创作理念。他们高度赞扬契诃夫小说中的象征主义元素，提出了“俄国文学在整体上缺乏象征主义”的思想。对文学旧观念、旧形式的对话与对抗，文学创作主体意识的张扬，成为“知识人”与“象征主义作家”、两个不同创作取向的文学同代人共同的艺术追求。

应该看到，即使在“知识人”作家之间，由于创作观念和艺术手法的不同，其思想和艺术上的差异也是相当大的。表现“五光十色的俄罗斯人的心灵”是布宁中短篇小说的基本内容，生活的片断性、离散性成为他创作的一个重要特征。库普林更崇尚生活的“原始真实”，他的中短篇小说题材广阔，人性样式丰富。安德烈耶夫则重于对人生命存在的道德伦理和哲学本质的探索。绥拉菲莫维奇不止一次强调，他“脱胎于70年代作家，其创作源于他们的传统”[3]，“群体代表”“阶级形象”是绥拉菲莫维奇小说中人物形象的主要特征，他是俄国文学中最初的工人形象的塑造者之一。主体情感色彩的浓

1. “星期三”文学小组是由小说家捷列绍夫在19世纪80年代创办的“帕尔纳斯山”文学团体的继续，每逢星期三聚会。主要成员为现实主义作家维列萨耶夫、库普林、布宁、高尔基、绥拉菲莫维奇等，1916年停止活动。1905~1907年革命后又出现了以布宁为首的“年轻星期三”小组，成员有施缅廖夫、皮利尼亚克、画家瓦斯涅佐夫等。
2. «Русская литература рубежа веков (1890–начало 1920 годов). В 2 книгах»(К. 1), ИМЛИ РАН, Наследие, 2000, С.232.
3. «История русской литературы конца X1X начала XX века», Соколов А., Высшая школа, 1984, С.26.

烈成为安德烈耶夫与绥拉菲莫维奇创作的共同特征。斯基塔列茨与尤什凯维奇的作品中出现了激情更为昂扬、行动更为积极的工人与革命者。前者的诗歌、小说朴实、真切，具有高度平民化的色彩，充满了公民性和叛逆的浪漫主义精神；后者的小说和戏剧中犹太民族生活的题材独特新奇，人物的生命追求各异，但反对阶级压迫、争取自身权力的斗争成为他们共同的思想与行为特征。

1905 年革命的失败引发了俄国社会的政治反动和普遍低落、悲观的民族情绪，此后又有第一次世界大战、二月革命等数量众多而又影响巨大的社会灾难与历史变故。这一切极大地改变了俄罗斯人与现实世界的联系。社会思想的“路标转换”不仅销蚀了长久笼罩着作家的社会激情，连同被这一激情唤起的英雄主义和理想主义，也改变着创作个性精神和心理的内涵：从对社会决定论思想的规避到对历史发展规律的怀疑，从对历史原则与个性原则对立的重新思考到对宗教思想的诉求。1908 年，高尔基宣称“现实主义……正在踏上新的道路”[1]。

20 世纪的第二个十年，在列 · 托尔斯泰逝世之后，现实主义文学发生了自身多样化的“分流”。高尔基坚持历史主义原则，逆消极的社会思潮而动，仍然期待着光彩夺目的、充满创造激情的民众力量的爆发。斯基塔列茨、尤什凯维奇等作家的影响在缩小，退向现实主义文学的边缘。一种新的思想与艺术取向 ——“新现实主义”（неореалитзм）流派随之出现。

布宁、库普林、安德烈耶夫、绥拉菲莫维奇这些作家的创作无论在题材内容上，还是在艺术形式方面显现出了各自新的特点。而一批新踏上文坛的作家，如施缅廖夫、阿 · 托尔斯泰、普里什文（М. Пришвин 1873-1954）、谢尔盖耶夫 - 青斯基、扎米亚京（Е. Замятин 1884-1937）、扎依采夫（Б. Зайцев 1881-1972）、恰佩金（А. Чапыгин 1870-1937）等作家以各种方式探求文学写实的多种可能性和多种艺术效果，在不同程度上改变着现实主义文学的原有形态。他们对现实的思考少却了社会历史的关联，而饱含着对人、社会、世界本质的思考，对人性、民族和人类文化形态的深层开掘。超社会历史的价值判断和文化、哲学的思考成为这些作家共同的艺术思维特征，自我意识和主体性的高度张扬使得作家所呈现的理想、情感和意志更加丰富多样。在艺术上，由于得到了现代主义创作经验的熏染，他们将现代主义艺术元素有机地融进了现实主义文学之中。

1. «Русская литература рубежа веков (1890–начало 1920 годов). В 2 книгах»(К. 1), ИМЛИ РАН, Наследие, 2000, С.261.

普里什文说，“历史的规律并不总是与心灵的规律相吻合的”[1]。尽管“新现实主义”文学的社会性依然存在，对被侮辱被损害的小人物的同情依然存在，但从民众的自发势力中寻找崇高真理的热情已经不在，集体的、阶级的激情已经远去，革命、暴动的思想启蒙已经消散，社会命题逐渐成为一种描写个性内心世界、对个性与世界相互作用思考的背景。文学对生命存在哲学内涵的揭示，对生活中一切美好的、光明的、快乐的坚信，对一切破坏与丑化生活与人的现象的憎恨，个体与世界的统一，人与大自然的亲近，对美、爱、艺术的向往与追求成为“新现实主义”文学的一种永恒的、本质的生命价值观。

代表作家和创作简介

1. 高尔基

高尔基是新时期现实主义文学的卓越代表，他通过浓郁的浪漫主义风格和象征特征的融入，将现实主义提高到了一种精神崇高和含义深刻的象征境地。

早年的高尔基受到尼采超人哲学和以艺术审美原则解释世界理念的影响，认定文学的价值与意义在于对美、力量、自由的崇尚，而绝非对一种抽象的道德原则的遵循，他的世界观与生命哲学中充满了一种为了生命的自由、生活的美好、人格的尊严，为了根除生活中的恶而搏击的斗争美学。早年的《特写与短篇小说集》（«Очерки и рассказы» 1898）就是这一美学思想的体现。

无论是《马卡尔 · 楚德拉》（«Макар Чудра» 1892）、《鹰之歌》（«Песня о соколе» 1895）等浪漫主义作品，还是《切尔卡什》（«Челкаш» 1897）、《马尔华》（«Мальва» 1897）、《科诺瓦洛夫》（«Коновалов»）等现实主义小说，都远非社会批判内涵可以概括的，都有作家对善与恶、爱与恨、罪与罚、生活与生命、自由与人格等的独特思考，无不充满了深刻的哲理意蕴。

在《马卡尔 · 楚德拉》中，左巴尔与拉达谁也无法以另外一种方式来表现他们对生命价值的理解：一种绝对的自我意志。男女主人公在相互消灭的快乐中实现了爱与恨的消解，实现了自我的意志与价值。在《切尔卡什》中，自由的盗贼要比农民更加可爱，同名主人公之所以把钱给了农民加甫里拉并非出于怜悯，而是对他人格低下的鄙视与厌恶。自由而无垠的大海的波涛与被束缚的花岗石堤岸与其说是自然景观，莫如说是两种生命形态，两种人生观的象征，其冲突的哲理意义显而易见。

作家早年的社会批判也总是与对生命尊严、独立自由的思考结合在一起

1. «Собр. Сочинений В 6 т.» (Т. 2), Пришвин М., 1956, С.793; «Русская литература рубежа веков (1890-начало 1920 годов) В 2 книгах»(К. 1), ИМЛИ РАН, Наследие, 2000, С.284.

的。《26 个男人与 1 个少女》(«Двадцать шесть и одна» 1899)中的面包师是罪恶的资本主义社会的受害者，却以一种纯洁的、父兄式的爱关怀和呵护着一个 16 岁的织女，爱使他们变得郑重、纯洁、高尚并激活了他们从未有过的责任感。然而，织女的情感抉择却彻底毁灭了男人们圣洁的爱的寄托，绝望了的他们重又跌进精神、心理的深渊。物质的贫穷固然苦难，生命尊严的失落、心理与精神的扭曲、人生的依附更是莫大的悲哀。

《底层》(«На дне» 1902)不是关于底层民众的日常生活剧，不是社会批判剧，而是一部思考人类生存的思想剧。“夜店”是演员、小偷、锁匠、妓女、酒鬼、赌徒、破产潦倒的贵族等底层民众的栖身之处，是人类生存苦难的象征。夜店人生活在一个失去了对上帝的信念，而又缺乏自我信念的绝望的时代。激进的反叛者萨金与妥协的人道主义哲学家卢卡的思想冲突反映了两种生存理念的对立。前者让人们直面苦难的现实，与贫穷、耻辱、毫无意义的生活作斗争，后者认为，需要抚慰心灵的谎言，需要一种信仰。幻想难能改变人的现实苦难：渴望真正艺术的演员在绝望中上吊而亡，妓女没有得到真正的爱情，年仅 30 的安娜被病魔夺去了生命，锁匠继续在苦难的底层挣扎……然而，卢卡以其“真挚、动人”的谎言触发了萨金对人的思考，“人，这才是真理！……一切都出自人，一切都应该为了人，只有人才是存在着的”，“人，这个字多么美妙，这个字，多么值得骄傲，人，必须尊重人！”。萨金关于人和人类的神话诞生在世界处于危机和灾难之中，人人只关心自我的时代，尽管不无面向未来的乌托邦色彩，但迥然有异于卢卡的谎言，表达了作家对人、对人类自身的希望。

长篇小说《母亲》(«Мать» 1906)标志着高尔基创作的新阶段。从创作思想来看，作家由对人的现实生存状态的思考进入了对人类美好未来的憧憬。有批评家说，小说充满了高尔基的“造神思想”，对一个集体的、人民的“群体性理智”之神，一个将理性的意志与对未来的信念融合在一起的理想的寻觅，他在社会主义思想中找到了这一神的归宿[1]。笃信上帝的母亲尼洛芙娜正是在她的儿子和他的同志们的身上看到了基督弟子的化身，看到了自救与救世的希望，在他们的社会主义思想中看到了新的宗教所在，从而踏上了宣传社会主义思想的革命之路。尼洛芙娜对这一新宗教的向往，奋起捍卫生命的权利，为自身和人民未来的幸福而斗争的精神觉醒过程是美丽动人的，充满了浪漫主义精神。高尔基通过他的《母亲》证明，理想与信仰的美好并不在于它的未来，不在于最终目标的诱人，而在于人在伟大的追求中自身的变

---

1. «Русская литература рубежа веков (1890–начало 1920 годов). В 2 книгах»(К. 1), ИМЛИ РАН, Наследие, 2000, С.521-522.

化：她由奴隶变成了人，并在转变过程中焕发出作为一个人的全部光彩和魅力。

1905 年革命后，高尔基在很长一段时间里脱离了一度直接参与的社会政治斗争。在侨居意大利卡普里岛期间，他通过与列宁、安德烈耶夫等人的交流保持与外部的联系。对革命和俄罗斯命运、俄罗斯民族性格、知识分子等这样一些重大命题的思考始终萦绕在高尔基的脑海中，俄罗斯的话题取代了人的话题而成为高尔基创作新高峰的核心内容。中篇小说《忏悔》（«Исповедь» 1908）、《夏天》（«Лето» 1909）、《奥库罗夫镇》（«Городок Окуров» 1909）、《马特维·科热米亚金的一生》（«Жизнь Матвея Кожемякина» 1910-1911）、《童年》（«Детство» 1912-1913）、《在人间》（«В людях» 1913-1915）、系列短篇小说《罗斯游记》（«По руси» 1912-1917）等正是他这一时期悉心思考的代表作。

《忏悔》造人民大众之“神”，旨在“以集体主义精神为使人摆脱内在的和外界的奴役这个一直的目标而团结一切人的精神去建设人民的生活”[1]。《夏天》是经历了血的洗礼的俄国农民对俄罗斯与革命、现实与未来的思考。俄罗斯的主旨同样表现在奥库罗夫两部曲（《奥库罗夫镇》、《马特维·科热米亚金的一生》）中。高尔基在思考，为什么俄国革命总是以“毫无意义的和残酷的暴动”告终，为什么几个世纪来消释农民对地主、民众对知识分子的“委屈”的努力都不能产生积极的社会效果。与布宁的看法不同，高尔基认为，俄国社会的危机在于闭塞愚昧的、停滞与病态的、拒绝接受新思想的小市民阶层。这正是作家展现俄罗斯小镇“全景”与撰写小市民“编年史”的用意所在，是他通过对市民阶层生活的再现及其心理的深入分析来展示俄罗斯民族的社会文化心理、“罗斯并不神圣”的艺术宗旨。《童年》《在人间》不仅是文学自传，还是作家关于并不神圣的罗斯的象征性的理解[2]。其中的大量人物尽管性格并非完整、形象难言丰满，但其简略的勾画、素描式的侧影，却聚合成了一幅鲜明、生动的俄国市民生活“全景”。奥库罗夫两部曲和《童年》《在人间》及其作家的一系列自传性作品得到了包括侨民作家和批评家在内的批评界的高度评价，梅列日科夫斯基把它们看作是作家对自身命运与俄罗斯历史悲剧关系的深入思考。高尔基在表现这谜一般的民族性格的同时，也触及到了类似人与世界、人的创造性个体的本质等这样一些重大话题。这正是高度民族性话题的小说能赢得世界性盛誉的原因所在。民族与世界的关系

1. 《俄罗斯命运的回声·高尔基的思想与艺术探索》，汪介之，漓江出版社，1993年，69页。
2. «Русская литература рубежа веков (1890–начало 1920 годов). В 2 книгах»(К. 1), ИМЛИ РАН, Наследие, 2000, С.524, 532.

同样也是作家此间的《意大利童话》(«Сказки об Италии» 1910-1913)的重要主题。

2. 布宁

布宁在19世纪90年代以诗歌创作蜚声文坛，曾经是象征主义文学出版社“天蝎”(«Скорпион» 1899)的第一批诗人作者之一。但是，如诗人霍达谢维奇(В. Ходасевич 1886-1939)所言，抒发对大自然之情和客观地反映现实是布宁有别于象征主义的“试金石”[1]。在他的创作中，既有自然主义的又有种种印象主义和象征主义文学的元素。他说，“把我称作现实主义者意味着不了解作为艺术家的我。现实主义作家布宁接受了真正的象征主义世界文学中非常非常多的东西”[2]。

被誉为抒情散文的短篇小说《安通苹果》(«Антоновские яблоки» 1900)是布宁世纪之交最著名的小说。作品并无传统小说中的情节故事，对乡村生活的回忆和对安通苹果馥郁芬芳的记忆，这两个由头连缀起了多个真切可感的生活场景。这是一篇具有浓郁的印象主义色彩的小说，是“生活流”与叙事者情感、思想、联想的集合。布宁在世纪之交旧俄帝国渐趋衰微的历史背景中展现了一个个不无凄凉落寞，却充满诗意的贵族庄园日常生活场景。他用细腻的写实笔法将俄国点点滴滴的乡村生活印象与文化遗迹描绘得栩栩如生，将朴实直白的叙述完善成具有电影特写镜头效果的俄国乡村庄园生活画面，将俄罗斯乡村文化独有的华丽与震撼呈现在读者的面前。小说表现了他对小贵族庄园乡野生活的倾心，对农民生活与劳动方式的眷恋，对俄罗斯文化传统的向往：对土地的一往情深，对大自然的无限热爱，对真诚和谐的人与人关系的追求。

1905年的革命并没有在布宁的创作中留下印迹，倒是两年后的东西方之旅激发了他对俄罗斯命运、人类文化的哲学思索。20世纪第二个十年是布宁新现实主义文学创作的一个高峰。他的小说创作在整体风格上有所变化：抒情成分在减弱，掩藏在小说叙事的深处，呈隐性状态；显性的是对外在世界的碎片式、镶嵌式的描绘，具有高度概括、象征的功能。

中篇小说《乡村》(«Деревня» 1910)、《旱峪》(«Суходол» 1911)是内容相异，但在整体上有着共同文化、哲学主旨的乡村生活两部曲。前者记录的是农民生活，后者描述的是贵族生活。前者以乡村农民季洪与库济马两兄弟

---

1. «Русская литература рубежа веков (1890–начало 1920 годов). В 2 книгах»(К. 1), ИМЛИ РАН, Наследие, 2000, С.551.
2. «Перечитывая классику Проза Бунина», Колобаева Л.А., Изд. Московского университета, 2000, С.52.

不同的视野回顾、审视乡村生活和农民。那生活充满了沉重与艰辛、穷困与愚昧，更有日常中的野蛮，这既是社会历史的因袭，更是民族心理的积淀。作家说："《乡村》成为他用严峻的笔法描写俄罗斯灵魂及其独特的错综复杂的矛盾、光明与黑暗，但始终是悲剧性基调的一系列作品的开始。"[1]后者以女奴娜塔丽娅的口吻叙事，讲述了贵族赫卢肖夫家族衰败的历史以往。旱峪的贵族庄园萧条，破败，老一辈的人已经作古，新一代人对以往的记忆逐渐淡去，生命在一度辉煌之后，又回归原始的蛮荒与简朴。作家对正在逝去的古老的乡村文明、过往时代的黑暗、当下的荒芜，表达了一种缅怀与伤逝，在进行文化历史钩沉的同时分析着俄罗斯人的灵魂，讲述着生命与死亡的轮回。布宁说，"在任何一个国度里，贵族与农民的生活都没有像在我们这里联系那么紧密，亲近。无论是谁的灵魂，我认为，都一样是俄罗斯的。揭示贵族、农民生活，在俄罗斯庄园生活画面中占主导，这些特点，就是我在我的作品中提出的任务"[2]。

此后的短篇小说，如《蛐蛐儿》（«Сверчок» 1911）、《旧金山来的绅士》（«Господин из Сан-Франциско» 1915）、《爱情学》（«Грамматика любви» 1915）、《阿强的梦》（«Сны Чанга» 1916）、《轻轻的呼吸》（«Легкое дыхание» 1916）等题材更加广泛，哲理更显宏阔。他说，"……我在自己的作品中不涉及政治的和社会的当下性"[3]，而是将社会的、民族的、宇宙的思考熔铸在一个个具体、真切、生动的生活局部中，表达了艺术家的一种全人类情怀。

《蛐蛐儿》是讲述人生苦难的短篇。老马具匠"蛐蛐儿"向老爷、太太、厨娘讲述儿子在暴风雪中被冻死的故事以及对生命死亡的感悟令听者涕泣。小说既无意揭示农奴制度的罪恶，也毫不涉及贵族、地主与农奴的对立，相反，布宁在小说中营造了一种老爷与奴仆和谐共处、一起感叹人生无常的浓浓氛围。

《旧金山来的绅士》（«Господин из Сан-Франциско» 1915）中现代物质文明的浮华与灿烂、金钱与财富，都不过是过眼烟云，无法拯救"新世界主人"——旧金山来的绅士于死亡，亦无法救治人类精神的寂寥与苦闷，美与永恒只孕育于人与自然的和谐、生机勃勃的青春生命之中。小说充满了细节描写，但这些细节不是为了再现生活，而是为小说整体的象征、寓意服务的。比如，对浩瀚大海细节的描绘昭示着宇宙力量的宏伟，在卡普里岛旅馆里绅士午饭前穿衣打扮时紧绷的西装、扼颈的衣领和搭扣、因系领扣而疼痛的手

1. «Перечитывая классику Проза Бунина», Колобаева Л.А., Изд. Московского университета, 2000, С.17.
2. «Русская литература рубежа веков (1890–начало 1920 годов). В 2 книгах»(К. 1), ИМЛИ РАН, Наследие, 2000, С.586.
3. «Перечитывая классику Проза Бунина», Колобаева Л.А., Изд. Московского университета, 2000, С.15.

指……预示着一场人生灾难的来临。小说充满了隐喻:“大西州号”豪华游艇，那是神话中沉没在大海之中的岛屿之称；咆哮始终的大海，那是不以人的意志为转移的宇宙之力；犹如无数只“火眼”的游轮上通明的灯火，那是现代物质文明的标志；绅士之死与古罗马暴君的比拟，那是必然的覆没的历史命运；恶魔形象表达着现实本质的罪恶……现实时空（少数人享有现代物质文明）与永恒时空（宇宙、大自然、不息的人类生命）的融合、反衬，表达着人类价值观念的变异与自我意识的迷失。

在《爱情学》《阿强的梦》《轻轻的呼吸》这些短篇中，布宁在历史的记忆与艰难的现实中发掘爱情的“五味”，展示世事的辛酸寒凉，发出对真情的呼唤。伤感的灰暗中总有人性的光点在闪耀，被冲淡的悲剧气氛演化为作家醉心的古典、永恒之美，弥合了灵与肉、情感与理智、理想与现实之间的鸿沟，以期达到一种精神上的和谐。新现实主义的话语模式在布宁的小说中有了极为丰富的话语资源和表意手段。

3. 库普林

在世纪之交的俄国现实主义文学中，库普林的创作属最为“天然去雕饰”的一种，这既指作家与生俱来的文学才情，也指其自然、真切、“无任何矫饰”的书写风格。他的小说大都有十分有趣的故事情节，含有作家的人生遭际与生平见闻，生活的叙事往往大于价值的判断，特写式的现实主义小说融进了诸多自然主义的、印象主义的成分。

从 19 世纪 90 年代开始创作短篇小说的库普林，在成为“知识人”作家之后，一度以社会批判性小说著称于文坛，如《胆小鬼》（«Трус» 1902）、《盗马贼》（«Конокрады» 1903）、《白色鬈毛狗》（«Белый пудель» 1903）等。

驰名欧洲文坛的中篇小说《决斗》（«Поединок» 1905) 以俄国军队生活为题材。率性的“自然人”形象年轻少尉罗马绍夫正直、诚实，渴望功勋、荣耀和美好的生活，但沙俄军队中的无聊、无耻、野蛮彻底摧毁了他的理想。他看不到生命的任何意义，于是在酗酒、寻欢作乐、虚荣的荒唐中消磨人生，在痛苦与无为中与一个军官妻子相恋，最后在决斗中被打死。小说无疑有作家 90 年代在第聂伯河陆军团服役时所见所闻的生活场景和人物原型，主人公身上也有年轻好胜的青年库普林的身影。作品对俄国军队状貌的准确描写，使得高尔基称赞说，“库普林为军官阶层做了一件大好事。他在一定程度上帮助他们认识了自己，自己在生活中的位置，其整个不正常的状态和悲剧”[1]。

1. «Русская литература рубежа веков (1890–начало 1920 годов). В 2 книгах»(К. 1), ИМЛИ РАН, Наследие, 2000, С.601.

诗人、评论家阿达莫维奇（Г. Адамович 1892-1972）也说，《决斗》是讲述“垮掉的一代”的世界观的小说范例[1]。然而，库普林并不沉溺于对现实世界和人物命运的描绘，他更关注个体的生命价值和精神世界。主人公在对军队现实生活绝望之后，痛苦地认识到，生命的自我并不受制于“祖国、荣誉、制服”这样一些伟大的辞藻，“也许，我要比这一切关于使命、荣誉、爱情的概念重要得多？”劝阻罗马绍夫珍惜生命、放弃决斗的中尉纳赞斯基也说，“生命是美妙的，不可重复的现象”。我们有理由认为，除了社会批判，《决斗》还在诉说生命个体的崇高无价，表达美好人性毁灭的悲哀。

《决斗》之后，库普林退出了“知识人”创作群体，因短篇小说《大海的疾患》（«Морская болезнь» 1908）[2]而与高尔基交恶。作家渐渐远离了重大的社会命题，爱情、人性等永恒命题成为他这一时期小说的主要题材，并表现出对创作文体的重视，对小说新形式的关注。

爱情中篇《石榴石手镯》（«Гранатовый браслет» 1911）是用现代性元素包装的追问古老爱情命题的作品，表达了一种撼人心魄的古典情怀，用库普林的话来说，是一篇“十分可爱的”“非常、非常温柔的”小说。公爵夫人薇拉在命名日的晚上收到了一件爱情信物——绿色石榴石手镯和一封情书。求爱者在公爵夫人出嫁两年前就用写信的方式表达过他对“上帝奖赏他的爱”的不懈追求，在自知无法在生前赢得公爵夫人的爱之后，这位“生前与死后忠贞不渝的您的奴仆”在送出信物的当天殉情自尽。绿石榴石意象是“天意缘分与保护男人生命”的护身符，当公爵夫人捧着它的时候，望着里面闪烁着的血红的光泽，如同捧着一颗爱着的心。被真情打动的公爵夫人终于认识到，“她错失了一次每个女人都憧憬的爱”。小说结尾，示爱者希望死后能听到的贝多芬一首钢琴奏鸣曲，终于在公爵夫人的女友含着眼泪的弹奏中响起。小说结构细密而紧凑，以公爵夫人为中心串联起家人、朋友对石榴石手镯和情书出自谁人之手猜测的故事。而叙事的基点在于展现一种虽然默默的、未了的，却伟大的、刻骨铭心的爱。这是质疑婚姻而神圣爱情的库普林对爱情之美的发现与展示。帕乌斯托夫斯基（К.Паустовский 1892-1968）称小说是“最充满馥郁芬芳的爱情短篇之一”。作品取材于作家姻亲家庭的真实生活，30年代初库普林在巴黎，曾对一个怀疑此作内容真实性的小说家提出过决斗。

中篇小说《亚玛街》（«Яма» 1909-1914）是作家由现实主义走向印象主

1. «Русская литература рубежа веков (1890–начало 1920 годов). В 2 книгах»(К. 1), ИМЛИ РАН, Наследие, 2000, С.604.
2. 高尔基认为，库普林在小说中扭曲了社会民主党人的形象。

义的代表作。作家描写了城市中一个中等规模的妓院里妓女的生活，展示人类两性的“自然生存状态的真实”。妓女在小说中不是作为社会问题提出，而是作为生理问题来阐释的。作家将人类社会分成了男性世界与女性世界，虽然作者表达了对后者的同情和对拯救女性的希冀，但在他看来，两性世界的相互对立与利用是人类宿命且无法改变的。作者看重人物外在的生理特征，关注人情感、本能、行为的细节，呈零碎、散乱、印象式的细节描写与小说中人物性格的发展和社会题旨无关。库普林的兴趣不在于揭示俄国现实生活中的矛盾，而是抽象、笼统地反对生活中扼杀人性的恶，认为生命的意义与美在于符合自然、本能的健康的生活中，而恶乃是人类物质文明发展的必然结果。

显然，表现“日常的俄罗斯”，对鲜活的生活与人的一种爱以及道德的保守主义，—— 新时期库普林作品体现出的任何一种特点都是非批判性的，或者说是弱批判性的，表明了作家对社会性的鄙弃与对普世性文化价值的追求。列 · 托尔斯泰高度赞赏库普林的小说，说“库普林要高于高尔基和安德烈耶夫……他的笔下没有任何虚假的东西，……他要比高尔基更有才华，更无须说安德烈耶夫”[1]。

4. 安德烈耶夫

20 世纪第一个十年，除了以反映社会底层人物生活为内容的传统现实主义小说外，安德烈耶夫还创作了不少表现人类生存的荒诞性作品。而此后十年，作家强化了对人细微的心理活动的探究，表现出一种“泛心理主义”的倾向。

《沉默》（«Молчание» 1900）、《谎言》（«Ложь» 1901）、《墙》（«Стена» 1901）等是明显表现生存荒诞的短篇小说。抑郁自闭的女孩薇拉，不愿将自己的不幸告知父母，卧轨自杀，将无穷的精神苦难留给了双亲。此后“沉默”便以一个魔鬼形象出现在她家中，始终向当神甫的父亲隐瞒女儿的死因，不安与恐惧笼罩着家庭，弥漫到了坟场，甚至扩散到了整个城市。作家描述的显然不是家庭冲突的本身，而是由这一冲突生发的亲情异化后的存在本质。《谎言》的中心形象是一个欺骗了男人而最终被男人杀死的女人，一个惯于说谎，最终化为蛇的女人。小说的关键词 “谎言”是一个具有神奇魔力的表现主义意象，即使在主体缺失之后，它依然存在，强大而不朽。小说并没有停留在对被欺骗的爱情本质的揭示，而是将其拓展为人在整个世界上的生存

1. «Русская литература рубежа веков (1890–начало 1920 годов). В 2 книгах»(К. 1), ИМЛИ РАН, Наследие, 2000, С.599.

状貌。“啊！做一个人并寻找真理是多么疯狂的事情！这有多么痛苦。”这是叙事人对充满谎言的整个世界的诅咒。《墙》将人类生存隐喻化为一道隔离麻风病人与现实世界的难以逾越的高墙，一种似乎无处可寻，却无处不在的社会压迫与政治迫害的象征。这些小说的场景与人物都失去了具体明确的社会历史附着，形而上的诸多意象凸显了遭受挤压、迫害、异化的个性的生存现实。

与上述作品不同，中篇小说《红笑》（«Красный смех» 1904）是作家对1904~1905年日俄战争的反思，但它同样不是战争风云的再现。安德烈耶夫从未到过战场，因此表现现代战争的本质便成为他对小说意义与价值的追求所在。作品中既无具体明确的敌人形象，也无为俄罗斯祖国英勇作战的人民和战士的形象。小说作用于读者的是作家强烈的对战争恐怖、残酷的悲剧性感受，显现于形、色的强烈的视觉和听觉冲击，展现的是一个倒置、变形的人类社会，一种人类世纪末的悲哀与绝望。作家说，“疯子与疯子的战争——既是当代的，也是可见的未来的产物。我的主题是：‘疯狂与恐怖’”[1]。

剧作《人的生活》（«Жизнь человека» 1906）是作家在1905年革命失败后对革命与宗教关系，被称为“新神话命题”探索的开始。此后又有一系列宗教题材小说问世，如短篇小说《加略人犹大》（«Иуда Искариот» 1907）、《黑暗》（«Тьма» 1907）、《七个上吊的人的故事》（«Рассказ о семи повешенных» 1908）等。它们或是对宗教与现实关系的新思，或是对圣经福音书的新解，通过对基督教的去圣化阐释表达对革命、暴力的否定，倡导灵与肉、宽恕与惩罚两极的统一。

在20世纪第二个十年安德烈耶夫的文学生涯中戏剧创作占有很大的比重，这些在整体上坚持经典现实主义传统的作品集中体现了他的“泛心理主义”倾向。契诃夫的心理戏剧传统，高尔基的社会思想冲突戏剧，象征主义的宗教哲理戏剧精神，都非安德烈耶夫的戏剧所属，却都曾经是作家此间戏剧创作重要的美学资源。

安德烈耶夫戏剧的艺术世界十分丰富。《叶卡婕琳娜·伊凡诺芙娜》（«Екатерина Ивановна» 1912）、《斯特洛依岑教授》（«Профессор Строицын» 1912）是家庭戏剧，通过两性关系表达家庭、社会的危机；《国王、法律和自由》（«Король, закон и свобода» 1914）、《带着镣铐的萨姆松》（«Самсон в оковах» 1915）是社会戏剧，表现个体与社会的冲突；《小狗华尔兹》（«Собачий вальс» 1915）、《安魂曲》（«Реквием» 1915）是哲理戏剧，是作家对生与死命

1. «Русская литература рубежа веков (1890–начало 1920 годов). В 2 книгах»(К. 2), ИМЛИ РАН, Наследие, 2000, С.301.

题的思考……在这些剧作中作家高度关注人的内心世界和渐次变化的心理过程。日常生活、社会现象、世界景观凝聚在人的意识中，展现的是智性主人公痛苦的心灵磨难。

长篇小说《撒旦日记》（«Дневник Сатаны» 1919）是安德烈耶夫的绝笔之作，流露着作家对俄国社会大变革的深刻思考，表现的是一个绝望而又荒诞的世界。厌烦了地狱生活的死者亿万富翁化作一个魔鬼来到人间，这位以慈善家面目出现的撒旦广撒财富，施恩惠于民众。在迷上人间生活的过程中魔鬼却逐渐发现了人世间的庸俗，在一个乏爱的世界里做人的艰难，也认清了自身的软弱和死亡的宿命。撒旦的救赎是可笑的，也是可悲的。他的人间情妇——圣母玛丽娅般圣洁的女人原来是一个荡妇，圣像画中的面目表象下掩盖着的是一个十分邪恶的本质。被人间丑恶弄得痛苦不堪的撒旦被人间的邪恶所击败，最终走上了十字架。

安德烈耶夫的创作表现了两个世纪之交俄国乃至世界文明的深刻危机，是社会的、宗教的、文学的多维面相交错的艺术世界。他试图警醒人们从日常生活化了的感觉和认知方式中解脱出来，以其独特的而非大众的、心灵的而非常识的、自由的而非被束缚的方式来感知和认知世界，去获取世界对于个人的意义。这是他的小说与戏剧具有鲜活的，奇特的甚至怪异的精神气质的一个重要原因。

诗学特征

1. 现实主义文学中的自然主义倾向

在世纪之交的文学中，自然主义是俄国作家更新现实主义文学传统的一个重要尝试，曾经影响了一批现实主义作家，也一度在读者中广泛流行。19世纪中叶自然科学，特别是生理、心理科学的巨大成就和实证主义哲学是这一文学产生的思想基础，以左拉的“实验小说”为代表的法国自然主义文学在俄国的翻译出版直接催生了俄国的自然主义文学，构成了世纪之交写实文学的另一道风景线。

但是，俄国并没有形成一个独立、完整的自然主义流派，更没有出现像左拉这样杰出、富有广泛影响力的作家。强大的现实主义文学传统与审美体系使得自然主义无法作为一种独立的文学流派在俄国文学发展进程中立足，它的存在仅仅呈现为现实主义文学中的一种艺术倾向——自然主义倾向（натуралистичекое направление в реализме）。这一倾向主要表现在这样两个方面：照相式的写实主义与人物的生理主义。作家不以典型环境中的典型性格为追求，以一种记录、照相式的方式再现生活原始的、片段的真实，他们以人的生理性取代社会性，以探求人物行为、思想的生命基源。

勃勃雷金、马明 - 西比里亚克、波塔边科、艾尔杰利、安菲捷阿特洛夫等作家曾经创作过一度十分流行的“自然主义小说”，也试图从理论上论证自然法则对人的影响远大于社会关系。他们所再现的那个时代的俄国生活现实，特别是知识分子的和新的资产阶级阶层的生活，具有鲜明的自然主义特点。

勃勃雷金是左拉实证主义思想和自然主义艺术主张的拥戴者和传播者。长篇小说《中国城》（«Китай-город» 1883）再现了 80 年代莫斯科商业区俄国资产阶级和贵族的生活习俗，从人们的日常起居、饮食衣着到谈吐社交等生活方式和思维方式，显现出作家作为“观察者”“记录者”“编辑者”的艺术理念。90 年代后侨居国外的他在小说创作领域十分多产，在《瓦西里 · 焦尔金》（«Василий Теркин» 1892）、《山隘》（«Перевал» 1894）、《向往》（«Тяга» 1898）等长篇小说中他几乎都以纯客观的态度记述了 19 世纪末俄国资本主义的发展图景，塑造了“英吉利化”的俄国工业企业家形象。小说是一块块“马赛克”式的社会生活碎片和一个个脱离了社会关系存在的生理个性的组合。

深受达尔文进化论思想影响的马明 - 西比里亚克是《普里瓦洛夫的百万家财》（«Приваловские миллионы» 1883）、《金子》（«Золото» 1892）、《粮食》（«Хлеб» 1895）等“乌拉尔小说”的作者。这些长篇小说以淘金者、企业家为主人公，资本主义社会对人的压迫以及个体意志面对强大环境的无力与无能成为小说表现的两个基本命题。《粮食》描述的是专事粮食买卖的贵族商人普里瓦洛夫不敌资本主义的生产与贸易机制，在捍卫家族百万家财的斗争中悲惨地失败的故事。作家依据对生活事实的“客观分析”，揭示了金钱、财富、虚荣和各种充满矛盾的欲望是资本主义社会前行驱动力的现实，作出了资本主义在俄国的存在和发展是必然且合理的结论。与勃勃雷金不同的只是，马明 - 西比里亚克更明确地表达了民众对遭受剥削、压迫和无权地位难以遏制的自发抗议。

波塔边科的中篇小说《服现役》（«На действительной службе» 1890）、《非英雄》（«Не герой» 1891 ）在 19 世纪末的部分知识分子读者中十分流行。主人公是一个个满脑子自由主义思想，却随遇而安的利他主义者，他们不仅没有改变现状的想法，也没有任何明确的思想追求。同样的“马赛克”式的社会生活图景还出现在作家艾尔杰利的长篇小说《加尔杰宁一家，他们的仆人，追随者和敌人》（«Гарденины, их дворня, приверженцы и враги» 1899）中。契诃夫高度评价小说中的风景描写，列 · 托尔斯泰也赞赏他对民间生活的真实展现，但片断化的镜像并不能提供社会生活的完整图景，也无法揭示个性的、家庭的冲突的内在根由。

安菲捷阿特洛夫在“自然主义文学”中具有显著的地位，这位自诩为以“实验性观察”为方法进行创作的“非杜撰文学家”[1]创作了长篇小说《柳德米拉 · 维尔霍夫斯卡雅》（«Людмила Верховская» 1888）、《被毒害的良心》（«Отравленная совесть» 1898）等一系列以女性为主人公的小说。他不仅更为广阔、深入地表现了遗传、生理本能对人的行为、心理机制的制约，还表现了独特的女性心理。他的小说有较为广阔的社会生活场景，从家庭生活到文化沙龙，从大学校园到个人住宅，从国家机关到上层议会直至监狱。长篇小说具有高度的纪实性，人物也都有相应的社会原型。作家还以文学的形式讨论了实证主义哲学所涉及的经济、艺术、新闻、生命的生理机制、家庭的变故与瓦解等一系列命题。

两性文学的繁荣是这一倾向勃兴的另一个重要表现。这一类“两性小说”与俄罗斯文学传统题材中的堕落、沉沦的道德命题无关，作家对其笔下受到情欲左右的男女主人公既无谴责、批判，也无同情、赞美之意。两性的吸引，对情爱的追求，无论是“美好的”，还是“龌龊的”，都无关乎道德与社会。

阿尔绥巴谢夫是20世纪两性文学的代表。他说：“对我来说，写作不是为了服务于什么，而是表现自我和扩展、深化自我宇宙观的手段而已。”[2]从1908年到1917年间，他以追求“肉体与大地的自然真实”为宗旨，发起并出版了总共12期的《大地》（«Земля»）文集。“阿尔绥巴谢夫风格”（арцыбашевщина）成为当时重要的文学现象，而他的长篇小说《萨宁》（«Санин» 1907）引领了一个时代的两性题材文学，被评论界称作“萨宁文学”。

主人公萨宁少小离家，犹如旷野里的一棵树般地自由自在地长大。青春时代，他崇尚自由，不受管束，为所欲为，认为人的明天并不重要，生命的要义是享受今天。他毫不遮掩地袒露欲望，理直气壮地追求享乐。他与农夫的孙女一起过夜，占有女教师卡尔萨维娜的肉体，甚至会对自己的妹妹产生出一种难以启齿的冲动。他脱离社会现实，逃避责任义务，孤独无聊，漂泊不定。萨宁的生命世界充满了单纯性与原始性，这是一个听任欲望驱使、沉溺于生活享受，摒弃了经验、理性、功利的原始主义者。作为对现实主义作家笔下的社会主人公的反叛，萨宁身上投射着作家对人本能欲望的赞美，对人未被异化的原始的亲近、与自然和谐的向往，在信仰、伦理、理想充满危机的时代，这一反叛情绪在青年读者中获得了共鸣。马克思主义文评家沃罗

1. «История русской литературы в 4 томах»(Т. 4), Наука, 1983, С.245.
2. «История русской литературы в 4 томах»(Т. 4), Наука, 1983, С.591.

夫斯基指出，萨宁性格与萨宁文学的出现标志着自然主义文学“放弃了半个世纪以来民粹主义知识分子的传统，在社会生活领域中放弃为被压迫阶级服务，而在个人生活领域中放弃了使命感”[1]。

自然主义文学扩展了现实主义的表现范围，在探讨文学表现现实的新的构思和模式中，将原生态的“真实”绝对化了，将人的生态模拟绝对化了。作家把对作品思想主题的揭示替换为对人世间原始关系、纠葛的再现，他们强化了其中的“人”这一元素，但这绝非是对“新人”的呼唤，恰恰相反，是对 19 世纪俄国现实主义文学“英雄传统”的反拨，是对文学社会功利意识、工具观、使命观的背离。

2. 新现实主义

新现实主义（неореализм）是世纪之交文学的历史现象，是继自然主义倾向小说和象征主义文学走向衰败后在 20 世纪 10 年代悄然兴起，延续了两个十年的现实主义文学潮。作为俄国文学现代性转型过程中一个重要的现实主义文学生态，它是对传统现实主义文学的思想观念和话语构型所进行的一种非经典化重构。文论家凯尔蒂什说，“这是现实主义思潮内部的一个独特的流派，它比其他流派更多地与正在发生的现代主义运动进程相连，摆脱了前些年为广阔的现实主义运动增色的强劲的自然主义思潮”[2]。

的确，新现实主义并非一个有着严格内质规定性或确切内涵的理论概念，它兼具现实主义与现代主义特征，具有传统性和现代性元素的“合成性”特征。尽管众多批评家和文学史家都用着同样的一个文学术语，但无论在文学历史上，还是在今天，人们对这一术语的理解和流派归属仍有着很大的不同。有些批评家，比如莫斯科国立印刷大学文学史教研室教授、文学博士达维多娃是将新现实主义小说与现代主义小说等同的，从这个基本看法出发，她认为这是一个发端于 20 世纪初而终结于 30 年代，由俄国本土和异域俄罗斯作家创立的现代主义小说流派[3]。另一些批评家，如文论家凯尔蒂什认为，生发于现实主义文学内部的新现实主义文学始于 20 世纪前两个十年之交，它标志着现实主义文学的更新与振兴，是与经典现实主义并行不悖的另一种流派[4]。我们以为，尽管这个创作流派与现代主义文学有着多种的勾连甚至共性，但就这一文学对形而下的生活状态的关注而言，以其对现实冷峻的剥露、分析、

1. «История русской литературыв 4 томах»(Т. 4), Наука, 1983, С.586.
2. «Реализм и неореализм», Келдыш В.//Русская литература рубежа веков (1890-начало 1920-х годов). В 2 кн., Кн. 1. 2000, С.262.
3. «Русский неореализм. Идеология, поэтика, творческая эволюция», Давыдова Т., Флент-Наука, 2005.
4. «Русская литература рубежа веков (1890–начало 1920 годов). В 2 книгах»(К. 1), ИМЛИ РАН, Наследие, 2000, С.17.

思考而言，它显然不是现代主义的，这一文学的基本指向无疑不是否定现实主义，而是意在开辟写实文学发展的别样路径，这是一种着意承继并更新经典现实主义的新的现实主义文学。

在保持着对外部社会生活关注的同时，新现实主义文学表现出一系列思想内蕴的新的特质：对现实概念的拓展；关于世界、社会、人的观念的变化；对琐细日常生活的忽略，对生命存在的重视；人道主义的危机，对全人类价值的重视等等。作家不仅实现了题材、内容的超越，而且他们还是艺术“美文”、新的诗学形式的呼唤者和实践者。其中的一些作家无论在思想立场还是在艺术形式上更接近于现代主义，具有明显的先锋特质，这从他们的艺术构思、独特的叙事、技巧化的布局和形而上的观念表达中都可以清晰地看到。在新现实主义文学的创作实践中，作家的艺术观念和写作手法的差异也是相当大的，普里什文显然不同于布宁、扎依采夫，安德烈耶夫也大大有别于扎米亚京。

随着两性题材小说的衰败，人类中心主义趋向的减弱，具有强烈个性色彩的人的形象从文学作品前台的退却，一些早先具有自然主义倾向的作家开始表现出对具有普遍意义的人的生活状态以及人与自然关系的极大的兴趣。这是写实文学对这一时期文学中普遍弥漫的世纪末情绪的一种悖逆，是作家通过人对自然命运的关切展示理想主义精神——对人与世界和谐境界的追求。

“人与自然”的哲学命题在普里什文创作中得到了全面的体现。尚在20世纪早期，这位作家就提出了以自然为本的人与自然和谐、共生共荣的伦理、哲学思想。这一思想超出了一般意义的热爱自然与生态保护的思想，而将自然看作是人类生命的基源、生存方式的理想、精神世界的归宿。他的早期创作继承了契诃夫倡导的冷漠、客观的科学主义原则，将社会与人生当作科学研究的对象来观察和描写。俄国文学通过普里什文第一次实现了文学创作中人、自然、科学的融合。他恰恰因为他的第一本书《在飞鸟不惊的地方》（«В краю непуганных птиц» 1907）而被吸收为俄国地理学会的成员。而在10年代，作家走向了宗教探求。在中篇小说《在隐没的城的墙边》（«У стен града невимого» 1909）中作家利用古老的俄罗斯传说来展现旧教义派于20世纪初对神秘主义宗教精神的追求，而在短篇小说《星辰》（«Астраль» 1914）中，他揭示了鞭笞派教徒的宗教思想。不无自传性色彩的叙事人通过文化象征（如圆形的基特日城、巫婆玛涅法、新耶路撒冷、林中的十字架等）所呈现的种种艺术意象，对俄罗斯民间文化进行了独特的宗教哲学观照，作家善于在无情节、无波澜、无结构的叙事中展现原生态的民族文化与人性，表达两者共有的灵动、庄严与永恒的神性。

施缅廖夫在20世纪初开始文学创作，早期创作具有鲜明的社会倾向性。但从10年代开始，他钝化了小说的社会性命题，而重于对社会生活的全人类文化价值观的审视。他的中短篇小说多以都市“小人物”或中产阶级为主人公，以平民大众的嗜好趣味瓦解理想主义，将对庸俗、停滞、僵死的日常生活方式的伦理批判与对运动着的、积极的、充满活力的文化哲学思考熔铸在一起，用普世性的人文价值观，甚至宗教理念审视底层小人物与环境的冲突，塑造了一个个对未来新生活充满希冀，却又孤独、迷茫的生命个体。自叙体中篇小说《餐厅服务员》(«Человек из ресторана» 1911) 中小人物的内心世界已经发生了深刻的变化，家庭的悲剧使他逐渐摆脱了精神的奴性，市民式的保守，利己主义的鼠目寸光，表现出对生命中不可或缺的宗教思想的一种深刻感悟，是作家对人的生命意义和社会历史本质的新思考。中篇小说《墙》(«Стена» 1912) 表现了大自然与异化了的人的对立。大自然的宁谧、和谐、美好成为贵族地主的精神没落、资产阶级的道德颓丧、劳动人民愚昧和阴暗的鲜明对照。中篇小说《十字路口》(«Росстань» 1913) 的主人公放弃喧嚣的都市生活，走向素朴、自然的乡村，是对异化的抗拒，对永恒、宁静的生命形式的追求。《隐蔽的面孔》(«Лик скрытый» 1916) 关于战争本质与时代悲剧的思考更具哲学意蕴，是作家对世界存在“真理”—— 世界的混乱与无序的深刻认知。

谢尔盖耶夫-青斯基将日常生活中的悲剧，时代引发的社会苦难与人的孤独、权力对人的桎梏等存在命题巧妙地结合在一起。从中篇小说《大地的悲哀》(«Печаль полей» 1909) 开始，谢尔盖耶夫 - 青斯基的创作就大大淡化了社会历史内涵，而获得了厚重的哲学意蕴。贵族地主、酿酒厂厂主与其妻子不同的生活方式及其悲剧性的命运，昭示的不是俄国社会的时代悲哀，更非贵族地主、资产阶级历史覆没的必然，却是人原始情感的失落，对大自然、土地虔敬心态的不再，人性的病弱，对人与自然和谐一致形态的漠然。大地的悲哀是人的悲哀，是人对未及诞生的生命的思念，是对业已问世的生命痛苦的表达。人的异化这一哲学命题得到了一种近似原始主义的阐释。短篇小说《不慌不忙的太阳》(«Неторопливое солнце» 1913) 讲述的是一种生命哲学。在不无懒惰、喜欢喝酒的“不良农夫”和勤劳肯干、生活规律的年轻农人之间，作家的价值天平显然更倾向于热爱自然、热爱村民、热爱思考的前者。作家以此倡导一种人应该具备的对生活、生命、自然的一种形而上的感悟和崇尚，反对的是世俗的与劳碌的、功利的与懵懂的生活。文论家凯尔蒂什说，“谢尔盖耶夫 - 青斯基正是在这一哲学维度上（而不是历史维度上）寻找着当下激动人心问题的可靠的答案”[1]。

扎依采夫的新现实主义创作表现出明显的印象主义倾向。他的小说拒绝情节性，以日常生活中的局部细节为呈现对象，其叙事不遵从人物性格和事件发展的逻辑，而重在表现创作者的主体的瞬间印象和情感，以形而上的哲学、宗教顿悟为归宿。短篇小说《大学生贝内迪克托夫》（«Студент Бенедиктов» 1913）中的主人公自戕未果，却获得了一次对生命认知的理性升华：世界上的一切是属于他的，而他又是属于这整个世界的，人的生命存在是个体生命与世界整体的一种不可分离的融合。中篇小说《蓝色的星星》（«Голубая звезда» 1918）将索洛维约夫的永恒的爱外化为代表美、真理、神性的“蓝色的星星”——织女星，一个融合了尘世的与永恒的爱的化身。莫斯科两个青年男女的柏拉图式的精神恋情演化为对宗教、永恒的女性、神圣爱情等诸多命题的思考。这些作品中日常生活的细节尽管清晰可见，但仅仅是人物超时代、超社会思索的一个现实背景。而在文学的话语构型上，更有鲜明的印象主义特征。“句子在应该继续的时候中断了；色彩艳丽，几近透明，水彩样的……一切叙述中都含有一种叹息，既完全是尘世的，却也带有并非此世的色彩……”[2]。

在世纪之交的新现实主义文学中，安德烈耶夫是最具表现主义特征的新现实主义作家。与高尔基多年的深厚友谊，与“知识人”的密切合作，对现实社会的强烈批判与深刻思考确立了他创作的现实主义底色，对历史乐观主义的怀疑，对生命存在的关注，形而上的哲思又使他成为将现代主义文学精神融入写实创作血脉中最鲜明的一个。尽管他并非彻底的存在主义者与表现主义诗学的拥戴者，但在20世纪的俄国文学中他是最早表现人的生存冲突和显露出表现主义诗学特征的新现实主义作家。他追求以怪诞、歪曲、变形的艺术形式描写现实世界，创造一种令人难以置信的逻辑缺失的情境，以表现对现实的一种悲剧性的感受。

列米佐夫是新现实主义小说家中思想观念和艺术构型的不息的探索者。《不息的铃鼓》（«Неуемный бубен» 1910）是一部关于俄国小公务员命运的自叙体中篇小说。作品的“小人物”题材给读者以社会批判和道德小说的表象，但作家通过一种奇崛、怪异的情节，创造出不同寻常的文化意象和思想主旨，这是一种全然不同的小说样式。具有悲喜剧色彩的“少妻背叛老夫”的民间文学原型模式构成其基本冲突，四十多岁的文书抄写员迷上漂亮侄女并与之

1. «Русская литература рубежа веков (1890–начало 1920 годов). В 2 книгах»(К. 1), ИМЛИ РАН, Наследие, 2000, С.295.
2. «Русский неореализм. Идеология, поэтика,творческая эволюция»,Давыдова Т., Флинта-Наука, 2005,С.126; Адамович Г.,Зайцев Б.// «Одиночество и свобода», Адамович Г.,1996, С.72.

同居的情节有情欲导致乱伦的题旨，穷困潦倒的主人公能唱会弹且不乏朋友的生命方式充满“创造生活”的情趣，警察局局长装作男客深夜调查女修道院风化而被摔的情节令人捧腹……这是一部多内涵、多取向的“民间笑文化”小说。作品中既有作家对白银时代“情色小说”的戏仿，也有对俄罗斯民间口头文学传统的继承，更有作家对“元情节”“元小说”形式的实验性探索，即小说以自叙者的身份，采用自叙者与臆想读者对话的方式，来表达作家对现实主义和象征主义既有文学话语的一种怀疑和反省。

在文学主流消失，多元共存、杂语共生的20世纪前两个十年，新现实主义小说从现实多维的立体蔓延生长，将一种新的创作原则倡导开去，具有再次汇聚、发展、更新一个时代的现实主义文学的重要意义。它超越了现实主义和现代主义的既有范畴，是两种主义相激荡的产物。它不是现实主义美学体系的终结，而是现实主义审美体系新的开拓，是现实主义文学在新世纪富有成果的新的高峰。

参考文献：

1. Адамович Г. Борс Зайцев[С].//Адамович Г. Одиночество и свобода. М., 1996.
2. Бялый Г. Русский реализм. От Тургенева к Чехову[М]. Советский писатель, Ленинградское отделение, Л., 1990.
3. Горький М. Собрание сочинений в 30-ти т., Т.28[С]. М., 1954.
4. Давыдова Т. Русский неореализм Идеология, поэтика, творческая эволюция[М]. Флент-Наука, М., 2005.
5. История русской литературы в 4 томах, Т. 4[М]. Наука, Ленинград, 1983.
6. История русской литературы. XX век. Серебряный век[М].под редакцией Жоржа Нива, Ильи Сермана и др., Прогресс, М., ЛИТЕРА, 1995.
7. Келдыш В. Реализм и неореализм[С].//Русская литература рубежа веков (1890–начало 1920-х годов). В 2 кн., Кн. 1. М., 2000.
8. Колобаева Л.А. Перечитывая классику Проза Бунина[М]. Изд. Московского университета, М., 2000.
9. Полоцкая Э. О поэтике Чехова[М]. Наследие, М., 2000.
10. Пришвин М. Собр. Сочинений, В 6 т. Т. 2[М]. М., 1956.
11. Русская литература рубежа веков (1890–начало 1920-х годов). В 2 кн., Кн. 1[С]. ИМЛИ РАН, Наследие, М., 2000.
12. Русские писатели. Библиографический словарь в 2 томах [М]. Т.2 под редакцией П.Николаева, Просвещение, М., 1990.
13. Соколов А. История русской литературы конца XIX начала XX века[М]. Высшая школа, 1984.
14. Чалмаев В., Зинин С. Русская литература XX века. Вчера и сегодня[М]. Русское слово, М., 2004.
15. 汪介之.俄罗斯命运的回声.高尔基的思想与艺术探索[M].桂林：漓江出版社，1993.

第2章　象征主义
Глава 2　Символизм

象征主义文学是俄罗斯文学史上第一个现代主义文学现象，是俄国文学告别近代，走向现代的标志。它为俄国文学带来了新的美学思想和艺术形式，具有革故鼎新意义的历史文化价值和艺术审美价值。象征主义文学是高度发展了的创作个性以绝对的精神自由同历史与现实的发展相抗衡的产物，是诗人与作家试图逃离现实的矛盾走向“永恒”，追求“普世性文化价值”的审美尝试。

世纪之交俄罗斯文学的话语转型，“白银世纪文学”流脉的生成、嬗变正是由它发端的。“象征主义是20世纪俄国文化史上主要的艺术（不仅是诗歌艺术的）流派。所有其他流派，就其本质而言，或是对它的继承，或是对它的拒绝。”[1]正是在这个意义上，20世纪的俄国现代主义文学的发展史可以视为象征主义史与后象征主义史这样两个不同的阶段。

象征主义文学的生成有着独特的历史文化语境。19世纪晚期，俄国民粹主义救世方案的失败，社会政治的反动，实证主义哲学思想的危机，这一切不能不使文化精英对既有价值观表示怀疑与否定，使得笼罩着大半个世纪的意识形态的理想和激情变得黯然。世纪之交俄国社会上下弥漫着的浓郁的危机意识与悲观主义情绪，应运而生的宗教哲学，都为新潮文学的诞生提供了适宜的气候与土壤。象征主义文学的产生无疑受到西欧非理性主义哲学思潮和象征主义文学的深刻影响，尤其是法国象征主义诗歌大大强化了俄国文学的本体意识，波德莱尔、兰波、魏尔伦、马拉美等诗人一度成为俄国象征主义诗人崇拜和效仿的对象。然而，俄国的象征主义毕竟是俄罗斯民族文化个性和深厚的民族文学传统的本土化产物。

历史沿革

象征主义文学运动大致经历了19世纪90年代的生成，20世纪前十年余

1. «История русской литературы. XX век. Серебряный век», под редакцией Жоржа Нива, Ильи Сермана и др., Прогресс, ЛИТЕРА, 1995, С.73.

的繁荣和此后的衰颓这样三个阶段。诗歌是象征主义文学创作成就之最，但这并不意味着象征主义在小说领域成就的阙如，不同时期出现的各类象征主义小说不仅是俄国现代主义文学，也是欧洲象征主义文学的重大创新。

1890 年，诗人明斯基（Н. Минский 1855-1937）在他的著作《在良心的烛照下》中提出，艺术高于现实生活，是人类最高级的活动样式，而个性的自我意识乃是人天性的基础。他旗帜鲜明地宣布文学对社会性理念的弃绝，与“公民艺术”的道别，这标志着一种以审美性、文学性为取向的新的文学意识的萌生。1892 年，梅列日科夫斯基宣读了题为《论当代俄罗斯文学衰落的原因及新的流派》的系列演讲，他明确宣布，俄国文学走向衰败，一种“全新的理想的艺术”—— 象征主义文学已经出现。第二年这部象征主义宣言与纲领之作的问世成为这一文学流派发生的起点和一个新的文化时代的肇始。作为象征主义文学创作的实践，他的题为《象征集》的诗集于同年发表。两年后，勃留索夫（В. Брюсов 1873-1924）主编的《俄国象征主义者》（1894～1895）三卷集诗作相继出版，俄国象征主义作为一个独立的文学流派正式形成。

俄国象征主义文学从它诞生的第一天起就不是一种同质的文学现象，它呈现出创作主体繁复多样的思想取向与不同的艺术追求。对其多向性、不同内涵与特征的描述，文学史上既有代际的视角，即有 19 世纪 90 年代老一代象征主义者梅列日科夫斯基、吉皮乌斯（З. Гиппиус 1869-1945）、索洛古勃（Ф. Сологуб 1863-1927）、勃留索夫、巴尔蒙特等与 20 世纪新一代象征主义者别雷、维 · 伊万诺夫（В. Иванов 1866-1949）、勃洛克等之分；也有地域的划分，即圣彼得堡的明斯基、梅列日科夫斯基、吉皮乌斯、索洛古勃等与莫斯科的勃留索夫、巴尔蒙特、杜勃罗留鲍夫等；还有思想取向差异的界定，颓废主义的明斯基、梅列日科夫斯基、吉皮乌斯、勃留索夫、索洛古勃与宗教神秘主义的维 · 伊万诺夫、勃洛克、别雷、安年斯基（И. Аннинский 1856-1909）等。但这些差异都不影响象征主义诗人与小说家对象征主义文学根本原则的共同坚守：对文学社会功利性的摈弃，对文学宗教精神的追求，对艺术“永恒性”、“纯洁性”的呼唤，对文学语言形式试验的热衷。

19 世纪的最后十年是象征主义文学的生成期。这个新崛起的文学流派是以反对艺术为社会政治和伦理说教服务为美学思想旗帜的。它不仅拒斥生活现实与理性，疏离意识形态，而且疏离群体代言性质，是诗人、小说家对个性、自我的绝对张扬，对世界感受的独特表达。明斯基说，“我生来就只应该爱自己”，“每个人都只爱自己”[1]。勃留索夫说，“我不知有其他的义务，除了

1. «История русской литературы конца XIX–начала XX века», Соколов А., Высшая школа, 1984, С.126.

一种原始的、自我的信念”[1]。索洛古勃说，“没有其他的存在，只有我”[2]。唯我主义诗作洋溢着对世界与生命存在的悲剧性体验，弥漫着颓唐的世纪末情绪。正因为如此，这批象征主义诗人常常被称作“颓废主义者”(декаденты)。

其实，颓废主义与意识形态和诗学风格无关。它既非一种意识形态世界观，也不是一种美学流派，“作为极端怀疑主义的叔本华文明的产儿，颓废主义者不是文学流派的成员。他们的目的不在于创造。他们的使命只有一个——破坏、摧毁旧的东西”[3]。“颓废主义”基本的文化内涵是：对充满危机的社会现实和艺术现实的焦灼和忧虑，悲剧性世纪末体验和叛逆心态的情绪性表达。颓废主义甚至不无英雄主义色彩，“世纪末不应该被看作是一种负面的东西，因为‘颓废主义’恰恰是对晚期民粹主义文学的‘衰落’和60年代‘遗产’的一种积极的反应，是……对真正的俄罗斯文化复兴的建设性的准备……”[4]。

即使是同样的“颓废主义诗人”，他们的诗歌内容也不尽相同。明斯基试图通过诗歌创作构筑一种新的世界观，因此他的诗歌大都具有高度的哲理性。梅列日科夫斯基与妻子吉皮乌斯的诗歌都充满对宗教神秘世界的向往，但前者更富哲思，而后者多表达现代个性心灵的孤苦。勃留索夫刻意于表现社会的灾难和现代文明的崩溃，热衷于诗歌新形式的创造。巴尔蒙特崇尚诗歌旋律的创造和音乐性的表达，重视瞬间的直觉，因而诗歌具有十分鲜明的印象主义特征。索洛古勃对现实世界的可怕、丑恶、污秽有着更强烈的绝望，因此他讴歌死亡与魔鬼。

新世纪的第一个十年是俄国象征主义文学运动的成熟与昌盛期，宗教哲学思想和美学理念得到了最为充分和完美的表达。两代象征主义诗人共同营造了文学的鼎盛景象，在诗歌与小说两个领域都达到了其成就的高峰。

新世纪初，梅列日科夫斯基和妻子吉皮乌斯在圣彼得堡创办了宗教哲学学会和第一个宗教哲学刊物《新路》(«Новый путь» 1902-1904)，大大张扬了文学创作的宗教特质，也为俄国宗教哲学的繁荣作出了贡献。象征主义诗坛领袖勃留索夫除了诗歌，还推出了小说。《开启秘密的钥匙》(1904)是他的一部重要的理论著作。他指出艺术是摆脱思维、理性和科学狭隘性的唯一出路，非理性的直觉是艺术感知世界本质的唯一途径。以象征主义诗集确立了文坛地位的索洛古勃创作了重要的象征主义长篇小说《卑劣的魔鬼》

1. «Стихотворения и поэмы», Брюсов В., 1961, С.110；转摘自«История русской литературы. XX век. Серебряный век», под редакцией Жоржа Нива, Ильи Сермана и др. , Прогресс, ЛИТЕРА, 1995, С.78.
2. «История русской литературы конца X1X–начала XX века», Соколов А., Высшая школа, 1984, С.131.
3. «История русской литературы. XX век. Серебряный век», под редакцией Жоржа Нива, Ильи Сермана и др. , Прогресс, ЛИТЕРА, 1995, С.75.
4. «История русской литературы. XX век. Серебряный век», под редакцией Жоржа Нива, Ильи Сермана и др., Прогресс, ЛИТЕРА, 1995, С.32.

（1907）。

新一代诗人勃洛克、别雷、维·伊万诺夫等以宗教哲学家索洛维约夫（В. Соловьев 1853-1900）为思想宗师，将象征主义文学推进到了一个以“宗教探索热潮”为标志的新阶段，俄国象征主义实现了由主观唯心主义向客观唯心主义的哲学转型。勃洛克把他的全部情感、神性和美学顿悟统统献给了神秘的世界精灵——“永恒的女性”。别雷以“预言家”“新基督”的抒情主人公形象呼唤着自由、美好的精神理想。诗人兼理论家维·伊凡诺夫立足于世界的精神改造，成为“生活的宗教建设者”。此外，像安年斯基、沃洛申（М. Волошин 1877-1932）也在象征主义的艺术探索中有着不同凡响的成就，对20世纪的俄国诗歌产生过重要的影响。与老一代诗人不同，他们并不回避社会现实，在时代精神的感召下也关注社会政治，欢呼社会变革，期望于足以改变罪恶现实的自发的力量，渴望一种伟大的精神创举，而革命的失败则给他们带来了巨大的精神危机，使得他们的艺术探索更具纯美学意义。

1904年，勃留索夫与别雷、勃洛克、维·伊万诺夫、沃洛申等人一起在莫斯科创立了第一个象征主义诗歌月刊《天秤》（«Весы» 1904-1909），成为象征主义运动的喉舌和介绍欧洲文化思潮和文学成就的中心。别雷说是它“扭转了俄罗斯文化之轴”[1]。此后，一批象征主义文学刊物，如《金羊毛》（«Золотое руно» 1906-1909）、《隘口》（«Перевал» 1907）等纷纷问世。大量西欧的象征主义理论、文学著作被翻译、出版，为象征主义文学的传播起到了巨大的推动作用。象征主义文学运动进入到一个如火如荼，具有世界性文化视野的鼎盛时期。

著名的“白银时代”文学史家谢苗·文盖洛夫（С. Венгеров 1855-1920）在《胜利者或是失败者》（1910）一文中指出，驰骋俄国文坛十余年的象征主义文学于20世纪第一个十年末走向其历史发展的尽头[2]。

1909年，先是《天秤》，接着《金羊毛》相继停刊。1910年，维·伊万诺夫首先表达了对象征主义前景的怀疑，“危机和末日审判的时刻已经到来。或是让词语——成为美丽的，空无心灵的，或是让词语——成为鲜活的和实际的”[3]。随后，勃洛克也说，以神秘的象征来表达对现实的审美认知方式已走向死胡同。自此，以维·伊万诺夫、勃洛克为一方，以梅列日科

1. «История русской литературы. XX век. Серебряный век», под редакцией Жоржа Нива, Ильи Сермана и др., Прогресс, ЛИТЕРА, 1995, С.80.
2. «История русской литературы. XX век. Серебряный век», под редакцией Жоржа Нива, Ильи Сермана и др., Прогресс, ЛИТЕРА, 1995, С.31.
3. «История русской литературы. XX век. Серебряный век», под редакцией Жоржа Нива, Ильи Сермана и др., Прогресс, ЛИТЕРА, 1995, С.463-464.

夫斯基、勃留索夫、别雷为另一方，爆发了一场关于改造或是捍卫象征主义美学原则的大辩论。这场吸引了众多诗人参加的大辩论标志着象征主义文学阵营的分歧与危机，预示着诗歌新声的出现。

一年后，以象征主义批评家为主体的，由本是象征主义诗人的戈罗杰茨基（С. Городецкий 1884-1967）和古米廖夫（Н. Гумилев 1886-1921）主持的阿克梅主义诗派团体“诗人行会”（Цех поэтов）应运而生，他们表示要“与象征主义划清界限,举起新的诗歌旗帜”[1]。1913 年,古米廖夫于在文学刊物《阿波罗》（1907～1917）上发表《象征主义的遗产与阿克梅主义》一文，历数了象征主义的各种弊端后断言，象征主义气数已尽，正走向衰败。

随着阿克梅主义作为文学新潮的涌起和发展，象征主义文学已现疲态。巴尔蒙特在 1906 年后离开俄国长达七年，1913 年沙皇的政治大赦令后才重新回国，长期沉湎在闭锁、矛盾、悲观的自我中难能自拔。索洛古勃诗歌和小说中的悲观主义格调更显凄凉，绝望。梅列日科夫斯基夫妇、维 · 伊万诺夫索性远离了象征主义与俄国。而不少象征主义诗人的创作早在那场大辩论前就已经发生了悄然的变化，具有了日益浓重的尘世色彩。1905 年的革命极大地激发了勃留索夫的创作激情，这位此前用神秘主义幻想构筑诗歌王国的诗坛领袖从此把诗歌与俄国革命的命运联系在了一起。革命似乎彻底动摇了勃洛克的世界观和审美追求，他说，“是该大展手脚的时候了，我再也不是小学生了,再也没有什么象征主义了”[2]。别雷也在那场革命失败后回归“人间”，把创作生命融进了苏维埃新生活的建设中，用新的意象描绘着新世界的诞生。

诚然，象征主义的危机与衰落并不意味着这一文学流派的“寿终正寝”。在 20 世纪第二个十年，象征主义文学，这一以诗歌成就为傲的创作流派似乎对小说创作有了更多的热情。勃留索夫继《燃烧的天使》（1908）之后，又有宗教历史小说《胜利的祭坛》（1912）和其未完成的续篇《被推翻的尤比特》（1913）问世，索洛古勃创作了长篇三部曲《被创造的传说》（1914），别雷的长篇小说《彼得堡》（1913）达到了象征主义小说领域的一个高峰。

哲学、宗教、美学思想

俄国象征主义的生成与发展无疑具有西欧哲学思想，特别是德国唯心主义哲学的深刻渊源。谢林（1775~1854）、叔本华（1788~1860）与尼采（1844~1900）的哲学思想是两代象征主义诗人艺术思想的基石，他们直接或

1. «Сюжет и действительность», Добин Е., Советский писатель, 1976, С.22.
2. «Собр. сочинений В 8-тт.» Т.7, Блок А., 1960, С.216.

间接地影响了俄国象征主义文学的哲学与美学思想取向。

谢林发展了客观唯心主义的自然辩证法原则，同时他又高度强调直觉的作用。他以大自然是一个鲜活的、无限的生命实体，具有巨大的无意识精神创造能力这一思想为基础，提出了“泛神论”的哲学思想。与此同时，他又从艺术是把握世界，是达到意识与无意识统一的最高形式的思想出发，提出艺术高于一切的“泛审美主义”原则。著名文艺学家阿韦林采夫认为，正是谢林的“泛神论”和“泛审美主义”成为俄国象征主义文学的哲学根基，文学家创造精神的审美依托[1]。

作为西方非理性主义哲学和直觉主义艺术的倡导者，叔本华认定外在的世界只是现象、表象的存在，人的意志才是本质的存在，只有依靠真实的人的意志才能理解包括他自身在内的世界的本质。所以，“世界就是我的表象”，“世界就是我的意志”。理性只是意志的奴仆，只能理解具体现象的规律，而无法认识世界的本质，世界的最终把握只能依靠非理性的直觉。叔本华把他的美学思想建筑在对生命存在的一种悲观主义的认识基础上，他认为，人是有原罪的，因此人来到世界上注定要受苦受难，生命是一种充满折磨、苦痛的存在。人要想没有痛苦，最好不要诞生。生而为人又要解脱痛苦，只有两个办法，一是死掉，二是哲学的沉思与审美的解脱。审美的艺术，特别是悲剧，不仅向人们展示人生的可怕，还能让他们获得对于苦难乃至世界本质的完美无缺的认识，从而超脱生死境界，实现对意志的安抚、镇静作用。通过艺术复制一切现象的本质和永恒——这就是叔本华的艺术本质论。别雷在“作为一种世界观的象征主义”（1903）中指出，叔本华的审美直觉主义是象征主义的思想源头，“他的哲学著作《作为意志与表象的世界》成为象征主义绝对个人主义的摇篮”[2]。

尼采是叔本华非理性主义哲学思想的崇拜者和承继者，是“生命哲学的创始人”，是对俄国象征主义文学乃至整个世纪之交的文学具有最广泛影响的哲学家。与叔本华一样，他否定理性认识世界的可能性，但关于人生的结论却与他截然相反。他认为，正因为人生是痛苦的，所以人不应该去死，而是要拼搏、奋斗。他在《查拉图斯特拉如是说》（1884）一书中提出，要依靠一种能够左右一切的“强力意志”实现建造新人的理想——超人，一个能够消灭虚假、病态和与生活相敌对的事物进行斗争的英雄。基于对西方资本主义文明和千年基督教传统激烈而又深刻的批判，尼采提出要以古希腊的

1. «Избранные стихотворения Вячеслава Иванова», Аверинцев С., Иванове О В., 1976；《俄国象征主义文学研究》，周启超，社会科学文献出版社，1993 年，48 页。
2. «История русской литературы. XX век. Серебряный век», под редакцией Жоржа Нива, Ильи Сермана и др., Прогресс, ЛИТЕРА, 1995, C.75.

悲剧精神为参照建立一种新的人类行为的道德价值体系。他在《悲剧的诞生》(1872) 中，第一次将古希腊神话中的日神阿波罗和酒神狄奥尼索斯两种文化精神引入哲学和美学领域。他认为，前者是思维和想象的，是理性的梦幻世界的表征，而后者是自然和真实的，充满着生命痛苦与狂欢的迷醉世界的表征，希腊的悲剧正是这两种精神的结合，是艺术的最高典范。但基督教思想却造成了两者间的分离，导致了这一精神传统的式微。尼采更强调狄奥尼索斯精神，追求一种完满、充盈的生命形式，呼唤具有鲜明个性的真正的生命存在。梅列日科夫斯基说，尼采是他的导师，他的"与基督教对立的异教"思想就直接源于尼采的"超人"学说和文化哲学思想[1]。

然而，正如维·伊凡诺夫所言，俄国象征主义文学中"真正具有价值和生命力的一切都深深地植根于本国的土壤"[2]。俄国象征主义文学有着深厚的民族文化精神根基和民族文学的审美特征，它是以索洛维约夫为代表的一大批俄国宗教哲学家对西欧哲学思想所进行的俄国式的宗教再造，是以梅列日科夫斯基为代表的俄国象征主义理论家所进行的美学思想创造。

对实证主义关于世界和人的概念的背离、崇尚生命形态的完美，是俄国象征主义文学家共同的哲学思想取向。这一哲学思想的先驱是俄国 19 世纪后期的宗教哲学领袖——"僧侣骑士"索洛维约夫。他在欧洲唯心主义哲学思想的影响下，提出了一种积极改造社会的，以博爱为基础的宗教哲学思想和基于这一思想基础的宗教艺术观。

索洛维约夫宗教哲学的思想基础是"大一统说"(всеединство)，即世界是整体与部分、一般与个别、精神与物质的统一。他从古希腊哲学家柏拉图关于世界分为现实世界与理念世界、此岸世界与彼岸世界的学说出发，高度强调理念、彼岸世界的重要性、完美性和崇高性。他认为，尘世只是彼岸世界一种世俗的现实反映，噩梦般的现实阻碍着人们实现自己的理想。他呼吁人们摆脱世俗的羁绊，努力接近永恒的彼岸。要做到这点就必须将尘世的生活融于神灵的世界之中，让神性、人性与大自然统一起来。但索洛维约夫并不想回归历史基督教，即俄罗斯东正教的神学传统，而主张将基督教纳入一种新的、相应的理性形式中，于是他创造了一个能充分表达"大一统"思想，融合了神性力量和美的永恒光芒的宗教乌托邦形象——最高神智的"永恒女性"索非娅（物质与精神、个性与共性、神性与理智的完美融合）。他认定，新世界将会在神秘世界与世俗世界的这一融合中，在人神合一的"永恒的女

1. 《俄国白银时代文学概观》，李辉凡，中国社会科学出版社，2008年，111页。
2. 《伊万诺夫四卷集》（第二卷），布鲁塞尔，1971~1987，596页；转载自《俄国现代主义诗歌》，郑体武，上海外语教育出版社，1999年，9页。

性”最终来到人世的那一刻诞生。

他还把艺术看作是实现“大一统”思想的唯一手段，因为艺术排除了理念与感情、精神与物质间的矛盾，能将世界存在的真善美统一起来并生动形象地表现出来。他强调，艺术的使命就是要创立宇宙的“精神肌体”“世界灵魂”，确立并实现绝对美的秩序。他断言，艺术与宗教自古以来就是不可分割的，未来的艺术只能是一种宗教的艺术。在艺术审美理念上，他认为，现实生活中的美只是短暂的，瞬间的，因此不是真正的美，真正的美是永恒的，不朽的，它只能存在于超自然的、超人类的理想世界之中。索洛维约夫的“新基督思想”为大部分新一代象征主义者所接受，并被他们在创作中赋予了一种强烈的神话色彩。

唯心主义哲学思想与强烈的宗教意识派生出了以梅列日科夫斯基为代表的象征主义诗学理论和审美功能的基本要义，它主要体现在以下三个方面。

首先，是神秘的内容，这是象征主义对世界的理解与把握。

梅列日可夫斯基主张文学与宗教的联姻，他说：“现代人是无助的，面对的是无法言喻的黑暗，……不管我们躲避到哪儿，无论我们如何隐藏在科学批评的堤坝后面，我们都会全身心地感到对神秘的亲近……人们从来都没有像今天这样在心中感到必须有一种信念，也从来没有用理性感悟到这种信仰是不可能的。正是在这种无法解决的、病态的不和谐中，在这一悲剧性的矛盾中……蕴藏着 19 世纪对神秘主义需求的典型特征。”[1] 他认为，文学为社会服务是艺术的死胡同，车尔尼雪夫斯基的“艺术唯物主义”是导致艺术鉴赏力普遍衰退、文学衰落的原因，艺术的本质在于一种神秘而又永恒的感受，一种永恒的宗教神秘主义。这种宗教神秘主义，不是与政治、哲学、艺术并列的具体宗教，而是建筑在非理性直觉基础上的宗教神性、神秘性。象征主义艺术家只有凭借着神秘的艺术氛围、宗教神性的灵光，才能表达对世界存在的看法并进行独特的审美观照与艺术显现。正是在这个意义上，象征主义艺术具有对人类精神重铸和更新的作用，是一种艺术形式的精神革命，是对人类伟大的拯救。所以象征主义文学应该对生活现象作出神秘主义的把握和理解，并创造出独特的、非实指意义的神秘形象来。

其次，是象征的手法，这是指象征主义文学创作的独特的诗学手段。

梅列日可夫斯基认为，象征是象征主义文学诗学手段的核心，象征主义艺术世界独有的创新机制。它是最高的精神现实的符号，沐浴着宗教哲学精神，表达着象征主义的美学思想和审美取向。它与浪漫主义、现实主义文学

1. «Проза русских символистов», Ломтев С., Интерпракс, 1994, С.6.

中寓意性的象征性形象有着本质的不同，其特点与机制在于它的多义性、整体性、语境性。象征形象的意义是多重的和不可穷尽的，它们可以被无限地延展，其深层意义是无法被彻底揭示的。象征是对事物、形象的整体性概括，它具有宏观的包容性。象征融合着作家、诗人对整个生活、整个世界的认识和看法。它不是个别的、局部的、外在的、可视的，而是内在的、永恒的、宇宙和世界进程的本质联系。象征的文化意义只有在一定的语境中才能被解读，因为其语词、形象的象征意义不是与生俱有或约定俗成的，只有在相应的艺术世界的语境中才能获得其独特的意义。象征的意义是要依靠读者自己的体验、感悟、创造才能得以释解的。他借用歌德的话说："诗歌作品应该是象征的……象征应该自然地，不由自主地从现实的深处流淌出来。"[1]

第三，是艺术感受力的扩张，这是指象征主义文学所追求的审美意境与艺术效果。

理论家认为，在赋予文学以象征性的同时，文学家应高度重视艺术文本审美感受力的提升，即让艺术思维能力得以拓展，让艺术表现力得以扩张。象征主义诗人、作家应该兼具思想家、哲学家、艺术家的风采，把哲学思想、宗教意识、文化精神、艺术感悟贯穿于创作实践中，将文学哲学化、宗教化、艺术化。以哲理的思考开拓诗歌的意境，揭示生与死、爱与憎、善与恶等普世性的文化、伦理命题，以新的宗教意识把握世界，表达对瞬间与永恒、人间与天上、世俗与神性等永恒主题的思考，提升文学的思想张力，增添幽远的哲学深意。文学家应该力图从世界古典文化，特别是神话和民间文学中汲取文学"材料"，大大丰富文学的"神话"世界。象征派作家还要把音乐精神当作诗学创造的重要手段，将音乐的结构原则运用于诗歌和小说中，让创作产生独特的音乐美。象征主义比此前的任何一种文学流派更重视、强调语言的诗学价值和功能，冲破词语习以为常的意义外壳，激活其深层的内在意蕴，复活语词的创造性诗性品格，借助语词创造独特的象征意象。在诗歌领域，可用支离破碎的话语替代诗歌语言的规范化节奏，打乱诗歌各部分的顺序以取代传统诗歌结构的连贯性、完整性，靠读者创造性的连接来使意思完整。在小说领域，则要破坏其传统的结构和语言叙述的连续性、规范性，挣脱表现人物的传统范式，建立新的叙事风格。总之，象征主义作家要向既有的文化准则和正统性挑战，要有强烈的自我意识，异化现存的文学秩序，破坏现存的繁文缛节，不断更新艺术形式和风格，让墨守成规的读者从情感上受到震撼。

1. «Проза русских символистов», Ломтев С., Интерпракс, 1994, С.8.

代表作家和创作简介

集结在象征主义文学旗帜下的是一个颇负盛名的诗人与小说家群体。其中梅列日科夫斯基、勃留索夫、索洛古勃、勃洛克、别雷因各自强烈的“自我意识”有着更为鲜明的个性色彩，不仅是这一文学流派不同风格、艺术追求的典型代表，也是象征主义文学在不同时期分别所达到的最高成就。

1. 梅列日科夫斯基

无疑，梅列日科夫斯基首先是一个杰出的象征主义文学理论家和文学批评家。除了一系列哲学、美学理论著作，他对普希金（А. Пушкин 1799-1837）、莱蒙托夫（М. Лермонтов 1814-1841）、果戈理（Н. Гоголь 1809-1852）、陀思妥耶夫斯基、列·托尔斯泰、契诃夫、高尔基、塞万提斯、但丁等俄罗斯和西欧文学大师都有过非常独特而重要的著述。《列·托尔斯泰与陀思妥耶夫斯基：生活与创作》(«Л. Толстой и Ф. Достоевский：жизнь и творчество» 1901-1902）是俄国文学史上第一部对两位经典大师的创作个性及艺术理念进行宗教哲学比较分析和研究的重要论著。德国著名作家托马斯·曼称梅列日科夫斯基是“尼采之后最富天才的批评家和世界级的心理学家”[1]。但他同时也是诗人、(长篇和中篇）宗教历史小说家，被作为20世纪世界重要的文学家列入美国1983年出版的《20世纪世界文学百科》中。

与同时代的勃留索夫、巴尔蒙特、索洛古勃、吉皮乌斯等诗人相比，梅列日科夫斯基显然不是一流的诗人，他对宗教哲学的探索热情远高于其诗歌创作的热情。他在90年代中期前写过抒情诗和长诗，以后没有再写。早年的诗歌创作《象征集》题材多样，是诗人个人情绪的抒发，他用“祈祷”一词概括诗歌的全部内容，说明诗人强烈的宗教意识，鲜明的神秘主义倾向。

他留给20世纪俄罗斯象征主义文学创作最为珍贵的遗产是俄国象征主义文学中的第一部长篇小说，他的宗教历史长篇《基督与反基督》(«Христос и антихрист» 1905)。

《基督与反基督》由《众神之死·叛逆者尤里安》(«Смерть богов. Юлиан Отступник» 1896)、《复活的众神·莱昂纳多·达·芬奇》(«Воскресшие боги.Леонардо да Винчи» 1901)、《反基督·彼得与阿列克谢》(«Антихрист. Петр и Алексей» 1905) 三部长篇小说构成。第一部写古代文明悲剧性的衰落，尤里安是罗马四世皇帝，他提倡恢复多神教，是基督教的叛逆者。第二部写希腊诸神复活，古代文明恢复生机，人性、个人的精神自由重新得到确认。

---

1. «История русской литературы. XX век.Серебряный век», под редакцией Жоржа Нива, Ильи Сермана и др., Прогресс, ЛИТЕРА, 1995, С.216.

而代表两种真理的融合的标志是达·芬奇的出现。第三部中彼得与他的儿子阿列克谢是两种真理的体现者。彼得是个人自由意志的表达者，阿列克谢则是教会的代表。两者的矛盾象征着两种真理的斗争、灵与肉的冲突。彼得的胜利意味着个人自由意志的胜利，但阿列克谢预感到两种真理将在即将到来的神明世界里融为一体。

小说是梅列日科夫斯基宗教哲学思想的文学演绎。作家选择西欧和俄国历史上最具动态的时期作为长篇小说的故事时间，展示的却是高度静态的、超历史的人类历史文化构筑。他关注的并非历史个性和他们的思想，却是一种人类的思维"原型"。他认为，一部人类的文化发展史就是两种真理的斗争史：上天的真理和尘世的真理，心灵的真理和肉体的真理，基督与反基督。前者追求精神上的自我牺牲，追求人与神的融合；后者崇尚个性的独立完整，追求人的自我确立、自我崇拜。基督教是上天、心灵的真理，而多神教是尘世、肉身的真理。如同人类文化历史的发展进程一样，在人的内心世界里也始终存在着这样的两种真理的斗争。他试图以形而上的方式找到解决人类文化史上这个二律背反命题的答案，解决人内心世界中这一永恒的冲突。梅列日科夫斯基渴望两种真理的和谐统一，期待着具有宗教神性精神的"人神"的出现。他坚信，"现代人如何利用选择的自由将决定人类形而上的未来：'具有新的宗教意识的俄罗斯人应该记住，他们中每一个人的一种难能捕捉的意志运动、原子运动，也许就决定着欧洲世界的命运'。"[1] 这正是理解长篇小说三部曲的钥匙。三部曲中提出了日后成为象征主义文学的基本命题：天与地、人与神、生与死、世界末日、俄国在人类历史中和当代世界中的地位等。

2. 勃留索夫

勃留索夫是批评界公认的象征主义诗坛领袖，是象征主义诗派的开拓者之一。同时他还是小说家、理论家、批评家，被高尔基誉为"博学多才的诗人""罗斯最有文化修养的作家"[2]。

在诗集《俄国象征主义者》(«Русские символисты»)中，既有他的青年习作，又有米罗波尔斯基、巴尔蒙特、杜勃罗留鲍夫等俄国诗人和魏尔伦、马拉美、爱伦·坡、梅特林克等欧美象征主义诗人的作品。勃留索夫的早期诗作，或"风景诗"，或"宣言诗"，已表现出其早期极端个人主义、悲观主义、追求思想与艺术"创新"的艺术取向。引起诗坛大哗的独行"招牌诗"——

1. «История русской литературы. XX век. Серебряный век», под редакцией Жоржа Нива, Ильи Сермана и др. , Прогресс, ЛИТЕРА, 1995, С.223.
2. «Серебряный век.Пособие для учителей», Интерпракс, 1994, С.78.

“啊，遮起你苍白的双腿”（“О, закрой свои бледные ноги!”），正是他用以震撼读者、吸引眼球的标新立异的“广告”。

《杰作》（«Шедевры» 1895）和《这是我》（«Это – я» 1897）是他 19 世纪 90 年代的两部代表诗集，被视为其诗歌创作的第一个高峰，彰显了诗人强烈的唯我主义和颓废主义思想倾向。爱情是第一部诗集中的重要题材，肉欲的、病态的、苦难的、悲剧性的爱情是这一题材的主旋律。“死亡，死亡，死亡”，作为其中一首诗歌的标题，充分表达了诗人对人类这一美好情感，乃至生命存在的厌倦与绝望。《这是我》是勃留索夫拒绝现实、张扬自我、主张艺术至上的创作宣言。这在《致少年诗人》（«Юному поэту» 1896）中得到了集中而鲜明的体现：“不要活在现实中，诗人的领地——只在未来。……对谁也不必同情，只要无度地自爱。……崇尚艺术，只能是它，无须思考，没有目的。”诗集宣扬世界是令人厌恶的，爱情是虚幻而不可相信的，唯有自我和艺术才是真切、美好的。诗人突破自然语言单纯表意的交际功能，以象征、暗示、逆喻等多种手段来“陌生”并拓展语言的诗性特质。诗人用“睡眼蒙眬地勾画声响”（полусонно чертят звуки）（《创作》«Творчество»）表达创作主体的心绪与创作客体的艺术效果，用“在嘹亮的寂静中”（в звонко-звучной тишине）（《创作》«Творчество»）的逆喻渲染寂静的丰盈内蕴，在非逻辑中呈现直觉的感受和新颖别致。

20 世纪的第一个十年是勃留索夫诗歌创作的第二个高峰。此间，诗人转向历史，特别是古罗马历史题材。他在对历史的思考中拓展并深化着对现实、对俄国与人类未来的思考。诗集《第三班岗》（«Третья стража» 1900）是诗人最优秀的诗作。古罗马人将午夜后最后一班为皇帝放哨的夜岗称为第三班岗，以表征对黑夜即将逝去、黎明就要到来的希望。勃留索夫坚信，俄罗斯以及俄罗斯文学萎靡、可怕的黑夜即将结束，光明的未来即将在新世纪呈现。其中的组诗《世纪的宠儿》（«Любимцы веков»）以历史活动家、思想家和神话英雄为主人公，是诗人展开对欲望与使命、天才与平庸、领袖与群众关系思考的文化原型。亚述王伊萨哈顿、以色列王所罗门、英雄武士奥德赛、圣经中的形象摩西、马其顿王亚历山大、诗人但丁、法国皇帝拿破仑等形象成为审视俄罗斯平庸与黑暗现实的参照。时代呼唤着“超人”—— 健武有力，有着强烈的自我意识和坚定信念，蔑视艰难与死亡的英雄 —— 的诞生。诗人在这些充满“俄罗斯精神，散发着罗斯气息”的、被高度浪漫化了的历史英雄身上寄寓着改造俄罗斯现实、期待俄罗斯“超人”的美好希冀。组诗《城市》（«Город»）是诗人对当代都市文明的思考。勃留索夫对都市的态度是矛盾的。他不仅揭示都市文明对人类不无罪恶的诱惑，也讴歌物质文明的巨大进步。

其中的《南方十字共和国》(«Республика Южного Креста»)展现的是一座疯人城，是摧毁人类个性的都市文明罪恶的象征。然而《黄昏》(«Сумерки» 1906)中的都市形象——“辉映着电的月亮”(горят электричеством луна)，“拨动着电讯的琴弦”(звенят телеграфные струны)——则是他对代表人类智慧与意志的都市文明的不无赞美的描述。在《石匠》(«Камещик»)中现代都市是“靠劳动人民建造的牢狱”。

诗人并无明确的世界观与对俄国社会现状、未来清醒的认识，更没有改造世界的明确目标，他对历史的回顾、对都市文明的思索都是基于对现实认识的危机感。审美之上的艺术观决定了他求索、寻觅的与其说是真理，莫如说是一种新型的、得以充分表达自己心绪的艺术样式。主导他创作的是一种相对主义的世界观、绝对自由的创作方式。正如他在《致吉皮乌斯》(«К З. Н. Гиппиусу» 1901)的诗中所言，“颠扑不破的真理，/ 我早已不信，/ 我爱所有的大海，所有的码头，/ 从无半点偏心。/ 我愿自由的大船，/ 能四处航行，/ 无论是上帝，还是魔鬼，/ 我一样赞美无异”。世界上没有任何真理可言，亦无善恶之分，这相对主义仍然蕴藏着一种对世界和现实的悲剧性感受。

勃留索夫说，1905 年是一个“急风暴雨的一年，充满漩涡的一年。……有时我已经十分真诚地准备抛弃我以往的一切生活道路，迈向新的道路，重新开始一切生活”[1]。勃留索夫开始把诗歌创作与俄国的社会生活结合起来，日俄战争和资产阶级革命成为他此间诗歌的重要内容，政治抒情诗成为他创作的重要体裁。《匕首》(«Кинжал» 1903)、《花环》(«Венок» 1906)、《未来的野蛮人》(«Грядущие гунны» 1904-1905)、《致太平洋》(«К тихому океану» 1906)、《致同胞》(«К согражданам» 1906)等诗篇是这时期勃留索夫的代表诗作。其中既有重要的历史、神话篇章，也有反映同时代社会生活的精彩诗章。诗人的情绪更加激昂，变革的渴望更加强烈，诗句更为激越。显然，勃留索夫告别了极端个人主义、悲观主义和非道德主义的颓废情绪，表现出鲜明的理性原则和与现实生活的联系。高尔基说，在他的诗歌中“有了一种坚定的，健康的东西”[2]。

历史长篇《火焰天使》(«Огненный ангел» 1908)、《胜利的神坛》)(«Алтарь победы» 1912)和续篇《被推翻的尤比特》(«Юпитер поверженный» 1913，未完成)是诗人在小说领域的重要成就。前者以男主人公鲁普列赫特和女主人公列娜塔的爱情悲剧为情节线索，以 16 世纪路德宗教改革时代的德国社会生活为背景，展现了德国社会转型期的精神、道德风貌，揭示了宗

1. «История русской литературы конца X1X–начала XX века», Соколов А., Высшая школа, 1984, С.165.
2. «История русской литературы конца X1X–начала XX века», Соколов А., Высшая школа, 1984, С.162.

教神秘主义与新兴的人道主义之间的冲突。后两部长篇反映的是古罗马帝国走向衰落时期多神教与基督教之间的斗争。小说仍以男女主人公的情爱生活为主线，展现了众多的社会事件和罗马奴隶制社会不同阶层人物的悲剧性命运，是作家对多神教与基督教、个性与历史这些重大文化、哲学命题的思考。勃留索夫以历史为话题，表达在人类历史文化进程中，特别是在文化转型期个体命运的孤独、苍凉与悲哀。

3. 索洛古勃

索洛古勃是象征主义诗坛为数不多的出身贫寒的平民诗人和小说家，他在诗歌和小说两个领域都成就卓著。吉皮乌斯说，“我一直认为他是一个优秀的诗人和优秀的俄罗斯小说家”[1]，别尔嘉耶夫也称他是“最杰出的作家之一”[2]。

饱经贫穷、磨难，孤苦、无助的人生使他始终对命运抱有十分悲观的认识，在他的创作中始终有一种难以释怀的世纪末情绪。唯我主义与颓废主义是他早年诗歌创作的两个主导情结，死亡、魔鬼、幻想则是他诗歌和小说创作中的基本意象。批评界称他为“诞生在窒息的地下室中的俄罗斯的叔本华”[3]，我们从他一系列诗歌的标题中便可见一斑：《死神啊，我属于你！》(«Смерть, я твой!»)、《魔鬼的秋千》(«Чертовы качели»)、《田野上暝色苍茫》(«В поле не видно ни зги»)、《人与人是野兽》(«Человек человеку дьявол»)……故而，索洛古勃在诗坛有着多种绰号：“死亡的骑士”[4]“激烈的和彻头彻尾的颓废情绪的歌手”[5]。长期以来苏联评论界始终把他看作一个与苏维埃文化相对立的文学现象，认为他的创作充满了“毫无出路的悲观主义和怀疑主义”[6]。

“*死神啊，我属于你！/我满目所见，全是你，/——于是我憎恨尘世间七情六欲的魅惑。/人生的欢乐我都已看破。/什么战斗，节日和交易，/这一切喧闹都是烟云而已*”，这是他对现实生活的憎恨与绝望，对挣脱俗世迎接死亡的向往。“*魔鬼啊，我的父亲，/救救我吧，因为我在沉没*”，称魔鬼为父亲的诗人正是从他那里承继了精神的孤独、心灵的冷酷、对世俗生活和人的厌恶。“*一天只有到了夜晚才美妙……*”，这是他对不堪忍受的白日生活

---

1. «Воспоминание о серебряном веке», Составитель Крейд В., издательство Республика, 1993, С. 94.
2. «Проза русских символистов», Ломтев С., Интерпракс 1994, С.64.
3. «История русской литературы. XX век. Серебряный век», под редакцией Жоржа Нива, Ильи Сермана и др., Прогресс, ЛИТЕРА, 1995, С.76.
4. «Воспоминание о серебряном веке», Крейд В., издательство Республика, 1993, С.86.
5. «Эрос Россия. Серебряный век», Александр Щуплов, Изд. Лептос, 1992, С.281.
6. «Проза русских символистов», Ломтев С., Интерпракс, 1994, С.64.

的诅咒。颓废主义情绪既是诗人人生的遭际使然，也是充满危机的世纪之交的时代特征。索洛古勃在诗歌中流露的这一情绪表达了他对黑暗现实的强烈不满与抗争，揭示了社会生活的荒诞与人的异化。语言的简洁、意象的独特、象征的深邃构成了索洛古勃诗歌艺术的三大特征，这在他为去世的妹妹创作的诗集《火焰圈》(«Пламнный круг» 1908）中得到了最为充分的体现，被高尔基称为诗歌艺术“形式方面的典范”[1]。

相对而言，索洛古勃的小说成就更为斐然。在小说中他深化了对现实世界污秽、黑暗的认识，强化了他对幻想世界的向往，表现了生命存在的两重世界，丑恶、荒诞的现实世界与美好、真实的幻想世界，赋予了这一命题深刻的哲理意义。世纪之交他共创作了50篇短篇小说，分别收集在他的五个集子：《短篇小说与诗歌》(«Рассказы и стихи» 1886)、《死亡的毒刺》(«Жало смерти» 1904)、《腐烂的面孔》(«Истлевающие личины» 1907)、《离别之书》(«Книга разлук» 1908)、《魅惑之书》(«Книга очарований» 1909)。

《小人物》(«Маленький человек» 1905）中矮小的主人公无法面对高大魁伟的妻子，误食了本准备让妻子服用的“缩微药”，从而使他的人生发生了灾难性的变化。单位解除了他的公职，妻子将他当作活广告放在了她所经营的商店橱窗里。越变越小的小人最终化作尘埃消失了。19世纪俄罗斯文学的“小人物”母题被索洛古勃作了独特的象征主义处理。作家并不着意于表现社会底层小人物的悲苦，而是提出了人的悲剧性地异化而最终丧失的存在命题。叔本华的世界意志吞噬个人意志的重要思想被作家以一种讽刺性的怪诞意象表现了出来，人在现实世界中的异化在小说中呈现出颇具讽刺色彩的闹剧形式。索洛古勃由对日常生活的叙写走向了对人的存在的哲学思考，俄国的荒诞小说由他揭开了第一页。

《卑劣的魔鬼》(«Мелкий бес» 1907）是他在长篇小说领域的代表作，生命存在的两重世界得到了更为广阔、深入的揭示。作品以外省小镇的日常生活为叙写对象，刻画了一个遭到欲望魔鬼诱惑而堕落的外省中学教师别列多诺夫的丑恶形象。主人公是平庸自私、阴暗卑鄙的代名词，罪恶的世俗生活的产儿，人类恶的集大成者。而一群对生活充满信心，具有狄奥尼索斯精神的少年男女则是天堂世界的代表，理想生活的希望所在。他们纯洁天真，乐观向上，充满了对生活的乌托邦幻想。别列多诺夫的升迁证实了两重世界中荒诞、丑恶俗世的强大，美与善生存权利的失落。小城的现状是整个俄国，乃至人类生活现状的写照。索洛古勃对俗世恶魔主宰下的现实进行着审丑式

1.《文学书简》(上)，高尔基著，曹葆华等译，人民文学出版社，1962年，455页。

的观照：面目可憎的人物肖像，零乱无序、荒芜的花园，无人管理的破旧、灰色的亭子，小镇上每个人的生活和自然环境都被荒诞、丑陋化了。主人公的卑劣行径和荒诞作为常常会被一种貌似天真的叙事话语和强烈的讽刺、批判语气所消解，呈现出作家鲜明的思想倾向。奇巧的结构，情态化的修辞，不无虚幻的场景使得小说具有极强的艺术感染力。

三部曲《被创造的传说》（«Творимая легенда» 1913）是作家长篇小说创作的另一个高峰。它由《血滴》（«Капли крови»）、《奥尔特鲁达女王》（«Королева Ортруда»）、《烟与灰》（«Дым и пепел»）三部分构成。“我撷取一段粗鄙和不幸的生活，用它编织一个甜蜜的传说，因为我是诗人”，索洛古勃这样表白他的三部曲的创作立意。改造生活，创造生活，创造神话——正是这一“甜蜜的传说”的主旨所在。作品以1905年后俄国社会生活的巨大变故和变革为世俗现实，以虚构的联合岛国国王——美少女奥尔特鲁达光明、美好，却充满悲剧的短暂人生为映照，通过穿插在这两重世界的魔幻主人公特利罗多夫的奇特命运，表现了日常世俗生活与精神存在、兽性与神性、恶与善、丑与美、恨与爱的两重世界的截然对立和难能休止的斗争。这一对立与斗争无时不在，无处不在，表现在每一个个性的内心世界中。政治、革命、情欲、权力、宗教……现实生活中的各种重大命题都在小说中以各种方式得以呈现，汇聚着三种力量（批判现实、憧憬未来、渴望死亡）的主人公特利罗多夫（俄文意义是三个族类）的命运体现着作家对充满兽性、邪恶、丑陋、仇恨的罪恶俗世的抗争与摆脱，对改造这一黑暗现实、渴望神性和真善美的憧憬。评论界认为，小说“赋予了象征主义，这一具体的创作原则，以一种具有世界意义的历史作用”[1]。

4. 勃洛克

勃洛克被誉为代表“一个诗歌时代”的“俄罗斯象征主义最伟大的诗人”[2]。时代精神、宏大气势、狂热的诗性语言、强烈的音乐节奏形成了诗人独特的诗学体系，他对俄国现代主义诗歌的影响是罕有其匹的。

作为索洛维约夫宗教哲学思想的痴迷者和传承者，他反对导致世界分裂的社会斗争方式，试图通过艺术对绝对美、绝对精神的追求来实现人类的和谐统一。他一改早年象征主义诗歌唯我主义和颓废主义的诗风，将宗教的、哲学的、社会的宏大内容融进了他所创造的一个又一个独特的文化神话中。

1. «История русской литературы. XX век. Серебряный век», под редакцией Жоржа Нива, Ильи Сермана и др., Прогресс, ЛИТЕРА, 1995, С.300.
2. «История русской литературы. XX век. Серебряный век», под редакцией Жоржа Нива, Ильи Сермана и др., Прогресс, ЛИТЕРА, 1995, С.127.

《美妇人诗集》(«Стихи о прекрасной даме» 1904) 是他第一部"金色"诗卷，是他关于"永恒女性"的文化神话。"美妇人"既是他所钟情的俗世恋人的诗性升华，也是索洛维约夫审美理念中神秘的"永恒女性"的艺术再现，是爱与美、安宁与和谐的精神理想的化身。她似乎是现实的，"婀娜和高挑，永远高傲和严肃"，抒情主人公"每天都能远远地望见" 躲藏在"黑暗的门洞里"的她。但她更是神秘的，是"美丽的圣女""庄严而永恒的爱人！"，是充满了"微笑、传说和梦幻"的女人。他的未婚妻说，"您把我看作了某个抽象的思想；您过于丰富地在我身上想象着各种美好的事物，而在这一臆想的虚幻的遐思中您并没有发现，而是错过了一个鲜活的，有着鲜活灵魂的活人"[1]。虚假、痛苦、罪恶的尘世与真实、幸福、纯洁的理想世界在勃洛克的笔下是对立的，正是"美妇人"被诗人视为能改造世俗世界，实现理想世界的永恒形象。

第二部诗卷《陌生女郎》(«Незнакомка» 1906)、《意外的喜悦》(«Нечаянная радость» 1907)、《白雪面具》(«Снежная маска» 1907)、《雪中大地》(«Земля в снегу» 1908) 等被他称为"紫色"诗卷，那是他的关于"现实世界"的文化神话。新诗卷已显现出勃洛克异于以前的创作内容与艺术风格。1905 年革命前后俄国社会的政治风云使得诗人从神秘主义睡梦中醒来，他不再相信人类精神再造的可能性，开始远离世界和谐的幻想，对社会现实生活的关切取代了对绝对精神理想的追求，甚至出现了对蒙昧混沌的大自然、生命酒神精神的迷恋。面具、暴风雪、大自然、都市……诗歌题材在扩大，现实生活的成分在增加。怀疑、迷惘、批判、讽刺成为他此间抒情诗歌的主要情调。

"陌生女郎"尽管尚有"美妇人"的影子，却具有了酒馆女郎的尘世色彩，这一多层次的象征意象既有庸俗、颓废的物质世界的表征，也有"酒醉"的抒情主人公对新的生命价值的追求。"我知道，真理就在酒中"，生活不过是人们在面具的掩盖下饱受创伤痛苦的一场"滑稽草台戏"(«Балаганчик» 1905)，那是诗人表达对假面舞会式的丑恶的现实生活的憎恶，被他称为第一篇"先验性的讽刺"之作。组诗《白雪面具》中飘舞的大风雪不仅宣泄着抒情主人公对充满痛苦、即将毁灭的现实世界的绝望，还表达了他对变革现实的朦胧的希冀，"戴着白雪的面具，可爱的骑士，/ 你在白雪的面具中燃烧吧！"。诗人似乎在被大雪掩埋的大地上，在回归民间习俗和对自然众神的信仰中获得了快乐(《雪中大地》)。诗歌具有鲜明的隐喻性和强烈的音乐性，

1. «История русской литературы. XX век. Серебряный век», под редакцией Жоржа Нива, Ильи Сермана и др., Прогресс, ЛИТЕРА, 1995, С.134.

话语情感色彩浓烈，音调激越铿锵。小型诗剧《滑稽草台戏》、《广场上的国王》(«Король на площади» 1906)、《陌生女郎》等深化并荒诞化了诗歌的主题，表达了充满疑虑、矛盾并向往自由、光明的现代人的灵魂，成为俄国革故鼎新的第一批现代主义诗剧，《滑稽草台戏》还被现代主义戏剧家梅耶荷尔德搬上了舞台。

第三部诗卷《可怕的世界》(«Страшный мир» 1909)、《卡门》(«Кармен» 1914)、《夜莺园》(«Соловьиный сад» 1914)、《祖国》(«Родина» 1909-1916) 等是诗人与时代相伴而生的诗性体验，是他关于“社会”“俄罗斯”“艺术”深度思考的文化神话。深沉博大的主题、风格多样的体裁、强烈的艺术责任感与使命感，成为被他称为“合成”诗卷的鲜明特点。

组诗《可怕的世界》的抒情主人公内心的分裂与陀思妥耶夫斯基的“两面人”命题相交织，展现了“可怕世界”的悲剧性命题。失去内心和谐而充满矛盾、分裂的主人公以不同的“两面人”形象出现在诗歌中。长诗《报应》(«Возмездие») 既是诗人对生命悲苦、凄凉、绝望的感慨，也是良心、道德的自我审判，已显露出诗人对来自民间的自发力量报复罪恶文明的欢迎与希冀。组诗《抑扬格》(«Ямбы») 是对“可怕的世界”的挑战，充满了“我要狂热地生活下去”的强烈信念，“他是善良与光明的骄子，他是胜利光明的象征”的乐观主义情怀。组诗《意大利诗行》(«Итальянские стихи») 则以古老的意大利艺术文化为命题，对抗拒现实俗世的艺术竭尽赞美，其“艺术的闪电”必将战胜邪恶与死亡，诗中的但丁形象即是这一艺术本质的体现。《卡门》是勃洛克最后一组爱情诗，卡门形象被赋予了复杂多重的意义：独立不羁、热爱自由的吉卜赛女子，充满活力的生命原欲的代表，富有创造力的大自然的象征，对光明未来的希望。幻想长诗《夜莺园》是诗人对时代与艺术家使命重大命题的思考。抒情主人公无法驻留在宁静、神奇的“夜莺园”中，因为它远离真正的生活现实，夜莺甜美的歌声无法压倒海洋的喧嚣，他要走向宽广、严峻的现实生活，迎接崇高的真理，实现自己的使命。

组诗《祖国》是第三部诗卷中最重要的诗作，祖国形象也是他诗歌中最富光彩的形象。其中《俄罗斯》(«Россия»)、《造访》(«Посещение»)、《篝火中飘出蓝灰色的烟……》(«Дым от костра струею сизой...»)、《在库里科夫原野上》(«На поле Куликовом»)、《在铁路上》(«На железной дороге») 等优秀之作无不充满了强烈的历史感，具有丰富的文化内涵。“祖国”既是诗人的故乡，又是伟大的祖国罗斯；既是贫穷、沉闷、苦难的罗斯，又是浪漫、美好、充满诗意的罗斯；既是一个被蹂躏、被戕害的女性，又是摄人心魄的恋人、妻子。诗歌中在与“世界灵魂”“美丽女性”的比照中展现了生活现实的苦难与矛盾。勃洛克赞美罗斯大好的河山、光辉的历史，对其新生充满了希望。祖国与人民、历史与现实、人的命运、战争与和平等重大命题在诗集中都得到了深入的表现。

《12 个》（«Двенадцать» 1918）是勃洛克最为辉煌的抒情长诗，是他关于"革命"的文化神话，是诗人思想与创作道路的逻辑终结。旧世界的灭亡与新世界的诞生在长诗中得到了极为鲜明和形象、却不无矛盾的象征主义表达。"风在吹拂，雪在飞舞。……四周是火，火，火……"，"风呀，风呀！/吹遍了上帝保佑的全世界！""我们要……把世界性的大火燃起……"高亢、强烈、富有震撼力的表现是诗人对旧世界崩溃的热烈欢呼，对伟大变革由衷地讴歌。旧世界的种种代表人物萎缩，苟且，没落，而新世界的代表——带着白玫瑰花环、高举红旗在基督引领下的 12 个赤卫队员却具有复杂的文化意蕴。他们似乎是基督 12 个弟子的隐喻，既是旧世界的掘墓人，新生活的建设者，又是迷惘、漠然、自发的跟从者与破坏者。他们与大雪、暴风、烈火、黑夜一道构成大自然原始的"自发力量"。他们狂放恣肆，关上房门"抢掠"，打开酒窖"痛饮"，他们中甚至有违背道义的叛徒与手上沾满鲜血的罪犯。他们乘革命的"顺风"行进在城市的街道上，却在作恶、杀人之后遭遇了大自然"逆风"的阻挠。勃洛克并非十月革命的歌者，他在一场巨大的变革风暴中感受到了旧秩序灭亡的欣喜与激动，同时也为这场"无政府主义风暴"的无序、破坏力感到不安。该长诗 12 章的链式结构情节完整，音调多彩，情感充盈，语言丰富。口语、俗语、俚语的广泛运用，进行曲、抒情调、民歌民谣等不同体裁的交织，呈现出多声部的"革命交响"。

5. 别雷

别雷是象征主义文坛最富探索精神和创新精神的诗人和小说家，小说是他创作遗产中最重要的体裁。音乐性是他在象征主义诗学理念中最看重的要素，他是"新型音乐旋律小说的缔造者"[1]。

"交响曲"是他独创的象征主义小说样式，一种并非叙事而高度韵律化的小说，一种合成了诗歌、小说、音乐等多种艺术元素的小说。

别雷一生创作了四部"交响曲"，分别是《北方交响曲》（«Северная симфония»，又名英雄交响曲（«героическая» 1901-1903）、《戏剧交响曲》（«Симфония драматическая» 1902）、《回归》（«Возврат» 1905）和《暴风雪之杯》（«Кубок метелей» 1908）。四部曲是作家对人类生存状态的哲学观照，魔性

1. «История русской литературы. XX век. Часть 1», под редакцией Агеносова В., Дрофа, 2007, С.217.

的日常世界与神性的精神世界的对立构成四部“交响曲”的基本冲突，对精神、理想、永恒世界的呼唤是作品的主题。

响彻《北方交响曲》的主旋律是对和谐、完美、永恒世界的讴歌，是索洛维约夫的“世界灵魂”“大一统”宗教精神的体现。大量神话、圣经中的形象使得作品充满了魔幻的意境。北国被撒旦搅起的黑暗恶雾所笼罩，分裂的人类生活中充满了恐怖与罪孽，然而荷花、火烈鸟、蓝色的湖水在朝霞的映照下成为世界光明与人类复活的象征。公主与骑士历经苦难，战胜邪恶，迎来幸福、和谐的理想世界。《戏剧交响曲》展现的是与永恒、美好世界截然对立的平庸、丑恶的日常世界。喂得肥肥的猪、面有菜色的逃亡犯、他贫血的妻子、他瘸腿的儿子共同构成了生活的庸常，人们不懂得生命的真谛和人生的使命，远离和谐、永恒与美好。人类摆脱黑暗，战胜邪恶，净化心灵之路是把握“世界灵魂”走向永恒的必然之路。《回归》有更为完整的情节，“两个世界”在镜子与梦中得到了映现与融合。真幻两个世界在镜子中互为映衬，世俗的日常生活是多变的、虚幻的，只有永恒的本质的世界才是真实的，不变的。主人公在梦中回到了在大海边玩耍的孩提时代，两个世界只有在孩提的梦中才得到了完美的结合。每个人身上都有神性存在，生命向理想的、神性世界的回归才是世界复苏的前提。《暴风雪之杯》表达了回归永恒世界道路的崎岖与艰险。而达到这一回归道路的只有爱，非肉体的、非世俗的爱，是精神的、天国的爱，只有这爱的力量才能抗拒不完美的现实，克服个人的局限，让人接近“人神”。

“交响曲”结构完整宏大，兼有叙事与情节，还有被高度虚拟化了的现实与人物。诗人试图通过高度象征性的音乐，用一种“乐音”来表现永恒的真实世界与虚幻的日常世界的对立，表现对精神、理想、永恒世界的追求。作家引入了交响音乐的结构原则，四部“交响曲”分别与交响乐曲的呈示部、展开部、再现部和尾声部相对应，每部“交响曲”具有各自不同的语言修辞方式，或颂歌，或讽刺，或怪诞，或神秘，形成了不同的音乐旋律。别雷模仿尼采在《查拉图斯特拉如是说》中采用的诗意化旋律，通过词、句、段落的间歇转换、重复，并伴以插入其中的抒情诗句，形成强烈的旋律节奏，以强化小说诗意化话语的张力，用句、段的序列标示增加“交响曲”的图谱性，形成新颖独特的小说意境。尽管别雷精英化的小说艺术试验未必完美，真正能读懂小说的读者也并不多，但作为一种小说语言的革新是有价值的，作品得到了包括勃洛克在内的象征主义诗人的高度赞赏。

《彼得堡》(1913) 是别雷最重要的一部代表作，是俄国象征主义长篇小说的重要成就，被批评界誉为“20 世纪最伟大的作品之一”[1]。

“幽灵都市”的彼得堡是长篇小说的核心命题。这是一座充满敌对与仇恨、恐怖与杀戮的魔鬼都市。贵族参议员父亲阿波隆·阿勃列乌霍夫与迷恋康德唯心主义哲学、倾向革命恐怖主义的儿子尼古拉·阿勃列乌霍夫之间的憎恶、仇恨演化为一场儿子谋害生父的可怕阴谋。置于沙丁鱼罐头中的定时炸弹不仅是实施这一谋杀的凶器，更是彼得堡临近灾难的象征。革命恐怖主义者的秘密谋杀与政府宪警的奸细、密探行径使得人人自危。无论是沙皇政权，还是旨在推翻这一政权的恐怖主义者都是这一“幽灵都市”的制造者。彼得堡由青铜骑士彼得用鲜血缔造，也由此催生了残酷、杀戮的罪恶。1905 年革命进程中的流血，激愤与疯狂的示威人群，小说中几乎所有的人物全被邪恶所裹挟而难能自持，只是靠“大脑游戏”（崇尚某一种思想、学说）来生活，疯狂的幽灵成为他们一个又一个夜间噩梦的主人公。“彼得堡大街把行人变成了幽灵，彼得堡大街又把幽灵变成了人”。渴望建设新世界的尼古拉堕落成了世界的破坏者和颠覆者，而尼采哲学和恐怖主义的信徒杜德金成了远离社会、人群的孤独者、疯子和杀人犯。

东西方的命题同样是别雷关注的重要历史文化内容。几个世纪来，黑暗、野蛮的东方曾奴役过俄罗斯，堕落的西方也曾影响过俄罗斯，地处东西方两个世界交汇处的彼得堡被这两者所异化。反基督的彼得未能在东西方文化的结合中建立统一、美好、和谐的俄罗斯。未来，只有在理性的西方与神秘的东方相结合的基础上才能产生一种崭新的统一体。在别雷看来，俄罗斯与西欧联系的基础正在不断削弱，最终很可能会全部丧失，而首当其冲的是彼得堡。如今的彼得堡，乃至整个俄罗斯帝国，是一个非理性的世界，成为世界末日的幻象。青铜骑士已经面临着深渊，坐骑的前蹄已腾空跃起，脱离了大地。别雷无法摆脱时代的危机感，充满了对彼得堡、俄罗斯，乃至人类未来的迷茫和恐惧。寻找摆脱迷误，走向永恒的“大一统”之路的命题也同样出现在这部小说中。与充满幽灵的世界相对立的是神秘的、基督耶稣的天国。小说结尾，作者让尼古拉潜心阅读哲学家斯科沃罗达[2]的书。这是 18 世纪一位希望通过个性道德完善和自我意识的觉醒来实现理想社会的哲学家。

别雷说，“我的整部长篇小说是借象征性的地点和时间描写残缺不全的、想象形式的下意识生活”[3]，“长篇小说故事发生的真正的地点，是长篇小说

1. «История русской литературы. XX век. Серебряный век», под редакцией Жоржа Нива, Ильи Сермана и др. , Прогресс, ЛИТЕРА,1995, С.119.
2. 格利高里·斯科沃罗达（1722～1794），乌克兰哲学家、诗人、音乐家、教育家，提倡民主的文化传统，主张基督教思想与古希腊柏拉图主义、斯多葛主义的融合。
3. 《俄国白银时代文学概观》，李辉凡，中国社会科学出版社，2008 年，411 页。

中未出场的、被思绪弄得筋疲力尽的某个人的心灵，而人物只是各种思想形式”[1]。长篇小说是作家高度心灵化的、潜意识的产物，作品中有不断行动着和思维着的个体，却没有性格化和心灵化的人物形象。作家在虚幻、神秘的艺术思维中注重的是一种情绪、氛围的营造，呈现在读者面前的是一个个虚幻的意象，表达的是一种外化为人物、故事的精神意念。密集的叙事节奏、大量魔幻式的场景、众多假定性的艺术手段、意识的非正常流动、近似狂欢化的情节与语言，使得小说文本变得荒诞离奇，给阅读带来了巨大的困难。但是，作为一部象征主义小说，《彼得堡》所承载的意义，远远超过了个体和民族的界限，它所要表达的是作家心目中的整个人类精神世界的走向，对历史、现实、未来的思考。

诗学特征

俄国象征主义文学流派是俄国文学历史上第一个唯美的艺术流派。作家把文学，特别是把诗歌艺术看作是人类审美活动的最高形式，看作是一种绝对自由的、独立傲世的审美创造。在他们看来，一切美都是非现实存在的，只有非现实的才是美的，只有非世俗的美才能让人们看到物质世界的多样性、深刻性和本质性。所以，在他们的文学创作中美的诗意形象往往是幻化的、绝对的、永恒的。俄国象征主义文学家对美的享乐的追求不是肉体的快感，而是一种精神形态的幸福感，一种纯粹精神美的境界。象征主义诗人表达思想、表现物象的感觉方式彻底冲破了现实主义文学的传统范式，思维空间大大地扩张了，内涵容量无限度地拓展了，表现手段极大地丰富了。

象征主义文学，作为一种唯美的文学流派，无论是诗歌还是小说，都充分关注形式与技巧，特别是语言功能的开掘。诗人与小说家都致力于语言的诗性与音乐性的掘发，梦魇与情绪变化的表达，想象与幻象的挥洒，隐喻与象征的运用。在诗歌领域，首先是对旋律、声音结构的高度关注，其次是对句法结构的变革。诗人用支离破碎的话语替代诗歌语言的规范化节奏，用打乱了的诗歌结构取代传统诗歌前后一致的线性结构，借助于读者自己的发现和创造去对这一结构进行连接和整合。小说则破坏现实主义小说的因果关系和连续性叙事，摈弃传统的句法结构和语言规范，摆脱刻画人物的标准模式。不是用情节，而是用叙事时空为主导建构全篇；由叙事者的感觉串缀故事；用虚构真实确定文本真实……文艺学家鲍利斯 · 米海依洛夫斯基认为，从解构主义诗学的角度而言，俄国 19 世纪 90 年代的“颓废主义诗学”是印象

1. «История русской литературы. XX век. Серебряный век», под редакцией Жоржа Нива, Ильи Сермана и др., Прогресс, ЛИТЕРА, 1995, С.121.

主义的，而 20 世纪的象征主义诗学则是词语意义的[1]。

俄国的象征主义文学高度强调文学的宗教底蕴。诗人试图通过宗教与艺术的联姻实现对全人类精神危机的消解与文化的复兴。因此象征主义文学具有改造尘世、创造生命、建设生活的精神承担和文化负载。表现在创作实践中，诗人一要表现动乱不安和充满危机的现实与颓废、堕落的精神，甚至不惜以邪恶、死亡、魔鬼作为审美对象，二要表达对建立在旧的宗教、文化基础上的过去的和已有秩序的否定，三要确立绝对精神的“世界灵魂”。维·伊凡诺夫说，艺术“归根结底不是创造偶像，而是创造生命”[2]。揭示生命哲理，探索人与世界关系的旨趣使得俄国的象征主义超越了文学思潮、流派的局囿，而成为一种独特的艺术的宗教哲学现象。

俄国 20 世纪现代主义文学对神话的复活是由象征主义诗人，特别是年轻一代诗人开创的。在不同诗人的笔下，其表现方式不尽相同。作为一个博学的史学家和语文学家，维·伊凡诺夫重在复活古代神话，以此构筑通向理想世界的心灵通道。勃洛克更重视新神话的再创造，缔造一种永恒的、超历史的精神意象。他还善于将这一意象与欧洲文学中像卡门、奥菲丽娅、堂璜这样的原型等结合在一起，从而赋予其丰盈的文化内涵。而别雷则在诗歌中追求新的神话意象的创造——一种铅华落尽、清澈澄明的永恒精神，一种高度空间化了的宁静之境。

象征主义文学敢于摈弃传统的艺术创作理念，从内容到形式进行不懈的探索，为读者认识世界、理解生命、思考人生打开了更多的窗口，提供了众多新鲜的感受，也为 20 世纪俄罗斯文学的发展作出了不容置疑的贡献。但公正地说，这一文学流派也是有其明显的局限性的。

首先，以剥离文学的社会功能为主旨，以追求形式或语言意义为标志的象征主义文学不可避免地带来了一种远离并拒绝社会意义的盲目性，即消解了自身与外部世界的现实关系，阻隔了自身进入外部世界的可能，这就使作品只能是内心世界的表白与禅悟，从而拒绝了文学表现社会生活的意义作用。而文学的社会功能性是由其自身的本质决定的，它不可能不表露与外部世界的关联。从这个意义上说，象征主义文学不是对与现实生活有着密切联系的 19 世纪俄罗斯文学的深化，而是开拓进程中的一种偏差和迷误。这是象征主义文学迅速勃兴却又急促衰颓的根源所在，是后象征主义的阿克梅主义之所以从中脱胎而生并取而代之的原因，也是像勃留索夫、勃洛克等诗人的创作在 20 世纪前十年发生转型，不时地回到现实生活的根由。

---

1. «Блок и русский символизм.Поэтика русского символизма», Минц З.Г., Искусство, 2004, С. 46.
2. «Русская литература XX века.В 2 ч.»(Ч. 1), Смирнова Л.А., Просвещение, 1999, С.55.

其次，由于诗人偏执地排斥文学的社会表意功能，刻意追求形式，醉心于晦涩难懂或难于卒读的语言“创新”，这必然会把文学导向语言和结构的迷宫，从而走向形式的末路。批评家金丁（С. И. Гиндин）说，勃留索夫的独行诗《啊，遮起你苍白的双腿》中“所有元素都明白无误。可是整个句子的意思是什么？独行诗是对谁而说？写下这句诗的情境是什么？内容的不确定性几乎走到了极致”[1]。许多象征主义诗人所创造的诗学意象、文学迷宫恐怕是没有几个读者能够读懂的。这也就是为什么象征主义诗歌大都只能在诗坛引起轰动，而无法像普希金的诗歌那样拥有跨越时代的广大读者的原因之一。象征主义文学毕竟是一种“阳春白雪”式的贵族精英文学，而非大众的文学。这不仅是指这一文学的缔造者大都是贵族知识分子精英，他们的诗歌主要表达的是俄罗斯贵族精英的时代情绪与心灵，更是指这一文学品性的精英特质。它是一种高高在上的充满优越感的文学，是一种轻慢，甚至拒绝大众读者的文学。

参考文献：

1. Аверинцев С.,Иванов О.В. Избранные стихотворения Вячеслава Иванова[C]. Ленинград, 1976.
2. Блок А. Собр. сочинений В 8-тт. Т.7[C]. М.-Л., 1960.
3. Брюсов В. Стихотворения и поэмы[M]. М., 1961.
4. Воспоминание о серебряном веке[C]. Составитель Крейд В., издательство Республика, М., 1993.
5. Добин Е. Сюжет и действительность[M]. Советский писатель, Л., 1976.
6. История русской литературы. XX век. Серебряный век[M]. под редакцией Жоржа Нива, Ильи Сермана и др. , Прогресс, ЛИТЕРА, М., 1995.
7. История русской литературы XX век. Часть1[M]. под редакцией Агеносова В., Дрофа, 2007.
8. Ломтев С. Проза русских символистов[M]. Интерпракс, М.,1994.
9. Минц З.Г. Блок и русский символизм.Поэтика русского символизма[J]. Искусство СПБ, С-Петербург, 2004.
10. Русская литература рубежа веков (1890-е начало–1920 годов). В 2 томах (Т. 2)[C]. ИМЛИ РАН, Наследие, 2001.
11. Серебряный век.Пособие для учителей[Z]. Интерпракс, М., 1994.
12. Смирнова Л.А. Русская литература XX века В 2 ч.[M]. Ч. 1 , Просвещение, М., 1999.
13. Соколов А. История русской литературы конца Х1Х начала XX века[M]. М., Высшая школа, 1984.
14. Эрос Россия Серебряный век[M]. Составитель Александр Щуплов,Изд. Лептос, М., 1992.
15. 高尔基.文学书简（上）[C]. 曹葆华等译，北京：人民文学出版社，1962.
16. 李辉凡.俄国白银时代文学概观[M].北京：中国社会科学出版社，2008.
17. 郑体武.俄国现代主义诗歌[M].上海：上海外语教育出版社，1999.
18. 周启超.俄国象征主义文学研究[M].北京：社会科学文献出版社，1993.

1. «Русская литература рубежа веков (1890-е начало–1920 годов). В 2 томах»(Т. 2), ИМЛИ РАН, Наследие, 2001, С.10.

第3章　阿克梅主义
Глава 3　Акмеизм

阿克梅主义作为一个文学流派仅仅在20世纪初存在了两三年时间。阿克梅主义和象征主义一样崇尚唯美主义，但是它在文学史上的意义在于，作为对象征主义诗歌的抽象主义和神秘主义倾向极度发展的一种反拨，阿克梅主义提出返回物质世界、返回现实、返回尘世的美学主张，试图取得天上的与地上的、日用习常的与高渺的和形而上的、象征主义与现实主义之间的平衡。而在诗歌语言上则相应地实现了一种革命性的更新，形成一种清晰准确、细腻清新的诗歌语言。阿克梅主义的影响延及整个20世纪。20世纪俄国的一些重要诗人，如古米廖夫、阿赫玛托娃（А. Ахматова 1889-1966）、戈罗杰茨基、曼德尔施坦姆等都是阿克梅主义的骨干。

历史沿革

阿克梅主义从文学思想到成员来源都和当时俄国的主流文学思潮象征主义有着深刻的渊源关系。早在19世纪90年代，后来成为阿克梅主义的一些年轻诗人就在象征主义作家维·伊万诺夫在圣彼得堡的住所(被称作“塔楼”)里聚会。20世纪初，“塔楼”中的一些骨干青年逐渐形成一个“青年小组”，戈罗杰茨基就是这个“青年小组”里的核心人物。 后来成为阿克梅主义主将的古米廖夫1908年也登上了“塔楼”，并得到象征主义首脑人物勃留索夫、安年斯基的器重。1909年，“青年小组”邀请维·伊万诺夫、安年斯基与沃洛申讲授如何作诗。他们在学习象征主义诗歌，同时对象征主义诗歌的神秘主义、抽象主义也越来越强烈地产生疑议。

1909年底，象征主义者创办了杂志《阿波罗》，由马科夫斯基（С. Маковский 1877-1962）负责编辑。上课地点就迁到《阿波罗》的编辑部。在这里诞生了“艺术语言爱好者协会”，或叫“诗歌学院”（Академии стиха）。在这期间，古米廖夫在自己负责的《阿波罗》杂志（1910年，第7期）的“论俄国诗歌的书简”专栏中发表了自己的第一篇理论文章《诗的生命》。在这一专栏中相继发表的书评所表达的观点便成为后来阿克梅主义的理论基础。

1910 年，老一代诗人库兹明 (М. Кузмин 1872-1936) 发表的《论优美的明晰性》一文，提出“清晰主义”(кларизм，来自拉丁语 clarus) 的思想。实际上这是对象征主义诗歌的抽象主义和神秘主义倾向的一种反拨。它对阿克梅主义思想的形成有着推动作用，甚至可以算是未来的阿克梅主义美学变革的第一篇宣言。库兹明的这些思想也表现在他为阿赫玛托娃的《黄昏集》（1912）写的前言中。前言指出，“诗人们应该要有强烈的爱的记忆和大睁的双眼，去面对整个可爱、快乐和痛苦的世界，以便尽情欣赏它，最后一次吮吸它的每一分钟”[1]。

实际上，对象征主义在理论和创作实践上面临的重大危机，一些大家都有认识。1910 年勃洛克就曾发表《俄罗斯象征主义之现状》[2]一文，指出象征主义作为一种思潮不再有存在的价值，在陈旧的哲学、美学土壤中它不可能再有所作为。

在“诗歌学院”活动中，一些年轻的诗人才子不满于一些象征主义的父辈对他们诗歌的贬斥，于是，在 1911 年 10 月 20 日，古米廖夫和戈罗杰茨基宣布成立一个新的文学团体“诗人行会”（Цех поэтов）。这一名称意在表明他们把诗歌视为一种工匠的、职业的手艺，讲求的是形式技巧，而不关心诗歌的世界观特征。在这个“行会”里，一方面青年人可以得到高人的专业指教，一方面对诗友的作品要议论褒贬，互相切磋。这个“行会”全然像个诗歌作坊学习班。

然而随着时间的推移，“诗人行会”的六个主要成员决定不仅要在形式上，而且要从思想上与象征主义分离。在 1912 年秋天的一次“行会”会议上，一个新的诗歌流派宣布诞生。他们给自己取了一个十分费解的名称——“阿克梅主义”(акмеизм)，“阿克梅”源于希腊语的 acme，系指最高级、顶尖、巅峰的意思。他们的主要成员有古米廖夫、阿赫玛托娃、戈罗杰茨基、曼德尔施坦姆、津克维奇（М. Зенкевич 1886-1973）和纳尔布特（В. Нарбут 1888-1938)。还有一些“行会”成员，如阿达莫维奇、格・伊万诺夫（Г. Иванов 1894-1958)、洛津斯基（М. Лозинский 1886-1955）等，则属于阿克梅主义的外围。

阿克梅主义的文学思想在一些骨干的头脑中越来越清晰起来。这主要表现在《阿波罗》1913 年第 1 期上刊登的两篇文章：一篇是古米廖夫的《象征主义的遗产与阿克梅主义》（«Наследие символизма и акмеизм»），另一

1. 《俄罗斯白银时代文学史》（第四卷），俄罗斯科学院高尔基世界文学研究所编写，谷羽、王亚民等译，敦煌文艺出版社，2006 年，59 页。
2. «О современном состоянии русского символизма», Блок А. А. // Аполлон, 1910, № 8.

篇是戈罗杰茨基的《当代俄国诗歌中的几个流派》(«Некоторые течения в современной русской поэзии»)。这两篇文章是具有宣言性意义的。其基本思想，一是主张具体性、此岸性和物质性，二是强调诗歌创作艺术的完美。

古米廖夫的文章在谈到象征主义者具有“无可争辩的价值和威望”的同时，指出“象征主义完成了自己的发展过程而正在衰退”。他明确声称：“一个新的流派正在代替象征派。不管这个流派叫作阿克梅主义，还是叫作亚当主义（意为坚定而鲜明的生活观点）。”古米廖夫把象征派称为“当之无愧的父亲”，同时也强调自己是前辈当之无愧的继承者——而新的一代已经形成了另一种观念——“刚毅坚定又清晰明了的生活观”。古米廖夫说，“俄国的象征主义把自己的主要力量放到那些玄妙莫测的地方，时而和神智学拜盟结友，时而与神秘主义称兄道弟。”[1]所以阿克梅主义的一个主要任务，就是要矫正象征主义醉心于彼岸性的倾向，而取得形而上的和尘世之间的“生动的平衡”。显然，阿克梅主义并不否定形而上的维度。古米廖夫说，“永远记住不可知的东西，不过不要用那些带有或多或少可能性的猜测来凌辱不可认识之物的意念”[2]。

他认为，阿克梅主义的特征在于承认每一个现象的自身价值，是对人生价值的重新揭示，要为朴素的物质世界恢复名誉。阿克梅主义是走向基于依恋日常生活、尊重普通人的存在的“真正的象征主义”。要使物质世界的现象更加可感，即便是粗野的，要把它们从迷蒙的幻象中解脱出来。为此还推出自己推崇的文学家，如莎士比亚和拉伯雷等。

同时，古米廖夫像是针对“为艺术而艺术”的思想而提出应该把诗人视为思想的创造者，把语言视为艺术的材料。诗歌创作则是“至高的工艺”，诗歌就是要以高超的艺术把握世俗世界。

戈罗杰茨基在自己的文章中和古米廖夫相呼应，他坚决地呼出要“为了我们的地球而斗争”的口号。他指出：“阿克梅主义与象征派之争，首先是争夺这个世界的斗争，为了这个充盈着声音、色彩，有着形式、重量和时间的世界……世界在受到种种非难之后，被阿克梅主义义无反顾地接受了，接受了它的所有的美和丑。”[3]他指出，在阿克梅主义看来，世界的美好在其本身，而不是由于某种外在的象征性关系：“在阿克梅主义那里，玫瑰的美好动人由于它自己的花瓣、自己的芬芳和色彩，而不是因为它和神秘主义的爱或是什么诸如此类的东西有某种类似”[4]。而诗人的事业就是寻找“能够成为永恒

1. 《俄罗斯白银时代诗选》(附录)，顾蕴璞编选，花城出版社，2000年，556~557页。
2. 《俄罗斯白银时代诗选》(附录)，顾蕴璞编选，花城出版社，2000年，558页。
3. 《俄罗斯白银时代诗选》(附录)，顾蕴璞编选，花城出版社，2000年，544~566页。
4. 同上。

的瞬间”[1]。

配合这两篇宣言性的文章一起发表的还有一组诗歌。不过这些诗歌并没有能够成为这两篇文章的理论思想的有力说明，却显得诗意含混、匆匆急就的。

在1913年，曼德尔施坦姆也写了一篇论文《阿克梅主义的早晨》(«Утро акмеизма»)，或者是因为和上述的两篇纲领性的文章意见不很相同，没能在《阿波罗》上与读者谋面。六年后这篇论文才发表。然而这篇文章中提到的一些思想很值得注意。比如，曼德尔施坦姆认为，“爱事物的存在甚于事物本身，爱自己的存在甚于自己本身——这就是阿克梅主义的金科玉律”[2]。

曼德尔施坦姆后在《论词的本质》(«О природе слова» 1922）一文中，针对象征主义对现实世界的忽视一针见血地指出：“拿玫瑰与太阳、鸽子与姑娘来说吧，难道这里的每一个形象本身都无足轻重吗？定要说玫瑰似太阳、太阳似玫瑰等等吗？这些形象成了稻草人，挖去了五脏六腑，填上了其他内容。……没完没了地使眼色。没有一句明白的话，全是暗示，言而不尽。玫瑰朝着姑娘点头，示意指的是姑娘；姑娘则朝着玫瑰点头，表示指的是玫瑰。谁也不愿露自己的相。”[3]

阿克梅主义虽然宣布“象征主义正在衰退”，对象征主义提出质疑，但是终究没能提出自己一套完整的美学哲学纲领。乃至他们“当之无愧的父亲”勃洛克，一次跟戈罗杰茨基开诚布公地说：“我说，你们为何要自成一派呢，其实你们跟我们没有丝毫区别。”象征主义的元老诗人勃留索夫指出，对于阿克梅主义来说，最具特征的是理论和实践的分裂。无法通过分析阿克梅主义诗作来印证阿克梅主义的宣言。从他们的宣言提到的那些诗人的作品里，也看不出“任何诗歌的新途径”。其诗歌实践实际上是纯象征主义的。勃留索夫甚至说，阿克梅主义不过是“臆造、刁钻古怪的愿望和首都的怪癖”。后来（1922年）他在自己的一篇文章中，以没有什么严肃的独特的东西为由，将阿克梅主义置于基本的文学潮流之外。

不过，阿克梅主义毕竟是试图“克服”象征主义的危机的一种努力。但是，他们从根本的创作思想上没有摆脱自己试图克服的象征主义的神秘主义和宗教彼岸性。且他们与象征主义都一样是唯美主义者，“艺术至上论”者。尽管作为流派始终没有摆脱为艺术而艺术的、唯美主义的思想，但是，作为

1. 《俄罗斯白银时代诗选》（附录），顾蕴璞编选，花城出版社，2000年，544~566页。
2. 《俄罗斯白银时代文学史》（第四卷），俄罗斯科学院高尔基世界文学研究所编写，谷羽、王亚民等译，敦煌文艺出版社，2006年，45页。
3. http://www.silverage.ru/poets/mandel/mand_slovo.html

诗人大家却走向了现实生活，为这个世界服务。

阿克梅主义存在时间很短，属于边缘的流派。但是它在文学史上的地位却并不因此而被忽略。因为在阿克梅主义的旗帜下汇集了当时的一批天才诗人。他们的诗歌不仅在俄国文学史上，而且在世界文学史上享有崇高的地位，对 20 世纪诗歌发展起着重大影响。比如在苏联时期，阿克梅主义的诗风在吉洪诺夫（Н. Тихонов 1896-1979）、巴格里茨基（Э. Багрицкий 1895-1934）、谢尔文斯基（И. Сельвинский 1899-1968）、斯威特洛夫（М. Светлов 1903-1964）等人身上就得到体现。

阿格诺索夫认为，这一流派形成的最主要原因，并不在于追求形式上与修辞上的创新，而是渴望获得坚定的信念，获得可靠的宗教道德的支柱，摆脱相对主义，重新揭示人生价值。[1]

阿克梅主义诗人们的诗歌创作不仅当时各具风格，没有严格地遵从阿克梅主义的纲领，而且在阿克梅主义解散之后，更是沿着各自的命运道路和创作道路，展现出各自独特的诗才。

代表作家和创作简介

1. 古米廖夫

古米廖夫，1886 年生于科隆施塔得一位海军医生 / 工程师的家庭。在皇村中学学习时受到皇村中学校长、著名象征主义诗人安年斯基的器重和影响。安年斯基一反象征主义的宗教神秘主义而探索新的艺术表现手法的思想对古米廖夫一定会有影响。古米廖夫曾在巴黎大学学习，后转入圣彼得堡大学学习哲学。1910 年春，古米廖夫与早已结识的未来的大诗人阿赫玛托娃（原名安娜 · 安德烈耶夫娜 · 戈列科）结婚。作为志愿者，古米廖夫参加过第一次世界大战，还随俄国考察团在巴黎工作过。1918 年回国后，和高尔基一起领导世界文学出版社的活动，负责法国、英国的诗歌翻译工作。又继勃洛克之后任全俄诗人联合会主席。1921 年由于被指控参加反革命组织（塔甘采夫反革命案件）而被枪决。

早在 1902 年，古米廖夫就发表了他的第一首诗《我从城市逃往森林》（«Я в лес бежал из городов»），誓欲挣脱城市的压抑，逃往象征性的“森林”。这一浪漫主义的主题在 1905 年发表的诗集《征服者的道路》（«Путь конквистадоров»）和 1908 年的第二本诗集《浪漫主义之花》（«Цветы романтические»）中得到进一步的体现。那些所谓的“征服者”、探险家（疯

1. 《20 世纪俄罗斯文学》，符 · 维 · 阿格诺索夫主编，凌建侯等译，中国人民大学出版社，2001 年，29 页。

狂的猎手、航海家等）为自己虚幻的理想而奔向渺茫的远方。不过这两部诗歌集还不是他的成熟的作品。后来他甚至不想承认自己的第一部诗歌集。

“好似身穿铠甲的征服者，
我整装待发，愉快地踏上征途，
时而在欢乐的驻足小憩，
时而俯身窥探深渊险谷。

天色昏沉，星光暗淡，
时而浓雾弥漫……但我依旧欢笑和期待，
一如既往，对我的命运之星无限信赖，
我是个征服者，我有护身的铠甲。”
……[1]

在1910年出版的诗集《珍珠》(«Жемчуга») 和1912年出版的诗集《异邦之天》(«Чужое небо») 中，古米廖夫继续在异国他乡、在遥远的东方，给自己虚幻的理想寻找着现实的基地。他甚至游历过非洲、近东、意大利。现实中的游历实际上又和他精神上对另一个世界的求索相呼应。非洲的风情让他情有独钟，这特别体现在组诗《乍得湖》里。于是在他的诗歌中，就出现了“遥远的乍得湖畔”和“优雅的长颈鹿”、“热带的园林”和“亭亭玉立的棕榈”，还有南方之夜、非洲狩猎和港口的城市。和象征主义那彼岸朦胧的追求相对，古米廖夫对现世生活和物质世界、对本初和原始的事物的刻画和追求，毕竟和他不久以后在《象征主义的遗产与阿克梅主义》一文中提出的创作原则相接近了。

1916年发表的战争题材的诗集《箭袋》(«Колчан») 来源于参加世界大战的感受。他受尼采思想的深刻影响，也表现在诗歌中对征服者、对强者的赞美。他宣称，要“以坚定而清晰的男性眼光看待生活”。诗歌虽然也表现了对被奴役者的同情，但是他笔下熠熠生辉的形象却是勇敢冷酷的战士和残忍善战的侵略者，直至对帝国主义战争的颂扬，把这些“奇妙的战争” 称为“光明的”“神圣的”事业。所以有人指责他是俄帝国主义政策的支持者或殖民主义者。而从其诗歌精神的探索上讲，他是在具有象征性的战争之路上求索着对新的世界的开拓。

由于古米廖夫在世界观和艺术观上和象征主义并没有本质上的分歧，他试图对象征主义的“克服”，主要表现在诗歌的新的表达方法和修辞上，他

1. 《俄国象征派诗选》，黎皓智译，浙江文艺出版社，1996年，494页。

要改变的是描写这个世界的方法。在他的诗歌创作探索中形成一种理念——将现实转化为诗。因为和象征主义者一样，他也是艺术至上主义者，宣称“一切都会化为灰烬，唯有艺术能够永葆青春，永世长存”。(《艺术》）在诗歌实践中，他形成一种称为“俄罗斯语义诗体”的诗体。其中“诗人的创作和生平际遇统统交织在一起，构成一个用以再现历史与人相互关系的意义枢纽”。

尽管古米廖夫宣扬要“以坚定而清晰的男性眼光看待生活”，但是随着俄国革命的发展，在他的诗歌中流露出越来越多阴郁、低沉的格调。心灵的不安、良心的自责成为重要主题。

在1918年发表了表达他对俄罗斯祖国深厚情感的诗集《篝火》(«Костер»)，1921年发表了反映他精神世界深刻危机的诗集《火柱》(«Огненный столб»)。在诗集《火柱》中，表现出他对眼前所发生的革命、也是对生活意义和人生道路的寻求的迷惑、恐惧和绝望：

“痛苦啊，痛苦！恐惧、罗网和陷坑
等待着降生在世间的每一个人……”

在《迷途的电车》一诗中，主人公既已迟疑地跳上电车的踏板，死亡便成为无可逃避的最终结局：

“电车如黑色风暴展翅疾飞，
迷失在时代的无底深渊……”
诗中几次高呼：
“‘赶快停车，司机，
请你立即把电车刹住！’”
可是——
“为时已晚……”

虽然他的阿克梅主义的理论纲领反对象征主义者的宗教神秘主义倾向，但是实际上，在他的诗歌中，仍然没有摆脱象征主义者的宗教神秘主义倾向。从早年他献给阿赫玛托娃的诗歌《求爱咒语》，到最后结集的充满宗教精神的诗集《火柱》，通灵术观念几乎贯穿了他的创作。《火柱》开篇的《记忆》的思想基础，就是通过记忆引导心灵走向超感觉的世界肉体，成为体现灵魂——我的各种品行的载体：

蛇是脱皮的动物，
是为了使心灵成长和衰老。
呜呼，我们与蛇不一样，

我们的心灵易变而身体依旧。

记忆啊，你以巨人的手掌
牵引着生命，像紧握住马缰，
你告诉我，是什么人
先于我依附在这个躯体上。[1]

从诗歌艺术追求上看，这些诗歌也表现出古米廖夫对诗歌的使命的新的理解。他赋予词语崭新的意义，拓展了它的多义性，使之“成为一种‘文化上的潜移默化’”。总的说来，古米廖夫的诗歌充满新颖的象征和奇特的比喻，语言凝练而精美，精雕细刻的诗句中流淌着浪漫的豪勇。

最后两部诗集《篝火》和《火柱》可以代表古米廖夫诗歌创作的最高成就，确立了他在20世纪文学史上的地位。

2. 阿赫玛托娃

阿赫玛托娃，1889年6月11日（新历23日）出生在奥德萨的一个海军工程师的家庭。1890年全家迁至皇村。她曾就读于皇村女子中学，父母离异后，母亲带着孩子迁往南方。她中学最后一年的课程是在基辅封杜克列耶夫中学完成的。1907年毕业后考入基辅的高级女子学校法律系。14岁时（1910年），阿赫玛托娃和比她大三岁的诗人古米廖夫结婚。同年加入阿克梅主义流派。阿赫玛托娃的第一首诗发表于1911年。1912年，她游历了意大利北部的热纳亚、比萨、佛罗伦萨、博洛尼亚、帕多瓦、威尼斯。意大利的自然风光与建筑艺术给她留下深刻的印象。1912年发表了她的第一部诗集《黄昏》（«Вечер»），使她得到声誉。库兹明为《黄昏》集撰写了前言。其中指出阿赫玛托娃所表现出的抒情的物质性，这正是阿克梅主义诗歌的美学特征：“与其他爱物者不同，阿赫玛托娃拥有一种能力，恰恰能够在物质与所经历的时刻难以理解的联系中将其理解并热爱。”[2]

1914年发表诗集《念珠》（«Четки»），引起轰动。1917年9月出版诗集《白鸟群》（«Белая стая»），影响不及《念珠》。十月革命以后在农艺学院的图书馆工作。1921年出版了诗集《车前草》（«Подорожник»），1922年出版了诗集《耶稣纪元》（«Anno Domini»），从20年代中期起她的新诗几乎停止了刊发，她被苏联当局认定为是“在意识形态上既缺乏思想性又具有很大危害性的”

1. 《俄国象征派诗选》，黎皓智译，浙江文艺出版社，1996年，524页。
2. 《俄罗斯白银时代文学史》（第四卷），俄罗斯科学院高尔基世界文学研究所编写，谷羽、王亚民等译，敦煌文艺出版社，2006年，49页。

作家，被剥夺发表作品的权利。她开始对古老的圣彼得堡建筑艺术和普希金生平与文学创作的研究工作。对普希金的研究后来她持续了20多年。30年代，她唯一的儿子列夫·尼古拉耶维奇·古米廖夫在大清洗中两次被捕。她写出了重要的代表作长诗《安魂曲》(«Реквием» 1935-1940)，控诉了苏联体制破坏法制的残酷性。卫国战争期间，如同其他的诗人，她创作了一些爱国主义诗篇，如《起誓》(«клятва» 1941)、《胜利》(«победа» 1942-1945) 等，并常常到军队医院去慰问演出，为受伤的战士们朗读诗歌。战后她继续写作抒情诗。1946年8月14日，在苏共中央作出的一项关于《星》与《列宁格勒》杂志的著名决议中，左琴科与阿赫玛托娃受到严厉批判，其中指出："阿赫玛托娃是与我国人民背道而驰的、内容空洞、缺乏思想性的典型代表。她的诗歌充满悲观情绪和颓废心理，表现出过时的沙龙诗歌的风格，停留在资产阶级-贵族阶级唯美主义和颓废主义以及'为艺术而艺术'这一理论的立场上，不愿与本国人民步调一致，对我国的青年教育事业造成危害，因而不能为苏联文学界所容忍。"[1]日丹诺夫还在报告中指名谩骂阿赫玛托娃"不知是修女还是荡妇，更确切地说，是集淫荡与祷告于一身的荡妇兼修女"。[2]20世纪50年代后期阿赫玛托娃被恢复名誉。她晚期的诗歌有《没有主角的长诗》(«Поэма без героя» 1940-1962) 和《光阴的飞逝》(«Бег времени»)。1964年获意大利国际诗歌奖，1965年获英国牛津大学名誉博士学位。诗人喜爱中国古典诗歌，曾译过《离骚》和李商隐的无题诗。1966年3月5日，阿赫玛托娃因心肌梗塞逝世，享年77岁。直到1987年，她的《安魂曲》才得以全文发表。

阿赫玛托娃作为阿克梅主义诗人，她没有古米廖夫那种欲意在异邦寻求理想境界的男性的豪勇，也没有曼德尔施坦姆诉诸远古历史的追寻和文化的深思，她把俄罗斯古典传统和自身现实生活的感受融为一体，以切身遭遇为人生感悟的资源，以其女性的身份和情怀，捕捉着活生生的具体人的生活浪花，寻求着人类最普遍、最本真、最深邃的情感体悟，从而独辟蹊径地克服着象征主义的玄学般的朦胧晦涩。阿赫玛托娃的诗歌用细腻生动、具体可感的形象和质朴明快的语言，诉说着自己的一个基本的主题——爱。把诗歌的目光从高渺的彼岸云天的玄想转向对人间最普遍，也最博大的情感世界的发掘。

爱情的思念、单相思的折磨、失恋的痛苦在阿赫玛托娃的诗歌中被发掘得淋漓尽致，表现得惟妙惟肖。

这是对一个失恋的女子失魂落魄的素描：

1. 《苏联文学艺术问题》，人民文学出版社编辑部，曹葆华等译，人民文学出版社，1953年，34页。
2. 《日丹诺夫论文学与艺术》，日丹诺夫著，戈宝权等译，人民文学出版社，1962年，20~24页。

……

心变得如此绝望的冰凉，
而步子还是十分匆忙，
她竟把左手的手套，
戴在了右手上。

《最后一次相见》1911

她善于用质朴明快的笔触勾勒出一个个生动的场景：

我戴着黑色面纱紧握他的双手……
“今天你的脸色为何苍白忧愁？”
——原来是，我心酸的哀怨
使他心灵难以承受。

我怎能忘记？他蹒跚地往前走，
撇歪了嘴唇，痛苦难受……
我飞跑下楼梯，没扶扶手，
追赶他，直到大门口。

我气喘吁吁地叫道：“这一切
都是玩笑。我会死掉的，你若是要走！”
他微微一笑，平静得可怕，
说一句：“你别站在风口！”

《我戴着黑色面纱》1911[1]

和爱情主题联系在一起的是死的主题。这也是阿赫玛托娃的重要主题。埋葬爱人和自己，从中感受和思考着人类最基本，也是最深刻的情感世界：

“你陪伴去死的那个人，
他很快、很快就要死了”……
“我莫非在期待死亡的时刻”……
“我为坟冢寻找墓地……

爱国主义的主题可以说是阿赫玛托娃的博大的爱的主题的一部分。虽然她不理解十月革命，但是，对俄罗斯祖国的爱使她决不涌入当时离开俄国的潮流：

1. 《俄罗斯白银时代诗选》，顾蕴璞编选，花城出版社，2000 年，136 页。

有个声音呼唤着我。
它安慰我说："来吧，
抛弃你那沉沦和罪恶的地方，
永远离开俄罗斯吧。"
……
但是我无动于衷，
平静地用双手捂住耳鼓，
不让那卑鄙的话语，
把我悲哀的心灵玷污。

《有个声音呼唤着我……》1917[1]

尽管30年代她在诗中控诉过苏联体制造成的自己的不幸，但是在卫国战争中，她更咏出这样的诗句：

严峻的时代扭转了我，
有如扭转了河水的航道。
她说：
"我们对孩子，对坟墓起誓：
谁也无法迫使我们屈膝投降。"

《誓言》1941[2]

自幼病弱的身体，一生坎坷的经历和婚姻的不幸造就了她哀婉忧伤的笔调。细腻真挚的具体性、可感性、生动性是阿赫玛托娃的诗歌的一个基本特征。阿赫玛托娃为表现诗歌意境中错综复杂的情感，常常运用一种所谓"逆喻法"的艺术手法。诗歌中往往出现两个截然相反的概念的并用，如"欢乐的烦恼，盛装的裸露""赐予我痛苦的荣誉"。这种艺术手法极大地拓展了她对人间无限复杂错综的情感交织境界的把握。

古米廖夫在评价阿赫玛托娃的诗歌时，批评她的诗歌时常表现出"没有讲完""没有依据"。他说，"她的主题经常无法穷尽于一首诗的范围，其中许多东西似乎没有依据，因其没有讲完"。[3]例如：

"我知道，知道——重又是滑雪板，
发出干涩的吱呀声……"

1. 《20世纪俄罗斯文学史》，李辉凡、张捷，青岛出版社，1998年，78页。
2. 《20世纪俄罗斯文学史》，李辉凡、张捷，青岛出版社，1998年，79页。
3. 《俄罗斯白银时代文学史》（第四卷），俄罗斯科学院高尔基世界文学研究所编写，谷羽、王亚民等译，敦煌文艺出版社，2006年，49页。

又如：

“我爱您，爱上您
还是在那时……”

实际上，这里恰恰表现出阿赫玛托娃诗歌艺术的一个重要特点：诗歌中仿佛包含着对以前发生的事情的回忆，它确立起牢固的语境衔接。而这正是阿克梅主义诗歌的历史主义特征的一种独特表现——文本外的历史的记忆。[1]

3. 曼德尔施坦姆

曼德尔施坦姆是白银时代阿克梅主义的主要诗人。阿赫玛托娃称他是“我们的第一个诗人”。而别雷称他是“所有诗人中最诗人化的一位”。

他出生于华沙一个做皮毛生意的犹太人的家庭。他的童年、少年时代主要在圣彼得堡度过。1907年来到巴黎，先在索邦大学旁听，并结识了古米廖夫。后又考入海德堡大学。他倾心于法国的象征派文学，同时也十分向往古希腊、罗马文化。1911年，曼德尔施坦姆考入圣彼得堡大学，学习法语和文学，并在维·伊万诺夫的“塔楼”中听课，后成为“诗人行会”的成员，在《阿波罗》杂志发表作品，之后和古米廖夫等人一起，创立了阿克梅主义。1913年，曼德尔施坦姆写了一篇论文《阿克梅主义的早晨》，一些人认为这篇文章实际上比起同年发表的被称为阿克梅主义纲领的古米廖夫和戈罗杰茨基的两篇论文更具有理论价值。这一年他出版了第一部诗集《石头》(«Камень» 1913)。这是他实践阿克梅主义诗学原则的产物。其诗集名称就体现出他作为阿克梅主义诗人注重物质性、追求雕塑感这一最重要的思想特征。

20年代，曼德尔施坦姆出版了诗歌集《哀歌》(«Tristia» 1922)、《第二本书》(«Вторая книга» 1923)和《诗选》(«Стихотворения» 1928)等，还有散文集《埃及邮票》(«Египетская марка» 1925)和《时间之喧嚣》(«Шум времени» 1928)。他还写了大量的文论和诗论，一些文章结集在《论诗》(«О поэзии»)中。此外，他还写作了一些儿童文学作品，从事诗歌翻译。30年代，诗人受到越来越多的迫害。1934年5月，曼德尔施坦姆由于在家庭的小圈子里朗诵了一首对苏联最高领导人不敬的诗而以“鼓动反苏罪”被拘禁。几经斡旋营救，才被从轻发落，判流放沃罗涅什三年。1938年5月他在重病中再次被内务部人员秘密逮捕，流放海参崴。数月以后，他在流放地神秘地死去。

在他早年的诗歌中，充满隔膜人生、转而内向求索“沉默的太初”的孤

---

1. 《俄罗斯白银时代文学史》（第四卷），俄罗斯科学院高尔基世界文学研究所编写，谷羽、王亚民等译，敦煌文艺出版社，2006年，49页。

独色彩。随着投入阿克梅主义思潮，他的诗歌更加凸显出对古代建筑、古希腊罗马文化的热衷和对历史文化价值的深思。在古代建筑、古希腊罗马文化的物质性存在中，在一座座纪念碑上、一个个教堂和一幢幢建筑中，在那些牢固的石墙、“不怀好意的重物”、“拱形门的力量”中，曼德尔施坦姆寻找着人类永恒的精神遗产，寻找着人类积淀的文化经验的“内在结构”。

五个圆顶的莫斯科教堂，
附着意大利和俄罗斯的灵魂，
使我回想起阿芙乐尔的景物，
只是换了俄罗斯的名字，穿着皮大衣。

《少女合唱团的不协调》1916[1]

自然力的迷宫，不可知的森林，
哥特式灵魂的理性的深渊，
埃及的强大，基督教的懦弱，
细木旁的橡树和无处不在的君王——垂直线。

《巴黎圣母院》[2]

曼德尔施坦姆绝不是一个嗜古癖者。他深深感受到自己时代文化的迷误和断裂，感受到文化的混乱、病态和鄙俗，他指出这是一个缺乏精神力量的、无聊的时代。

他孤独的内心深深体味着人在这个时代的苦闷和痛苦。例如：

我于是这样想，何必高谈阔论。
我们都不是先知，也不是预言家，
我们不想进天堂，也不怕入地狱，
我们是白天燃烧的蜡烛，暗淡无华。

于是，他正是在那些物化的历史面前，在那些具有象征意义的“石头”面前，也在大自然永恒的生存中，倾听着历史的回声，发掘人类永恒的文化价值，探索现实的真实基础，思考着人生的价值。

物质在他的诗歌中是体现于具体的历史文化语境中的。人生活于其中的物质世界，每一物质都不是没有个性的死物，都拥有着历史文化的内涵，有着一种历史的厚重感。可以说，在阿克梅主义诗人中曼德尔施坦姆是最具历史感的诗人。正是出于对物质世界的这种历史文化感，他批评“象征主义者不是看守家门的人，他们喜欢旅游，但无论是在自己的还是世界的文化宝库

1. 《20世纪俄罗斯文学史》，李辉凡、张捷，青岛出版社，1998年，81页。
2. 《俄国现代主义诗歌》，郑体武，上海外语教育出版社，1999年，334页。

中，他们都觉得不自在。要想顺利地建造，首要的条件应是对三维空间的虔诚与尊重，不应当作包袱或倒霉事，而应当作是神的宫殿。……三维空间是建筑的必要条件。因此，建筑师应是优秀的看守家园的人，而象征主义者却是糟透了的建筑师”[1]。

曼德尔施坦姆指出，阿克梅主义的实质就是对世界文化的眷恋。而他的人道主义也正是基于他的这种对历史文化的眷恋。他宣称，诗人“不想要另一个天堂，除非是生活”。

永远不朽的不是罗马，
而是人在宇宙中的位置。
牧师们为战争辩护，
国王们企图把它控制。
但没有人，房屋和祭坛
就像垃圾，只配鄙视。[2]

而作为一个诗人，他在语言的创造中把自身的价值和人类的历史文化联系在一起，从而引起他对语言的活力的探索和崇拜。正是因此，曼德尔施坦姆的诗歌语言精美，可以说做到字字推敲，精雕细刻。

在《阿克梅主义的早晨》(«Утро акмеизма» 1913) 一文中曼德尔施坦姆写道：“一个数学家能不加思索地算出一个九位数的二次幂，这场面叫我们惊诧不已。但是我们常常忽视，一个诗人也能求出一个现象的九次幂，艺术作品简朴的外表时常给我们以假象，使我们无视它所具有的神奇的、浓缩的真实。这诗歌中的真实，就是自在的词。”[3]

在《语词与文化》(«Слово и культура» 1921) 一文中，曼德尔施坦姆指出这种“自在的词”，这种诗的语言的神奇性质。他说：“不要要求诗歌具有纯粹的物质性、具体性、实在性……难道物是词的主人？语词是普赛克（按：即灵魂）。活的语词不是显现对象，而是似乎在为居所自由地选择这样或那样的具体内涵，物质性，可爱的躯体。”[4]

在《谈但丁》(«Разговор о Данте» 1933) 一文中，他更进一步指出语言的真正创造力在于创建文化的“内在结构”的功用。他说：“但丁的比喻从来不是描写性的，亦即造型的。它们始终致力于一个具体的任务——提供结构或引力的内在形象。”[5]

---

1. 《曼德尔施坦姆的历史文化观》，胡学星，//《国外文学》，1999 年，3 期，103 页。
2. 《俄国现代主义诗歌》，郑体武，上海外语教育出版社，1999 年，344 页。
3. 《曼德尔施坦姆的的早期创作》，郑体武，//《外国文学研究》，1998 年，2 期，35 页。
4. 《曼德尔施坦姆文集》（第二卷），1991 年，320、226 页。转引自胡学星《曼德尔施坦姆的历史文化观》，//《国外文学》，1999 年，3 期，100 页。
5. 《谈但丁》，曼德尔施坦姆，莫斯科，1967 年，20 页。

曼德尔施坦姆认为，正是在对这物化的历史文化的求索中，在艺术创造的永恒追求中，我们得以克服现实世界的空洞和虚无。

诗学特征

阿克梅主义是作为对象征主义的抽象主义、神秘主义的反叛和反拨而产生的。所以阿克梅主义的美学思想价值应该在和象征主义美学思想的比照中得到彰显。

象征主义的艺术至上主义思想是和他们对现实的回绝态度相联系的。在他们看来，现实不过是不可认知物的符号，而且在现实中，最高本质被歪曲地反映。现实社会的腐败和丑恶比比皆是，无法改变，只有艺术之美才是真实的永恒的存在。所以他们对现实生活厌恶回绝，试图超脱现实，遁入他们一手塑造的象征主义的抽象神秘的永恒世界。这看似一种抗衡，实则是一种逃避。而阿克梅主义首先是对象征主义的这种逃避的质疑。他们反对用超验的乌托邦世界取代现实世界，所以阿克梅主义的诗歌努力从象征主义所醉心的彼岸世界，从神秘、朦胧、抽象的理念回归到物质世界，回归现实，回归人生，回归大自然。

如果说象征主义的目光总在张望着可望而不可即的遥远的永恒世界，试图从“每一个瞬间里去寻求对永恒的透光”，那么阿克梅主义则重新把目光转向现实生活中最普遍、最生动、最具体的事物和情感，选取可能归于永恒的那些瞬间，并纳入艺术中去。曼德尔施坦姆提出的“爱事物的存在甚于事物本身”的“阿克梅主义的金科玉律”，就是让人把目光从象征主义对事物抽象本体的追求转回到对事物的现实存在的观察和思考。正如戈罗杰茨基说的，阿克梅主义义无反顾地接受了这个世界，包括它的所有的美和丑。因为这是一个真实的，充盈着声音、色彩，有着形式、重量和时间的世界。在阿克梅主义诗歌中相应地凸显出自然主义的风格、具体的形象性和实物性的现实主义品格。当然，这里凸显的不是对事物的能动的认识，而是一种冷眼旁观，甚至走向拜物教式的对自在之物的静态直观。

地球，没必要和我开玩笑：
抛掉那些尼采的外衣，
还原你自身星球的面貌，
你本是火焰贯穿其里！

《大自然》1918[1]

1. 《俄罗斯白银时代文学史》（第四卷），俄罗斯科学院高尔基世界文学研究所编写，谷羽、王亚民等译，敦煌文艺出版社，2006 年，58 页。

阿克梅主义诗歌试图展现出现实世界的清晰准确、多样性、直观具体性、有声有色的面貌，是质感清晰的形象，是人的真情实感，是原始的世界和人的本初的乃至具有生物性的情感。诗歌中充满对过去的、历史文化的记忆和美学联想。“记忆”成为阿克梅主义诗歌中最具特征性的主题。按曼德尔施坦姆的话说，阿克梅主义是“对世界的眷恋”。阿克梅主义诗歌的这些特征是通过阿克梅主义诗人不同的个性特色表现出来的。

在古米廖夫诗歌中有时表现为对异国的自然风情和动物、植物的入迷的描写：

在遥远遥远的乍得湖畔
有一只精妙无双的长颈鹿在游荡。

它的体态婀娜多姿，性情温顺，
奇妙的斑纹给它身体披上盛装，
唯有在湖面空濛倒影中摇曳的明月，
敢于同长颈鹿的美貌相较量。

远看，长颈鹿像海船的彩色风帆，
它的奔跑从容不迫，宛如鸟儿的翱翔。
我深知，这苍茫大地目睹了万般景象，
夕阳西沉，它便在大理石岩洞中隐藏。
……

《长颈鹿》[1]

而在津克维奇则表现为醉心于史前世界的描写，他的诗歌迷恋于物质，有“科学的自然主义”之称。他对不包括人这“偶然的霉物”在内的未来世界发出礼赞：

“不朽的大地，你会在火中重生，
在宁静太空里太阳们的合唱中，
再重新轰响起你庄严的声音！”[2]

纳尔布特的诗歌集《哈利路亚》(1912) 作为阿克梅主义的第一个诗歌集，却以充斥着污泥浊水的物质性的描写，以充满其间的“审丑”的意味，对人

1. 《俄国象征派诗选》，黎皓智译，浙江文艺出版社，1996 年，497 页。
2. 《俄罗斯白银时代文学史》（第四卷），俄罗斯科学院高尔基世界文学研究所编写，谷羽、王亚民等译，敦煌文艺出版社，2006 年，58 页。

世间做了故意贬低、极度粗俗的勾勒：“……以便于用大粪／构建起尘世的、而非上天的乐园。”

而曼德尔施坦姆则用“石头”把自己对人类世界文化的眷恋之情奠定在从古至今沉甸甸的物质性存在的“记忆”中：

在那黄色政府大厦的时空，
一场雾样的风雪久久飞旋……

轮船停着在过冬。阳光下，
厚厚的船舱玻璃光闪闪……

涅瓦河畔有半个世界的使馆，
有海军部大厦、阳光和静谧！
……

《彼得堡诗行》[1]

阿克梅主义诗歌在努力回归物质世界本身之时，对人的关切也就回归到对现实人生、对“尘世的”世界感受的重视。从而对人自身的思考也就回归其本位，既看到他的不足的一面，又看到他和上帝相通的一面。津克维奇干脆说“我是只野兽，没了爪甲和皮毛的野兽”（1912），而古米廖夫一方面承认，“我们有点儿像林中的野兽，无论如何我们也不会交出我们身上还有兽性存在的事实以换取神经衰弱”。同时他又指出，“由于感到自己是现象中的现象，我们便渐渐参与世界的旋律，领受一切对我们的作用，反过来我们自己又作用于一切”。甚至他还认为，“在这里，上帝渐渐变成活生生的上帝，因为人觉得自己是配做这样的上帝的”[2]。

在《树木》[3]一诗中，万物之灵长意识到人类转瞬即逝的生命，而向大树投去嫉羡的目光：

我知道，那伟岸的完美生命
上天未赋予我们，只赐给树木，
在群星的姐妹——亲切的地球上
我们是过客，树才住在故土。
……

1. 《俄罗斯白银时代诗选》，顾蕴璞编选，花城出版社，2000年，155页。
2. 《象征主义的遗产与阿克梅主义》，古米廖夫，转引自顾蕴璞编选《俄罗斯白银时代诗选》，花城出版社，2000年，556页。
3. 《俄罗斯白银时代诗选》，顾蕴璞编选，花城出版社，2000年，131页。

哦，假如我也能找个地方
可不必哭泣，无须讴歌，
默默无语地往高空飞腾，
亲身去经历万代和千秋。

而在阿赫玛托娃的诗歌中则表现着对人类最高的精神财富——最深沉细腻的情感世界、爱的发掘：

时而像盘成一团的小蛇，
依偎着心窝施展起妖术，
时而像一只可爱的小鸽，
整天在白色的窗台上咕咕。

时而在晶莹的寒霜中一闪，
仿佛置身在紫罗兰的梦境……
但它准确而秘密地召唤
人们去远离欢乐和宁静。
……

《爱》[1]

在对世界的感受中，阿克梅主义诗歌艺术希望追求一种全新的感知。为此，古米廖夫的《第六感觉》一诗就倾吐了为捕捉人世间生命的和天上神秘境界的真谛，苦苦求索着的诗人的一种“第六感觉”。

但我们对于寒冷的天上
那玫瑰的彩霞又该怎么办？
那里有寂静和非人世的安宁，
又该怎样对待不朽的诗篇？

你我来不及餐饮和亲吻，
瞬间却不可阻挡地在奔驰，
我们痛苦地搓着双手，
但又注定要把一切错失。
……
主啊，何时能委身于

1. 《俄罗斯白银时代诗选》，顾蕴璞编选，花城出版社，2000 年，135 页。

自然和艺术的手术刀，
为第六感觉器官的产生，
让我们的肉体疲惫，心灵呼叫？[1]。

如果说，象征主义神秘主义的玄思妙想使其诗歌具有一种“音乐的精神”，那么阿克梅主义对三维的物质世界的回归，就使他们的诗歌充满了对造型艺术（绘画、建筑、雕塑）的模拟和联想。他们用准确、生动、清晰的语言精雕细刻地捕捉和琢磨世界的形象，绘声绘色地描摹斑驳陆离的世界的华丽色彩。

但是阿克梅主义在世界观上对象征主义的反叛是有限的。他们并不想绝对地否定象征主义的神秘主义和彼岸世界，而仅仅是不愿意像象征主义那样为了可望而不可即的彼岸世界而放弃现实世界。他们试图在两者之间取得一种所谓“生动的平衡”。古米廖夫是这样描绘阿克梅主义的这种分寸感的：“这并不是说，要阿克梅主义当心灵靠近另一个世界而浑身发抖的时刻放弃描写心灵的权利。……对上帝的认识，神学这位美夫人仍将留在自己的宝座上，但是阿克梅主义既不想把神学降低到文学的水平，也不愿把文学提高到钻石般冷峻的程度。”[2]所以，阿克梅主义一方面并不一口回绝象征主义的宗教神秘感，一方面又和现实主义取得和解。阿克梅主义的口号是取得天上的和地上的之间的平衡，日用习常的和高渺的、形而上的，象征主义和现实主义之间的平衡。

古米廖夫说，有上帝，有尘世——/ 它们永恒存在着，/ 而人的生命转瞬即逝，困陋残缺，/ 人仍把自己置于这生命中，/ 他爱这尘世，也信仰着上帝。阿赫玛托娃也说，我学着朴实而明智地生活，/ 望着上天，祈祷着上帝。(1912)[3]

曼德尔施坦姆在他的著名论文《阿克梅主义的早晨》中也指出：“中世纪为我们所钟爱，是因为它拥有高度的界限感和间隔感。它从不把不同层面的东西混在一起，而对另一个世界则保持着极为审慎的态度。理性和神秘主义、对世界所持的生动平衡的感受，这些因素的高尚的融合使我们感到和这个时代的亲近。”[4]

由于阿克梅主义和象征主义一样对社会生活、对社会思想疏离和无视，他们所要回归的现实世界是脱离社会现实的、臆想中的现实。他们和象征主

1. 《俄罗斯白银时代诗选》，顾蕴璞编选，花城出版社，2000年，132页。
2. 《象征主义的遗产与阿克梅主义》，古米廖夫，转引自顾蕴璞编选《俄罗斯白银时代诗选》，花城出版社，2000 年，558 页。
3. «Русская литература 20 века: школы, направления, методы творческой работы», Тимина С., LOGOS Вышая школа, 2002, С.43
4. 同上。

义一样，不准备思考现实社会的复杂矛盾，更不准备参与到解决现实社会问题的任何改良和革命之中去。所以他们只是驻足于实际上是自己编织的人造臆想的“物质世界”，从唯美主义观点出发来理解“人世”，主张通过对人的意志、本能的启迪使人逐渐“完善”。所以，他们幻想中的原始自然的、安谧静止的“现实”世界，最终不能不呈现出虚伪现实主义的色彩。一些阿克梅主义诗歌则重又充满他们所反叛的宗教神秘主义。这在古米廖夫最后一部诗集《火柱》(1921) 中表现得尤其明显。

在主题题材方面，阿克梅主义的诗歌不再用象征主义的挑剔的目光在人类文化中寻求别有深意的东西，他们在现实世界的传说、神话、风景、建筑中，在文化传统、典故故事中，在最普通的日常生活中，乃至在心灵的微微颤动中捕捉自己的主题，借以抒发自己真实的情感。所以阿克梅主义诗歌没有莫测高深的神秘的语气，平实真挚是阿克梅主义诗歌的主导格调。其中时而是动情而节制的抒情，时而是如交谈式的娓娓而谈。

阿克梅主义的抒情的“物质化”也表现在常常诉诸对人物的动作、姿态的描写以及心理描摹，诉诸对具体事物的细腻刻画，而不是象征主义诗歌常常玄言诗式的直白表述。

阿克梅主义对世界的全新的感受，要求他们寻求相应的全新的语言描写手段。霍达谢维奇曾指出阿克梅主义的艺术特点就是感情的节制、准确、线条清晰、艺术均衡、无拘无束的口语化言词。他特别指出阿克梅主义诗歌中“词语的物质意义占主导”的特征。[1]的确，阿克梅主义诗歌在语言上喜用具有厚重质感的词汇。同时阿克梅主义诗歌语言在具体指称性和寓意象征性两方面都是全能的。

阿克梅主义诗歌的语言追求还表现在努力恢复词语已经失去的初创的新鲜感，而且还顽强寻找那种没有固定任何东西、一切都不确定的词语，追求语言的所谓“首次命名”。

甚至他们试图将词语和物质相疏离——“难道物质是语言的主人？”古米廖夫在《言语》(1921) 一诗说：

“……而我们忘了，烦恼的世事中
只有语言熠熠闪烁，
约翰福音也讲到
言即是上帝。

1. 《俄罗斯白银时代文学史》(第四卷)，俄罗斯科学院高尔基世界文学研究所编写，谷羽、王亚民等译，敦煌文艺出版社，2006 年，48 页。

可我们却为它设置了
紧紧巴巴的临界线，
有如野蜂在空荡荡的蜂房，
僵死的言词散发着腐烂的气息。”[1]

阿克梅主义诗歌的革新还在于努力创造新的诗歌逻辑——具有被省略的中间环节，具有不属于物质而属于上下文的语境；经常性地破坏词汇搭配规范，以图给人一种新鲜的、未准备好的感觉。[2]

不能把阿克梅主义的这种艺术追求，仅仅视为形式上与修辞上的创新，而应该从他们的形式上与修辞上的创新，看到他们对新的世界感知和信仰的追求。

参考文献：

1. Блок А. А. О современном состоянии русского символизма [J]. // Аполлон, 1910, № 8.
2. Тимина С. Русская литература 20 века: школы, направления, методы творческой работы[M]. LOGOS Вышая школа, М., 2002.
3. 俄国象征派诗选[C]. 黎皓智译，杭州：浙江文艺出版社，1996.
4. 俄罗斯科学院高尔基世界文学研究所.俄罗斯白银时代文学史（第四卷）[M].谷羽、王亚民等译，兰州：敦煌文艺出版社，2006.
5. 符・维・阿格诺索夫.20世纪俄罗斯文学[M]. 凌建侯等译，北京：中国人民大学出版社，2001.
6. 顾蕴璞.俄罗斯白银时代诗选[C].广州：花城出版社，2000.
7. 胡学星.曼德尔施坦姆的历史文化观[J]. 国外文学，1999（3）.
8. 李辉凡，张捷. 20世纪俄罗斯文学史[M]. 青岛：青岛出版社，1998.
9. 曼德尔施坦姆.谈但丁[M].莫斯科：世界文学出版社，1967.
10. 人民文学出版社编辑部. 苏联文学艺术问题[C]. 曹葆华等译. 北京：人民文学出版社，1953.
11. 日丹诺夫. 日丹诺夫论文学与艺术[M]. 戈宝权等译. 北京：人民文学出版社，1962.
12. 郑体武.曼德尔施坦姆的早期创作[J]. 外国文学研究，1998（2）.
13. 郑体武.俄国现代主义诗歌[M].上海：上海外语教育出版社，1999.

1. 《20世纪俄罗斯文学》，符・维・阿格诺索夫主编，凌建侯等译，中国人民大学出版社，2001年，30页。
2. 《俄罗斯白银时代文学史》（第四卷），俄罗斯科学院高尔基世界文学研究所编写，谷羽、王亚民等译，敦煌文艺出版社，2006年，61页。

第4章　未来主义
Глава 4　Футуризм

俄罗斯未来主义是20世纪初世界先锋主义运动中非常重要的一个流派。它发端于西欧和俄罗斯文艺狂飙猛进的时代，在意大利未来主义理论和俄罗斯象征主义实验的双重影响下应运而生，一入文坛便以一种文化虚无主义的激进姿态向俄罗斯文学传统发出挑战，立志要全面革新文学的形式和内容。尽管俄罗斯未来主义不是一个统一的美学流派，其中有形形色色的文学团体，但是创作的颠覆性和先锋性是它们共同的艺术追求。俄罗斯未来主义在革新诗语形式和内容方面提出了一系列积极有益的先锋理论，对后来的布拉格“诗语研究会”小组、形式主义学派以及后现代主义一些文学流派产生了重要的影响。其代表人物有自我未来派的谢维里亚宁，立体未来派的马雅可夫斯基（В. Маяковский 1893-1930）、赫列布尼科夫（В. Хлебников 1885-1922）和克鲁乔内赫（А. Крученых 1886-1968）等人。

历史沿革

俄罗斯未来主义运动发端于绘画领域。1907年12月以布尔柳克兄弟（Д. Бурлюк 1882-1967，Н. Бурлюк 1890-1920）为代表的一些年轻画家在莫斯科举办了“光荣属于斯蒂芬斯”的画展，首次展现了艺术创作的新倾向。稍后心理医生、画家和文艺理论家库里宾（Н. Кульбин 1868-1917）又举办了“现代艺术流派画展”（1908年4月）和“印象派画展”（1909年3、4月），标志着俄罗斯先锋艺术的萌芽。库里宾的组织活动及其关于“自由艺术”和“词的新系”的论文对未来主义运动的理论形成影响极大，在他1910年举办的画展上第一次展示了一些诗人（勃洛克、别雷、列米佐夫、赫列布尼科夫）亲手绘制的插图和墨迹，显露出立体未来主义的艺术综合特质。新原始主义绘画派的领袖拉里奥诺夫（М. Ларионов 1881-1964）对俄国未来主义，尤其是立体未来主义的产生和发展有着重大的影响，这一点得到立体未来主义代表人物马雅可夫斯基的承认。[1]拉里奥诺夫是莫斯科画家团体的精神领袖和组织者，他认为未来主义是一种最大胆的实验所使用的风格，并用自己独创的“无对象绘画理论”对未来主义进行了诠释。

1909 年 2 月 20 日意大利诗人马里内蒂在巴黎的《费加罗报》上发表了《未来主义宣言》，掀起了未来主义运动的风潮。否定传统，歌颂“现代精神”的未来主义很快在俄罗斯得到了积极的响应：《未来主义宣言》的俄文版于当年的 3 月 8 日出现在圣彼得堡《晚报》上，翌年 4 月在圣彼得堡出版了未来主义的第一部诗集《评判者的牢笼》（«Садок судей»）[2]，其中收录了卡缅斯基（В. Каменский 1884-1961）、布尔柳克兄弟、古罗（Е. Гуро 1877-1913）和赫列布尼科夫等人的作品。当时他们并没有使用马里内蒂的“未来主义”一词，而是由赫列布尼科夫自造了一个俄文词“布杰特良涅”（意为“未来人”）。诗集的作者们大部分成为后来著名的“希列亚”小组（Гилея, 1912 年成立）的核心人物。

首次将意大利的“未来主义”这一术语引入俄罗斯诗歌的是年轻诗人谢维里亚宁。他早在 1910 年 5 月就自称未来主义者，并将“未来主义”这一术语用于一篇名为《平庸的人们》的短诗的副标题。1911 年秋，他出版了文集《自我未来主义序幕》，并与奥利姆波夫（К. Олимпов 1889-1940）一起成立了“自我”小组，成员伊格纳季耶夫（И. Игнатьев 1892-1914）、格・伊万诺夫、格拉里 - 阿列里斯基（Грааль-Арельский, 1888-1938）、什罗科夫（П. Широков 1893-1963）、格涅多夫（В. Гнедов 1890-1978）、克留奇科夫（Д. Крючков 1877-1938）等人。1912 年 1 月他们在一系列报纸上发表了小组的纲领性文章《自我诗歌学院的史册》，同时成立了“彼得堡代言人”出版社和同名报纸。然而同年秋天该团体就因为创立者之间的意见分歧而解体。

1912 年聚集在《评判者的牢笼》周围的一些诗人最终宣告成立了名为“希列亚”的诗人团体，并于当年 12 月在莫斯科出版了文集《给社会趣味的一记耳光》。在开篇的同名宣言中，年轻的诗人们对过去和现在的经典一律大加挞伐：“过去的天地是狭隘的，科学院和普希金比象形文字还晦涩难解，要把普希金、陀思妥耶夫斯基、列・托尔斯泰等人统统从现代社会的轮船上抛下去。对初恋总是念念不忘的人永远体会不到新的爱情……还有高尔基、

1. 《俄罗斯白银时代文学史》（第四卷），俄罗斯科学院高尔基世界文学研究所编写，谷羽、王亚民等译，敦煌文艺出版社，2006 年，99 页。
2. Садок судей 有好几种译法，如“法官园地”“鉴赏者的陷阱”“评判者的陷阱”。本章作者在俄罗斯“环球在线百科辞典”上查到另外一种解释：...Однако авторы «расшифровывали» заглавие так: садок – клетка для содержания животных в неволе, поэты будущего пока загнаны в клетку (садок), но в будущем именно они станут законодателями (судьями) поэтического вкуса. 因此，我们认为正确的翻译应该是“评判者的牢笼”。见 http://www.krugosvet.ru/enc/kultura_i_obrazovanie/teatr_i_kino/FUTURIZM.html?page=0,1

库普林、勃洛克、索洛古勃等人统统要抛下海……”[1]在宣言后面署名的人有大卫・布尔柳克、赫列布尼科夫、马雅可夫斯基、克鲁乔内赫。这份宣言的发表宣告了立体未来主义的诞生。

1913 年是俄罗斯未来主义历史上非常重要的一年。这年 2 月《评判者的牢笼》第二集出版，其前言详尽地解释并补充了《给社会趣味的一记耳光》中所提到的创作原则。同年 3 月赫列布尼科夫、马雅可夫斯基、布尔柳克兄弟、塔特林（В. Татлин 1885-1953）等人出版了诗画合集《三个人的圣礼书》，10 月大卫・布尔柳克出版了集诗歌、小说、论文、素描和铜版画于一体的文集《死月亮》（作者为布尔柳克兄弟、卡缅斯基、克鲁乔内赫、马雅可夫斯基、赫列布尼科夫），该文集确立了诗人们“立体未来主义者”的称号。在先锋主义艺术家们的共同努力下，1913 年在圣彼得堡月亮公园上演了马雅可夫斯基的悲剧《弗拉基米尔・马雅可夫斯基》和马丘申（М. Матюшин 1861-1934）根据克鲁乔内赫的剧本《战胜太阳》改编的歌剧。画家费洛诺夫（П. Филонов）、什科利尼克（И. Школьник）、罗扎诺娃（О. Розанова）和马列维奇（К. Малевич）参与了戏剧的布景工作，而两位作者和一帮票友出演了剧中人物。除了合作出版文集外，许多未来主义诗人也在这一年出版了个人文集。除了赫列布尼科夫于 1912 年夏出版的第一本小册子《老师与学生》（«Учитель и ученик»）外，1913 年 2 月克鲁乔内赫出版了文集《口红》（«Помада»），5 月又出版了文集《爆破者》（«Взорваль»），同一时间马雅可夫斯基出版了第一部石印画集《我》（«Я»），其中只有四首诗。未来主义诗人们非常重视宣传自己的创作，1913 年 4 月发行了克鲁乔内赫和库里宾合写的传单《就词本身而言》（«Слово как таковое»），宣扬未来主义的诗学原则。同时他们还大量搜集立体未来主义者的各种宣言，并打算在下一年结集出版。这一年间立体未来主义诗人们还积极参与各种公开辩论，在自己组织的晚会上举办讲座，参与“青年联盟”和“方块十一”等画派的画展，出席“流浪狗”和“粉红灯笼”等餐馆的各种文艺活动。1913 年末，马雅可夫斯基、布尔柳克兄弟和卡缅斯基开始了为期四个月的“未来主义者巡演”活动，足迹遍及哈尔科夫、克里米亚、喀山、罗斯托夫和巴库。

1913 年还诞生了另外几个未来主义文学团体。该年 2 月，年轻的诗人、评论家兼出版人伊格纳季耶夫在解散的“自我”小组的废墟上建立起“自我未来主义直觉协会”，并通过他负责的出版社“彼得堡代言人”出版了一系列堪与立体未来主义比肩的先锋诗集，如《蘸糖的老鼠》（«Засахаренная

1. 《俄罗斯白银时代文学史》（第四卷），俄罗斯科学院高尔基世界文学研究所编写，谷羽、王亚民等译，敦煌文艺出版社，2006 年，110 页。

крыса» 1913)、《请听完再打》(«Бей!.. Но выслушай!» 1913)、《永远给予》(«Всегдай» 1913)、《被击碎的头颅》(«Развороченные черепа» 1913)、《自我未来主义》(«Эгофутуризм») 和《自我文化的断头台》……。同年5月诗人舍尔舍涅维奇(В. Шершеневич 1893-1942)发起成立了又一个未来主义团体"诗歌顶楼"派，成员有扎克[1](Л. Зак 1892-1980)、博利沙科夫(К. Большаков 1895-1938)、拉夫列涅夫(Б. Лавренев 1891-1959)、特列季亚科夫(С. Третьяков 1892-1937)和伊夫涅夫(Р. Ивнев 1891-1981)。"诗歌顶楼"派一年连续出版了三本文集：《预展日》(«Вернисаж»)、《瘟疫流行时期的筵席》(«Пир во время чумы»)和《正常思维的火葬场》(«Крематорий здравомыслия»)。其中除了团体成员的作品，还收录了勃留索夫、什罗科夫和谢维里亚宁等人的诗作。

1913年3月成立的"抒情诗"出版社聚集了一批诗人和翻译，其中有接近象征派的青年抒情诗小组成员博布罗夫(С. Бобров 1889-1971)、阿谢耶夫(Н. Асеев 1889-1963)和帕斯捷尔纳克(Б. Пастернек 1890-1960)，翻译阿尼西莫夫(Ю. Анисимов 1886-1940)和妻子斯坦涅维奇(В. Станевич)。出版社共出版了六部诗集，其中包括阿谢耶夫的处女作品集《夜笛》(《«Ночная флейта»)、博布罗夫的《蔓藤架上的花园》(«Ветроградари над лозами»)、帕斯捷尔纳克的《云雾中的双子星座》(«Близнец в тучах»)以及文集《抒情诗》(«Лирика»)。然而到1914年1月阿谢耶夫、博布罗夫和帕斯捷尔纳克宣布退出该出版社,并成立了所谓"临时特别委员会"的"离心机"小组。1914年3月"抒情诗"出版社被撤销，新成立的"离心机"出版社出版了该团体的首部文集《手足》(«Руконог»),并发表了名为《常识》的宣言。在宣言上签名的除了团体的三名创始者外，还有兹达涅维奇(И. Зданевич 1894-1975)。

1913年以后，俄罗斯未来主义运动呈现出一种趋同和联合的倾向。1914年1月在克里米亚巡演的未来主义诗人们举办了"第一届未来主义者大赛"，来自不同团体的未来派诗人同台竞技，其中包括艺术立场对立的诗人，比如立体未来派的马雅可夫斯基和自我未来派的谢维里亚宁。谢维里亚宁的作品还被收录到立体未来派一月份出版的文集《咆哮的帕尔纳斯》(«Рыкающий Парнас»)中。该文集的宣言《你们见鬼去吧！》(«Идите к черту! »)表达了诗人们联合的意向：1)只有我们的团体联合了所有的未来主义者；2)我们抛弃了"自我"和"立体"这些随机而用的名称，联合为一个统一的未

1. 笔名赫利桑弗·罗西扬斯基(Хрисанф Россиянский)。

来主义文学团体。[1]他们谋求的不仅是诗人的联合，同时还有“离心机”“诗歌顶楼”“里林”等出版社的联合。在这种情势下，各流派的未来主义者们于 1914 年 3 月出版了《俄罗斯未来主义者第一期杂志》，其中收录了布尔柳克兄弟、博利沙科夫、卡缅斯基、马雅可夫斯基、利夫希茨（Б. Лившиц 1887-1938）、谢维里亚宁、赫列布尼科夫和舍尔舍涅维奇等人的文章和诗作，杂志甚至还收录了反未来主义的小品文《俄罗斯批评的耻辱柱》（«Позорный столб российской критики»）。在未来派的联合行动中具有标志性的事件是 1915 年 2 月出版的文集《射手》，它将联合行动扩展到整个诗歌和绘画领域，其中不仅收录了马雅可夫斯基、大卫・布尔柳克、卡缅斯基和克鲁乔内赫等人的作品，还有勃洛克、索洛古勃、列米佐夫和库兹明等人的诗歌和译作。另外文集里还收录了画家弗鲁别利（М. Врубель）、罗扎诺娃 (О. Розанова)、库里宾和西尼亚科娃（М. Синякова）的画作。

对于未来主义者们来说，1914 年不仅是成果巩固的一年，同时也是危机显露的年份。对未来主义运动造成致命打击的首先是一批诗人的辞世，继 1913 年古罗和自我未来主义诗人克尼亚泽夫（В. Князев 1891-1913）去世后，1914 年又有三人自杀身亡：1 月伊格纳季耶夫自杀，9 月“离心机”派诗人戈尔杰耶夫（Б. Гордеев）自杀，11 月亲“诗歌顶楼”派的女诗人利沃娃（Н. Львова）自杀。伊格纳季耶夫的自杀导致了“直觉协会”的解体，而“诗歌顶楼”派也在同一时期宣告解散，只存在了不到一年的时间。几个团体中只有“离心机”派存在的时间稍长，但也没能摆脱分裂的命运。1914 年夏，团体成员阿谢耶夫与博日达尔等人在哈尔科夫成立了“丽莲”出版社，开始是作为“离心机”的分部，后来便完全独立出来，采取比“离心机”更左的立场。

1914 年 1 月，未来主义鼻祖马里内蒂应舍尔舍涅维奇和库里宾的邀请对俄罗斯进行了访问，这次访问导致了未来主义阵营的分裂。一些诗人热烈欢迎他的到来，比如博利沙科夫和兹达涅维奇，而另一些诗人则完全不待见他。大卫・布尔柳克在《处女地》报上发表了一封措辞激烈的信——《致马里内蒂的到来》，赫列布尼科夫和利夫希茨在欢迎马里内蒂的晚会上散发了一份传单，指责某些人崇洋媚外，出卖了俄罗斯艺术的光荣与自由，在欧洲的压制下低下了高贵的亚洲头颅。[2]

俄罗斯未来主义运动史上真正的转折点是第一次世界大战的爆发。它不仅阻碍了未来主义者的出版工作，也影响了整个未来主义的发展。一方面，

1. «Русский футуризм: теория, практика, воспоминания», Наследие, 1999, С.60.
2. «Полутораглазый стрелец. Воспоминания», Лившиц Б., 1991, С.166.

战争的残酷让未来主义诗人的搞怪行径变得不合时宜，另一方面，利夫希茨、博利沙科夫、格涅多夫、舍尔舍涅维奇等人被征召入伍，而没有入伍的人境遇也不容乐观，因为当时物质生活艰苦，公众对先锋派文化的兴趣大减。1915 年 12 月在彼得格勒出版了文集《抓住了。未来主义者的鼓》(«Взял. Баранбан футуристов»)，里面收录了马雅可夫斯基、帕斯捷尔纳克、赫列布尼科夫、阿谢耶夫的作品和什克洛夫斯基（В. Шкловский 1893-1984）等人的理论文章。在文集的开篇宣言中，马雅可夫斯基宣告了作为团体的未来主义的死亡，不过他同时又强调，今天所有的人都是未来主义者，人民是未来主义者。[1]

1917 年前夕，未来派分成了两股力量，一股力量是激进的“左翼”，聚集在包括梯弗里斯的高加索地区，另一股力量聚集在莫斯科，以马雅可夫斯基为核心。渐渐地，聚集在马雅可夫斯基周围的一些诗人(其中包括大卫·布尔柳克、卡缅斯基等人）倾向于用未来主义表达政治诉求，将左派艺术视为社会斗争和变革世界的武器。正是这些人热情地接受了革命，立即投入到意识形态的斗争当中。1918 年 3 月出版了“未来主义者报”，上面刊登了《关于艺术民主化的第一号令》和《未来主义者的飞翔之邦》两篇宣言文章。他们在宣言中声称，要通过一场不流血但很残酷的革命 —— 精神革命 —— 来粉碎旧制度对人们的精神奴役。[2]宣言还提出了服务于革命大众的新的艺术原则。同年 5 月 1 日未来主义者们参加了莫斯科和彼得格勒的节日装饰，把马雅可夫斯基的著名诗句“街道是我们的画笔，广场是我们的调色板”付诸实践。半年后在彼得格勒的音乐剧院上演了马雅可夫斯基的《宗教滑稽剧》(«Мистерия-Буфф» 1918)。1919 年 1 月鲍里斯·库什涅尔（Б. Кушнер）在彼得格勒发起并成立了“共产党人 - 未来主义者”小组，至此，政治直接与艺术紧密结合起来。

如果说大城市里的未来主义者们专注于阶级斗争和社会变革，那么远离政治中心的左派力量则在偏远地区巩固了自己的地位。1918 年 2 月，未来派的两位元老克鲁乔内赫和兹达涅维奇与捷连季耶夫（И. Терентьев 1892-1937)、车尔尼亚夫斯基（Н. Чернявский 1892-1942）在梯弗里斯成立了“41 度”社。该社的宣言中称，“41 度”社的同仁要联合左翼未来派，将超理性定为必须的艺术表现形式。“41 度”社的任务是依靠大家的伟大开拓，

1. 《十月革命前后苏联文学流派（上编）》，翟厚隆编选，上海译文出版社，1998 年，125~127 页。
2. 《俄国未来主义诗歌》，627 页。转引自《俄罗斯白银时代文学史》（第四卷），俄罗斯科学院高尔基世界文学研究所编写，谷羽、王亚民等译，敦煌文艺出版社，2006 年，4~148 页。

重建一个新世界。[1]“41 度”社创建了同名出版社和报纸（只发行了一期），出版了一系列书和文集，还举办了几次艺术展览，宣传超理性艺术。另外，该社还在名为“幻境”的咖啡馆里开办了“未来主义大学”，由克鲁乔内赫及其同事授课。

除了梯弗里斯外，还有一些未来派诗人到远东地区宣传未来主义。1920 年他们在赤塔创办了《创作》杂志，围绕这个杂志又成立了新的未来主义团体——“创作”文学小组。参与小组的有著名的大卫・布尔柳克、阿谢耶夫和特列季亚科夫，还有当地诗人涅兹纳莫夫（П. Незнамов）、希洛夫（В. Силлов）、阿雷莫夫（С. Алымов）、马尔特（В. Март）等人。这个小组和前面提到的“共产党人-未来主义者”小组一起构成了“列夫”的前身，1923 年马雅可夫斯基发起成立了“列夫”后，“列夫”便成为早期未来主义运动在苏维埃文学中的主要继承者。

未来主义对形式主义理论和茨维塔耶娃、曼德尔施坦姆等诗人的创作都产生了很大的影响，在 30 年代先锋文学团体“现实艺术协会”的创作中能明显感受到克鲁乔内赫和赫列布尼科夫的影响。在某种程度上甚至可以说，“现实艺术协会”是未来主义运动在 30 年代的延续。未来主义的思想在 50 ~ 60 年代又表现出它强大的生命力：它孕育出叶夫图什科、沃兹涅先斯基、罗日杰斯特文斯基等“舞台”诗人，它的各种美学诗学在一些新教派青年诗人（阿伊吉、格拉兹科夫、卡扎科夫）的创作中得到继承，甚至在俄罗斯后现代主义文学的先声——莫斯科观念主义诗派中也能找到未来主义的遗迹。

代表作家和创作简介

1. 赫列布尼科大

赫列布尼科夫是俄罗斯未来主义的最早发起人之一，也是最有天赋的未来主义诗人之一。1908 年，当他还是一个大学三年级的学生时，他结识了未来的未来主义诗人卡缅斯基、布尔柳克兄弟、马丘申和古罗，由此开始了他的未来主义诗歌之路。1910 年出版了由他命名的未来主义文丛《评判者的牢笼》第一辑，在这部文集中他当之无愧地成为未来派的思想和创作领袖，他用自创的新词“布杰特良涅”（будетляне）取代了外来的“未来主义者”，并将创立未来的艺术视为自己创作的最高纲领。

1911 年赫列布尼科夫离开大学，专心从事文学创作。他刊登在各种未来主义文丛和团体文集中的作品不管是内容、形式，还是名称都求新求异，

1.《俄国未来主义者的宣言和纲领》，61~62页。转引自《俄罗斯白银时代文学史》（第四卷），俄罗斯科学院高尔基世界文学研究所编写，谷羽、王亚民等译，敦煌文艺出版社，2006年，4~146页。

大有语不惊人死不休的架势，如《给社会趣味的一记耳光》（«Пощечина общественному вкусу» 1912）、《死月亮》（《«Дохлая луна» 1913）、《小雌马的乳汁》（«Молоко кобылиц» 1914）等等。在 1912 年发表的立体未来主义宣言《给社会趣味的一记耳光》中，赫列布尼科夫奠定了自己未来主义理论思想家的中心地位。这本小册子中将近一半都是赫列布尼科夫的作品，其中包括《蝨斯》（«Кузнечик»）、《鲍贝奥比，嘴唇这么唱》（«Бобэоби пелись губы... »）和长诗《И 和 Э》等。赫列布尼科夫开始被批评界所关注，库兹明称他的作品新颖鲜亮，天才般的疯狂。勃洛克在日记中预言他前途远大，古米廖夫认为他的形象以独特的荒诞而令人信服，他的思想以怪异离奇而令人折服。古米廖夫第一个指出了赫列布尼科夫创作中体裁的独特性，他认为在赫列布尼科夫的创作中，理论部分与艺术文本构成了一个统一体，它们服务于更高的、超艺术的任务，而传统的体裁划分 —— 抒情、戏剧、叙事 —— 在这一任务面前完全没有意义。[1]

作为一个未来主义的理论家与实践者，赫列布尼科夫的成就主要集中在他对诗歌语言和形式的改造方面。

赫列布尼科夫的诗语理论首先和他对时间的认识有关。他认为，时间是决定一切的存在，它是可逆的，完全可以超越催人死亡的历史属性，因为死亡不过是在不存在的波浪中暂时地洗了个澡而已，而此后人会以另外的面目获得重生。这一思想反映在他 1912 年创作的一部剧作中，戏剧以两位主人公的老去（其中一位离世）开始，却以他们手拿气球坐在童车里结束。赫列布尼科夫还把时间和语言联系起来。他认为，时间也是物，是空间的“第四维”。而将时间物化并串联起来的，正是词和语言，或者说，词和语言就是物化了的时间，它们不仅是传递文化的工具，而且具有自我价值。因此，诗人可以通过创造新词而创造出新的时间，这就意味着创造新词即创造新世界。

赫列布尼科夫正是通过对诗语的改造来完成诗人改造世界的使命。他在诗歌语言中引入了大量的日常生活用语、古旧词汇、方言、民间口头创作、科技词汇以及外来语，同时还自造了许多新词。甚至是没有独立表意功能的一个音，在赫列布尼科夫笔下总要与现实中的某种时刻，某个标志或某个现象对应起来。古米廖夫对此有过评论：“他（赫列布尼科夫）相信，每一个元音包含的不仅有动作，而且还有方向：比如，бык 让人想起击打者，бок 则让人想起击打的对象；бобр（海狸）意味着狩猎的对象，бабр（老虎）则

---

1. «Русские писатели XX века. Библиографический словарь» (часть 2), под ред.Скатова Н.Н., Просвещение, 1998, С.520.

意味着狩猎者。”[1]赫列布尼科夫甚至还编写了一本特殊的“概念字母表”，赋予字母某种现实世界的属性，比如将字母赋予颜色（M—— 蓝色，Л—— 白色，象骨；Б—— 红色，З—— 金色），或者字母具有空间位移的意义（В，一个点绕着另一个点旋转，几个表面融合为一个；Ч，被另一个物体充满的一个物体的空隙）。据同时代人的回忆，赫列布尼科夫还制定了一个由辅音组成的“噪音表”，以此证明词与世界的类似。诗人的这一思想鲜明地反映在《鲍贝奥比，嘴唇这么唱》这首诗中：

“鲍贝奥比”，嘴唇这么唱。
“维埃奥米”，眼睛这么唱。
“皮埃埃奥”，眉毛这么唱。
“利埃埃奥”，脸庞这么唱。
“格齐 — 格齐 — 格泽奥”，链子这么唱。
就这样，在由某些对应构成的画布上，
在长宽高之外还有个脸庞。[2]

译者顾蕴璞先生对这首诗作了如下注释：“立体未来派用元音象征时间和空间，用辅音象征声、色、味。本诗引号中的词都是字母译音的连读，如‘鲍贝奥比’是Бобэоби中元音‘о’‘э’‘и’和辅音组成，元音代表时空，辅音代表各种颜色（如Б—— 红色，В—— 蓝色，П—— 黑色……），以表达诗人在诗语实验中所想要表示而读者很难懂的构成各种形象的语义要素。”[3]

从理论层面上来说，赫列布尼科夫认为唯有创造新词才能让诗歌摆脱僵死的状态，而做到这点其实并不难，因为词的所有形式都来自于词根，完全可以在不破坏语言规则的基础上利用词根来发掘词的诗语潜力，比如在《笑的咒语》（«Заклятие смехом» 1910）这首诗中，他利用смех（笑）这个词的词根，加上不同的前后缀，造出了一大串新词：смехачи（狂笑者）、смеюнчики（傻笑者）、рассмеяться（放声大笑）、засмеяться（笑起来）等，而由这些同根词组成的诗也别具意味。例如：

О, рассмейтесь, смехачи!
О, засмейтесь, смехачи!
Что смеются смехами, что смеянствуют смеяльно,
О, засмейтесь усмеяльно!

1. «Письма о русской поэзии», Гумилев Н., 1990, С.172.
2. 《俄罗斯白银时代诗选》，顾蕴璞编选，花城出版社，2000 年，179~180 页。
3. 《俄罗斯白银时代诗选》，顾蕴璞编选，花城出版社，2000 年，179 页。

О, рассмешищ надсмеяльных - смех усмейных смехачей!

О, иссмейся рассмеяльно, смех надсмейных смеячей!

Смейево, смейево!

Усмей, осмей, смешики, смешики!

Смеюнчики, смеюнчики.

О, рассмейтесь, смехачи!

О, засмейтесь, смехачи!

啊，放声大笑吧，爱笑的人！

啊，开口一笑吧，爱笑的人！

你们，笑声朗朗，笑口常开的人，

啊，嘲弄地笑上一笑吧，

啊，哈哈大笑的人的一笑——

捧腹大笑的人发的笑声！

啊，尽情大笑者的笑，笑逐颜开吧！

嘻嘻地笑，哈哈地笑，

讥笑吧，嘲笑吧，爱笑的人，爱笑的人，

笑不离口的人，笑声不断的人。

啊，放声大笑吧，爱笑的人！

啊，开口一笑吧，爱笑的人！[1]

此外，赫列布尼科夫还喜欢将两个词联成一个新词，如《米利亚济之歌》（«Песнь мирязя» 1907）中的“Мирязь”[2]，它是мир（世界）和я（我）两个词融合的结果。与此类似的还有вольза（自由之益）— воля（自由）+ польза（益处），хорошеука（美好学）— хорошо（好）+ наука（科学），ценоука（价值学）— цена（价值）+ наука（科学），волеука（自由学）— воля（自由）+ наука（科学），небоука（天学）— небо（天）+ наука（科学）。

在此基础上，赫列布尼科夫提出了“超理性语言”理论。“超理性的”（заумный）一词本身就是他按照语法规则自创的一个新词，只要想想“заречный”（在河的另一边的）就不难理解“заумный”的意思。这样，“超理性语言”就是指目前处于人类智力范围之外的、但是在未来能够被所有人理解的语言。在《我们的基础》（«Наша основа» 1919）一文中他谈到了超

1. 《俄罗斯白银时代诗选》，顾蕴璞编选，花城出版社，2000年，180～181页。
2. 这是赫列布尼科夫自造的一个新词，表面看是按照“Витязь”（勇士）的构词方法构成，实际上这个词融合了“世界”（мир）和“我”（я）这两个概念，并强调两者之间的有机统一。类似我们“天人合一”的意思。

理性语言的本质："不脱离词根的圈子，找到把所有斯拉夫词由一个变成另一个词的魔石，自由地溶合斯拉夫词语 —— 这就是我对词语的第一个态度。这种自在的词是在日常生活和生活功利之外的。虽然知道，词根只是一个幽灵，站在它后面的是字母的弦，也要找到由字母单位构成的普遍世界语言的统一。这是我对词语的第二个态度。这是一条通向世界性超理性语言的道路。"[1]

与克鲁乔内赫毫无理据的造词法不同，赫列布尼科夫没有杜撰超理性语言，而是按照语言规则来创造新词，前面所举的例子已经证明了这一点。然而更重要的是，赫列布尼科夫的词语创造有着伟大而崇高的目标，他试图通过探求语言形成的普遍规律来创造"未来的世界语言"。在他看来，现今的语言把人们彼此隔离，让人们永远无法建成和谐与理解的巴比伦塔。这实际上违背了语言的本质。他说："从前的语言把人们联合在一起。让我们追溯到石器时代。夜，篝火，作为劳动工具的黑色石斧。突然响起脚步声，大家全都扑向武器，并一动不动地作出威慑的姿态。可一听到黑暗中传来的是熟悉的名字，大家马上就明白了，这是自己人。语言的凝聚作用正如熟悉的声音。武器是胆怯的标志。"[2]

由此可以看出赫列布尼科夫词语创造和超理性理论的真正意图：联合日趋分裂的人们，建立新的世界秩序。在《我们的基础》一文中他宣称"超理性语言"是未来世界语的萌芽，通过这种纯粹的、本体的语言来实现人与人的理解与联合，避免战争的威胁。在第一次世界大战的背景下，赫列布尼科夫的这一理论是真正地面向未来的语言乌托邦，它不仅新颖独特，而且高瞻远瞩。

赫列布尼科夫在诗歌形式方面的创造比较复杂，他的诗风是自由无序的。如果说他在1911~1920年间的长诗主要采用节奏细微多变、以音节重音为主的诗节，那么稍后的长诗则更多地采用舒缓的、不分节的诗，诗行有些押韵，有些不押韵，占主导地位的格律是自由体三音节重音诗歌，其次是自由体抑扬格，另外，还有混合诗格。他的自由体诗风主要有以下特点：

1）作为"节奏细微多变的大师"，赫列布尼科夫有意压制有节奏的词，而更看重诗格的"游戏"。即使是在创作非自由体诗歌的时候，他所关心的并非诗的格律，而是更注重某一组诗行音调是否和谐。他曾即兴做了这么一首诗："刀子挡不住癫痫病人，一支歌冲到喉咙，歌词说：'宰了你！'……受到格律的挤压，我害怕痉挛的词句。"

2）他的诗歌在节律方面自由不羁，不屈服于任何既定的模式。既不是

1. 《俄国白银时代文学概观》，李辉凡，中国社会科学出版社，2008年，178~179页。
2. 《俄国现代主义诗歌》，郑体武，上海外语教育出版社，1999年，424~425页。

十四行诗的格律，也不是自由体三音节重音诗格，也不是自由体多音节重音诗格，或者说都是。总之，在诗的格律方面他的自由意志极其广阔。

3）他的逻辑是自由体理论家与实践家的逻辑。他极为珍视音调的充分自由，任何人都不能阻挠他对“这首诗的这一行”作出选择。

4）尽管诗人的自由体兼容并蓄，来者不拒，但是他对两种诗格却有偏爱，那就是抑扬格和自由体多音节重音诗格。[1]

赫列布尼科夫在诗歌创作方面的另一个贡献与绘画联系紧密。他曾说：“我们希望，语言能勇敢地紧随绘画而行。”[2]他认为，当代绘画对推动未来语言发展所起的作用超过了词语本身，因为绘画“连接起了亚欧大陆”。在赫列布尼科夫的诗作中，我们看到向“词语的绘画”领域的强势突破。赫列布尼科夫在创作的不同阶段发明了许多类似于造型艺术（肖像画、风景画、静物画）的诗体结构，从中可以看出他思想的发展。一端是封闭的、形而上的形式实验（如著名的“鲍贝奥比，嘴唇这么唱”），试图表现空间维度之外的、需要特别说明的肖像；另一端是复杂但艺术上确定的形象，充满生活的（社会的、心理的、情感的）内容。比如他著名的描写1921年伏尔加河沿岸惨相的《饥饿》和《伏尔加！伏尔加！》，就把肖像和风景画的元素糅合进了诗里。

赫列布尼科夫是俄罗斯有史以来最具独创性的诗人之一，有人认为，总有一天人们会把俄国诗歌史分为罗蒙诺索夫、莱蒙托夫和赫列布尼科夫三个阶段。赫列布尼科夫的诗歌想象力最不可思议，甚至马雅可夫斯基与他相比都会显得平庸。这是一个天才尚未被完全揭示出来的诗人，因为他是属于未来的。关于自己，他曾写过几行颇有预见意义的诗：

当人类抵达未来主义那片土地，
一切的一切都将被他们忘记；
但人类却将以一座古怪的纪念碑把我记忆
——因为我曾经具有非凡的勇气。

2. 谢维里亚宁

谢维里亚宁，真名伊戈尔·瓦西里耶维奇·洛塔列夫（1887~1941），是俄罗斯自我未来主义的创立者，也是第一个称自己是未来主义者的俄国诗人。他出生于一个军官之家，八岁开始写诗，早年追随福法诺夫（K. Фофанов

1. 《俄罗斯白银时代文学史》（第四卷），俄罗斯科学院高尔基世界文学研究所编写，谷羽、王亚民等译，敦煌文艺出版社，2006年，195页。
2. «Неизданные произведения», Хлебников В., 1940, С.334.

1862-1911）和洛赫维茨卡娅（М. Лохвицкая 1869-1905），写了不少所谓的精致抒情诗，但年轻的诗人一直不为人知。1909 年他自费出版了诗集《直觉的色彩》，其中的一首诗招致了列 · 托尔斯泰的暴怒，但谢维里亚宁却因祸得福，成了俄国文坛的知名人物。

1911 年 11 月，他的小册子《自我未来主义序幕》（«Пролог "Эгофутуризма"»）在圣彼得堡面世，并正式宣告了"自我未来主义"团体成立。他把意大利诗人马里内蒂的未来主义这一术语引入俄罗斯，并在前面加上了拉丁语的前缀"ego"以示区别。谢维里亚宁把在《自我未来主义序幕》里阐述了自己对新流派的理解："我们的生命紧张而短暂，我们执拗地要求：做一个冷漠但有灵感的人，不论说什么话，都给人惊喜。"而且，他从流派一开始就坚决地与"立体未来主义"划清界限，他不同意把俄罗斯的经典作家从现代生活的轮船上抛下的说法，认为"不是把莱蒙托夫扔下轮船，而是把那些布尔柳克们扔到萨哈林去"。[1]

1913 年他出版了诗集《沸腾的高脚杯》（«Громокипящий кубок»），这部诗集在两年内再版了七次，让谢维里亚宁真正以自己的诗才享誉俄罗斯。索洛古勃在诗集的序中写道："生活的最甜蜜的慰藉之一是自由的诗歌，轻灵的令人欣喜的天赋。诗人的出现令人感到高兴，当新的诗人产生的时候，心灵往往是激动的，就像春天到来一样。"[2]勃洛克在日记中称他为"真正的、清新的、孩童般的天才……"，而古米廖夫对他的诗学才华给予了充分的肯定。

继《沸腾的高脚杯》之后，谢维里亚宁又出版了几本诗集：《金竖琴》（«Златолира» 1914）、《香槟里的菠萝》（«Ананасы в шампанском» 1915）、《诗歌的间歇》（1915）、《没有回敬的祝酒》（«Тост безответный» 1916）。这些诗集只不过是诗人已有成就的重复和变异，并没有实质性的进步。但诗人卓越的朗诵才能让他继续蜚声诗坛，1913 年至 1917 年间他在俄罗斯许多城市举办了诗歌朗诵会，以富于乐感的诗歌演绎赢得了众多的支持。1918 年 2 月 27 日在综合技术博物馆的大厅里举行了一场"诗王"竞选活动，谢维里亚宁击败了著名诗人马雅可夫斯基和巴尔蒙特，获得"诗王"的称号。

1919 年谢维里亚宁侨居爱沙尼亚，之后在欧洲各国漫游，在国外出版了 12 本诗集，但总的来说影响不大。值得一提的是他的翻译活动，晚年他翻译了大量爱沙尼亚诗人的作品，同时还有法国、德国、波兰和保加利亚诗人的作品。

---

1. «Русские писатели XX века. Библиографический словарь» (часть 2), под ред.Скатова Н. Н., Просвещение, 1998, С.320.
2. 《俄国白银时代文学概观》，李辉凡，中国社会科学出版社，2008 年，505～506 页。

作为一名自我未来主义诗人，谢维里亚宁将“自我”和“直觉”视为流派的理论基础。他在回忆文章中写道：“我的自我未来主义的口号是：1）心灵是唯一的力量；2）个体的自我肯定；3）寻找新的同时不否定旧的；4）有意创造的新词；5）大胆的形象、修饰语、半谐音、非谐音；6）反对条条框框；7）格律多样化。这些口号在他早期的诗歌创作中就有体现，比如从诗集《直觉的色彩》（1909）的标题就可以看出自我未来主义美学的特征。1911年出版的《电子诗集》（«Электрические стихи»）中，有两首诗的写法比较特别：诗的后一诗节首词以变化的形式重复前一诗节的尾句。在同年出版的诗集《百合溪》（«Ручьи в лилиях»）中，有不少以法语词根为主生造的新词以及音乐术语。诗集的风格结合了布尔乔亚、贵族风度、风雅及冒险精神，堪称大胆的艺术实践。

在谢维里亚宁的创作中，对自我的关注是他未来主义诗歌的核心。诗人的自我认知经历了三个阶段，一开始的时候诗人对自我表现出极度的崇拜与欣赏。在《未来主义的尾声》（«Эпилог“Эгофутуризма” »）一诗中他狂狷自负：“我，天才伊戈尔·谢维里亚宁，陶醉于自己的胜利：我在每个城市被搬上银幕，我在每个人的心中得到肯定。”[1]在《自我颂》中他自我吹嘘：“我的诗是银质—钻石的，像氧气一样令人兴奋，‘啊，英明！啊，天才！——人们对我高声赞美’。”[2]在《自我波洛涅兹》中他自我崇拜：“为了自我，甘愿作出世界上一切牺牲！让一切生灵生息不停！——众口同声。茫茫寰宇只有咱们两个，而这两个—又总是合而为一：我和我的心愿！让一切生灵生息不停！你早已注定万世永生！”[3]

后来诗人对自我的认知回归理性，但仍然不失希望：

我不会永远发光，我不会永远燃烧，
我也会疲倦，我也会衰老。
在以往的岁月里我的火焰越旺，
留给未来的火苗就越小。

可是啊，趁着身上的热血还在流动，
尽管不经常，却还有希望，
我渴望继续燃烧，我渴望飞向五月，

1. «Литературные манифесты – От символизма до Октября», Изд. Аграф, 2001, С.146.
2. 《俄国白银时代文学概观》，李辉凡，中国社会科学出版社，2008年，509页。
3. 《俄罗斯白银时代精品文库·诗歌卷》，周启超，中国文联出版公司，1988年，316页。

只要我活着，就有热和光。[1]

最后在《绝望之诗》中，诗人似乎已经放弃了自我未来主义的理想，对自我感到恐惧和绝望：

我一无所知，我什么都不信仰，
我不再看到生活光明的一面。
我小心走近亲人，如同走近野兽。
我一无所需。寂寞。我疲惫不堪。
……
我在生活中找不到幸福，找不到意义。
我只是体验着恐怖。我只是感知着惊悸。[2]

谢维里亚宁创作的直觉主义美学反映在他对理性和意义的漠视和对诗歌音乐性的追求上。《小序曲》中，谢维里亚宁公开宣称自己的创作没有深度和意义：

我是夜莺：我没有方向
也没有特别的深度……
但不论老少，都请你们理解我
春天的歌者。

我是夜莺，我是晦暗的小鸟，
但我的歌是欢快的。
我有一个习惯：
引领大家去向远方。

……
我是夜莺，除了自己的歌声，
我一无是处。
但我是如此无意义地美妙着，
以至于意义都拜倒在我的脚下。
1918年3月

谢维里亚宁十分重视诗歌的音乐性，也许这和他早期与象征主义的联系

1. 《俄国现代派诗选》，郑体武，上海译文出版社，1996年，446～447页。
2. 《俄罗斯白银时代诗选》，顾蕴璞编选，云南人民出版社，1998年，177～178页。

有关。在象征主义那里，音乐性是诗歌的重要特征，是象征主义认知事物本质的主要手段，而这种手段是通过直觉而非理性达到的。对于谢维里亚宁来说，音乐是直觉的具体表现，只有它才能帮助词语甚至替代词语直接认识地球的奥秘。诚然，谢维里亚宁的音乐天赋很高，熟稔各种音乐曲调，在诗歌中喜欢用音乐术语作为标题，如《奏鸣曲》《前奏曲》《小序曲》，等等。另外他本人就是男高音，可以毫不费力地唱到高音 C，所以“他念自己的诗句常常不只是朗诵，甚至会唱起来。这种歌唱式的吟诵，需要有强烈的节奏感和巧妙的诗节结构，它像抒情歌曲一样，建立在某些词或整句重复的基础上，并有同声和唱的衬托及铺垫。这方面他主要继承了巴尔蒙特的多种内在和音 —— 类音重复和同一辅音字母的运用及音韵技巧。谢维里亚宁善于运用三音节诗格，把重音放在诗歌的中心音节上，造成一种有节律的间歇和悦耳的和声”。[1]

《前奏曲》这首诗可以说是他音乐性诗歌创作的一个代表，里面不仅运用了音乐术语，而且极富乐感：

Увертюра

Ананасы в шампанском! Ананасы в шампанском!
Удивительно вкусно, искристо, остро!
Весь я в чем-то норвежском! Весь я в чем-то испанском!
Вдохновляюсь порывно! И берусь за перо!

Стрекот аэропланов! Бега автомобилей!
Ветропросвист экспрессов! Крылолет буеров!
Кто-то здесь зацелован! Там кого-то побили!
Ананасы в шампанском – это пульс вечеров!

В группе девушек нервных, в остром обществе дамском,
Я трагедию жизни претворю в грезо-фарс...
Ананасы в шампанском! Ананасы в шампаском!
Из Москвы – в Нагасаки! Из Нью-Йорка – на Марс!

Январь 1915

大意为：

香槟中的菠萝！香槟中的菠萝！

1. 《俄国白银时代文学概观》，李辉凡，中国社会科学出版社，2008年，519页。

金光闪闪，又香又辣！
我有点像挪威人！我有点像西班牙人！
我灵感迸发，欣然提笔！

飞机轰响！汽车奔驰！
特快列车风驰电掣，冰上帆撬插翅飞翔！
这里有人接吻！那儿有人挨揍！
香槟中的菠萝——这是晚会的脉搏！

在躁动的姑娘群中，在热辣的妇人堆里，
我把生活的悲剧变成梦想的闹剧……
香槟中的菠萝！香槟中的菠萝！
从莫斯科到长崎！从纽约到火星！

1915 年 1 月

与其他未来主义诗人一样，谢维里亚宁也善于自造新词，但与克鲁乔内赫不同的是，谢维里亚宁的新词是可以理解的，而且较为雅致。诗人从不滥用它们（如：风啸而过 — ветропросвист，插翅而飞 — крылолет）。他反感莫斯科未来主义诗人的滥造新词，认为他们造的词荒唐而无品味。他自己的造词方法并不复杂，一是利用外来语的词根和后缀，造成一种怪异的、异国情调的感觉，二是“在现有俄语词汇的基础上创造新词。比如，根据名词‘愿望’创造出俄语中本不存在的相应动词‘愿望’，根据名词‘青春’，创造出俄语中并不存在的相应动词‘青春’，二者可以搭配使用。另外，将俄语中已有的、但不能搭配使用的同根动词和名词搭配使用，同样产生新词的效果。比如‘体验了所有体验，认识了所有认识’”[1]，等等。

3. 马雅可夫斯基

马雅可夫斯基是所有未来主义诗人中最独特、而且是影响力最大的一位。他与未来主义结缘于和大卫 · 布尔柳克的相识，后者发现了他的诗歌天赋并将他引入立体未来主义小组。马雅可夫斯基的最早诗作《夜》与《晨》正是发表在那部著名的《给社会趣味的一记耳光》文集中。但与宣言中的虚无主义态度不同的是，马雅可夫斯基高度评价果戈理、陀思妥耶夫斯基、别雷、勃洛克等作家，他在 1924 年写的《纪念日的诗》（«Юблейное»）中还特别

1. 《俄国现代主义诗歌》，郑体武，上海外语教育出版社，1999 年，394 页。

评价了普希金。

尽管马雅可夫斯基在各个时期对未来主义的理解有所不同，但他自始至终都是一个未来主义诗人，而且他的未来主义带有浪漫主义的性质。在苏联时期许多文学评论家试图证明马雅可夫斯基不是一个未来主义者，而是社会主义现实主义诗人。但是站在历史的远景上，越来越多的学者倾向于认为马雅可夫斯基是坚定的未来主义者，甚至在社会主义建设如火如荼的苏维埃时期，他仍然忠于未来主义的理想，只不过此时的未来主义已经是共产主义的未来主义了。

马雅可夫斯基的所有理想都是与社会主义和共产主义的未来息息相关，他对世界的理解是浪漫主义的未来主义，具体体现为他特有的夸张和隐喻手法。他对社会主义的理解不是兵营和劳改营，而是民主的社会主义，没有官僚体制，充满了诗与歌，以及自由之人的自由劳作。他的共产主义理想则与费奥多罗夫的"共同哲学"相近，提倡全人类的爱和逝者的复生。遗憾的是，他的这些理想被现实击得粉碎。

马雅可夫斯基的浪漫主义世界观已经决定了他创作生涯的悲剧命运。为了更好地理解诗人的艺术探索轨迹，我们用一部带有序幕和尾声的五幕剧来概括他的创作历程。首先作为序幕的是写于 1913 年的悲剧《弗拉基米尔 · 马雅可夫斯基》(«Владимир Маяковский»)，第一幕由他的两首长诗组成：《穿裤子的云》(«Облако в штанах» 1914-1915）和《脊柱横笛》(«Флейта-позвоночник» 1915)，第二幕是长诗《战争与世界》(«Война и мир» 1915-1916）和《人》(«Человек» 1916-1917)，第三幕是戏剧《宗教神秘剧》(1918）和长诗《15 000 万》(1919~1920)，第四幕是长诗《我爱》(«Люблю» 1922)、《关于这个》(«Про это» 1923）和《弗拉基米尔 · 伊里奇 · 列宁》(«Владимир Ильич Ленин» 1924)，第五幕是长诗《好!》(«Хорошо!» 1927)，两部戏剧《臭虫》(«Клоп» 1928-1929）和《澡堂》(«Баня» 1929-1930)，尾声由长诗《放开喉咙歌唱》(«Во весь голос»）的两个序（1928~1930）和遗书《致所有人》(«Всем» 1930 年 4 月 12 日）组成。马雅可夫斯基的其他作品都可以归入这个五幕剧的某个部分。

马雅可夫斯基的艺术世界仿佛一部包罗万象的综合剧，它涵盖了喜剧、悲剧、神秘剧、英雄史诗剧、神话剧、电影艺术等体裁各异的戏剧形式。这些形式又都服从于马雅可夫斯基艺术表达的核心内容，即主人公的悲剧性格和作品的悲剧结构。

在作为序幕的悲剧《弗拉基米尔 · 马雅可夫斯基》中，诗人把促进人类的幸福和完善作为自己生活的职责和创作的使命。所以在这部作品中人的形象是不幸福和不完善的：男人没有眼睛和腿，女人眼里总是含着泪。对于马雅可夫斯基来说，艺术从一开始就不是对生活的反映，而是改造生活的手段，是建设生活的工具。在马雅可夫斯基创作的序幕阶段，他并不清楚该如何帮助人们完善自我，但他已经感觉到这一任务异常艰巨。而正是这种要历经磨难的预感赋予了作品悲剧色彩，让诗人将其命名为悲剧，尽管事实上里面没有任何悲剧的成分。作品中的马雅可夫斯基既是一个具体的人，同时又是所有人的化身，是人的美好潜质的代表。这也决定了马雅可夫斯基诗歌创作的一个主要特点：用夸张的隐喻来连接个人与全体、尘世与天国、自然与社会、国家与世界、现在与理想的未来。

在马雅可夫斯基创作历程的第一幕和第二幕中，诗人致力于用自己的抒情悲剧主人公取代年老昏聩、无力为人类谋福利的上帝。这位主人公热爱人类，代表着人类的共同愿望，向旧世界的统治者发出决绝的挑战。然而要想成为新的人神，主人公和其余的所有人必须先解放自我，挖掘自身的优秀品质，摒弃身上的一切奴性。这一革命虚无主义的思想直接反映在《穿裤子的云》那四句纲领性的呐喊中：打倒你们的爱情，打倒你们的艺术，打倒你们的制度，打倒你们的宗教。取而代之的是马雅可夫斯基自己的爱情观，自己的艺术创作，自己对未来社会制度的构想，以及对未来理想人类的信仰。然而诗人对未来的勾画和努力在革命后变成了悲剧。在《穿裤子的云》中，马雅可夫斯基以预言诗人、第 13 个使徒以及查拉图斯特拉的形象出现在“无言街”的人们面前，为的是要向他们宣讲新的“登山训众”。但与尼采的查拉图斯特拉不同的是，马雅可夫斯基关心的不是超人，而是普通的大众，他的目的是为了所有人的自我完善，为了让他们能摆脱自身的奴性。

在《穿裤子的云》《脊柱横笛》《战争与世界》《人》以及《关于这个》等几部悲剧长诗中，主人公分别以反上帝的斗士、“第 13 个使徒”、恶魔以及好战者的形象出现。在这些主人公身上仿佛可以看到类似于基督的悲剧同貌人形象。在描写同貌人的悲剧双重性时马雅可夫斯基发展了果戈理、莱蒙托夫、陀思妥耶夫斯基和勃洛克的传统，变成了一个向基督大胆宣战的斗士。他反上帝的行为开始于对女人单恋的痛苦之中，继而获得了社会和存在的意义。在《穿裤子的云》中他说：“万能的主啊，你臆想出了双手 / 又为每个人 / 赋予了头脑，——/ 但你为什么不创造出 / 没有痛苦的亲吻呢？！”事实上，诗人是在要求自然界不可能存在的崇高的、理想的爱情，这样的爱情才是浪漫的未来主义者毕生追求的终极理想。在长诗《脊柱横笛》中马雅可夫斯基便描绘了这种两情相悦的爱情，而在长诗《战争与世界》中诗人展现了所有国家和民族团结和睦的大同气象。马雅可夫斯基想做到上帝做不到的事情，他不光为自己，也为整个宇宙祈求普遍的爱。可是他的这些理想被现实无情地击碎，这一悲剧表现在长诗《人》中，主人公为个人及人类幸福所做的一切努力全部破灭。至于破灭的原因，可以归结为人类自身的惰性，爱的匮乏以及人们对金钱和权力的臣服。

马雅可夫斯基把二月革命和十月革命视为人们摆脱这种臣服的绝佳时机，他认为人们自己创造新世界的时代到来了。这也迎来了诗人创作历程的第三幕。在《宗教滑稽剧》和长诗《15 000 万》中，诗人将人民群众放到了上帝和基督的位置上。与勃洛克的《12 个》不同，马雅可夫斯基一厢情愿地美化了革命群众的社会意识和创造潜能，那些不久前在诗人的笔下被描绘为屈从于物欲的毫无个性的人民群众，如今自信满满地宣布："我们本身就是基督和救世主！"

在第四幕和第五幕的第一部分里（指长诗《好！》），马雅可夫斯基不同意勃洛克《12 个》中的基督形象，继续树立可以作为基督与上帝的新人形象。诗人认为《好！》是他这一时期的纲领性作品，一如当年的《穿裤子的云》。在第四幕的《关于这个》、《弗拉基米尔 · 伊里奇 · 列宁》中诗人全面揭示了抒情主人公和叙事主人公的优秀品质。在悲剧长诗《关于这个》中，马雅可夫斯基展示了抒情主人公为了理想的普遍之爱而奋斗的经历。在这场悲剧性的决斗中，主人公身上发生了神奇的变化，他的自然属性在"大爱"的作用下变为创造力和精神能量，体现为诗歌和受难的基督。马雅可夫斯基通过一对悲剧同貌人的形象展现了主人公的变异过程：一个是熊，一个是既像耶稣又像马雅可夫斯基本人的自杀者共青团员。总体而言，这种悲剧性的变异过程表现为一首关于爱情、痛苦、死亡以及全人类未来复活的神秘长诗。

在关于列宁的长诗中，马雅可夫斯基同样使用了神秘剧的手法，但主人公已经不是一个自然的人，而是由历史催生的人。他的使命在于帮助人们摆脱奴役和压迫，建立社会公平并开掘自己身上最优秀的潜质。列宁的形象不是我们一般认为的现实形象，而是抽象而浪漫的，是以马雅可夫斯基所理解的浪漫未来主义世界观来塑造的。诗人感兴趣的，不是弗拉基米尔 · 乌里扬诺夫及其个人生活，而是作为社会人的列宁 —— 一个被历史选中的带领人们通过革命走向光明未来的领袖人物。在描写列宁普通的同时，诗人也强调了他的特殊、不凡和远见（"看得见 / 被时代遮掩的东西"，"他的大脑中掌管着几百个省"）。为了使领袖复活的奇迹出现，处于宗教狂热中的人们和诗人愿意献出自己的生命，但列宁却以另外的方式复活了：他的思想在他死后永远活在几百万劳动者和受压迫者的心中。但是，马雅可夫斯基坚决反对将列宁神化，"如果他成为一个神人，那么我会往克里姆林宫投掷炸弹：滚蛋！"

事实上，马雅可夫斯基对列宁形象所做的未来主义式的理想化并没有多少主观臆想的成分，相反却更显真实，客观上加速了列宁崇拜的形成。

马雅可夫斯基创作历程的第五幕由长诗《好！》以及两部讽刺剧（《臭虫》、《澡堂》）组成。诗人讴歌在革命中新生的苏维埃俄罗斯，赞美现在的祖国，并三倍地赞美未来的祖国。他认真地关注着新生活的萌芽，像一个浪漫主义 - 未来主义诗人那样渴望帮助这些幼芽快速成长。同时他也在这些萌芽中发现了隐藏在苏维埃社会中的致命毒瘤。在长诗《好！》的标题中有圣经的痕迹 —— 上帝在每天的创造之后得意于自己的成果："上帝看见，这很好。"马雅可夫斯基也说"好"，但是他是对由普通人创造的新世界说好。诗人有时候会浪漫地夸大未来世界的美好（比如,他写道,每一个农民既能耕地，也会写诗），但同时他又严正声明："不管是职责还是诗行／都不能强迫我去赞美／我们所做的一切／我能将半个国家拆除／也能将半个国家重建。"

继长诗《好！》之后,马雅可夫斯基写了两部讽刺剧《臭虫》和《澡堂》。这可以说是对他讽刺创作的总结。马雅可夫斯基揭示了社会主义理想生活中的一些危险倾向：庸俗风气和官僚主义。过去的工人，党员普利谢普金，"响当当地"脱离了自己的阶级，抛弃了爱人，后来到暴富的新经济政策分子家里当了女婿（《臭虫》）；醉心于手中权力的无知官僚"波别达诺西科夫"（《澡堂》）……。这两部讽刺剧意在表明，大部分群众并不愿意变身为上帝，去实现崇高的理想和人的自我潜能。这时候的马雅可夫斯基对苏维埃的现实已经表现出某种程度的失望，在作为其创作历程尾声的《放开喉咙歌唱》中，他称现在为"僵硬的粪便"，希望能在未来解决今天生活所产生的矛盾冲突，在未来实现他关于人的一切美好希冀。

从马雅可夫斯基创作历程的五幕剧中我们可以看出，诗人是一个天生的浪漫主义 - 未来主义者，他的一切创作都着眼于未来的美好世界和理想的人，希望这种理想能早日实现。在未来理想的昭示下，他大刀阔斧地革新了俄罗斯文学的内容和形式。他艺术革新中最突出的特点是，在艺术处理上往往采取使现实完全变形的手段，使对象极端变态、奇化，给读者以突兀的极具刺激性的亢奋感。在语言运用上，喜欢用暴烈的词句，悖谬、乖张的譬喻，极端夸张的对比；还常用短小的不完全句，使语言重音突出，具有猝发力和搏动力；感情奔放，寓意幽默，讽刺尖刻，同样是为了用语言的力量最大限度地调动读者的感情。在诗歌形式结构上，他创造了阶梯式的诗行。这种格式能使诗句抑扬顿挫，铿锵有力，跌宕有致，特别适合演说和朗诵，以及具有雄辩、鼓动等宣传内容的诗歌。尽管对马雅可夫斯基文学遗产的评价褒贬不一，但他对 20 世纪俄罗斯诗歌艺术的贡献是不可磨灭的，他在文学史中的崇高地位是无可争议的。当代诗人艾基这样评价诗人："马雅可夫斯基是唯一一位对世界诗歌产生巨大影响的俄罗斯诗人。"[1]

诗学特征

从俄罗斯未来主义运动的发展史我们可以看出，俄国未来主义自诞生之日起就不是一个单一的流派，其中包含了立体未来派、自我未来派、"诗歌顶楼"派、"离心机"派以及稍后的"41度"社等众多分支。下面我们就先简略介绍一下各派的主要艺术观点，并在此基础上归纳出未来主义的诗学特点。

立体未来主义是俄国文学史上成立最早、规模最大、持续时间最长的一个流派。它的纲领性宣言是1912年发表的《给社会趣味的一记耳光》。此文篇幅不长，由大卫·布尔柳克、克鲁乔内赫、马雅可夫斯基和赫列布尼科夫共同执笔。在这篇文笔犀利的檄文中，未来主义者对传统的经典文学和当时的正统文学大加挞伐。[2]他们认为只有未来主义诗人才是时代的真正代言者，时代的号角由他们通过语言艺术吹响。而他们所谓的语言艺术，实际上是改革传统语言的艺术。所以他们提出，诗人有权任意造词和派生词以扩大诗人的词汇数量（即造新词），有权痛恨并否定现在存在的语言，有权赋予词自在自为的价值，等等。

接下来，在1914年出版的《评判者的牢笼》第二辑的前言里，立体未来主义者们又提出了更为细致的创作原则，总共有13条，具体如下：

（1）我们不再按语法规则来研究构词和发音，把字母仅看成是话语的先导。我们摧毁了句法。

（2）我们开始按照词的描述特性和语音特性来赋予其内涵。

（3）我们意识到了前缀和后缀的作用。

（4）为了个例的自由我们反对正字法。

（5）我们不仅用形容词来说明名词（这是之前通行的做法），而且还用其他词类，甚至包括某些字母和数字：a）我们认为创作设想中的涂改和插图是作品不可分割的部分；b）我们认为笔迹是情感冲动的组成部分；c）正因为此我们在莫斯科出版了手稿式的作品《真迹》。

（6）我们取消了标点符号，这一点使得我们率先提出并意识到词语本身的作用。

（7）我们把元音理解为时间和空间（目的性质），辅音理解为颜色、声音和气味。

1. «Общая газета», 1994, № 11, С.11.
2. 《十月革命前后苏联文学流派》（上编），翟厚隆编选，上海译文出版社，1998年，111页。

（8）我们摧毁了韵律。赫列布尼科夫提出活生生的口语词的诗韵。我们不再到教科书中去寻找韵律，任何一种运动都会为诗人制造出新的自由韵律。

（9）我们造出了前韵脚（大卫 · 布尔柳克）、中韵脚和倒韵脚（马雅可夫斯基）。

（10）诗人词汇量的丰富是对他作为诗人的证明。

（11）我们认为词是神话的缔造者，词的衰亡产生了神话，反之亦然。

（12）我们受制于新的课题：徒劳，空虚，权力虚无的秘密 —— 这些都是我们讴歌的，

（13）我们鄙视荣誉，我们了解那些在我们之前未曾有过的感情。我们是新生活的新人。[1]

这些豁人耳目的创作原则成为未来主义诗人们反美学艺术实践的指南。赫列布尼科夫和克鲁乔内赫在《就词本身而言》一文里就公开声明他们喜欢用拆散的词、支离破碎的语句和无意义的语言，用它们来表现瞬息万变的暴风雨般的时代。克鲁乔内赫用自造词写出了《德尔，布尔，希尔……》（«Дыр, бул, щыл» 1913）的所谓“五行诗”，赫列布尼科夫也用所谓的“超理性语言”音响表现法写了一首新诗《鲍贝奥比，嘴唇这么唱》。总之，从立体未来派的理论宣言和创作实践中我们可以看出他们通过寻求词语解放、词语自主来革新诗语的形式主义语言观。

自我未来派的文艺观点主要来自于流派的两个代表人物：谢维里亚宁和伊格纳季耶夫。在《“自我未来主义”序幕》一诗中谢维里亚宁表达了与《给社会趣味一记耳光》中相同的观点。例如：

呜呼，幻想之林奥林普山，
它边缘已经荒无人迹，
普希金对于我们来说已经成了杰尔查文，
我们需要有新的声音！[2]
……

诗人宣称在今天这个可操控的时代里，必须用一种独创的新诗来取代传统的韵律，让每个词都化成一份惊喜。社会迫切需要新诗人的到来，他能把过去所有的缪斯都赋予时代的特色，从而创造出一种不仅仅依靠理性的新诗。谢维里亚宁还称赞自己的诗，号称自己有能力直接认识地球的奥秘。这里面反映出他创作的直觉主义美学基础。

1. «Литературные манифесты – От символизма до Октября», Изд. Аграф, 2001, С.131-132..
2. «Литературные манифесты – От символизма до Октября», Изд. Аграф, 2001, С.141.

1912 年 1 月谢维里亚宁与另外三个诗人创建的“自我诗歌学院”发表了一份纲领性的宣言，表达了自我未来主义的主要观点：

I 自我主义所承受的主要压力

(1) 个体 —— 自我主义；

(2) 神 —— 个体；

(3) 人 —— 上帝的部分；

(4) 出生 —— 从永恒中分裂出来；

(5) 生命 —— 永恒之外的部分；

(6) 死亡 —— 再次分裂；

(7) 人 —— 自我主义者；

II 直觉。神智学。

III 疯狂的思想。疯狂是独特的。

IV 风格的棱镜 —— 恢复思想的谱系。

V 灵魂 —— 真理。[1]

此文是对谢维里亚宁早期诗歌的呼应，也是对其“无限个人主义”的宣言，它公开宣称直觉主义和利己主义是他的理论基础。之后，谢维里亚宁在《感情教堂的钟声》中又提出了“宇宙自我未来主义理论”：

(1) 认识承认自我 - 上帝的同一（合二而一）；

(2) 寻找普遍灵魂（证实一切）；

(3) 把自我主义提升为一个人独特的本质；

(4) 艺术与精神追求的自由本质；

(5) 伊格纳季耶夫否认别派攻击其无独创性的说法，宣称每个自我未来主义者的目的是在未来的自我确定，该主义的基础是直觉；

(6) 反对把俄国未来主义与意大利未来主义和法国未来主义混为一谈；

(7) 认为“诗人行会”没有灵魂。[2]

这一理论将“自我诗歌学院”的宣言推向自我与上帝的同一以及对普遍灵魂的探寻，同时强调了艺术与精神追求是自由的，不能强加限制。但是不久之后，谢维里亚宁与团体成员奥利姆波夫之间发生了矛盾，导致他退出了自我未来派。

自我未来派的另一个代表人物伊格纳季耶夫重组了自我未来主义，成立了“直觉协会”，并于 1913 年初散发了一份类似宣言的传单，其中提出了如

1. «Литературные манифесты – От символизма до Октября», Изд. Аграф, 2001, С.154.
2. 《俄国未来主义史》，马尔科夫，加利福尼亚大学出版社，1968 年，73 页 // 转引自张冰《白银时代俄国文学思潮与流派》，人民文学出版社，2006 年，219 页。

下观点：

（1）自我未来主义是每一个自我主义者为了在当下达到未来的能力而做的不懈追求；

（2）自我主义是自我的个性化，是对“我”的意识、崇拜和颂扬；

（3）人是本质，神是人在宇宙镜像中的影子，上帝是自然，自然是催眠。自我主义者是直觉者，直觉者是通灵者；

（4）创立韵律和词。[1]

这篇宣言更为注重的是艺术家个性化的自我，只有通过个性化的直觉才能发现自然和存在的秘密。这一思想在伊格纳季耶夫的《自我未来主义》一文里得到了进一步阐释：“直觉是今天让我们欣慰但我们一直缺乏的一个环节，它能将另一个世界、另一片疆域焊接成一个严丝合缝的圆圈，人类离开了这片疆域，现在正向它回归。显然，这是一条无尽的自然之路……永恒的圆，永恒的上帝，这就是自我未来主义者的目的所在。”[2]伊格纳季耶夫还强调，文学的未来之路是沉默，词语将被伟大的直觉所替代。

成立于 1913 年夏的“诗歌顶楼”派有两个理论代言人，分别是流派的成立者舍尔舍涅维奇和诗人兼文艺评论家扎克。他们的两篇宣言性文章可视为该派文学观和艺术理念的表达。一篇是扎克的《向立体未来派挑战》（«Перчатка кубофутуристам» 1913），另一篇是舍尔舍涅维奇的《俄国未来主义》（«Русский футуризм» 1914）。

《向立体未来主义挑战》是扎克用笔名罗西扬斯基写的。在文中他批驳了立体未来主义关于词的极端观点，认为他们根本不懂得词的本质。他提出，词不仅仅是声音的组合，每个词都有独特的词根，有独特的意思，有自己的历史……可以说，“每个词都有独特的气味”。他还反对克鲁乔内赫那首著名的无意义诗《德尔，布尔，舍尔》，认为未来派搞的不是词的组合，只是音的组合，他们把词本身变成了一种什么也不是的东西。另外他也不同意立体未来派完全消灭内容（情节）的做法，认为那样只会缩小艺术的范围。最后他得出结论：“立体未来派的理论观点也好，诗歌创作也好，由于他们对诗歌的基本要素——词所持的肤浅态度，把诗歌本身给毁了。他们不仅没有开辟新的道路，相反，他们的草率言行使他们在原有的道路上设置了许多关卡。”[3]

诗人、剧作家舍尔舍涅维奇在“诗歌顶楼”派中起着主导作用，他 1920

1. «Литературные манифесты – От символизма до Октября», Изд. Аграф, 2001, С.158.
2. 同上。
3. 《十月革命前后苏联文学流派》（上编），翟厚隆编选，上海译文出版社，1998 年，104～106 页。

年后又成了意象派的领袖之一。在他的宣言性文章《俄国未来主义》中，他大谈形式的作用,认为形式并不是像现实主义者所说的“为揭示内容而服务”，也不是如象征主义者所说的“内容即形式”，而是“形式高于内容”。他解释道：“在诗歌中只有形式，形式同时也是内容。有人会反驳说，记忆里为什么会留下情节、形象、思想？未来主义者会说，对，但这只是因为您还没有认清形式本身的价值。形式不是表达内容的手段，相反，内容才是为了创造形式所需要的恰当借口。形式就是目的本身。诗歌只为诗歌而存在，其中的形式也是为形式而存在，正如魏尔伦所说，‘其他的一切都是文学’。因此，诗歌是词语搭配的艺术。”[1]在舍尔舍涅维奇看来，正是未来主义者第一次把形式提高到应有的高度，在诗歌作品中赋予它自为的意义，将其视为主要元素。他们完全否定了为思想和观念而创作的诗歌，坚持诗歌应该与哲学和政治论文有所区别。而且这种区别不仅仅在发音和韵律方面。过去的流派很少界定这种区别。因此，尼采的韵律散文《查拉图斯特拉如是说》也被归入诗歌的行列。归根结底，决定作品属性的不是其外在显现，而是其内在形式。所以，现实主义的“内容＞形式”，象征主义的“内容＝形式”，到未来主义这里就变成了“内容＜形式”。

由上可以得出，“诗歌顶楼”派认为词的本质不在音的组合方面，而在那些“有味道”的词的组合方面。他们力求诗歌创作具有抒情韵味，意象和形象充满情感色彩，更重要的是，他们把形式提高到了前所未有的高度，通过对诗歌韵律的改革为艺术创作开辟一片新的自由广阔的天地。

“离心机”派的主要理论家是博布罗夫、阿谢耶夫和帕斯捷尔纳克。他们理论研究的主要对象是抒情诗。他们创作了抒情诗并试图给它下定义。帕斯捷尔纳克在文章《黑色的高脚杯》(«Черный бокал» 1915）中探讨了未来主义与印象主义和象征主义的继承关系，将未来主义看作是关于永恒事物的印象主义，认为它书写的是真正的抒情诗。他将历史和抒情看作生活的两极，两者以特殊的方式相互作用。历史把永恒的生活变为时代的具体表现，而抒情诗正好相反，把时代的具体体现变为永恒，让它回归本原，重塑理想的原型。

具体而言，在创作实践上，“离心机”派关注于诗歌领域内统一的主题与独立的细节之间的相互关系问题。博布罗夫建立了一个“抒情空间”的概念，他通过打破韵律、分配韵脚以及在诗行中引入各种术语（甚至数学术语）来建立诗歌的空间。而阿谢耶夫在抒情题材中加入了许多不相干的东西。帕斯捷尔纳克深受阿谢耶夫的影响，发展出“整体与其各组成部分的相互替代

1. «Литературные манифесты – от символизма до наших дней», Джнмбинов с., Издатеиьский дом, 2000, С.141.

性”思想。这一思想逐渐变为诗人的一个创作原则：在一部作品的整体思想或总体图景内，形象具有相互替代性，其语言是动态的。“离心机”派关注的重点从“自在的词”转移到语调节律和句法结构上。[1]

由克鲁乔内赫、兹达涅维奇和捷连季耶夫等人组成的“41 度”社又称“未来主义者 - 超理性语言”小组。他们的文学观点主要体现在 1919 年发表的《41 度社宣言》里：

“41 度”社将团结左翼未来主义艺术家，并把超理性语言作为必须遵循的艺术表现方法。

“41 度”社的任务 —— 利用成员的所有伟大发现将世界安置在新的轴线上。

报纸将成为来自群体生活事件的码头和经常躁动的原因。

让我们把袖子卷起来。[2]

“41 度”社主要奉行的是克鲁乔内赫的超理性语言理论。克鲁乔内赫于 1917 年 11 月 12 日以“超理性语言”为题做了一个报告，此后每周做一次这类主题的报告，来宣扬他的超理性语言理论。他认为思想和话语并不能完全表达一个人的所有感情，艺术家有权采用没有任何特定意义的语言来填补概念语言在表达情感方面的空白。兹达涅维奇在戏剧创作中让剧中人物使用特殊拼写法书写的无意义语言，认为这样可以表达出潜意识的意义。捷连季耶夫笔下的无意义语言由各种词素组成，并将之穿插在规范的语言之中，而且取消了诗句之间的逻辑联系。捷连季耶夫在《克鲁乔内赫 —— 一位巨人》中称：“这种（超理性的）语言是持‘循环世界’论的诗人唯一可以使用的语言，舍此整个未来主义便是一堆废物。”[3]

从上面未来主义各个分支流派的艺术观点我们可以看出，未来主义的核心是反对一切正统的、僵化的、无趣的东西，呼唤新的具有自在价值的诗语和具有自在价值的形式。他们提出的口号是与一切过去的传统决裂，甚至向现存社会的“普通常识和良好趣味”宣战，摆出一副否定所有权威、社会伦理和美学标准及规范的挑战姿态。在具体的行动上，他们主要采取的是惊世骇俗的乖戾之举，以极端的方式刺激一切正统的神经。比如在未来派的演说开始和结束的时候，要敲锣提醒听众，马列维奇出场的时候纽扣眼里会插着一把木勺，克鲁乔内赫用绳子把沙发靠背垫挂在脖子上，而马雅可夫斯基则穿一件当时女人才穿的黄色短上衣；在诗歌创作上他们同样乖戾，比如把文

1. «Русская литература 20 века: школы , направления, методы творческой работы», Тимина С., Высшая школа, 2002, С.71.
2. «Поэзия русского футуризма», 1999, С.634.
3. 《俄罗斯白银时代文学史》（第四卷），俄罗斯科学院高尔基世界文学研究所编，谷羽、王亚民等译，敦煌文艺出版社，2006 年，147 页。

集起名为《死月亮》，文学宣言冠以《见鬼去！》的标题，把诗歌命名为《穿裤子的云》，等等。在他们看来，艺术创作的目的不在结果，而在于过程本身，不在内容，而在于形式本身。

未来派在反传统、反正统的指导原则下对诗歌创作的各个方面都进行了大胆的革新，但从诗学的角度来看，我们认为最重要的革新体现在诗语的所指和能指方面。在所指方面，未来派更新了许多词的含义，显著地改变了文本中词语的修辞、句法和语义所指功能，由此导出他们创作中的“错位”原则。

所谓“错位”原则，简言之，就是所指功能的错位使用，本该用在此处的东西被移用到彼处，或者本不该放在一起的东西被放置到一起。这种错位主要表现在诗语的词汇、句法和语义方面，如在词汇方面，他们会使用修辞上“场合不宜”的词语，低俗词汇用于高雅场合，日常用语进入诗歌文本等。之所以给人以“错位”感，是因为粗鄙的形象与粗俗的词语登上了大雅之堂，即用在了传统要求必须是崇高色彩的地方。读者的期待被断然打破，“低俗”与“高尚”的习惯界限消失不见了。大卫·布尔柳克的诗句里就常常有这种修辞上的错位：“*星星是蛆虫，是饱饮云雾的醉汉……天空是发臭的死尸……诗歌是破鞋娼妇，美则是亵渎神明的败类。*”在句法方面的错位，表现在打破词语的搭配规则（发明出超常搭配的词组），以及放弃标点符号上。他们试着引进“电报”句式（不用前置词），在诗歌文本中使用音乐符号、数学符号和象征性字符。这样把一些完全不搭的东西放在一起，产生“错位”的文本效果。语义错位表现在相邻诗节故意不衔接，表现在努力把意思“倒过来”，不用期待之词而选意义相悖之词。意义的发挥，经常通过采取隐喻的本义来取得。通过这些打破常规的错位用法，未来派将诗歌从传统的牢笼中解脱出来，从而赋予诗歌新的审美潜力。

然而，未来派更具革命性的诗语改革体现在词的能指层面。这首先表现在他们对词的本质的认识上。他们的前辈象征派重视的不是语言本身，而是语言的所指。他们认为诗歌语言的意象模式、音响和节奏的选择，目的都在于揭示深层次的更高的现实。未来派则完全丢弃这种来自波德莱尔的对应说。他们认为，语言本身就是神话的创造者，语言本身就是自足自在的价值实体。诗歌语言的目的在于自己本身，而不是传达理念或思想感情的媒介。其次，也是更重要的一点，在于他们对诗语形式的独到见解，这是他们与意大利未来派同行的本质区别。马里内蒂等人强调未来派诗歌的现代性和机器时代等属于内容层面的特征，而俄国未来派却认为文学中真正的新奇之处不在于内容，而在于形式：新的形式产生新的内容，决定内容的是形式。所以，俄国未来派提出形式大于内容以取代传统见解。未来派关注的重心不是语言的交际价值，而是语言符号的感受机理和外部形式。因而必须把语言的能指和所指割裂开以释放语言，也就是说，把语言从其传统的隶属关系下解放出来。[1]

基于以上两点认识，未来派发明了“超理性语言”，建立了新的诗学体系。他们力求用任意组合音响的方式来制造新词，并认为此类新词比传统的诗歌更富于表现力。超理性语言最极端的代表是克鲁乔内赫，他的作品明显不具有外在指涉意义，而是自我指涉、价值自足的一种纯粹的语言实验诗歌。也就是说，这类词内涵模糊，且不具有任何外延，因而与外部现实无任何关系。我们看克鲁乔内赫最著名的一首诗：

Дыр бул щыл	德尔、布尔、希尔
Убешщур	乌别休尔
Скум	斯库姆
Вы со бу	维索布
рлэз	尔里艾兹

这首五行诗没有任何明确的意义，完全是一种字音的组合，但克鲁乔内赫认为，这样的诗才不是“难听的、懒洋洋的奶油软糖式的诗歌，而是振聋发聩的歌唱”，“这首五行诗里所体现的俄罗斯民族性的东西，要比普希金所有的诗加起来还多”。此外，克鲁乔内赫还提出把 лилия（百合花）改为自造的一个词 еуы （译音“耶乌厄”）。他说：“艺术家是用另一种方式观察世界的，并且像亚当一样，给所有的东西以自己的名字。百合花很美，但是‘百合花’一词已经被摸脏了并被强暴了。因此我把百合花称为耶乌厄，这样就恢复了它最初的纯洁。”

“超理性语言”是由克鲁乔内赫和赫列布尼科夫共同提出的，他们各自对超理性语言有着自己的理解。克鲁乔内赫在《超理性语言宣言》中提出了七点主张：第一，思想和语言总是跟不上富于灵感之人的感受，因此艺术家可以自由地进行自我表达，不仅可以用通用的语言（概念），也可以用个性化（创作者是独特的）的语言，以及没有明确意义（没有僵化）的、超理性的语言。通用的语言会束缚人，自由的语言则可以更充分地表达自我（如 го оснег кайд 等）。第二，超理性是诗歌的原初（从历史的和个别的意义上来说）形式。最早的诗歌是有节奏和乐感的冲动，是原始的声音（诗人应当记录这一声音，以免在以后的工作中忘却它）。第三，超理性语言产生超理性的原始形象（反之亦然）—— 无法被准确定位的形象，如没有外在形式的妖精、

1. 《白银时代俄国文学思潮与流派》，张冰，人民文学出版社，2006 年，277 页。

迷雾美女伊拉雅里、阿沃西卡和涅波西卡等等。第四，使用超理性的情况有以下几种：a) 当艺术家描写一些还没有完全确定的形象（内在或外在）时。b) 当艺术家不想指明某个事物，而只是暗示一下，做一个超理性的说明：他是这样的，有一颗四角形的心。这里普通的词用于超理性的意义。属于这类的有杜撰的主人公的姓名和民族、地区、城市等的名称等，如奥依列・布列雅娜、玛姆加、乌德拉斯和巴雷巴、斯维德里加依洛夫、卡拉马佐夫、乞乞科夫等（但不是那些带有寓意的名字，如普拉夫金、戈鲁贝什金，这里他们的含义是明确的）。c) 当艺术家失去理智的时候（愤怒、嫉妒、狂暴）。d）当他们不需要宗教狂热、神秘主义和爱情的时候（狂热的呼喊声、叹息声、呜呜声、浅吟低唱声、孩童的呀呀声、昵称、绰号，诸如此类的超理性语词在各类作家的笔下都很常见）。第五，超理性激发创作想象力并任其自由驰骋，不以任何具体的东西伤害它。词因意义而收缩，抽搐，僵死，而超理性是野性的、炽烈的、爆炸性的（如野性的乐土、炽烈的语言、燃烧的煤炭）。第六，超理性是最简洁的艺术，不论是从理解到再现所需的时间，还是就其形式本身来说都是如此，如库波阿（汉姆生）、霍 - 波 - 罗[1]等等。第七，超理性是最普遍的艺术，尽管它的起源和原初性质可能是民族性的，如乌拉、哎哇 - 哎喂等。[2]

在宣言最后，克鲁乔内赫宣称，超理性的创作可能会产生一种世界性的诗歌语言，这种语言是自然形成的，而不是像世界语那样是人造的。

赫列布尼科夫和克鲁乔内赫一样，认为超理性和造词法有关。他说，“造词法教给我们，词语的一切多样都源自字母的基本发音，它们充当了词语的根源…… 语言的全部丰富性就应该分布在它的基本组成单位里，这样，对于语音物质而言才可能建立起类似于门捷列夫周期表或者……它们代表了化学思维的最高峰”[3]。围绕“语音物质的基本组成单位”赫列布尼科夫创造了一系列新词（如在《笑的咒语》，这首诗中诗人给 смех（笑）这个词加上不同的前后缀而造出了一系列新词），或者替换现有词中的一个音使之成为一个新词（如把 боец“战士”一词的头一个字母换成 п，便构成一个新词 поец，然后根据联想产生出新的词义）。他为许多单个语音创造了意义对象，认为辅音字母是有相应的颜色的。在这些实验的基础上，他提出了自己的超理性理论，他认为，超理性语言有两个先决条件：

一，第一个辅音支配整个词语——向其余语音下命令；

---

1. 库波阿是汉姆生的小说《饥饿》中的主人公所发明的词。霍 - 波 - 罗是克鲁乔内赫的无意义的诗行。引自《学习艺术》一书，梯弗里斯，1917 年。
2. «Литературные манифесты – От символизма до Октября», Изд. Аграф, 2001, С.193-194.
3. «Наша основа», Хлебников В.//Хлебников В. Творения. 1986, С.624.

二，以相同辅音开头的两个词语被同一个概念联系在一起，像是从不同地方飞到一个理性点上。

如果 Ч（俄文字母）在所有的语言中的意义都是相同的这一点属实，那么世界语的问题便解决了：一切种类的鞋都可以叫做 Ченоги（即由 че + ноги 组成），一切种类的杯子都可以叫做 Чеводы（即由 че+воды 组成），简单明了。[1]

当然，赫列布尼科夫偏重语义原则，克鲁切内赫更注意词语的情感影响。但两人没有本质上的差异。两人都从词语的感官本性出发，认为词语的语音是基础，他们正是要在传统词语研究的空白领域——词语的能指层面开辟出诗语的美学新天地，从而建立起一种可以造福人类的世界性语言。

从未来派的诗语形式革命我们可以看出，他们一系列大胆乖张的实验使前人未曾涉及的形式问题变得极端尖锐。他们的错位原则——即迁移结构让词语的所指功能前所未有地强大而丰富，而“超理性语言”理论则革命性地开掘了词语能指的美学潜力。这些艺术观点和革新实验为文学语言和诗学的发展作出了巨大的贡献。1914 年什克洛夫斯基的《词的复活》（«Воскрешение слова»）的发表，正是凭借了未来派的理论及其极端的语言实验。因此可以说，没有未来派的种种语言实验，就不会有后来莫斯科和布拉格的语言小组“诗语研究会”和文艺学中“形式主义学派”的出现。

参考文献：

1. Альфонсов В. Поэзия русского футуризма[С].//Поэзия русского футуризма («Новая библиотека поэта»). СПб.,1999.
2. Гумилев Н. Письма о русской поэзии[С]. М.,1990.
3. Джнмбинов с. Литературные манифесты От символизма до наших дней [С]. Издатеиьский дом, м., 2000.
4. Ковтун Е. Русская футуристическая книга[М]. М., 1989.
5. Курсанов А. Русский авангард: 1907-1932. Т.1: Боевое десятилетие[М]. СПб., 1996.
6. Лившиц Б. Полутораглазый стрелец. Воспоминания[М]. М., 1991.
7. Литературные манифесты – От символизма до Октября» [М]. Изд. Аграф, 2001.
8. Поэзия русского футуризма[М]. М., 1999.
9. Русские писатели ХХ века. Библиографический словарь» (часть 2) [Z]. под ред.Скатова Н. Н., Просвещение, 1998.
10. Русский футуризм: теория, практика, воспоминания [С]. Наследие, М., 1999.
11. Тимина С. Русская литература 20 века: школы, направления, методы творческой работы[М]. Высшая школа, М., 2002.

1. «Наша основа», Хлебников В.//Хлебников В. Творения; 1986, С.628.

12. Хлебников В. Наша основа[C].//Хлебников В. Творения. М., 1986.
13. Хлебников В. Неизданные произведения[M]. М., 1940.
14. 符・维・阿格诺索夫.20世纪俄罗斯文学[M].凌建侯译, 北京：中国人民大学出版社，2001.
15. 俄罗斯科学院高尔基世界文学研究所.俄罗斯白银时代文学史（第四卷）[M].谷羽、王亚民等译，兰州：敦煌文艺出版社，2006.
16. 顾蕴璞.俄罗斯白银时代诗选[C].昆明：云南人民出版社，1998.
17. 李辉凡.俄国白银时代文学概观[M]. 北京：中国社会科学出版社，2008.
18. 翟厚隆.十月革命前后苏联文学流派（上编）[C].上海：上海译文出版社，1998.
19. 张冰.白银时代俄国文学思潮与流派[M]. 北京：人民文学出版社，2006.
20. 周启超.俄罗斯白银时代精品文库・诗歌卷[C]. 北京：中国文联出版公司，1988.

第5章　意象主义
Глава 5　Имажинизм

在 20 世纪俄国现代主义文学流派中，俄国意象主义颇具特色而又较少研究。一些研究者甚至仅是把它视为“后象征主义的一个有趣的文学现象”，或者，不过是 20 年代诸多具有先锋主义倾向而未能开出诗歌发展新路径的派别之一，止于对未来主义模仿而已。而实际上，俄国意象主义在其短短的近十年存在中，毕竟创立并实践了自己的意象主义思想艺术体系，对诗学语言进行了有益的探讨。俄国意象主义试图探索一种纯艺术性的自身价值。他们把艺术的形式和内容相分离，把艺术家的艺术创造和受众的艺术感受相分离，把美学的东西和伦理的、人的内容和个性的东西相分离。他们把对形象的推崇发展到极端，试图以形象取代艺术性。他们破坏读者按照传统的内容符号进行阅读的习惯，以破坏读者理性理解内容的可能性。俄国意象主义为 20 世纪现代主义诗歌发展提出了值得借鉴或探讨的诗学思想，因此从 20 世纪末以来，又重新得到更多的关注。

历史沿革

俄国意象主义诞生于 1919 年。它是俄国十月革命之后形成的唯一、也是最后一个现代主义文学流派。按其本质，它和这一革命的走向并无直接关系，但是它却得以在十月革命初年喧嚣一时，存在了近 10 年。它的主要成员有叶赛宁（С. Есенин 1895-1925）、舍尔舍涅维奇、马里延戈弗（А. Мариенгоф 1897-1962）、伊夫涅夫、库西科夫（А. Кусиков 1896-1977）、格鲁齐诺夫（И. Грузинов 1893-1942）、罗伊兹曼（М. Ройзман 1896-1973）、波日涅夫（Б. Божнев 1898-1969）、艾尔利赫（В. Эрлих 1902-1937）等诗人，还有一些画家、音乐家、雕塑家。因为叶赛宁当时已经是很有声望的诗人，所以被拥为领袖。而这一流派的理论家则是舍尔舍涅维奇。

1919 年 1 月 29 日，意象派同仁在全俄诗人协会莫斯科分会举行了他们的第一场晚会，次日，沃罗涅什《汽笛》（«Сирена»）报 4～5 期就发表了《意象派宣言》。上面有叶赛宁、舍尔舍涅维奇、伊夫涅夫、马里延戈弗和两位艺术家埃尔德曼、雅库洛夫的签名。2 月 10 日这个宣言也发表在《苏维埃国家报》上。

标新立异，试图和自己的前辈决裂、斗争，这是 20 世纪初许多流派创生的共同特征，在意象派宣言中表现得格外强烈。《意象派宣言》首先表现出的，一是和未来主义决裂的激情，二是要摒弃艺术的“内容”的决心。进而是把形象抬到至高无上的地位。

他们宣称：“一个好吵吵嚷嚷的十岁上下的黄口小儿去世了 (他生于 1909 年 , 死于 1919 年)。未来主义断气了。”[1]因为未来主义者“死守未来主义教条”，“像棉絮一样堵塞一切新生事物的耳朵”。他们疾呼：

“而越过未来主义的尸首向前，向前，更左，更左地呼喊着的是我们！”“只有我们走的才是正路！”

“我们是真正的艺术工匠，是我们在磨光形象，是我们在为形式涤净内容的灰尘 !!! 是我们比街头的擦鞋匠还要强。我们断言，通过形象、形象的节律来表现生活, 这就是唯一的艺术法则, 唯一的, 无与伦比的方法……形象，而且只有形象。”[2]

对比自己和未来主义，他们指出，“未来主义只是在口头上谈形式 , 一心想看的却是内容。它的全部注意力都倾注在一点：写得‘更城市化’一些”。而意象派则认为，“主题，内容 —— 这是艺术的盲肠……艺术作品中的一切内容就像把报上的东西剪贴到画上那么愚蠢和毫无意义……”所以“当人们说起艺术的内容的时候，我们只有嗤之以鼻”。[3]

最后，他们宣称：“我们没有哲学。如果有哪位勤快，就请来创建意象主义的哲学吧。”[4]

在这些似乎和未来主义势不两立的意象派人中，实际上，一些主要诗人正是来自未来派，如舍尔舍涅维奇、伊夫涅夫就曾经属于未来派中的“诗歌顶楼”一派。舍尔舍涅维奇还是未来主义的理论家和鼓动家，翻译过意大利未来主义创始人马里内蒂的著作，出版过自己的未来主义文集。关于意象主义和未来主义的关系，1918 年舍尔舍涅维奇在以格奥尔基 · 盖尔的笔名发表的文章《“美渊”之边》，已经清楚地指出来：“未来主义死了，因为它自身中蕴藏了一个比它更庞大的东西，这就是意象主义。”[5]实际上，舍尔舍涅

1. 《十月革命前后苏联文学流派》(下编)，张捷编选，上海译文出版社，1998 年，267~271 页。
2. 《十月革命前后苏联文学流派》(下编)，张捷编选，上海译文出版社，1998 年，267~271 页。
3. 同上。
4. 同上。
5. 《没有缪斯》（诺夫哥罗德艺术期刊），1918年，41~43页，转自Русская литература 20 века: школы, направления, методы творческой работы, Тимина С., LOGOS Вышая школа, 2002, С.112.

维奇正说明意象派是未来主义所孕育的。

一般认为，俄国意象派并未受到英美意象派的直接影响，他们从英美意象派那里借来的只是意象主义这一名称。他们自己也绝不承认自己和英美意象派有什么瓜葛。而实际上，早在1915年，俄国出版的《射手》文集就曾介绍过英国意象派的奠基人庞德关于形象的思想："我们的任务是把精力集中在形象上，这些形象构成诗歌原创力，构成它的色素……"（详见该文集中温格罗娃的《英国未来主义》一文）。而1916年舍尔舍涅维奇就在其《绿色的街道》（莫斯科，1916）一书中也表述了相似的思想："诗歌乃是把'自己编织的词汇'和词语-形象组合在一起的艺术……诗歌著作——这就是一个不间断的形象的系列。"[1]

可以说，俄国意象主义艺术思想的形成，与英美意象主义和俄国未来主义的影响或孕育有着不可否认的关系。它在十月革命初年的诗歌体系创新的理论喧闹中应运而生，一开始就以标新立异的方式营造和扩大自己的影响。

俄国意象主义者的活动可以分为两个时期。头一个时期是它的兴盛期，从1919年初发表宣言到1924年叶赛宁等人退出意象派团体，第二个时期是1924年到1927年意象派宣布解体，是其衰落期。

意象派成员最初的活动地点是利用全俄诗人协会的俱乐部——设在特维尔大街上的"多米诺"咖啡馆。十月革命后这个咖啡馆的老板跑到国外去了，于是这里就转给了全俄诗人协会当俱乐部。"意象主义者骑士团"的斗士们权且在这里聚会和演出。

在饥饿的1919年，这"多米诺"咖啡馆的两个厅却总是座无虚席。一个厅里是些珠光宝气、脑满肠肥的投机商们大吃大喝；另一个厅空荡荡的桌前坐的是些面色苍白、衣履寒酸的诗人。

宣布叶赛宁上场了。他笑吟吟地走到台前，突然脸色一变，侧着身子冲着前台说道：

"你们以为我是出来给你们念诗的吗？错了！我出来为的是让你们去见鬼！你们这些投机商！骗子！王八蛋！……"[2]

听众席上一时大哗，纷纷从座位上跳起来，大喊大叫，敲着桌子。有的涌向诗人，有的去打电话叫"契卡"。而叶赛宁兴奋得不时拼命挥动双臂，紧握拳头，像头公牛一样猫着头，一副农村小伙子打架的架势。

9月，由叶赛宁提议组织一个莫斯科自由思想者联合会，并由叶赛宁与

---

1. «Русская литература 20 века: школы, направления, методы творческой работы», Тимина С., LOGOS Вышая школа, 2002, C.111.
2. 《叶赛宁评传》，吴泽霖，浙江文艺出版社，1999年，14页。

马里延戈弗起草了《莫斯科自由思想者联合会章程》(以下简称《章程》)。《章程》指出,联合会的宗旨是要“在精神上和经济上联合自由的思想家和艺术家,他们正在用世界革命精神进行创作,并在用口头和印刷品的形式对创造性的革命思想和人类革命艺术进行着最广泛的传播”。[1]“思想家、艺术家,包括诗人、小说家、作曲家、剧院导演、画家、雕塑家”都可以成为这个联合会的正式成员。“自由思想家联合会”正式召开第一次会议,已经是1920年2月20日了。叶赛宁被一致推举为联合会的主席。罗伊兹曼被推选为书记。

这个联合会对意象派的价值在于,它得到教育人民委员卢纳察尔斯基签署同意正式注册(而“意象主义者骑士团”不过是自称自认),而且在当时住房严重紧缺的情况下,得到了自己的活动场所:特维尔大街37号楼的原来的“勃姆”咖啡馆。这家咖啡馆原来的店主十月革命后去了华沙。因为联合会的核心人物属于这个没有注册的“意象主义者骑士团”,所以这个活动地点也就自然落到意象派手中。

为了使人耳目一新,意象派把咖啡馆改名叫做“飞马栏”("Стойло Пегаса")。由著名的意象派画家雅库洛夫在这“飞马栏”的门面幌子上画了一匹腾空欲飞的“飞马”。店墙刷成蓝色,再用鲜黄的颜料勾勒出几位意象派要员叶赛宁、舍尔舍涅维奇、马里延戈弗各具情态的肖像,附上他们的诗句。比如,在一面墙上可以辨认出一个像马里延戈弗的人,正挥拳去击一轮黄圈。一旁附有马里延戈弗的诗:

“拳头向太阳打去!
而你们——一个个狗毛里的跳蚤,
爬吧,去收集那些
打碎的灌肠器的碎片。”

再如,在屋角里画得最成功的舍尔舍涅维奇的肖像边上,有他的一句诗:

“我把下流的污言秽语
变为神圣的赞美诗。”

意象派种种骇人视听的言行不仅是为了造成宣传的轰动效应,也是和他们关于“形象”的理论相联系的。

在咖啡馆1922年关门之前的两三年时间里,意象派一直在这里活动。它是意象派诗人经常碰面、聚会和演出的据点。

1. 同上,139页。

在当年纸张严重不足的情况下，意象派的出版发行事业却是惊人的出色。1919 年 9 月，由叶赛宁提议，与马里延戈弗、弗里德曼、萨哈罗夫组建“恶魔”出版社，出版刊物《狂飙骑兵军》；后来他们成立的出版社称为“意象主义者出版社”。几年间出版了多种意象派集体文集以及大量的意象派个人的文集、诗集。《美好世界周游者旅店》（«Гостиница для путешествующих в прекрасном»）算是俄国意象派的机关刊物，旨在向读者宣传他们在诗歌乃至艺术哲学、社会文化方面的思想探索的最新成果。责任编辑是萨夫金（Н. Савкин），但实际上由马里延戈弗主持，期刊的稿件是由马里延戈弗提供、安排的。

杂志从 1922 年到 1924 年共出版了 4 期。1922 年 11 月出版的第一期上发表了大量文章，论述诗歌和艺术在当代文学发展和社会发展中的作用，该期特别突出论证艺术的民族自觉，展开俄国与西方文化间针锋相对的对话。第二期刊登的主要文章有《几乎是宣言》（«Почти декларация»），其中对他们 1919 年发布的《意象主义宣言》进行了全面而重大的修正，甚至提出形象应该服从内容。还有舍尔舍涅维奇的两篇不长的文章，一篇是短文《绝大的错误》（«Великолепная ошибка»），谈浪漫世界观在诗歌中的必要性；一篇是评论《查拉图斯特拉非如是说》（«Так не говорил Заратустра»）意在讽喻式地思索当代文学的命运。特别应该提到第四期上还刊载了列宁格勒的俄国意象派支派“英勇的意象派骑士团”的四位成员的诗作。可以说，杂志《美好世界周游者旅店》是研究俄国意象派团体在思想探索和诗歌创作方面的重要资料。

当时一位批评家曾经指出，意象主义者出版书刊所吞掉的纸张，起码有一个造纸厂当年一年的产量。当时的一家刊物也指出，意象主义者书刊出版社从上年 11 月就出版了意象派诗人的书十多种。一些书籍，如舍尔舍涅维奇并不能赢得读者的诗集《马就是马》，在当时还阴差阳错地轰动一时，奇货可居。

他们还开了两家意象派的书店，坐落在卡梅尔盖尔大街上的一家由舍尔舍涅维奇和库西科夫经营，而靠近音乐学院的一家叫语言艺术家莫斯科劳动组合书店（Московской трудовой артели художников слова），由叶赛宁和马里延戈弗经营。

意象派的书店不仅有利可图地营销自己的作品，而且还是意象派的招牌，是诗人们找他们聚会的地方，成了“文学俱乐部”。叶赛宁和马里延戈弗的书店，后来更名为“意象派诗人书屋”，可以用“闻名遐迩”“富丽堂皇”“顾客盈门”“生意兴隆”来形容。

从1922年起，苏联国内出版受到种种限制。但是意象派一直注重利用举办大型的诗歌晚会和小型的沙龙朗诵会来表现自己的诗歌特色，宣传意象派的诗学思想。为了宣传意象主义，他们不时地在“飞马栏”咖啡馆举办诗歌朗诵会，经常性地在莫斯科综合技术博物馆举行意象派诗人诗歌晚会，甚至舍尔舍涅维奇、叶赛宁与马里延戈弗在国内旅行时，也举办朗诵会。比如在顿河 - 罗斯托夫市斯维尔德洛夫剧院的文艺晚会上朗诵。在诗歌朗诵会上意象派一向毫不谦虚地赞扬自己流派的创新，宣扬自己流派超越于前辈和诗歌界所有同行，有意地挑起派别争端，来显示意象派诗歌的创新。

可以说，为了扩大自己的影响，意象派想尽种种办法。比如，在莫斯科音乐学院大厅举行所谓“审判意象派”文学晚会就是一招。

在晚会前一些日子，莫斯科的街头便出现了海报：

音乐学院大厅（尼基特大街）

1920年11月4日，星期四，晚7时

对意象主义者进行文学的审判

文学的申诉人：瓦·勃柳索夫

意象派被申诉人：格鲁济诺夫、叶赛宁、库西科夫、马里延戈弗、舍尔舍涅维奇

所谓对意象主义者的审判会，当然是一场有趣的文艺晚会。勃柳索夫作为申诉人，将社会上对意象派的攻击集中地说了出来。他指责意象派是一伙秘密结社，旨在推翻俄国现有文学体制的人。他们以形象，主要是隐喻作为诗歌的创作方法的基础。意象派以自己的理论使很多初出茅庐的诗人误入歧途，等等。

申诉方的一位证人还证实舍尔舍涅维奇在模仿马雅可夫斯基。为了使听众信服，还对照援引他们两人的诗作。

而叶赛宁在被申诉人的最后发言中，把现存的一个个文学团组攻击了一遍，有象征主义者、未来主义者，特别把攻击的矛头对准未来主义中的所谓“离心机”派（马雅可夫斯基属于此派）。

透过这场幽默的“审判会”，不仅能看到意象派如何为自己辩解、招摇自己，而且也可以察觉出相当严酷的文学斗争环境。

更值得一提的是，为了宣扬自己，意象派除了诗歌表演会上的喧嚣，还在社会上利用闹事来表现自己。比如在受难者修道院墙上涂写渎神的标语，把莫斯科著名的特维尔大街的路标改为“叶赛宁大街”，等等。

舍尔舍涅维奇在自己的回忆录里这样写道：在革命前的俄国，闹事是抗

议的一种合法手段，闹事在当时也是自我宣传的手段。革命后，我们意象主义者试图照旧走这条路。可是时局变了，闹事的反响也成了另一种样子。

意象派这种张扬闹事的活动，自然常常要闹到警察和契卡那里。但是他们也自有“里边人”的帮助。意象派成员中伊夫涅夫就是教育人民委员会主席卢那察尔斯基的个人秘书，他从事过以卢那察尔斯基的名字命名的宣传列车的组织工作，在全俄中央执行委员会《消息报》上发表过政论文章，号召知识分子为新政权服务。而且十月革命期间意象派站在革命一边，用诗歌欢呼革命，不仅和社会革命党的要人，如勃留姆金（Я. Блюмкин），而且和布尔什维克领导人托洛茨基、加米涅夫也保持着联系。正是靠了这些“关系”，不仅他们的闹事一次次化险为夷，而且他们的诗歌宣传活动也畅行无阻。

应该指出，俄国意象派从刚一成立，就存在着不同的思想倾向，创作实践上也表现出各自的不同特征。实际上意象派在美学思想上从一开始就没有统一的观点，就是对其基本的内容、形式、形象等概念也始终没有一致的见解。在回忆起他们的《意象主义宣言》出笼的经过时，舍尔舍涅维奇说，“它来的不那么容易。我们想了很久，还大肆地争论过，在我们头一个意象主义宣言发表前夜，我们中的两个人拒绝签字，而当宣言已经在印刷厂发排了，又有人问我们，能不能印上他们的名字……我们很久也没能就后来把我们联成一气的东西达成共识”[1]。而马里延戈弗后来回忆说：“《意象主义宣言》不怎么让我和叶赛宁满意，不过我们还是签了名，为什么？大概是由于年轻人的轻率吧。”[2]

随着时间的推移，意象派分裂成右翼（叶赛宁、伊夫涅夫、库西科夫、格鲁齐诺夫、罗伊兹曼）和左翼（舍尔舍涅维奇、马里延戈弗、埃尔德曼）。右翼把形象仅仅视为艺术的手段，而左翼则把形象视为目的自身。

1921年，叶赛宁以《生活与艺术》为题目发表了未完成的《词语的图案》一书的一部分，成为把意象派思想分歧公之于世的一个事件。在这篇文章中，叶赛宁鲜明地指出了自己和一些意象派“同行们”的根本分歧。一是批评“我的同行们”的形式主义立场，即“认为艺术只是作为艺术而存在，置身于生活及其结构的形形色色影响之外”，这些同行们只“醉心于语言形式的视觉的花样”，而“认为语言与形式这便是一切了”。叶赛宁指出，“这种对待艺术的态度太不严肃了”。其二，叶赛宁批评了自己的“同行们”的民族虚无主义立场，他说：“我的同行们没有广义的对祖国的感情，因此，在他们那里一切都不相协和。”因此“他们自然就欣赏那种不和谐的声调，把它和那

1. 《叶赛宁评传》，吴泽霖，浙江文艺出版社，1999年，134页。
2. 同上。

种丑角似的自作多情的矫揉造作的臭气摄入自己的灵魂之中”。[1]

叶赛宁的批评绝非捕风捉影。比如，舍尔舍涅维奇一贯认为“民族的诗歌——这是荒谬的胡说八道”，“没有阶级的艺术，也没有民族的艺术”，“民间创作的修饰语，这是一种僵滞的东西，它一般说来，是在指示出民间创作的低级的层次”。马里延戈弗也以同样的腔调说过，“当今的民间艺术应该是没落的，换言之，这只是一种‘半艺术’，‘二流的，过渡的’，‘在艺术生活中绝对不起任何作用’”[2]。这些观点显然是与叶赛宁相左的。

虽然意象派反对谈诗歌的内容而只谈形式，但是实际上，叶赛宁和舍尔舍涅维奇的分歧还不仅仅在于诗学，或者说更有思想内容方面的因素。这从舍尔舍涅维奇的回忆中也可以发现。他曾写道，“我们（指自己和马里延戈弗）代表着意象派中的都市主义倾向，我们两人都对那么吸引叶赛宁和库西科夫的大自然抱着疑虑的态度，在意象派中，我们两人永远是最挨骂的”[3]。

而从舍尔舍涅维奇献给叶赛宁的一首诗《遗嘱》中也可以透露出一些消息：

啊，可诅咒的！这些鲜花、树枝、树皮，
还有农夫思想的背囊！
与其把诗歌的钥匙献给农村
最好是让我和城市一起去死！[4]

叶赛宁和意象派的一些主要成员间的分歧，到1924年，终于发展到了只能分道扬镳的地步。4月7日，叶赛宁写信给自由思想者联合会理事会，声称与意象派杂志《美好世界周游者旅店》不再发生任何关系。这是一封第一次与意象派公开表示决裂的信，“……由于美学感觉不同和个人屈辱感，我断然拒绝参加《美好世界周游者旅店》杂志，况且，这个杂志早已是马里延戈弗的了”[5]。

8月24日，他在给自由思想者联合会书记罗伊兹曼的信中，抗议意象派利用“自由思想者联合会”的名义。紧接着，8月31日，《真理报》发表叶赛宁和格鲁济诺夫联名的《一封致编辑部的公开信》，提出解散意象派团体，信中说：“我们作为意象派的创建人，晓示各界，我们宣布意象团组解散。”[6]照叶赛宁自己的说法，这个形式上的流派在1919年创生时就存在着以他自

1. 《玛丽娅的钥匙》，叶赛宁著，吴泽霖译，2000年，43页。
2. 《叶赛宁评传》，吴泽霖，浙江文艺出版社，1999年，128页。
3. «Русская литература 20 века: школы, направления, методы творческой работы», Тимина С., LOGOS Высшая школа, 2002, С.113.
4. «Стихотворения и поэмы». Шершеневич В., 2000, С.219.
5. 《叶赛宁评传》，吴泽霖，浙江文艺出版社，1999年，283~285页。
6. 同上。

己和舍尔舍涅维奇为代表的两种倾向。“但是这个流派没有自己的基础而终于消亡了，留下来的是追求有机形象的那种真实感。”[1]

叶赛宁的突兀举动使一些意象派诗人顿时哗然，在9月份的《新观众》（35期）上发表了以伊夫涅夫、马里延戈弗、舍尔舍涅维奇、埃尔德曼、罗伊兹曼等人的名义致编辑部的公开信，认为叶赛宁解散意象派组织是“不负责任的放肆行经”。并说，“在我们的心目中，叶赛宁处于心理上和身体上无可救药的病态之中，这是对他的行为的唯一辩解”。甚至说，“叶赛宁附庸于我们的思想，因为这对他有用，而我们从来没有像战友一样相信过他，他永远说话不算数”。因此“不能不和叶赛宁划清界限”[2]。

随着叶赛宁的退出，意象派进入了最后的衰亡阶段。意象派的刊物《美好世界周游者旅店》停刊了，“自由思想者联合会”（叶赛宁是主席）停止了活动。意象派失去了“飞马栏”的据点。1924年秋天，意象派重新注册了自己的团体，叫做“意象派协会”，主席是伊夫涅夫。活动地点定在一个叫“套靴”的咖啡馆。1925年起，在这里演出，后来又迁到“老鼠洞”咖啡馆，租用“小矮人”电影院来演出，直至1927年底，意象派宣布解散。

苏联《简明文学百科全书》指出：“意象主义者把题材的范围局限在孤独的、被遗弃在城市里的个人的主观感受之上。在他们的作品里名士派的情调颇为明显。由于不了解革命，他们自己感到脱离生活和人民。”[3]1922年马里延戈弗写道：

“人民不因我们的名字而激动，
街上唱的不是我们写的歌。”

这或许正是俄国意象派退出历史舞台的根本原因。

代表诗人和创作简介

1. 舍尔舍涅维奇

舍尔舍涅维奇是俄国意象派主要创始人和它的理论家。他1893年1月25日出生在喀山的一个法学教授的家庭。其父加·费·舍尔舍涅维奇（Г. Ф. Шершеневич）是喀山大学（后来莫斯科大学）法学教授，是一位著名的法律学者，是俄国立宪民主党的成员和其党纲的作者，第一任俄国国家杜马的代表。母亲是歌剧演员。舍尔舍涅维奇中学毕业后，考入慕尼黑大学语文

1. 《叶赛宁评传》，吴泽霖，浙江文艺出版社，1999年，10页。
2. 《叶赛宁评传》，吴泽霖，浙江文艺出版社，1999年，285页。
3. 《简明文学百科全书》（第三卷），苏联百科全书出版社，1966年，107页。

学系，后转入莫斯科大学法律系学习，最终毕业于物理 - 数学系。

还是大学生的时候，舍尔舍涅维奇已经出版了他的第一本诗集《春天的融雪》(«Весенние проталинки» 1911)，两年后出版了第二本诗集《卡米娜》(«Carmina» 1913)，从这两本诗集可以看出他先后受到印象派诗人巴尔蒙特和勃洛克的深刻影响。在 1913 年，舍尔舍涅维奇实现了从印象派到未来派的转变，并且和几个志同道合的伙伴 —— 格拉尔 - 阿列尔斯基（Грааль-Арельский 1888-1937）、扎克、伊夫涅夫创建了个人未来主义（эгофутурист）的团体，取名“诗歌顶楼”。这一年年终前，他又出版了两本诗集《古怪的小瓶》(«Экстравагантные флаконы»）和《浪漫的香粉》(«Романтическая пудра»)。他不仅成为未来主义的热情宣传者和理论家，翻译了意大利未来主义创始人马里内蒂的著作，而且出版了自己的几种具有未来主义思想风格的文集。

舍尔舍涅维奇以惊人的活力在几年中走过了从印象派到未来派的道路。21 岁的舍尔舍涅维奇已经开始探讨自己的意象主义理论。按照他的信念，艺术永远应该是当代的，否则它就不会动人。他在求索能够合上时代脉搏的艺术形式。这些思索都反映在他十月革命前最重要的诗集《汽车的步子》(«Автомобилья поступь» 1916) 中。

十月革命后，舍尔舍涅维奇参加过无产阶级文化协会组织的诗歌学习班，并在教育人民委员部的造型艺术处（отдел ИЗО Наркомпроса）筹备出版多卷本艺术家词典；和马雅可夫斯基一起为罗斯塔之窗编写说明词；和加缅斯基（В. Каменский 1884-1961)、伊夫涅夫组建全俄诗人协会，并从 1919 年 5 月起，当了一年多的主席。

当然，最值得注意的事件是 1918 年他和叶赛宁、马里延戈弗相遇而组建意象派团体“意象派骑士团”。1919 年初发表的意象派宣言，实际上出于他的手笔。1920 年，他发表了自己重要的意象主义理论著作《2 × 2 = 5》。

《2 × 2 = 5 》由 三部分组成。第一部分没有标题，之下 42 节用数字编码，广泛而无系统地谈论对意象派诗学的看法，对形象，对艺术结构，乃至对艺术和宗教、艺术和国家、艺术和革命等等的看法。第二部分则对诗格和节律的多样性进行了详尽的语言学的专门考察。第三部分论述的是艺术创作和语法构成的问题。其中谈到，形象隐藏在词根之中，而内容实现于语法之中。意象主义诗歌试图通过摧毁语法，使语法错乱，来破坏内容的阅读，使词语从内容的“牢笼”中挣脱出来，达到获得形象的目的。最后他又提出，没有任何法则，正是诗歌的主要而宏伟的法则。

作为意象派的发起人和它的理论家，在意象派活动十分活跃的这一时期，舍尔舍涅维奇也积极地在意象派各种演出、出版活动中宣说自己的意象派理论，进行各种答辩和争论。《火葬场，一个意象主义者的长诗》(«Крематорий. Поэма имажиниста» 1919) 和《马就是马》(«Лошадь как лошадь» 1920)，是他意象派时期发表的主要诗作。

可以说，《马就是马》是他的意象主义创作中最意象主义的了。诗集中收了他 1915～1919 年的诗作。不过这本诗集并未得到良好的反响。舍尔舍涅维奇试图把这本诗集和他同时出版的意象主义理论著作《2×2＝5》相配合，作为意象主义诗歌创作的实践教程，从诗歌的标题看，的确具有教科书性质。诗集首先显示出形式上的试验性，诗歌没有页码指示，诗歌的标题和诗歌的内容风马牛不相及，或者说，完全是为了破坏对内容的理解，是为了揭示做诗的建构方式，比如，他给诗歌起了大量诸如此类的标题："形象和谐化原则"、"反向主题原则"、"寓言原则"、"立体主义原则"、"节奏的形象性"、"多主题原则"，等等。实际上，舍尔舍涅维奇的确在这本诗集中现身说法地表现了他主张的一些意象主义诗歌创作原则。特别是以机械性、严格的逻辑联系原则和有机性、自由联想性相对恃，是这本诗集的基本的技术创新。比如，可以从头到尾地看，也可以由尾到头来看的"形象一览"，就是他所鼓吹的意象派诗歌的一个原则：

"形象一览"：
楼房——
用钢铁水泥制成的
大垛堆。
浓雾——
往香精杯里
加进
不多的一点水。
街道是裁缝用的尺子。
尺子转折，弯曲。
从远处又
传来大雷雨的执事——响雷。
在广场的手掌上——溪流的脉管。
砖块制作的斯芬克司肚子里
是我双目的帽徽，
我的一大堆眼睛。
铅笔狗

多次要挣脱锁链，而且
字母牙齿带着墨水唾液扑向纸的波兰女。
窗外是排水管手套的圆筒部分，
小窗外面凶狠有很多普特重，
而堵在嘴里的话，像握在拳中带铅头的皮鞭。
而摩天大楼七层楼高的骠骑兵
马刺叮当作响在大门入口处。[1]

这首诗真是形象的一览表，繁多的意象杂乱罗列，严重地破坏着读者有机性的自由联想。

但是他的诗歌创作并没有完全实现他自己主张的理论，而往往显示出不是用头脑，而是用心灵才能感悟的东西。

随后几年，舍尔舍涅维奇又发表了诗集《愉悦的合作社》(«Кооперативы веселья» 1921)、剧本《一派荒唐》(«Одна сплошная нелепость» 1922) 和谈说自己意象派同志（马里延戈弗、伊夫涅夫、库西科夫、叶赛宁）创作的文集《我在握谁的手》(«Кому я жму руку» 1921)。

和叶赛宁分裂后，整个意象派团体呈现出瓦解没落的局面。舍尔舍涅维奇的个人活动也逐渐转向戏剧，对意象派的理论不再有新的著述。1926 年发表的文集《这就是总结》(«Итак итог»）实际上成为舍尔舍涅维奇最后的诗学著作。他对俄国意象派的总结是在《意象派现在是否存在？》(«Существуют ли имажинисты?»）一文中进行的。他指出，“现在意象派死了……这是由于诗歌之外的客观原因造成的。……诗歌的实质变了样：它从艺术变成了争论。……诗歌被剥夺了抒情性。诗歌没有了抒情性，这就像跑马没有了腿。因此，意象派的垮台是可以理解的，因为意象派始终坚持诗歌要富有诗意”。[2]实际上，舍尔舍涅维奇婉转地指出了意象派之所以衰落的社会文化背景。

从这一时期，舍尔舍涅维奇不再写诗。只是后来翻译过波德莱尔的《恶之花》(未出版)。他的精力主要转到戏剧方面。他为莫斯科的剧院改编和翻译剧本，涉及诸如索福克勒斯、莎士比亚、莫里哀、布列斯特等人的剧目。在莫斯科的剧院和一些周边的剧院做过导演。30 年代中期，舍尔舍涅维奇编撰过几个纪念文集，如《光辉的见证人，诗的回忆 1910～1925》(«Великолепный очевидец. Поэтические воспоминания 1910-1925 г.г.»)。卫

1. 《俄罗斯白银时代诗选》，顾蕴璞编选，花城出版社，2000 年，239 页。
2. «Русская литература 20 века: школы, направления, методы творческой работы», Тимина С., LOGOS Вышая школа, 2002, С.114.

国战争初年，他罹患肺结核，随剧院转移到巴尔瑙尔，逝世于1942年5月18日。

2. 马里延戈弗

够啦够啦，不要生啦，从肉身中我们等不到预言家的躯体，叶赛宁们，马里延戈弗们，不是从肚子里生出来的！

马里延戈弗《安那多列格拉德》

马里延戈弗出生在下诺夫哥罗德一个职员家庭。年轻时从事过演艺事业的父母一直热爱艺术，家里充满文学艺术的氛围。马里延戈弗从小饱览文学经典。他开始在一所私立寄宿学校读书，后转入有名的亚历山大二世贵族学校。父亲并不赞成这一选择，不久他又考入普通的中学。父亲对他世界观的形成和他之后的文学生涯有着不小影响。

马里延戈弗12岁便开始写诗，最喜欢的诗人是勃洛克。1913年母亲逝世，父亲带着马里延戈弗和他的妹妹移居奔萨（俄罗斯）。1914年，还在一所寄宿学校学习的马里延戈弗就出版了一本杂志《海市蜃楼》（«Мираж»），其中过半篇幅刊载的是他写的诗歌、故事和短文。1916年马里延戈弗刚刚考入莫斯科大学法律系，战争就开始了，他马上被征召服兵役。

十月革命的日子里，他回到奔萨，一心进行文学创作，或者如他自己所说，“钟情上了形象和暗喻”。马里延戈弗说过，“请相信，我只是一个幸福的疯子，我把一切都压在了十月革命上”[1]。

革命的骏马，你勇猛奔驰，
驰过百万俄里的旷野沟壕，
马鬃和尾巴上的每一根毛——
反叛的横幅，起义的旗帜。

《革命进行曲》

而后来他又明确说，在革命的三位一体——自由、平等、博爱中，吸引他的大概只是自由。1918年他在奔萨出版社出版了自己的第一部诗集《心灵的橱窗》（«Витрина сердца»）。这年夏天，他父亲不幸中流弹身亡，马里延戈弗来到莫斯科，结识了叶赛宁，又通过叶赛宁结识了舍尔舍涅维奇和伊夫涅夫。他们一起在1919年初发表了意象派宣言。

1. «Русская литература 20 века: школы, направления, методы творческой работы», Тимина С., LOGOS Вышая школа, 2002, С.132.

马里延戈弗狂热地投入到意象主义的探索之中。他参加了创立“自由思想者联合会”（他和叶赛宁撰写章程，并且成为领导成员），组建莫斯科语言艺术家劳动组合书店、意象主义者出版社等，在意象派的杂志《美好世界周游者旅店》上发表大量诗作。实际上，这本杂志是由马里延戈弗主持的，杂志里倾注了他的大量心血。

在意象派活动最活跃的最初几年间，马里延戈弗和舍尔舍涅维奇、叶赛宁的活动基本是在一起的。1919 年秋天，他们搬到一起住，之后几年中没有分开过。他们一起在国内游历，1919 年夏天去彼得格勒，1920 年春天去哈尔科夫，夏天去高加索。他们在刊物上发表相互致答的信函。一些人认为叶赛宁受意象派的坏影响，主要指受马里延戈弗的影响。而了解情况的人们不同意这种论调。

除了参与意象派的各种活动，他还出版了许多诗集和散文作品，比较重要的有 1920 年发表的纲领性论著《意象主义》(«Буян-остров. Имажинизм»)，他在书中指出，“诗人的目标之一就是要引起读者最高的内心紧张。把形象之刺尽可能深地扎入读者感受的掌心……”所以“意象派诗歌极端的紧凑，要求读者进行最紧张的智力活动。只要丢失了形象锁链中的一个环节，就会使整个锁链断裂”[1]。

1922 年 他发表了剧本《傻瓜们的阴谋》(«Заговор дураков»)，1926 年发表了小说《没有谎言的小说》(«Роман без вранья»)，1928 年发表小说《无耻之徒》(«Циники»)。他的诗歌因有特色而引得批评家众说纷纭。

马里延戈弗的诗歌在相当多的地方很接近舍尔舍涅维奇，主要是先锋主义的方向、大胆的形式主义试验、美学的极端主义 —— 对美学的挑衅。但是确如有些人认为的，和舍尔舍涅维奇相比，马里延戈弗要保守一些，折中一些。舍尔舍涅维奇在文集《我在握谁的手》中说过，只有马里延戈弗一个人是和意象主义一起诞生的。或许正由于过去没有参加过任何诗歌流派的经历，马里延戈弗没有什么固执和成见，他不像舍尔舍涅维奇那样在理论上彻底否定内容，而是试图给内容一定的地位，实际上他的兴趣还是在内容上。他说，“艺术是形式。内容是形式的一部分。整体美只有在每一个局部都美的情况下才能实现。没有美的内容，就不可能有美的形式。内容的深刻是美的同义词”[2]。

和舍尔舍涅维奇试图摆脱思想内容相反，马里延戈弗出击的目标直指俄国社会的世界观基础，他的诗歌要摧毁一切道德禁忌。马里延戈弗求索“时

1. 《十月革命前后苏联文学流派》（下编），张捷选编，上海译文出版社，1998 年，272~277 页。
2. 《十月革命前后苏联文学流派》（下编），张捷选编，上海译文出版社，1998 年，273 页。

代的宏大的主题”和自己派别的思想哲学的基础，以使意象派能够成为时代的诗歌运动的领导者。他要寻求建立在民族艺术传统的成就上的统一的艺术风格和原则。例如：

人群，人群，像无边的小树林，
在乌鸦的笼子里——
有人抓住上帝的两只肘子，
并将他抛向了车夫的车轮。

处处都是血液的凝结血块。
广场如同肺痨患者的手帕，——
俄罗斯卸掉马衔的放肆的马，
威严地朝上天踢起蹄子来。

大天使们愤怒地吹起喇叭：
——天兵向野蛮人的自由进军！
炮队朝着梅特罗波利进攻，
同时嚼着弗鲁别利的一片片画。

“基督第二次降临到了人世”……
凶多吉少：“来的是极可恶的反基督……”
十字街头，角落里，叫喊的是：
晚报，晚报，晚间新闻，快来读！

马尿水和血水混合积液中，
马蹄上的掌铁扑哧地踏踩……
莫斯科正是在这情况当中
把新的万军之主降生下来。[1]

意象派活动的最初几年，以舍尔舍涅维奇理论为基础的诗歌实践，囿于极端的形式主义而并没有根本性的突破性进展。马里延戈弗利用杂志，试图扩大意象派诗歌的影响，使它成为全俄、全世界的广泛性运动。他在自己控制的意象派杂志上，撰文声称，“如果意象派不能走出狭隘的形式主义的框

1. 《俄罗斯白银时代诗选》，顾蕴璞编选，花城出版社，2000年，249～250页。

子而发展为世界观，它作为一个学派就应该被取消”[1]。甚至对于形象，这个意象派一直坚持的至高无上的概念，马里延戈弗也不走向偏激极端，他说，“艺术是这样一个机体，它需要广泛而充足的食物 —— 最多样的艺术手法”。马里延戈弗还指出，意象主义从现在起，不是形式上的学说，而是斯拉夫民族的世界观。[2]可以说，意象派的理论权威虽然是舍尔舍涅维奇，但是马里延戈弗在意象派理论的思考方面也作出很大的努力。

叶赛宁死后，马里延戈弗来到列宁格勒，他的文学生涯中的头一半，相当火爆的头一半结束了。从 30 年代他几乎完全投入到戏剧中去。

1953 年，马里延戈弗着手写作自传体散文《我的时代，我的青春，我的朋友》（缩写本《和朋友们的小说》）。这本很有思想的著作在他去世后（1965 年）才得以出版。

3. 伊夫涅夫

伊夫涅夫，原名米哈伊尔 · 阿列克桑德罗维奇 · 科瓦列夫（Михаил Александрович Ковалев），1891 年 2 月 11 日出生在梯弗里斯（即现在的第比利斯）一个贵族家庭。父亲是沙俄军队的上尉，高加索军事法庭的助理军事检察长。三岁时，父亲逝世，母亲得到一所女子中学的校职位得以维持生活。他从小喜爱诗歌。在第比利斯士官武备学校上学时便开始写诗。毕业后，不想继续父亲的从戎事业，赴圣彼得堡考入帝国大学法律系，后又转到莫斯科大学，直至 1913 年毕业，获得法学文凭。后回圣彼得堡进国家监察办公室工作。

1911 年，年轻的科瓦列夫拿着自己的诗文去访求勃洛克，并没有得到什么好评。1912 年他在布尔什维克报刊《星火》上发表了两首诗歌。之后很快结识了舍尔舍涅维奇等人，加入未来主义流派。1913 年他发表了自己的第一本诗歌集《自焚》（«Самосожжение»），笔名留里克 · 伊夫涅夫。《自焚》得到了社会舆论的好评，从此他就以这个名字闻名于世。后来舍尔舍涅维奇说过，“‘火’和‘伊夫涅夫’这两个概念在我的意识里是分不开的”[3]。

然而这“火”往往是燃向他自己，燃向自己的内心。例如：

你看，在上帝的火焰里
我的躯体并不烧毁……

1. 《个人的根据》，见《美好世界周游者旅店》，1923年，第2期。
2. 《母牛和暖房》，见《美好世界周游者旅店》，1922 年，第 1 期。
3. «Русская литература 20 века: школы, направления, методы творческой работы», Тимина С., LOGOS Вышая школа, 2002, C.143.

燃烧吧！可我的心灵并未点燃，

只是在火中慢慢地煎熬。[1]

这是一个在外在世界的暴风骤雨中更加面向惶惑的内心的个性存在。在他的诗中，充溢着痛苦的自省自责的宗教的情绪。所以舍尔舍涅维奇后来在他的文集《我在握谁的手》中指出，“在你（指伊夫涅夫）的心里有着意象主义的宗教的因素”[2]。

文学界的各种沙龙之门向他打开，他结识了许多文学界的名流，如梅列日可夫斯基、吉皮乌斯、库兹明、古米廖夫、阿赫玛托娃、索洛古勃、马雅可夫斯基。1915 年，伊夫涅夫还结识了叶赛宁，成为好友。

1913 年、1916 年，伊夫涅夫又分别出版了《自焚》的两个续集，1917 年出版了《自焚 · 1912 ~ 1916 年诗歌集》（«Самосожжение: Книга стихов. 1912-1916 гг.».）；与此同时，1912 年，在一个名叫《栏杆》（«Решетка»）的文集中发表了他的第一篇中篇小说《无可避免》（«Неизбежное»）；1913 年，在“诗歌顶楼”出版社出版了诗歌集《火焰在燃烧》（«Пламя пышет»），1916 年在“离心机”出版社出版了诗集《死之金》（«Золото смерти»）。还有几十篇短篇小说和故事发表在各种各样的出版物和文集里。而革命前夕发表的长篇小说《不幸的天使》（«Несчастный ангел» 1917）遭到批评。

二月革命中，伊夫涅夫认识了卢那察尔斯基，正如卢那察尔斯基后来（1920 年 12 月 4 日）在给布柳索夫的信中说的，伊夫涅夫在革命即将到来之时，英勇地捍卫新政权，就在十月革命的当天出现在他面前，提出要马上去做苏维埃政权和优秀知识分子间的协调工作。

十月革命后，伊夫涅夫成为卢那察尔斯基的个人秘书。作为《消息报》（«Известия ВЦИК»）记者参加过通过布列斯特合约的第四次苏维埃非常会议的工作。1919 年夏，他作为卢那察尔斯基宣传列车的成员在全国进行演说，后由卢那察尔斯基推荐做了全俄诗人协会主席。

1918 年伊夫涅夫到莫斯科，与叶赛宁、舍尔舍涅维奇重逢，结识了马里延戈弗，随后意象派团体就创建了。1919 年 3 月，伊夫涅夫就在《消息报》上发表《致编辑部信》，声明退出意象派团体，因为“完全不同意这个小组活动的样子”。

而时隔一年，1921 年出版的《意象主义者文集》中又刊登了伊夫涅夫

1. «Русская литература 20 века: школы, направления, методы творческой работы», Тимина С., LOGOS Высшая школа, 2002, С.143.
2. «Русская литература 20 века: школы, направления, методы творческой работы», Тимина С., LOGOS Высшая школа, 2002, С.142.

1920年12月3日给叶赛宁和马里延戈弗的信，提出恢复和意象派的关系。从此，他又在意象派的诗文集上发表作品，并且被吸收到“意象主义者骑士团”的领导层。

1921年，伊夫涅夫在“意象主义”出版社出版了自己的新诗集《棺木里的太阳》（«Солнце во гробе»），其中包含25首诗，实际上表现了他在十月革命时期和革命者身份并不一致的矛盾惶惑的心情。其中充满拒绝上帝、向往死亡、痛苦受难、良心自责以及疯狂、流血、基督和十字架的主题。而宗教神话在这里成为意象主义的暗喻。例如：

用贪婪的，冰冷的嘴
我卑贱地吸饮着热血。
张大双唇，有如最后的王牌，
我要把灵魂献给苦行。
……
为了怎样的，怎样的一种爱，
基督的身躯被摧残得不成样子？

不是我吗，像只鹰，把这躯体糟蹋得乱七八糟？
吊死的犹大映现在我的眸中。
青紫的嘴唇歪斜着

我去吻戴着金丝眼镜的死神。

《棺木里的太阳》[1]

“是敌基督还是救世主”？！这位“中了自由的毒针”的主人公，为自己和国家人民一样抛弃了十字架而惶惑不安。表现了他不能够理解现实的焦虑。舍尔舍涅维奇说他是那样愉快地迎接了革命，但是却不习惯于在革命中工作，不会沉隐在革命之中。虽狂躁地奔突，却仍赶不上时代的步伐。

而有时，他的主人公自焚式的狂想也转化为对社会现实的思考。例如：

对我，一切都一样，铅弹、绞索或铁钉，
前面的道路是宽广还是狭窄
我看见了：有人在啃噬人的骨头。
而这正是我的诤友——俄国人。
……

1. «Русская литература 20 века: школы, направления, методы творческой работы», Тимина С., LOGOS Вышая школа, 2002, С.144.

我不怕沉默。即使你躺进棺材
也没白来这世界走一场。
是拯救它，还是毁灭它。不过对它的命运
你应该用自己的烈火去决定。[1]

他还有一篇批评自己同志的重要论文《射向叶赛宁、库西科夫、马里延戈弗和舍尔舍涅维奇的四枪》（«Четыре выстрела в Есенина, Кусикова, Мариенгофа и Шершеневича»）发表在《美好世界周游者旅店》1~4 期上。

意象派存在的后期，伊夫涅夫去过德国、日本，在符拉迪沃斯托克"书业"出版社工作过。出版了包括《无爱之爱》（«Любовь без любви» 1925）、《宴请之家》（«Открытый дом» 1927）、《小说的主人公》（«Герой романа» 1928）小说三部曲《一个女演员的生涯》（«Жизнь актрисы»）。30 年代至 70 年代，他写作了自传性、历史纪实性作品和一些诗歌。1936~1951 年曾在梯弗里斯（第比利斯）生活。1981 年 2 月 19 日逝世。

诗学特征

俄国意象派诗歌实验的价值，在于试图探索一种纯艺术性的自身价值。他们的艺术探索是对 20 世纪初各种先锋主义艺术探索的近乎极端性的发展。首先，意象派试图捕捉和传达一种纯粹的美学感受，为此，他们决意把艺术的形式和内容相分离，把艺术家的艺术创造和受众的艺术感受相分离，把美学的东西和伦理的、人的内容和个性的东西相分离。为实现这种纯粹艺术性的追求，意象派诉诸以艺术自身为目的的艺术形式的实验。

意象派的理论家舍尔舍涅维奇在他的《2 × 2=5》一书中说，"当今所有的诗人，象征主义者，未来主义者等等，都在致力于一个问题，就是……揭示空无(没有内容)的形式"[2]。他认为，"诗歌中只有形式，形式也就是内容……形式是目的本身……内容不过是为了创造形式而设的方便的借口。形式才是目的本身……一首诗不是一个有机体，而是形象波，从中可以抽出一个形象，还能放进十个形象"[3]。马里延戈弗也说，艺术就是形式，内容是形式的一部分。[4]

而这种空无的艺术形式，又被意象派进一步归为形象 —— 以自身为目的的形象。也就是以形象取代一般艺术形式。正如意象派宣言中说的，"形象，

1. «Русская литература 20 века: школы, направления, методы творческой работы», Тимина С., LOGOS Вышая школа, 2002, С.146.
2. «Русская литература 20 века: школы, направления, методы творческой работы», Тимина С., LOGOS Вышая школа, 2002, С.117.
3. 同上。
4. «Русская литература 20 века: школы, направления, методы творческой работы», Тимина С., LOGOS Вышая школа, 2002, С.134.

只有形象……这才是艺术大师生产艺术的武器”[1]。

所以，在意象派的艺术理想中，关注的不是描写什么，而是怎样描写，不是描写的客体本身，而是客体的“形象”。舍尔舍涅维奇说，“人画出古鱼龙不是因为在大自然中看见了它。看见它是因为它被艺术家画了出来”[2]。

这样，在艺术和现实的关系中，意象派把艺术置于第一性的位置。同时又把形象置于艺术的第一位，甚至可以说，以形象取代艺术性。

在经典的意象派诗歌中，把许多本来风马牛不相及的，非常遥远的经验、概念联合成一个意象（形象），并且把不相联系的各种形象在整个作品的框架中机械地并置，造成文本的破碎性和片段性，以打碎任何试图把这些形象统合成情节内容的企图，让注意力始终置于这些形象之上。这些形象不再构成历时性的情节，而是构成共时性的意象。构成庞德在对意象的定义中指出的“在一刹那间里呈现的理智和情感的复合物”。虽然俄国意象派不承认和英美意象派的思想联系，而实际上，在这一基本点上他们的主张和英美意象派有相似之处。正因为如此，意象派的诗歌，按舍尔舍涅维奇的说法，是“形象的一览”（каталог образов）。这“形象一览”同时既可以从头到尾地看，也可以由尾到头来看。按照舍尔舍涅维奇的话说，必须使诗的每一部分完结并显示出自足的价值，诗中各个形象的集合是机械性而非有机性的。

比如舍尔舍涅维奇自己的意象主义诗集《马就是马》中就收集了许多这样的诗歌。例如：

柳霞 · 库西科娃眼睛点故事

眼睛的鱼缸。眸子是金色的小鱼。
白皑皑的厄尔布鲁士山（在俄国——译注）上，陡峭的冰川。
在眼白的天际有明眸如月
象嵌入灿烂的灯泡。
……
眼睛像一页白纸，点着两点墨迹
或是火车头在眼白的原野上徐徐驶过。
双眸闪闪，如擦过黑鞋油。
双眸象通向欢乐前方的车站。[3]

在这首诗里，标题不过成了表现“形象”的技巧的口实。标题指示的“故

1. 《玛丽娅的钥匙》，叶赛宁著，吴泽霖译，东方出版社，2000年，54页。
2. «Русская литература 20 века: школы, направления, методы творческой работы», Тимина С., LOGOS Высшая школа, 2002, С.117.
3. «Стихотворения и поэмы», Шершеневич В., Академический проект, 2000, С.120.

事”没有任何内容和发展，诗中把一个女人的眼睛作了各种离奇古怪的比喻，鱼缸、金鱼、厄尔布鲁士山上陡峭的冰川、灿烂的灯泡、一页白纸、两点墨迹、火车头，等等。可是读者对于这双眼睛一点儿也没有更具体的了解。而且那些大量平铺在一起的本不相干的客体之间也没有构成任何进一步的逻辑联系，所以诗可以从任何一句读起，把这种“形象的目录”施以各种排列组合都不能改变这首诗的“意思”。读者得到的是各种概念的“新的”比喻联系，读者为这些新的比喻联想而瞠目结舌。这样，诗歌中的形象就的确成为创作目的本身。

再如下面一首诗也可以作类似的解读，这是一首描写和爱人离别的悲伤寂寞的诗歌。在这里，人们首先关注到的是种种形象结成的令人惊诧的联系，睫毛和马蹄、面颊和草原、心灵和茶壶，其次才能够隐隐发觉似乎有一种被抛弃的、遗忘的家的荒凉感，而这已经不是意象派诗歌理论所需要的了。例如：

“简陋的意象主义的原则”

静寂中睫毛笃笃笃地，像马蹄，
敲打着两颊，两颊泛着寂寞的绿色，像草原一样，
心灵在熬干，像茶壶被忘却在
一个个淡然离别的酒精炉上。[1]

在意象派的诗歌中，充满彼此没有联系而堆积的一个个形象和暗喻，是要体现诗人的情感摆脱了时间和空间束缚，达到意融万象、心接天地的至高、至纯的境界。在意象派看来，这才是诗歌的真正的艺术境界。以致马里延戈弗说，“诗人是鲜活的东西的一个最可怕的刽子手”，因为“艺术使动态的变为静态的，一切艺术都是静态的，甚至音乐也是…… 而诗人呢？他是生命的一个最可怕的刽子手”。[2]因为艺术使变动不居的活的现实凝为永恒的不动的一瞬，“艺术家给奔腾的骏马钉上镣铐”[3]。

在具有农民意识倾向的意象派的右派的诗歌中，这种永恒的一瞬往往呈现在超历史的、原型性的自然人和物上，他们的理想、未来远远伸向，或者说，是回归到类似亘古的永恒。比如，叶赛宁和伊夫涅夫憧憬的“东方”，就是把宗法的古老东方永恒化。

叶赛宁更着意把民间装饰图案视为联系天人之际的神秘的象征符号。他

1. «Стихотворения и поэмы», Шершеневич В., Академический проект, 2000, С.137.
2. «Имажинизм»，Мариенгоф А. //«Русская литература 20 века: школы, направления, методы творческой работы», Тимина С., LOGOS Вышая школа, 2002, С. 218.
3. 《十月革命前后苏联文学流派》（下编），张捷选编，上海译文出版社，1998 年，272～277 页。

说："它的形象是生民在任何时间、任何地方对神明的一种不间断的礼拜。"[1] 他列举民俗，论述了俄罗斯民间图案装饰，比如毛巾上的绣花，屋脊上的马头雕刻，百叶窗上的公鸡图案，都是用艺术形象反映人的生活和对世界的感受，"都象征性地反映着我们民族生活的某一方面"[2]。在承认艺术是生活的反映这点上，显示出叶赛宁和舍尔舍涅维奇代表的主流意象派的观点不同。

意象派试图从每一个词语中发现和创生新的意象，对已经司空见惯、老生常谈、能够产生习惯性联想的陈旧的词语，意象派试图通过离奇的暗喻（метафора）使其产生崭新的意义。他们试图在荒诞不经中发现可喻性的逻辑的存在。通过离奇的比喻制造语义冲突，形成新的意象联系。

叶赛宁说过，"你要明白，意象主义是多么了不起的东西！词语已经磨损了，像那些旧硬币一样。它们失去了自己初始的诗意的力量，而创造新的词语我们又不可能。词汇创造，随便编撰语言，—— 这些都是胡说八道。未来派就创造了不少'新词'。而我们找到了让死了的词语复生的方法，把它们加入鲜明的诗歌形象之中。这是我们意象派创造的。我们是新事物的发明者"[3]。

如果说，未来主义创造新的语言是从声音入手，那么，俄国意象派则是放弃词汇的语音探讨，而试图通过发掘词根的原初形象意义，靠语言的"形象生成"，靠语言的隐喻来揭示语言发展的奥秘。比如舍尔舍涅维奇认为，"копыто（马蹄）"其原初意义标示着"用于挖掘（копание）的物品"，马里延戈弗也说过，"词生于形象之腹"，比如"устье（河口）－ река（河）－ уста（双唇，口）－ речь（话语）"，"зрак（目光）－ зерно（籽粒）－ озеро（湖）"[4]，这样可以顺藤摸瓜地溯求词语的源头，进而捕捉到词语的形象的根和茎。

对于意象派这种从词语的形象生成探索语言发展的尝试，与其去评估其科学意义上的价值，不如从他们的诗歌创作体系出发来估价这一思路的价值，借以理解他们的诗歌的形象体系。

在探索词语的形象生成上，叶赛宁和意象派主流思想也有所不同，他注重的是词语（特别是民间的谚语、俗语和谜语）和俄罗斯古老文化传统中语言的形象意义的关系。叶赛宁在《玛丽娅的钥匙》（«Ключи Марии»）中说，宇宙的秘密早已强烈牵动着祖先的心。他们一次次尝试打开几乎所有的通向这一奥秘的门，留给大家许多极好的钥匙，万能的钥匙。这些钥匙珍藏在语言记忆的博物馆里。

---

1. 《叶赛宁评传》，吴泽霖，浙江文艺出版社，1999 年，122～128 页。
2. 同上。
3. 《叶赛宁评传》，吴泽霖，浙江文艺出版社，1999 年，135 页。
4. «Русская литература 20 века: школы, направления, методы творческой работы», Тимина С., LOGOS Вышая школа, 2002, С.120.

按照舍尔舍涅维奇的理论，创作和接受诗歌需要的是智力而非情感，要思考和揭示，是什么使这些并不合成一体的隐喻客体形成对比联系——即意象派的比喻的原则。这里追求的是一种做诗的技术方法，而非艺术方法。他们鼓吹的是“头脑”的艺术，正像他们在意象派宣言中说的，“我们绝对高兴接受这种指责，说我们的艺术是头脑的、臆想的、要流汗的工作”。意象派甚至宣称，应该一劳永逸地确定，艺术是建立在生物学和一般说是各种自然科学之上的。这样，意象派的艺术理论就和艺术的基本法则相违背了。

为了破坏读者按照传统的内容符号进行阅读的习惯，为了和传统的文化价值体系作斗争，他们破坏美学规则。在意象派的诗歌中，各自孤立的形象隐喻互不联系，不能形成统一体从而破坏内容的整体性，破坏读者理性理解内容的可能性。

意象派诗歌不要内容，不要理性理解的建构主张，实际上是对传统的理性主义思想控制的反叛，是充满对理性主义敌意的一种精神探索，是和当代心灵分裂相联系的。而隐喻在意象派手里则成为破坏关于世界稳定性的概念、具有破坏性因素的工具，而对于叶赛宁的一些诗歌来说则相反，隐喻建构着客体的、现象和本质间的联系，这就使他的诗不同于现代主义诗歌的某些特征。

但是，意象派的理论上的追求具有空想性质，即使是他们的理论家舍尔舍涅维奇，他在自己的诗歌创作中，也不能不违反自己的理论而表现出个性的情感特征，而不仅仅是所谓“头脑的艺术”。

在意象派的理论建树方面，左派和右派之间始终存在着根本性的分歧。在艺术和现实的关系方面，以舍尔舍涅维奇为代表的意象派左翼不是将现实视为反映的对象，而是将其作为实验、塑造的对象；对形象进行的试验，是沿着先锋主义的思想路径的形式主义的试验。而以叶赛宁为代表的意象派右翼则试图把形象这一根本性的概念和对现实的经验、感受紧紧联系在一起，走向现实主义的创作道路。

参考文献：

1. Мариенгоф А. Имажинизм[C].//Русская литература 20 века: школы, направления, методы творческой работы, Тимина С., LOGOS Вышая школа, 2002.
2. Тимина С. Русская литература 20 века: школы, направления, методы творческой работы[C]. LOGOS Вышая школа, М., 2002.
3. Шершеневич В. Стихотворения и поэмы[C]. Академический проект, СПб., 2000.
4. 简明文学百科全书（第三卷）[Z].苏联百科全书出版社，1966.

5. 个人的根据[J].美好世界周游者旅店，1923（2）.
6. 顾蕴璞.俄罗斯白银时代诗选[C].广州：花城出版社，2000.
7. 马里延戈弗.母牛和暖房[J].美好世界周游者旅店，1922（1）.
8. 吴泽霖.叶赛宁评传[M].杭州：浙江文艺出版社，1999.
9. 叶赛宁.玛丽娅的钥匙[M].吴泽霖译，北京：东方出版社，2000.
10. 张捷.十月革命前后苏联文学流派（下编）[C].上海：上海译文出版社，1998.

第6章　表现主义
Глава 6　Экспрессионизм

表现主义是20世纪初在德国出现继而风靡欧美的一场广泛的艺术精神运动，它在绘画、诗歌、戏剧、小说等方面都结出了丰硕的艺术成果。狭义而言，表现主义是特定时代的一种文艺思潮和流派，从广义上讲，表现主义是超越时代的艺术方法，它强调以主观为艺术表现的出发点，主张通过艺术去揭示事物的本质，选择打破现实幻觉的变形和抽象作为艺术表达的基本手段。这一艺术方法在20世纪得到了现代主义各流派的极大弘扬，所以在某种程度上表现主义体现了现代主义艺术的内涵和本质，可以说是现代主义艺术的精神代言者。

对20世纪的俄罗斯文学来说，表现主义正是作为现代主义艺术的新倾向而存在的。这一倾向为20世纪初的文学创作在内容和形式方面带来了巨大的变革。在内容方面文学的关注点从社会转向了个人，从外部转向了内心，从日常转向了存在。在形式方面突破了现实主义文学对外在真实的要求，以各种不真实和反真实的手法将现实世界变形，通过凸显其中最本质的特征而表现出更为真实的现实。与西方表现主义文学相比，俄罗斯表现主义倾向的文学由于受到强大现实主义传统的影响而在整体上表现出一种抽象与具体、现实与幻想相结合的特点，这使得它在很大程度上避免了因过于抽象而对文学艺术性的破坏，从而为世界表现主义的发展提供了一种更富艺术价值也更具生命力的模式。

历史沿革

从时间上讲，俄罗斯的表现主义主要发生在20世纪前30年，基本与世界表现主义思潮的发生和发展同步。需要强调的是，俄罗斯的表现主义并不是德国表现主义影响的产物。俄罗斯人先天就有的接近表现主义的悲剧式世界感受[1]以及由果戈理开启的文学传统为表现主义倾向在20世纪的勃兴埋下

1. «Мотивы экспрессионизма в русской литературе XX века», Федь Т.Н.//«Проблемы эволюции русской литературы 20-го века»(Вып. 1), 1994, С.207.

了种子，而文学发展的内部规律与外部社会环境的共同作用形成了文学整体发展的表现主义倾向。

一般认为，俄罗斯表现主义作家的开山鼻祖是安德烈耶夫。他虽然脱胎于现实主义，但却对现实主义进行了最大胆的实验和革新。在他的一系列小说和戏剧，如《墙》（«Стена» 1901）、《警报》（«Набат» 1901）、《瓦西里 · 费维伊斯基的一生》（«Жизнь Василия Фивейского» 1903）、《一个人的一生》（«Жизнь человека» 1906）、《黑面具》（«Черная маска» 1908）等创作中，现实融入了幻想和荒诞的成分，抽象的艺术思维和假定性的艺术手法代替了具体而真实的描写，人物类型化，内容哲理化，对世界的感受充满了深刻的悲剧性。尤其是发表于 1905 年的《红笑》（«Красный смех»），无论在哲学思想上还是在艺术风格上，都完全体现了表现主义的本质特征，与西方表现主义先驱们的作品在艺术精神上不谋而合。安德烈耶夫当之无愧地被认为是俄罗斯表现主义文学的第一人，而且是唯一公认的俄罗斯表现主义作家。

在安德烈耶夫之后更多地体现了表现主义美学的是未来主义诗歌。一些学者认为表现主义和未来主义这两个艺术思潮是一个统一的现象，其共同特点是：主观的美学观，形式手法突破文本现实内容的限制，极度的表现力以及对客体的坚决变形。[1]格 · 伊万诺夫在《红色的帕尔纳斯》一书中指出，未来主义的核心是内容上的乌托邦激情和创作风格上的荒诞和情感化，即所谓的表现主义。[2]

未来主义的代表人物 —— 马雅可夫斯基的创作中浸透着浓厚的表现主义因素。他的作品，不论是抒情诗，长诗还是剧作都极富表现力地凸显出作者对世界的主观理解。马雅可夫斯基反对通过艺术来“复制生活”，认为“美在自然界中不存在，只有艺术家能够创造美……自然只是艺术家随意选用的材料，目的是研究生活的本质并将其以前所未有的形式反映出来”。他还认为，真正的艺术是在创作中“按照自己的方式”来改变生活。[3]可以看出，马雅可夫斯基是将主观情感因素、独特的生活理解和艺术家的创作自由放在艺术的首要位置的。体现在创作中便是通过主体感受将现实变形，他作品中的形象“首先是通过诗人对主题的直接感受来塑造的。这种忧郁的、沉重的感受闯入对象之中，并将其变形，重建……”[4]。这些都反映出诗人创作中典型的表现主义特色。俄国著名文论家卢那察尔斯基曾将马雅可夫斯基的创作与德国

1. «Проблема экспрессионизма», Недошвин Г.//Сб. «Экспрессионизм», «Наука», 1966, С.10.
2. «Красный Парнас», Иванов Ф., Берлин, 1923, С.19.
3. «Литературно-эстетические концепции в России конца XIX-начала XX вв», Наука, 1975, С.281.
4. «Проблема экспрессионизма в России: Андреев и Маяковский», Смирнов В.В.//Русская литература, 1997, № 2, С.60.

表现主义进行了比较。他认为，德国的表现主义与马雅可夫斯基的戏剧创作完全是两个平行的文学现象。马雅可夫斯基在《宗教神秘剧》中表现出自己是个十足的表现主义者，尽管他自己并不知道表现主义为何物。德国的表现主义者应该视马雅可夫斯基为自己的亲兄弟。在俄罗斯本质上接近于表现主义的未来主义诗人中，马雅可夫斯基最接近表现主义。[1]

到了20世纪20年代，俄罗斯的表现主义倾向有了新的发展：俄罗斯文艺学开始关注德国的表现主义。20年代初在《现代西方》杂志上刊登了一系列与表现主义有关的文章，同时大量的表现主义理论著作被译介到俄罗斯，像古布奈尔（М. Гюбнер）的《新诗与欧洲艺术》，瓦里采里（О. Вальцель）的《当代德国的印象主义与表现主义》，埃德施密特的《双头女神》等。许多著名的文艺理论家诸如巴赫金、迪尼亚诺夫、卢那察尔斯基等都写过表现主义的评论文章。[2]此外还出版了有关表现主义的文集和专著，如布拉乌多（Е. Браудо）和拉德洛娃（Э. Радлова）编撰的《表现主义》文集，沃尔恰涅茨基（Н. Волчанецкий）、马尔钦斯基（Г. Марцинский）、涅依施塔特（В. Нейштадт）、济维里琴斯卡娅（Л. Зивельчинская）等人的著作。帕斯捷尔纳克、曼德尔施坦姆、阿谢耶夫（Н. Асеев）等人还翻译了四十多个表现主义诗人的两百多首诗作，刊登于各种期刊和文集中。这一切正如法布里康特（М. Фабрикант）所说，“表现主义这一术语已经融入现代杂志和报纸语言的血液中了”。[3]

这一时期在诗歌领域有两个诗人团体与表现主义有着密切的联系，它们分别是以伊·索科洛夫（И. Соколов 1902-1974）为首的“表现主义者”小组（1919~1922）和库兹明的列宁格勒“情感主义者”（эмоционалист）小组（1921~1925）。

伊·索科洛夫在1919年自费出版了一本小册子《表现主义者的暴动》（«Бунт экспрессиониста»），其中包含了类似其学纲领的《表现主义者宪章》（«Хартия экспрессиониста»）。伊·索科洛夫在《表现主义宪章》中将表现主义界定为对整个未来主义的综合。他认为只有表现主义者能够完成未来主义者无法完成的事情。为此，必须要废除“自荷马到马雅可夫斯基以来的作诗原则，开创新的半音阶作诗法：把40个音调的超级半音序列 и – е – а – о – у 不仅按升序或降序排列，而且还要引入四声法”[4]。该简章的纲领性口号旨在

1. «Драмы», Кайзер Г.//Предс. А.В.Луначарского, 1924, С.10.
2. «Русский экспрессионизм в прозе 20-х годов: немецкие истоки, национальное своеобразие», Дарьялова Л.Н.//Актуальные проблемы и перспективы филологии, Калининград, 1996, С.85.
3. «Поэтика. История литературы»,Чудакова М.О.,Тынянов Ю.Н.//Кино, Наука, 1977, С.444.
4. 《叛逆的激情——20世纪前30年俄罗斯小说中的表现主义倾向》，王宗琥，外语教学与研究出版社，2011年，194页。

标新立异："表现主义，去他的，就其历史意义来说丝毫不逊于象征主义或未来主义。"[1]伊·索科洛夫在《表现主义指南》(«Бедекер по экспрессионизму» 1920）一文中又将表现主义的内涵拓展为综合主义、欧洲主义和超验主义。他在文章结尾指出，俄罗斯表现主义的理论支柱是崇尚直觉和非理性的柏格森主义，表现主义是感受和理解世界的一种新方式。借助这种方式，俄罗斯的表现主义者重新发现了世界。伊·索科洛夫的理论主张有许多与表现主义批评家康定斯基不谋而合的地方，比如理解事物本质的直觉原则，认知事物内在精神的原则，把未来主义的形式探索与哲学纲领结合的原则等。

1920年在伊·索科洛夫的周围聚集了一批青年诗人，他们形成了莫斯科"表现主义者"小组，成员有泽明科夫（Б. Земенков)、西多罗夫(Г. Сидоров)、斯帕斯基（С. Спасский)、拉宾（Б. Лапин)、加布里洛维奇(Е. Габрилович)。该小组的特点是理论多于实践，而且在实际创作中有浓厚的意象主义和"离心机"派的色彩，和德国表现主义只有部分的相似。真正将"表现主义者"小组与德国表现主义拉近的，是小组的原成员、后来成为"莫斯科的帕尔纳斯山"小组领袖的拉宾。拉宾1921年从勃留索夫高等文学讲习班毕业后加入了"青年离心机"组织，之后又自己成立了"莫斯科的帕尔纳斯山"小组。在1922年5月出版的文集《闪电人》的序言里拉宾写道："抒情诗的声音只能来自我们不朽的先辈们——阿谢耶夫、阿克肖诺夫、波布洛夫、帕斯捷尔纳克和赫列布尼科夫。他们代表了世界范围内表现主义的最高成就。"[2]此外，拉宾还积极向德国表现主义诗人（如贝希尔和艾伦施坦因)学习。在《莫斯科的帕尔纳斯-2》丛刊中刊登了大量的德国表现主义诗歌，其中许多著名诗人的作品都是由拉宾执笔翻译的。拉宾的这些举措无疑加深了俄罗斯表现主义诗人与西方同行的联系。

与莫斯科的"表现主义者"小组遥相呼应，1921在列宁格勒成立了以库兹明为首的"情感主义者"小组。其成员有作家康斯坦丁·瓦吉诺夫（К. Вагинов)、拉德洛娃（А. Радлова)、阿彼亚特洛夫斯基（А. Пиотровский)、尤尔坤（Ю. Юркун)，剧作家兼导演拉德洛夫（С. Радлов)，画家德米特里耶夫（В. Дмитриев)。此外阿赫玛托娃、帕斯捷尔纳克、赫列布尼科夫也是小组文学活动的积极参与者。情感主义者们认为，"艺术的本质在于以唯一的、不可重复的形式传达唯一的、不可重复的情感感受，并以此制造唯一的、不

1. 《叛逆的激情——20世纪前30年俄罗斯小说中的表现主义倾向》，王宗琥，外语教学与研究出版社，2011年，195页；«Русский экспрессионизм. Теория, Практика. Критика», Терехина В.Н.,ИМЛИ РАН, 2005, С.51.
2. «Экспрессионизм: русские реалии», Терёхина В.Н.// Человек, 2001, № 2, С.129.

可重复的情感作用”[1]。他们十分重视表现主义诗学中的如下特征：用非常规手段来表现独特的激情，人类生活的非常性；艺术家表现世界的独特性时，应该首先采用情感的方式。因此，他们反对各种规范、规律、规则，只承认独特性和特殊性，认为只有“直觉的无理性的理性”才是艺术思维的先导，而逻辑只能用在“情感上变化了的形式”中。

库兹明在《表现主义的激情》等文章中对德国表现主义给予了高度评价，他认为表现主义的价值在于“反对印象主义外在的、飞逝的瞬间印象，反对未来主义信徒们纯然的形式态度，反对战前及战中欧洲的精神断裂和停滞，反对精密科学造成的困境，反对理性主义崇拜，反对以人的名义将生活机械化”[2]。库兹明认为，在 20 年代表现主义恰是对抗将人变为“齿轮与螺钉”的最佳方式。在谈到如何向麻木的人们解释“人不是机器，不是数字”时，他引用了表现主义者的方法：“他们在这种情况下会借助一些最极端、最下作的手段——瞧，我的眼皮在颤，我说话结巴，我身患恶疾，消化不良，还有疟疾，我的脸歪——我是人，明白吗？是人！”[3]

库兹明创作了不少具有表现主义美学特征的诗歌，如诗集《抛物线：1921 ~ 1922 年的诗》（莫斯科，1923）、《鲑鱼破冰：1925~1928 年的诗》（列宁格勒，1929）。在诗歌《第 11 次打击》中他写道：“——你还在呼吸吗？你还活着吗？你不是幻影吗？ / 我，是绿色虚空的长子 / 我听见心脏在跳，血液在烧……有爱召唤的人不会死掉……”[4]

情感主义者们把诗看作是“用心灵创作出来的活的肌体”（瓦吉诺夫语），他们将日记、信函引入诗歌文本，试图达到新的精神飞跃。私人的、日记的东西在这里获得了新的意义，成为捍卫鲜活生命的象征：“在活人当中生活的死人是可怕的，在一个死亡的国度里做一个人是可怕的。”[5]这些主题在类型上与德国表现主义的集大成之书《人类的黄昏》有许多相似之处，那里也是充满了“毁灭与呐喊”“心灵的复苏”“召唤与愤懑”“请爱人”等字眼。

情感主义者认为与他们在精神上最为契合的诗人是赫列布尼科夫。在该小组的创刊号文集里刊登了赫列布尼科夫写给库兹明的信，这是一篇典型的自我悼文：“我坐着，咬着嘴唇，不知道该做什么：是在醋精和最后一张信纸之间平分自己的财产呢，还是向某人发出生死决战的挑战书。我想，这咬

1. «Декларация эмоционализма»//Абраксас. П., 1923, Февраль, № 3, С.3; «Эмоционалисты», Никольская Т.Л.// Russian Literature, XX, 1986.
2. «Экспрессионизм: русские реалии», Терёхина В.Н.//Человек, 2001, № 2, С.132.
3. 同上。
4. 同上。
5. «Экспрессионизм: русские реалии», Терёхина В.Н.//Человек, 2001, № 2, С.133.

指甲的事在死后还会继续，如果我只是装死的话，别人是不会怀疑的！”[1]虽然写得莫名其妙，但是深得表现主义诗学的精髓，所以情感主义者将其纳入自己的宣言之中。

表现主义倾向在20年代的小说创作中同样得到了进一步深化。这一时期出现了与表现主义相关的小说创作理论，比如扎米亚京的综合主义理论，什克洛夫斯基的陌生化理论。扎米亚京的综合主义理论要求新时代的艺术要从日常走向存在，从物理走向哲学，从分析走向综合。他号召作家们在创作中追求变化、变形和非客观性，这些都与表现主义艺术风格有着内在的一致。在这一时期什克洛夫斯基也提出了类似的艺术纲领。他在《感伤的旅行》中断言，现代生活的“断裂性”只可能通过疯狂的、非逻辑的、荒诞的手法加以表现和总结，“生活就像分属不同体系的裂片，联结它们的不是我们的身体，而是我们的衣服”[2]。他还认为，只有“疯狂才具有体系化的作用，只有在梦中一切才可能被联结”[3]。所以在创立小说理论时，什克洛夫斯基宣称艺术的原则是“陌生化”。

扎米亚京在创作中身体力行了自己的综合表现主义理论。“在创立新文学流派理论时，扎米亚京总结了一些类型特征，如简明扼要、模式化……除此之外还有描写的夸张化，拒绝传统的心理分析……，蒙太奇手法。”[4]在扎米亚京看来，综合主义与新现实主义以及表现主义是同义词。扎米亚京创作风格的特点是“将主题作为一种特殊的叙事类型，此时艺术家关心的不是反映的客观性，而是要创造性地变革现实，为的是通过可见的现象揭示最主要的东西，直抵事物的本质”[5]。扎米亚京基于他自己的表现主义理论创作了一系列作品，如《龙》（«Дракон» 1918）、《马麦》（«Мамай» 1920）、《洞穴》（«Пещера»1920）和《我们》（«Мы» 1921）。他也因此被视为继安德烈耶夫之后的又一位典型的表现主义作家。

除扎米亚京外，20年代与表现主义相联系的还有列米佐夫（А.Ремизов 1877-1957）、皮里尼亚克（Б.Пильняк 1894-1938）、布尔加科夫（М.Булгаков 1891-1940）、奥列沙（Ю.Олеша 1899-1960）以及谢拉皮翁兄弟等作家和文

1. «Русский экспрессионизм. Теория, Практика. Критика». Терехина В.Н., ИМЛИ РАН, 2005, С.37.
2. «Сентиментальное путешествие», Шкловский В. //Новости, 1990, С.64.
3. «Сентиментальное путешествие», Шкловский В. //Новости, 1990, С.64, 65.
4. «Экспрессионизм в творчестве Е.Замятина», Костылева И.А.//«Проблемы эволюции русской литературы XX века»(Вып. 1), 1994, С.116.
5. «Русский экспрессионизм в прозе 20-х годов: немецкие истоки, национальное своеобразие», Дарьялова Л.Н.//«Актуальные проблемы и перспективы филологии», Калининград, 1996, С. 88.

学团体。这些作家和团体在20年代充满荒诞的现实环境下[1]都不约而同地诉诸表现主义的一个基本艺术手法——荒诞式变形，即通过怪诞、夸张、反逻辑等手法将现实变形，从而揭示出现实的本质。此类作品中较有代表性的有布尔加科夫的《狗心》(«Собачье сердце» 1925)、奥列沙的《嫉妒》(«Зависть» 1927)、卡维林的《工程师施瓦尔茨》(«Инженер Шварц» 1923)、隆茨的《第37号发文》(«Исходящая № 37» 1924）等。

20年代末，随着国家对文学的干预，百花齐放逐渐变成了一枝独秀。表现主义黯然退出了它一度引领时代主潮的舞台。然而尽管受到意识形态的打压，表现主义并没有完全消失，它还顽强地生存在30年代现实艺术协会(ОБЭРИУ）的哈尔姆斯（Д. Хармс 1905-1942)、维坚斯基（А. Введенский 1904-1941)、扎博洛茨基（Н. Заболоцкий 1903-1958）等人的创作中。随后，经过很长一段时间的停滞期，表现主义诗学的一些特点又通过俄罗斯及国外的先锋运动，在一些后现代主义作家，如基比洛夫（Т. Кибиров)、佩列文(В. Пелевин 1962-)、索罗金（В. Сорокин）的创作中得以复活。[2]但是，如果说在20世纪初表现主义是自我表现的普遍艺术方法的话，那么在世纪后半叶表现主义则只是一种补充手段，一种风格元素，因为后现代主义完全抛弃了中心。[3]

代表作家和创作简介

俄罗斯文学中最有影响力的表现主义作家有两个：安德烈耶夫和扎米亚京。尽管两人在世界观和创作风格上都多有不同，但在探索艺术新形式的过程中却都转向了表现主义，而且在对表现主义的理解和表现主义手法的运用上都有许多相近之处，故而这两位作家被许多表现主义研究者视为世纪初俄罗斯文学中最具表现主义倾向的旗帜人物，“他们的创作代表着俄罗斯表现主义的两个方面”[4]。

1. 安德烈耶夫

安德烈耶夫可以说是20世纪初俄罗斯文学中地位非常特殊的一位作家。

1. 20年代的社会现实较之世纪初表现了更多的荒诞性：突如其来的社会变革，继之而来的国内战争，以及后半期的大清洗将现实的悲剧性和存在的荒诞性演绎得无以复加。所以格鲁卜科夫教授认为，20年代的现实是表现主义式的。见«Русская литература XX века. После раскола», Голубков М.М., Аспект-Пресс, 2002, С.192-193.
2. «Экспрессионизм: русские реалии»,Терёхина В.Н.//Человек, 2001, № 2, С.136.
3. 还有学者认为，在Ю.Бондарев后期小说创作（“瞬间”系列）中也有鲜明的表现主义倾向。见«Мотивы экспрессионизма в русской литературе XX века», Федь Т.Н.//«Проблемы эволюции русской литературы 20-го века»(Вып. 1), 1994, С.206-208.
4. «Экспрессионизм в русской литературе начала XX века: Л.Андреев и Е. Замятин», Костылева И.А.//«Художественный текст и культура», Владимир, 1993, С.75.

他的特殊性不仅在于其罕见的艺术才能，更在于他独树一帜的创作风格。这种风格使他“用最强的放大镜综合了我们的时代”[1]，从而开启了新世纪文学的新篇章。

安德烈耶夫早期的小说创作秉承了19世纪末现实主义文学的传统，在很多方面以狄更斯、陀思妥耶夫斯基的艺术经验为准绳。但作家并不满足于现成的艺术方法，他天生的反叛精神和艺术上的革命倾向[2]使他自创作之始就不想墨守成规。在早期的一些中短篇小说中（《大满贯》（«Большой шлем» 1899）、《瓦西里·费维伊斯基的一生》（«Жизнь Василия Фивейского» 1903）、《墙》（«Стена» 1901）、《警报》（«Набат» 1901））已经开始显露出某些表现主义的特征。比如在《大满贯》和《瓦西里·费维伊斯基的一生》中，作家开始从现实生活的描写转向了对永恒问题的思考，人与社会、人与他人的冲突不再是作家关注的范围，他关心的是人的内心状态，而且是一般意义上的人的内心状态。《墙》和《警报》中现实世界变得模糊和抽象，故事发生的具体时间、地点不明，人物没有姓名没有具体的个性特征，主题形象——墙和警报具有明显的象征色彩，作品通篇充斥着恐怖的意象和氛围。

在安德烈耶夫的早期（1900 ~ 1903）创作中最能体现表现主义倾向的作品是《谎言》（«Ложь» 1901）。这部被托尔斯泰称为“虚假类型之滥觞”的作品标志着作家的创作从传统的现实主义向新文学的转型。作品中占主导的是“被夸张的情感”，所有的修辞手法都服务于一个目的——将作者正在体验的感受传达给读者。

整部小说以独白的方式建构，世界图景全凭讲述者的想象来描绘，而且作者的话语缺失。这种人物与读者之间中介（作者）的缺失让叙事获得了最大限度的主观性，同时让人物的情感变得更为鲜明且易于为读者理解。

小说的布局也是为这一目的服务的。它分为六章，每一章揭示主人公情感发展的一个阶段。(1) 开始是怀疑，(2) 继而对怀疑的正确性深信不疑，(3) 要求真相，(4) 试图摆脱谎言并自杀，(5) 意识到这种尝试的无目的性，(6) 最后对周围世界的恐惧和彻底失望。整部小说的情节被弱化，它甚至可以用一句话来表达：主人公怀疑所爱女人不贞并将其杀死。小说各事件之间缺乏逻辑联系，没有对人物行为的解释，材料的安排不是通过逻辑联系，而是按照主人公情感加剧的程度。

小说中女主人公形象的塑造体现了作者创作的实验性质。安德烈耶夫试

1. К.И.丘科夫斯基语。
2. 《20世纪俄罗斯文学》，符·维·阿格诺索夫主编，凌建侯等译，中国人民大学出版社，2001年，102页。“就我文学活动的实质而言，我是个革命者，但不是时代所需要的那种革命者……”——作家自己这样认为。

图通过一个具体的女人形象来表现一个抽象概念 —— 谎言。起初这是一个非常尘世化的女人，但在作者的描述中她慢慢失去了自己尘世化的面孔，变成谎言的化身。“她没有名字，总是在撒谎，永远让人等待却从不出现。”[1]后来作者又赋予谎言一个新的意象——蛇。蛇在斯拉夫神话传说中是不洁、凶恶、狡诈、不祥的象征。在词典中它常常被比作难以捕捉、非常善变之物。借助这些联想，安德烈耶夫建立起一个新的多面形象：女人 —— 蛇 —— 谎言。在这一形象中时而谎言由蛇喻指，时而谎言又变身为女人，时而女人又变回尘世之人，谎言又化身为蛇。在这种无穷无尽的变换交替中，谎言这一意象获得了更加可怕的力量，它不仅生生不息，而且无处不在。“谎言——这个词就是这样发音的。又是它，发着咝咝声，从各个角落爬出来，围聚在我心灵的四周……，它们紧紧地缠绕着我使我窒息，当我开始疼痛得喊叫时，从我张开的嘴中发出的却是那种讨厌的、咝咝作响的蛇叫声，就好像我的胸腔里也满是这些爬虫：——谎言！”[2]安德烈耶夫在后来的创作中多次运用了这一手法，有研究者认为这是作家诗学和表现主义诗学中一个典型的手法：“这一风格的重要标志是异常广泛地运用拟人手法。被比拟的物体(或者概念、现象）不是与有生命的物体（通常是人）进行比较，而是完全等同于他，行为举止都与人相同。这个物体与人等同或者甚至超过人，它善于发现自己对他的态度 —— 这种态度常常是十分敌对的 —— 与他对立或者与他交往，与他争论。”[3]所以，这种特殊的拟人手法可以称为《谎言》中主要的表现主义手法。

小说中还有一个突出的风格特征——鲜明、充满隐喻的语言。隐喻在《谎言》中交替出现（如“噬咬心灵的软虫从心上掉落”，“谎言和怀疑的恶魔如此长久而贪婪地吮吸着我的鲜血”等），而且极富表现力。它们都服务于作者的终极目的 —— 将主人公的情感最清晰地表现出来。在词汇的选择上同样服从于这一目的。“谎言”一词可以称为主题词，它贯穿于整篇小说，不断地获得新的意蕴：恐惧、黑暗、幻影、忧愁等。这样一些晦暗的词汇会不由自主地引起读者的不快并迫使他深入到主人公的情感之中。另外还有句法修辞格，作者运用大量的重复、并列、递进制造出一种特殊的节奏，它操控着读者，迫使他去感受作者想让他感受的东西。这正好反映出表现主义的一个基本特征：运用一切具有表现力的手法使读者体验到作者的感受。[4]

1. «Сборник сочинений: в 6 т.»(Т. 1), Андреев Л. Н., Художественная литература, 1990-1996, С. 271.
2. «Сборник сочинений: в 6 т.»(Т. 1), Андреев Л.Н., Художественная литература, 1990-1996, С. 275.
3. «История русской литературы: XX век: Серебряный век», Левин В., 1995, С.285.
4. 里特认为，表现主义艺术中“作品具有很强的感染力，它传达给读者的是作者的感受”。引自«Современная книга по эстетике. Антология», 1957, С.112.

如果说1903年之前安德烈耶夫的创作还处于探索阶段的话，那么在接下来的三年间，这种探索已经形成了较为明晰的风格。这就是被后人称之为表现主义的风格。这一时期的创作中经典的表现主义作品是《红笑》(«Красный смех» 1904)。

《红笑》是一部反映日俄战争的作品。它以第一人称的叙述表现了战争的惨烈和残酷。但是，与现实主义作品不同的是，它并没有以反映真实的战争为己任，而是将重点放在个人的主观感受上。整部作品完全是作者的虚构，因为安德烈耶夫没有上过一天战场，对这场战争的了解仅限于刊登在报纸上的战地报道。实际上，对安德烈耶夫来说，重要的不是复现现实，而是表达自己对现实与众不同的态度。这一点正是表现主义诗学最基本的特征：一方面，作品来自于现实；另一方面，现实并不是描写的对象，而只是塑造与现实无关的一些形象的基础。

所以在小说中我们首先感到的是异常主观的叙述。一方面，小说是以日记体的形式展开叙述的，而日记体本身就是一种非常主观的叙述形式，它让作者能够直接地介入文本并以一个人的视角去描写世界；另一方面，作者对战争的描写大多与事实相去甚远，他在很大程度上是凭借自己的想象虚构出一种恐怖的战争氛围，然后强迫读者置身于这样的环境中去体会作者的感受。作者不给读者分析的机会，只是把自己的恐惧和绝望强加给他们，直至他们被完全感染。于是表现主义的“无所不包的主观阐释现实的原则”[1]成为作品的基本构建原则。这一原则让作者可以突出地表达自己对世界的态度和看法。所以一切的描写一切的手法都只服从于一个目的——尽可能完满地表达自己的个人感受。

《红笑》中的另一个表现主义特征是充斥全篇的悲剧性感受。作者选取了时代最悲惨、最残酷的事件来进行描写，就是为了表达作者对世界、对人、对未来的悲观主义态度。在作家的笔下，战争与和平生活孑然对立：在战争中炫目的阳光被黑暗取代，亘古的真理变为谎言，理智轻易就让位于本能，正如生死变易那么简单。这些毫无意义、毫无逻辑的恐怖行径遮蔽了一切，深深地刺痛着作家敏感的心灵。“战争完全攫住了我的心，它在我面前就像一个无法破解的谜，像一个无法用肉身表现的精怪。我赋予它各种可能的形象，但始终不得其解，而那种绵绵不绝的恐惧却始终萦绕在心。”[2]战争的不可理喻让作家感到恐慌和绝望，因为外部世界永远隐藏着对人的威胁，而人

1. «Экспрессионизм», Павлова Н.С.//«Литературный энциклопедический словарь», Современная энциклопедия, 1987, С.507.
2. «Сборник сочинений: в 6 т.» (Т. 2), Андреев Л.Н. М., Художественная литература, 1990-1996, С.53.

在生活的各种磨难面前却十分脆弱，不堪一击。所以作家不愿意接受战争："对战争的事实我无法接受，我的理智拒绝理解和解释本质上不理智的东西。上百万的人聚集一地，各自以正当的理由而相互残杀，大家都一样疼痛，一样不幸——这不是疯狂是什么？"[1]但同时作家又认为，人生来就是要死的，不管是在战场还是在家中，是死于子弹还是死于疾病，是寿终正寝还是半途夭亡，死亡都是无法逃避的。无人能改变这一事实，所以抗争是没用的。人注定要生活在这个可怕的世界里而且注定要成为命运的玩偶。"我就像浪花中的泡沫，旋风里的尘埃，被外力抛出了正常的轨道，每天早晨都有那么一个可怕的时刻，我悬挂在疯狂的黑色深渊之上。我就快掉进去了，我应该掉进去。"[2]一方面是对战争的抗争，另一方面是对命运的臣服；一方面是对生之渴望，另一方面是对死之无奈。这些充满矛盾的情感让作家常常处于一种内心的煎熬之中。但是，作家并没有回避这种煎熬，而是像表现主义者所做的那样，运用一切可能的方法去强化这种煎熬。首先是战争中的一切都被极度夸张：酷热的天气往往用"四十、五十或更高的"[3]温度来表现；"炙烤的炎热"突然被"黑压压的、纹丝不动的乌云"[4]所替代。如果在战斗中有伤亡，那么最低"不少于 2 000 人"[5]。其次是通过堆积大量的自然主义细节来增强对读者的作用。"一些人不小心掉进了深深的漏斗状大坑里，肚子被那些尖桩挑穿，手脚不停地抽搐和摆动，就像玩偶小丑；新的身体不断地压在他们身上，很快大坑就变成了一个蠕动着活人死人的肉堆。"[6]而那些侥幸活命的人也同样十分凄惨："一些人默不作声，另一些人却在不停地呻唤哀嚎，愤怒地骂着我们这些救了他们的人，好像是我们制造了这血腥的夜晚，制造了他们的孤独以及这些可怕的伤痛。"[7]

小说中第三个表现主义特征是抽象化的艺术思维，这主要体现在人物形象的塑造上。小说的人物既没有名字，也没有个性化的性格，他们只是一般意义上的人——士兵、他的兄弟、妻子、母亲、医生、大学生。每一个人只扮演社会赋予自己的角色，比如互助互爱的兄弟、盼夫归来的妻子、哭悼亡子的母亲、奋勇杀敌的战士、救死扶伤的医生等等。这样，人被抽象成为某种单一属性的载体，不再具有个体的丰富多样性。为了追求这种抽象的概括，安德烈耶夫给人物设置了一个极端却又典型的环境，这就是战争。在战

1. «Сборник сочинений: в 6 т.» (Т. 2), Андреев Л.Н. М., Художественная литература, 1990-1996, С.47-48.
2. «Сборник сочинений: в 6 т.» (Т.2), Андреев Л.Н., Художественная литература, 1990-1996, С.49.
3. «Сборник сочинений: в 6 т.» (Т.2), Андреев Л.Н., Художественная литература, 1990-1996, С.22.
4. «Сборник сочинений: в 6 т.» (Т.2), Андреев Л.Н., Художественная литература, 1990-1996, С.23.
5. «Сборник сочинений: в 6 т.» (Т.2), Андреев Л.Н., Художественная литература, 1990-1996, С.28.
6. 同上。
7. «Сборник сочинений: в 6 т.» (Т.2), Андреев Л.Н., Художественная литература, 1990-1996, С.37.

争的极端环境下，人很容易忘却文明赋予他的一切而只表现出自己的最基本的原始本性，甚至自然属性都退到次要位置。在死亡面前没有作家批评家，没有医生患者，没有男人女人，有的只是——人。

在艺术手法上，《红笑》中一个突出的表现主义手法是对比。作家对生活的理解建立在黑白色调的基础上，强调非黑即白，没有过渡色。但是在作品里作家让战争赋予这种对比双重意义：一方面战争使这种对比更加尖锐，另一方面战争又在消解对比双方的矛盾。所以在小说中作家没有将对比双方孑然对立，而是将它们联系在一起，通过各种观点的融合来加强对比手法的效果。

小说中最主要的对比是战争与和平的对比。第一部分描写了战争中的和平。这种和平生活呈现为一个不真实的、梦幻般的意象：小桌上一片蓝色的墙纸和落满尘灰的玻璃水瓶[1]。可是即便如此，前线的战士们还是希望哪怕暂时回到战前的生活：“在这个夜晚我们举行了庆祝，……我们决定晚上聚在一起喝茶，就像在家里或在野餐时一样。我们弄到了茶炊，甚至还搞到了柠檬和杯子，大家围坐在树下……”[2]第二部分描写和平生活中的战争阴影。读者眼前展现的是城市的街道、剧院、住宅以及安居其中的母亲、兄弟、妻子、未婚妻、从前的和将来的战士。尽管这里没有战斗，没有流血，但战争还是无处不在，如：“某种血色大雾笼罩着大地，挡住了视线。我开始想，一场世界性的灾难就要临头了……疯狂来自于那些充满血腥的战场，我感觉到空气中有它冷冷的喘息。我是一个强壮有力的人……，但我已发现自己被感染，我一半的思想已经不属于我了。”[3]第一部分通过战争中人对和平生活的强烈渴望来强化两者的对比，第二部分又通过和平生活中无处不在的战争消解了两者的差别。在作者看来，和平很容易变为战争，而战争却让人彻底丧失了重返和平生活的机会，因为它对人的屠杀不仅在肉体上，而且在精神上。但凡上过战场的人都会永远生活在可怕的回忆中，无论是亲人的关怀还是舒心的工作都无法使他再恢复从前的平静。作家通过这种无法化解的精神伤痛，揭示了战争的残酷和荒诞。

在揭示现实的残酷和荒诞方面表现主义者常用的另一个方法是对现实世界的物象进行变形。他们借助这一手法来刺痛麻木的人们，迫使他们深入思考生活中的不公，同时也引起他们的焦虑和恐惧。在《红笑》中安德烈耶夫不拘一格地运用了这一手法。首先，作家在塑造人或物时只注重其形而上的

1. «Сборник сочинений: в 6 т.» (Т.2), Андреев Л.Н., Художественная литература, 1990-1996, С.23.
2. «Сборник сочинений: в 6 т.» (Т.2), Андреев Л.Н., Художественная литература, 1990-1996, С.30.
3. «Сборник сочинений: в 6 т.» (Т.2), Андреев Л.Н., Художественная литература, 1990-1996, С.56.

意义，而对外形和功能并不关心，所以小说中的人或物往往失去了自己的现实特征。比较典型的例子是小说中多次出现的“茶炊”这一物象。起初它只是一个普通的日用品，但后来战士们逐渐忘记了它的实际用途而将它视为和平与舒适生活的象征。所以在他们谈论战争的恐怖及生死问题时茶炊已然不是一个生活用品，而是一种存在状态的象征，如：“我们由于恐惧而渐渐失去知觉，默默地站在熄灭的茶炊周围，而来自天宇的巨大无形的阴影，正铺天盖地地向我们袭来。”[1]作家通过两个毫不相干的概念将一个普通的物体变为了一个具有全球意义的物体。其次，作家在进行景物描写时往往将自然进行变形，通过赋予自然人的各种特点来营造出特定的氛围。所以在小说中我们看到的自然界是一个被拟人化了的自然界，它的状态总是与小说中事件交相呼应。小说中的人物由于恐惧战争而几乎处于疯狂状态，而自然也似乎与人的感受相同：到处都是难耐的酷热，偶尔的小雨会让人们想起久违的和平生活。“太阳变得如此巨大、炙热、恐怖，就好像地球在迅速地接近它并即将在这个残酷的火球中化为灰烬。”[2]太阳在这里成了具有行为能力的主人公，“它似乎不想妨碍大家，于是攀升到高处，黯淡了其光芒……”[3]。正是太阳让读者接近了小说的主要形象，如：“有一个巨大的，红色的，充满血腥的东西位于我的上方，张着没牙的嘴朝我笑着。”[4]

小说中最具表现主义色彩的是对“红笑”这一意象的拟人化。“红笑”的形象最初来源于日常生活。安德烈耶夫曾经在1904年8月6日给高尔基的信中描述过它：“今天晚上在我们别墅边炸伤了两个土耳其人，其中一个伤势异常严重，一只眼睛被炸飞了……，他整个人就像一块抹布，满脸是血，他已经没有了记忆，很怪异地微笑着。大约是面部肌肉萎缩了，所以才出现了这个丑陋的，红色的微笑。”[5]作家将这一在生活中观察到的现象在小说中作了完全主观的阐释。如果说在信中他所描述的红色微笑是一个生理现象的话，那么在小说中则是一种“无法理解的、神奇的、超自然的”现象。作家描述的场景既是自然主义式的，同时又十分抽象：“我看见那苍白的脸颊上出现了一个钝圆的红色小口，从那里流出了血，就像液体从打开的瓶子中流出……。在这个短小的、红色的、涌动着鲜血的地方还保留着一种微笑，没有牙齿的笑意——红笑。”[6]从这一时刻起，“红笑”在小说中获得了独立的生

1. «Сборник сочинений: в 6 т.» (Т.2), Андреев Л.Н., Художественная литература, 1990-1996, С.32.
2. «Сборник сочинений: в 6 т.» (Т.2), Андреев Л.Н., Художественная литература, 1990-1996, С.22.
3. «Сборник сочинений: в 6 т.» (Т.2), Андреев Л.Н., Художественная литература, 1990-1996, С.25.
4. «Сборник сочинений: в 6 т.» (Т.2), Андреев Л.Н., Художественная литература, 1990-1996, С.61.
5. «Неизданная переписка», Горький и Леонид Андреев//«Литературное наследство»(Т.72), Наука, 1985, С.218.
6. «Сборник сочинений: в 6 т.» (Т.2), Андреев Л.Н., Художественная литература, 1990-1996, С.27.

命。它和战死的人们、被烧毁的房屋以及疯狂的战士一样客观而现实，它甚至能够发声，能够被人们感知。

“——这是红笑。地球发疯的时候，它就开始这样发笑。地球已经发疯了，这你是知道的。现在地球上既没有鲜花，也没有歌声，它变得又圆又平又红，就像一个没有皮的头颅。你看见它了吗?

——是的，我看见了。它在笑。

——你看它的大脑是什么样的。它红红的，就像血粥，一片混乱。

——它在喊叫。”[1]

“红笑”有自己的面孔，而且它能被小说中的不同人物辨认出来。人物所理解的这一形象实际上要比人物本身更为强大。在安德烈耶夫惯用的象征性结尾中“红笑”这一形象获得了全宇宙的意义。“……窗外，在血红而平静的光线中屹立着红笑。”[2]这样，战争主题在小说中的艺术体现既不是尸横遍野也不是血流成河，而是无处不在的、充满了疯狂与恐怖的“红笑”这一形象。

安德烈耶夫在《红笑》这篇小说中形成了自己独特的表现主义信条：“我用大家的眼睛看，用大家的耳朵听；我和死人一起死，和受伤的以及被遗忘的人一起忧伤而泣；当从别人的躯体里涌出鲜血时，我能感到伤口的疼痛。对于那些不存在和存在的、远的和近的东西，我看得一样清晰……”[3]作家手稿中的这段话非常准确地表达了他写小说时的思想和感受。安德烈耶夫痛苦地接受了生活中的一切不公，所以他的作品往往是恐怖与绝望的呼喊。“如果我能大声呼喊的话，我会唤醒整个城市，甚至整个世界……”[4]表现主义者的目的是为了惊醒麻木的心灵并让他们对别人的痛苦感同身受，所以他们积极运用一切能够影响读者情感的方法。安德烈耶夫在自己的创作中广泛运用了各种艺术手法，包括借鉴其他流派作家的手法，传统已有的手法和自己新创的手法，在此基础上创立了后来被称为表现主义的艺术创作新方法。

2. 扎米亚京

和安德烈耶夫一样，扎米亚京也是20世纪俄罗斯文学史上一个十分独特而重要的人物。他集作家、文艺理论家于一身，而且在两个领域都有精深的造诣。作为作家，他被尊为“语言艺术大师”，写下了《我们》《洞穴》等

1. «Сборник сочинений: в 6 т.» (Т.2), Андреев Л.Н., Художественная литература, 1990-1996, С.61.
2. «Сборник сочинений: в 6 т.» (Т.2), Андреев Л.Н., Художественная литература, 1990-1996, С.73.
3. «Сборник сочинений: в 6 т.» (Т.2), Андреев Л.Н., Художественная литература, 1990-1996, С.60.
4. «Сборник сочинений: в 6 т.» (Т.2), Андреев Л.Н., Художественная литература, 1990-1996, С.61.

不朽的传世经典；作为文艺理论家，他深谙艺术技巧，提出了适应新时代文学发展的“综合主义”创作理论，大大影响了同时代人的文学创作以及后世的文学发展。和安德烈耶夫一样，扎米亚京的个性也十分叛逆，他主张文学上的离经叛道，认为真正的文学是由疯子、异教徒、隐士、幻想家、叛逆者、怀疑论者创造的；他坚持异端的权利，将异端视为医治人类精神之熵的唯一苦口良药。然而与安德烈耶夫不同的是，生活在新时代的扎米亚京不见容于苏维埃政权，他因为反乌托邦小说《我们》在国外发表而被剥夺了写作和出版的权利，最后被迫流落国外，客死他乡。

扎米亚京的表现主义创作源于他与表现主义艺术方法接近的新现实主义文艺理论。最明显的例子是他自己对新艺术的命名，“……无所谓怎么称呼它：新现实主义、综合主义、表现主义”[1]。当然，三个术语的并列并不等于它们之间完全的同一，但至少说明表现主义在新艺术中的地位。在《论综合主义》《新俄罗斯散文》《论文学、革命、熵及其他》《当代俄罗斯文学》等诸多理论和评论文章中我们不仅可以看出叔本华、尼采哲学对扎米亚京和新艺术理论的影响[2]，而且还能找到大量与表现主义美学相近的思想。

在《论综合主义》中扎米亚京认为，新时代的艺术应该是从日常走向存在，从物理走向哲学，从分析走向综合，从具体走向抽象，从文艺美学走向艺术哲学。这一思想与表现主义的艺术观——“想体现的不是具体的、单个的东西，而是共有的精神或思想，不是自然主义式的日常生活，而是能够表达艺术家自我感受以及现代人认知危机的世界性价值、形而上的形象”[3]，有着内在的一致。

扎米亚京对新文学艺术特点的归纳也体现出许多表现主义的特点。在《论文学、革命、熵及其他》中，他认为，新艺术的特点是“每一个词语都具有巨大的负荷和高额的电压。每一秒钟要压入以前 60 秒钟压入的量：句法简洁明了，复杂的句段由独立的句子构成……常常是些不同寻常的、奇怪的象征和语汇。形象犀利综合，其中只有一个主要的特征……”[4]在《当代俄罗斯文学》中扎米亚京又指出了新艺术的另一些特点：“夸大凸显的、鲜艳夺目的色彩，综合概括的象征及自叙体故事……对世界和人们的描绘常常诉诸夸张、怪诞、幻想……形象变得更为大胆直露。”[5]

1. «Избранные произведения в двух томах», том второй, Замятин Е. И., Художественная литература, 1990, С.379.
2. 在《论综合主义》中扎米亚京认为尼采、康德、叔本华是对新现实主义者最具影响的思想家，在《论文学、革命、熵及其他》中扎米亚京称叔本华和尼采为天才哲学家。
3. «Экспрессионизм»//Сб. статей под редакцией Е.М.Браудо и Н.Э.Радловой, Гос. изд-во Всемирная литература, 1923, С.76.
4. «Избранные произведения в двух томах», том второй, Замятин Е. И., Художественная литература, 1990, С.392.
5. «Современная русская литература. Вступительная лекция», Замятин Е.И.//Лит. учеба. 1988, № 5, С.135.

最后，在《当代俄罗斯文学》的结尾作家总结了新艺术的典型特征：(1) 人物与事件看起来不很真实，却反映了现实的本质；(2) 用某一种特别典型的印象来表现形象和感受；(3) 明晰性以及鲜明的、常常是夸张的色彩；(4) 农村的日常生活，广泛的抽象概括 —— 通过日常琐事的描写；(5) 语言简洁浓缩；(6) 展示而非讲述；(7) 运用民间语汇和地方方言；(8) 利用词的音乐特性。[1]

在这些论述中，扎米亚京为我们全面而细致地展现了一幅表现主义的图景。这一图景反映出扎米亚京的基本创作意图：把世界从平和自满中、从封闭和停滞中唤醒，大声疾呼直到人们听见，把人们从精神之熵的迷梦中拯救出来。这在很大程度决定了作家艺术表达方面的表现主义倾向，不管他的作品是何种题材。

扎米亚京在自己的文学实践中可以说是十分鲜明地体现了表现主义的一些基本原则。在他早期的作品中就显露出表现主义的某些特点，比如在最早的《县城轶事》(«Уездное» 1912) 中塑造了一个荒诞变形的、能够咬碎石头的主人公巴雷巴，作家称其为“四角形的”“轰轰作响的烙铁人”。在随后的一些作品中这种艺术变形更为普遍地表现在阿萨切耶夫将军的荒诞形象中[2]，在裘利先生和裘利太太以及肯布尔先生的形象中[3]。

在革命和国内战争年代扎米亚京的实验进行得更为广泛和深入。表现主义浓缩的风格，突出的形象，夸张的手法，现实主义细节与幻想的综合，对抽象的热衷（首先要反映共性），严格的情节结构，理性主义与极端的感性思想的结合，当然还有时间与空间的变换，所有这些新现实主义的，具有综合表现主义风格的特点都体现在《龙》《马麦》《洞穴》和《我们》等作品中。

在《龙》这篇小说中，作家建造了一个怪异荒诞的世界，将一些似乎互不相容的情节和形象放入一个时空体系。小说讲一个红军战士冷酷地刺杀了一个知识分子，而对一只快要冻僵的小麻雀却显露出恻隐之心。在作品中作家并不关心反映现实的客观性，而是创造性地扭曲了现实，打破它原有的客观比例，将城市变为一片冰雪荒原，变为全球灾难的象征。于是我们看到，“冰冻的彼得堡充斥着火焰和梦呓”（请与安德烈耶夫的《红笑》比较），“雾幕后面一些看不见的黄色和红色的廊柱、尖屋顶以及灰色的铁栅栏在踮着脚尖说胡话，脚下发出咯吱咯吱和沙沙沙的声音”，“火热的，冰冷异常的太阳在

1. «Современная русская литература. Вступительная лекция», Замятин Е.И.//Лит. учеба. 1988, № 5, С.135-136.
2. «На куличках»,Замятин Е. И.//«Избранные произведения в двух томах», том первый, Замятин Е. И., Художественная литература, 1990, С.173-245.
3. 《我们》，叶·扎米亚京著，顾亚玲等译，作家出版社，1998 年，279~340 页。

闪着光芒……龙人们从梦魔般的雾世界钻出来，出现在人间世界……他们忽而浮现，忽而又沉没在雾中。一辆辆电车轧轧响着从人间世界驶向全然不明的去处”。[1]

小说的语言鲜明形象，充满动感，词语的搭配大胆超常，意象荒诞，体现了典型的表现主义语言风格。而运用充满颜色、声音、动作的描写来展现世界的本质又是20世纪10年代德国表现主义小说家常用的手法。比如莱昂哈德·弗兰克（Леонгард Франк）[2]在自己的一系列作品中就运用这一手法使现实失去人们熟悉的面貌，从而转入幻想的层面。

小说的主题形象“龙人”具有双重内涵。“龙”是恶的象征[3]，“人”是善的代表。作家截取了两个极具代表性的场景，分别表现了这一主题形象身上的恶与善，通过对比他前后矛盾的做法，鲜明地传达出小说的主旨：革命扭曲了人的善良本性。第一个场景是“龙人”平静地向自己的伙伴讲述着他如何刺杀了一个知识分子：

——我押着他：一副知识分子嘴脸，叫人看着就讨厌。可这狗杂种居然还来开导我，你信吗？开导我！

——后来呢？押到了？

——押到了——直接把他送到了西天，用刺刀。[4]

这样一个场景实际上不是反映某个红军战士的个别行为，而是表现了革命时期人们主要的、本质的心理特征：希望通过暴力来肯定自我，肯定自己的价值，在这场灾难中恶在人心中占据了上风。然而作者笔锋一转，“蓦然间，从两只空袖筒里长出两只红彤彤的龙爪子来。空的军大衣蹲在地上——龙爪子捧着一个灰色的、冰凉的、由寒雾物化而成的小东西”。[5]同时，语言也发生了变化，如：“我的妈呀！小麻雀冻僵了。”[6]这种恻隐之心的不经意表露恰恰反映了人本性的善，因为他的内心是服从自然界的基本生存法则的，即任何一个生命都有生存的权利。那么，是什么使一个原本善良的人变得杀人如麻呢？通过表现主义者常用的对比手法，答案跃然纸上。

《洞穴》是扎米亚京最富才气的作品之一，其中包含着对研究作家修辞特色（包括表现主义特色）以及世界观来说极为丰富的材料。小说描写革命后彼得堡的冰冷如洞穴的房子里，人们为了生存而不惜堕落为原始的洞穴人。

1. 《我们》，叶·扎米亚京著，顾亚玲等译，作家出版社，1998年，240页。
2. 莱昂哈德·弗兰克（1882~1961），德国表现主义作家，作品多有传奇色彩和政治寓意。
3. 在俄罗斯民间故事中，龙是凶恶的妖魔，能喷烟吐火。
4. 《我们》，叶·扎米亚京著，顾亚玲等译，作家出版社，1998年，241页。
5. 同上，241页。
6. 同上，241页。

知识分子马尔金·马尔金内奇为了在妻子的命名日家里能有柴烧，趁到邻居家打水之际偷了邻居的几块劈柴，后来又耐不住妻子的哀求，亲手把毒药给了她。尽管作家创作这部小说有其现实生活的诱因，但作家并无意对其进行真实再现，而是借助陌生化的手法，打破时空界限，将远古时代的“洞穴”形象引入20世纪20年代的现实文本中，并通过这一集中、综合的形象来探索一个永恒的问题：文明和野蛮的对立。小说的整个情节和布局都是围绕这一主题展开的。这首先为小说定下了一个表现主义的基调。

于是从小说的第一段起，作家就把我们带入了一个表现主义式的怪诞世界。例如：

冰川，猛犸，荒原。夜色中黑漆漆的有点像楼群的山岩；山岩中有洞穴。山岩间的石径上，不知是什么东西在深夜里号叫，在小径上嗅来嗅去，扬起一片白色的雪尘；可能是长着灰色大鼻子的猛犸；可能是风；而可能就是某个最强悍的猛犸冰冷的吼声。但有一点明确无误：正值严冬。要是不想让牙齿打战，必须紧咬牙关；必须用石斧劈细木材；必须整夜不停地把自己的篝火从一个洞穴移到另一个更深的洞穴，还必须把自己裹进更多的毛烘烘的兽皮里……[1]

在这里大量的停顿（冰川……猛犸……荒原……），首词重复的句式（可能是长着灰色大鼻子的猛犸……可能是风……可能就是某个最强悍的猛犸冰冷的吼声……；必须紧咬牙关……必须用石斧劈细木材……必须整夜不停地移动篝火……），富有表现力的形象（神秘的号叫，岩石的楼群，洞穴住宅）和大得出奇的夸张形象（最强悍的猛犸），共同制造出一种紧张的、惊心动魄的氛围。

在景物描写方面，扎米亚京也和表现派画家一样，不去作细枝末节的描述，而只勾勒出轮廓，在其所描绘的客体身上突出表现最引人注目的、最紧要、最本质之处。比如小说里对主人公居室的描绘：

在洞穴的彼得堡的卧室里，就好像不久前在诺亚方舟上一样：各种洁物和不洁物被洪水的激流冲得七零八落。红木写字台、书籍，仿佛石器时代的陶片一般的小饼，斯克里亚宾的74号作品，熨斗，被精心削好的五个雪白的土豆，镀镍的床栅、斧头、衣柜、劈柴。占据这个宇宙中心的是上帝——矮脚、锈红色、敦实、贪婪的洞穴之神：铁炉。[2]

可以看出，作家并没有对房间的摆设作细致的描绘，读者也根本无法从

1. 《我们》，叶·扎米亚京著，顾亚玲等译，作家出版社，1998年，227页。
2. 同上，228页。

这些描绘中想象出房间的布局、陈设。然而作家勾勒出的图景却直接服务于小说的主旨：写字台、书籍、床、斯克里亚宾的乐谱是旧式知识分子的生活象征，而斧头、劈柴、小饼是洞穴人的生活细节，它们的混杂制造出一种危机感、生存的灾难感和新的灭世洪水到来的感觉（被洪水冲得七零八落的洁物和不洁物），反映出小说的中心矛盾：文明与野蛮的对立。

对“洞穴之神”—— 炉子的描写体现了表现主义的拟人化的手法。我们注意到，在第一次提到炉子之后，就再未出现“炉子”一词，而是用“洞穴之神”来称呼它，即首先强调的不是本义，而是喻义。因为对于主人公们来说，炉子的确是上帝，是残忍、全能、支配着人们命运的神。所以“炉子”这一形象在作品中失去了自己的本来意义，成为有独立生命的“洞穴之神”（此处可比较安德烈耶夫《红笑》中的“茶炊”和“太阳”），而且，这一拟人化的形象与现实的情境交相呼应。比如，开始的时候，“‘洞穴之神’雄壮地呼呼响着”，当马尔金内奇无奈地答应妻子第二天生火时，“‘洞穴之神’渐渐安静下来，蜷缩起来，最后便沉寂了，只发出轻微的噼啪声”；马尔金内奇用偷来的柴生好炉子后，“‘洞穴之神’……填饱了肚子，仁慈地呼呼响着”；马尔金内奇慌乱之中将茶壶碰翻在炉子上，“洞穴之神发出蛇一般的嗞嗞声”；玛莎向丈夫索要蓝色小瓶以求一死时，“铁铸之神悄然吞噬着永生的、痛苦的、温柔的、黄色的、白色的、浅蓝的字句 —— 发出低低的咕噜声”；主人公为自己的行为懊悔绝望时，“铁铸的神漠然打起盹来”。显然，炉子的种种人化表现成为主人公命运的最好注脚。

小说的语言也有一些表现主义的特征，比如多用单句，句子不完整，经常省略，语言充满动感等。

长篇小说《我们》可以说是完全体现了表现主义原则的作品。在这部戏谑小说、结构小说中可以读出对新现实主义、表现主义理论以及作家关于艺术语言技巧讲座的独特阐释。

《我们》讲述了 1 000 年以后发生在“统一王国”的荒诞故事。作为一部反乌托邦小说，它集中地体现了扎米亚京对社会、对人类的一些哲学思考 —— 反对世界上任何强制的、集中统一的和纯理性的东西，反对任何专制主义和极权主义，主张离经叛道、不断变化、无限革命。具体来说，这里既有对西方工业文明抹杀个性（如“泰勒生产模式”）的批判，也有对“无产阶级文化派”无节制地美化军事共产主义的做法的反驳。[1]应该说，作品的主旨严肃而富于

1. “无产阶级文化派”把军事共产主义时期实行的措施绝对化、理想化，作为一种社会理想来歌颂。典型的是“无产阶级文化派”诗人基里洛夫以《我们》为题的诗。转引自谭得伶、吴泽霖《解冻文学和回归文学》，北京师范大学出版社，2001 年，208 页。

哲理思考。重要的是：作家运用了怎样的表现主义手法来揭示这一主旨？

首先，表现主义一个基本的手法是变形，这里变形不仅有对物体的变形，也有对思想的变形。扎米亚京正是通过把乌托邦思想和无产阶级文化派的思想夸张到极限来进行艺术变形的。正如《我们》中的主人公Д-503所说的，“为了判定一种思想材料，需要把强酸滴于其上，自古所知的一种强酸，就是把事物引导到极限”[1]。于是乎，展现在读者面前的，是一个被极度夸张的荒诞世界。在这个所谓的美好新世界里，人与人的差别已被完全消除。他们像一架架被调试精确的仪器，在同一时间起床、工作、吃饭、散步、睡觉。他们没有姓名，只有代号，穿的是清一色的蓝制服，住的是完全透明的玻璃屋，吃的是石油合成制品，并且规定必须嚼50次才可以吞下去，就连性交时间也要根据性激素量的规定，每个号码的思想都必须绝对纯正，“毫无邪念”。总之，一切都必须绝对的统一，不能有半点差异，包括鼻子也必须长成一个样子。因为“如果有差别，就有产生忌妒心的基础……”甚至对美的理解都是那么的荒诞不经。何谓美？为什么舞蹈是美的？回答是：“因为这是‘不自由’的运动；因为舞蹈的全部深刻意义正在于绝对的审美服从，在于理想的不自由。如果我们的祖先在他们生活中最兴奋的时刻确实也曾忘形地跳过舞……那么这只说明一点：不自由的本能自古以来就是人类的自然属性，而我们在现代生活中却只不过变得自觉而已。”[2]扎米亚京正是这样，通过把批判的客体夸张放大，推至其逻辑的终点来表达自己对乌托邦思想的深刻怀疑。

其次，作家大量运用了表现主义式的反讽。反讽作为一种艺术手法古已有之，但只有在表现主义文学中它才获得了主体性的地位，成为该类文学表现力手段的核心组成部分。在表现主义代表作家中，卡夫卡、布莱希特都是长于反讽的大师，而具有丰富表现主义因素的荒诞派戏剧更是以反讽作为最基本的表达手段。在《我们》中“统一王国”完全颠倒了是非：人被颠倒为号码或机器，大自然被颠倒为不净之界，丰富的色彩被颠倒为混乱和困惑，爱情被颠倒为罪恶…… 作家没有对这种颠倒进行直接讽刺，而是通过主人公Д-503全然理性的视角、对统一王国无以复加的赞美来曲折反讽的。Д-503不无自夸地说：“我的脑子是台被调校得十分精确的、纤尘不染的闪亮的机器。”[3]他喜欢自己那“消过毒的、蒸馏得干干净净”的思想，就像“用滤纸过滤的那般纯正”，它们清晰得能“铮铮发响……”，他对大一统王国集体起床的盛况发出了由衷的赞美：“透过左边和右边的玻璃窗望去，我仿佛看见

1. 《我们》，叶·扎米亚京著，顾亚玲等译，作家出版社，1998年，110页。
2. 《我们》，叶·扎米亚京著，顾亚玲等译，作家出版社，1998年，6页。
3. 同上，33～34页。

的就是我自己，自己的房间、自己的衣服和重复过上千次的动作。当你看到自己是一个强大的统一体的组成部分时，你会感到振奋。整齐划一的手势，弯腰，转身——多么准确的美啊！”[1]当十几个工作人员丧生于飞船发动机口之下时，主人公“不无骄傲地指出：我们的工作并没有因此而有分秒的停顿，没有一个人为此感到震惊。我们和我们的机器继续进行着自己的直线和圆周运动，没有些微的偏差，好像什么事也不曾发生”[2]。因为按照统一王国的逻辑，“十个号码只不过是统一王国人口的一亿分之一。如果应用数学计算，这不过是三级数的无限小。由于缺乏数学概念而产生的怜悯和同情心，只有古代人才有，我们认为这是很可笑的”。[3]联想到陀思妥耶夫斯基著名的“人的生命与数学计算”的讨论，此处的反讽不言自明。同样可笑的是，主人公对诗歌成为政治的附庸大加赞扬，“对狂野不羁的诗歌，我们也如法炮制，驯化和制服了它。现在的诗歌不再是夜莺无所顾忌的啼鸣。诗歌是国家的工具，诗歌应带来效益”[4]。在这里，主人公的荒唐逻辑愈严密，他褒扬得愈热情，作者的鞭笞就愈严峻，愈无情。及至后来，主人公有了幻想，有了灵魂，谋反不成被重新变回一台“完美无瑕的机器”后，他又感到自己“很健康，十分健康，绝对健康”，并坚信理性必胜。此时，反讽获得了撼人心魄的表现力。

艺术手法上的第三个表现主义特征是人物描写上的主观化、本质化。表现主义并不注重对客观事物外部特征的细腻刻画，而是以充满主观色彩的心灵之眼对其进行过滤和筛选，把它最直观、最本质的特征用非常规的手法鲜明地凸显出来。在《我们》中这样的例子比比皆是。例如，记事十三中描写I-330在街口出现时展现在Д-503眼中的形象：“在街口的蒙蒙白雾中露出两片血红的嘴唇，就像用尖刀拉开的口子……我默默看着她的嘴唇……，这个女人的嘴唇一秒钟前还不存在，是刚刚才用刀拉开的，还淌着甜蜜的鲜血。”[5]这种强烈的视觉感受不仅给读者留下深刻的印象，而且刻画出I-330的本质特征：她不是一架机器，而是一个有血有肉、有灵魂的人。还有一段对I-330的肖像描写也堪为表现主义的经典手法：“我眼前的是一个奇特的线条结构：两条在太阳穴高高挑起的黛眉，构成一个嘲讽的尖三角。这两个三角相互对峙着，在整个脸上画上了一个像十字架似的大叉，一个令人感到不快、刺激人的X。”[6]这里几乎完全没有对I-330外部的镂刻，一切都本质化为她眉宇间的这个正在发出疑问、呼唤人去探索的未知数X。X上半部“嘲讽的尖三

1. 《我们》，叶·扎米亚京著，顾亚玲等译，作家出版社，1998年，33～34页。
2. 《我们》，叶·扎米亚京著，顾亚玲等译，作家出版社，1998年，103页。
3. 《我们》，叶·扎米亚京著，顾亚玲等译，作家出版社，1998年，104页。
4. 《我们》，叶·扎米亚京著，顾亚玲等译，作家出版社，1998年，66～67页。
5. 《我们》，叶·扎米亚京著，顾亚玲等译，作家出版社，1998年，69页。
6. 《我们》，叶·扎米亚京著，顾亚玲等译，作家出版社，1998年，52页。

角”传达的仿佛是对王国号码Д等的蔑视和挑战，下端的倒三角，那悲伤的三角仿佛在哀叹、怜悯号码们的不幸，X这个字母本质地、具象地体现了I-330的忧患和叛逆性格。诸如此类的描写，还有会铮铮作响的思想，会射出尖锥钻入人心底的眼睛，透明的铸铁空气……，实际上这种手法已成了扎米亚京一个典型的创作特色，在《洞穴》中对火炉的描写以及《龙》中对红军战士的描写都与这种手法如出一辙。

艺术手法上第四个表现主义特征是形象的抽象化和象征化。《我们》中的人物都不是一些有着逻辑发展轨迹的、性格丰满的现实主义形象，而是像卡夫卡笔下的人物一样，只是一种没有姓名的抽象符号，一种象征。大恩主是极权专制的代表，绝对理性的象征，I-330是一个崇尚个性、自由的反叛者，Д-503则是一个思想被格式化、人性尚未泯灭的众生代表，古宅象征着从前丰富多样的社会，绿色大墙象征着自由和专制之间的障碍。值得一提的是小说中女性形象的象征意蕴。著名批评家沃隆斯基在谈及扎米亚京的早期作品《在那遥远的地方》时用“女性的”一词评价了作家的抒情特色，他指出，“扎米亚京刻画女性典型很成功，他笔下的女性都很特殊，彼此毫不相像，作者所热爱的那些优秀妇女身上有一种动人心弦的素质，如阳光一样光辉灿烂……”[1]在《我们》中，作家正是将自己对未来、对美好生活的希望寄托在女性身上。首先是O-90，她不顾“统一王国”的禁令怀了Д-503的孩子，这使得渴望自由的叛逆精神可以在未来得到延续。在小说的主人公乃至作家本人看来，女性是大自然的象征，是生生不息的象征。当主人公Д-503满怀生命的喜悦感到世界的多彩和美好时，他写道：“透过雾霭远远地可以听到太阳低微的歌唱，到处都生机勃勃，五彩缤纷。整个世界是一个完整博大的女性，而我们正孕育在她的胎腹之中，还没有出生，我们正欢乐地在成长。”[2]从上述象征在小说中的发展变化我们也可以看出，作家所认同的美好社会，是自然的、多元的社会，所谓的未来乌托邦社会，恰恰可能是单一而专制的。扎米亚京通过这些象征不仅表达了对美好理想的质疑，而且告诫人们，反对极权统一、克服理性崇拜、维持自然多元的社会并非一件易事，它需要人们付出长期而艰巨的努力。

诚然，扎米亚京的创作是丰富多样的。这里所展示的，只是其中的一个方面。然而，正是在这个方面作家对新时期的小说创作乃至文学发展作出了开拓性的贡献，同时也影响了众多作家的创作。

1. 《在山口》，亚·沃隆斯基著，刁绍华译，东方出版社，2000年，92页。
2. 《我们》，叶·扎米亚京著，顾亚玲等译，作家出版社，1998年，70页。

诗学特征

1. 非真实和反真实的现实观

所谓非真实的现实观指的是以现实生活中的真实事件为依托，通过对其某一个特征的夸张而将现实变形，比如《红笑》和《洞穴》。《红笑》的现实基础是 1904 ~ 1905 年的日俄战争，但是作者并没有对战争场面做细致详尽的描写，而是通过一个战士的主观感受将战争中的“疯狂与恐怖”推向极致，从而凸显战争的本质。作家没有上过战场，对这场战争的了解仅限于刊登在报纸上的战地报道。所以维列萨耶夫曾批评《红笑》有失真实，认为战争实际上并没有那么可怕，因为人是一种适应性非常强的动物。[1]对安德烈耶夫来说，战争实际上如何并不重要，重要的是人对战争的主观感受，而这种感受决定了战争的本质。在他看来，战争轻易就颠覆了光明理智的和平世界，让生死变易如此简单迅捷,确实是一件令人恐怖的事情。“上百万的人聚集一地，各自以正当的理由而相互残杀，大家都一样疼痛，一样不幸——这不是疯狂是什么？”[2]所以，对战争的“疯狂与恐怖”夸张得越厉害，战争的本质就揭示得越彻底。《洞穴》也是一个将现实夸大的故事。小说的现实背景是革命后的彼得堡，由于物资匮乏，人们不得不为了生存而偷盗。但作家在小说中显然夸大了偷盗的后果。著名文艺理论家什克洛夫斯基就曾对作品的真实性提出过置疑。他认为在 1918 年、1919 年、1921 年偷点劈柴并不像小说中描写得那么可怕。“那些年代是异常寒冷，但也没有听说宁死不偷的事。而且，既然家里有钢琴，那就不可能死于寒冷。钢琴腿是非常好的烧材，再说，家里还有书桌和小柜子。”[3]什克洛夫斯基同时也指出，扎米亚京这样做可能是由于他“并不关心作品的真实性，震撼他的是洞穴的形象……，他的这一形象具有独立的生命并按照自己的规则开始发展”[4]。的确，作家关心的并不是作品是否反映了现实生活的真实状况，而是要揭示出人们精神生活的真实状况 —— 一场社会变革将人们的道德水准降低到史前时代。小说中洞穴人和文明人在男主人公身上进行着殊死的搏斗，最后洞穴人占据了上风。人活了下来，但他的精神却趋于衰亡。尽管让女主人公因此而死显得有些夸张，但这种夸张是必要的。因为死亡更加凸显出时代的悲剧本质 —— 人道主义崩溃时代的悲剧。

反真实的现实观表现为：（1）小说的故事情节没有现实的依托，而且也

1. «Сбор. Соч. в пяти томах»(т. 5), Вересаев В., Правда, 1961, С.397-398.
2. «Сборник сочинений: в 6 т.»(Т. 2), Андреев Л.Н., Художественная литература, 1990-1996, С. 53.
3. «Пять человек знакомых», Шкловский В., Тифлис, 1927, С.50.
4. «Пять человек знакомых», Шкловский В., Тифлис, 1927, С.51.

不可能在现实生活中发生，通过事件的荒诞性来解构事件的意义；(2) 对现实生活进行荒诞化、幻想化的处理，通过反现实的真实性来揭示现实的本质。前一种情形比较典型的作品是《墙》《狗心》《我们》。《墙》里一群麻风病人企图以头撞倒墙的举动显然是荒诞不经的，但作者关注的不是这一举动的真实性，而是它所蕴涵的象征意义——普通人面对强大黑暗社会势力所作的无望却坚决的斗争。这才是人存在的本质反映。《狗心》中将狗变为人，显然是一种科学幻想。但透过这个子虚乌有的故事，我们看到的却是社会变革的本质以及作者对其意义的解构：一个自然动物经过手术变成了一个半人半兽的怪物，他的出现把原本安宁洁净的家搞得乌烟瘴气，这明显是在隐喻革命给社会带来的严重后果——像一场手术阻断了社会发展的自然进程，建立起一个畸形的世界。《我们》完全是作者幻想出来的乌托邦世界，通过将乌托邦理想的极端化和荒谬化反映出理想并不美妙的一面，在一定程度上消解了人类大同理想的意义。后一种情形中比较典型的作品是《第37号发文》《工程师施瓦尔茨》《嫉妒》，这些作品都对现实生活进行了荒诞化和幻想化的处理——人变为公文纸，三维世界变为二维，建造“四分之一卢布”的公共食堂，发明神奇的情感机器等等，通过这些非现实的成分揭示出现实的荒诞本质——理性主义世界对多元个性的扼杀。

在表现主义倾向的作品中，反真实并不是自足的表现力要素，而是与夸张和荒诞共同构成作品的艺术手段，这使得它们不同于传统意义上的虚构。在现实主义作品中，虚构的人物、情节、环境与现实都要保持一定程度的仿真性，就其外在形式和内在逻辑而言，都接近人们熟知的现实生活。而表现主义的现实观正是从不真实来反映艺术把握现实的一个本质变革——主观的真实才是真正的现实。这正如扎米亚京在《论综合》中所说，不是一般意义上的现实（即 realia），而是“最真实的现实”（而是 realiora）。[1]

2. 抽象中不乏具体的形象塑造

与现实主义文学的形象塑造不同，表现主义文学中的形象不是血肉丰满的具体的形象，而是一个抽象概念的代表，它关心的不是形象的独特性，而是它所能反映出的一般意义。所以在表现主义作品中，形象既没有鲜明的性格特征，也没有现实主义作品人物通常意义上的生命力，它们不过是表现某种观念或某种情绪的艺术符号。比如著名表现主义剧作家哈森克列弗的剧本《人类》的登场人物是：凶手、人头、醉汉、青年、少女、父、母、客人等，

1. 《明天》，叶·扎米亚京著，闫洪波译，东方出版社，2000 年，111 页。

有名字的只有亚历山大一人。卡夫卡作品的主人公常常没有名字，只用一个字母K表示。

俄罗斯表现主义倾向的小说在形象塑造上带有一定的综合性，它除了有抽象的、无社会附着的人物形象（《墙》里的麻风病人，《谎言》中的女主人公，《大满贯》里的四个牌友，《我们》中的主人公）外，还有一些较具体的，带社会特征的人物，如《洞穴》里的马尔金内奇夫妇是知识分子，《瓦西里 · 费维依斯基的一生》的主人公是神甫，《狗心》里的普列奥布拉任斯基是医学教授（医生、知识分子），《嫉妒》中的安德烈 · 巴比切夫是食品厂的厂长等等。这些形象的社会具体性在一定程度上减弱了作品的普遍概括意义，从而削弱了它的表现主义色彩，这一点是俄罗斯表现主义小说特有的。在西方表现主义作品中尽管也有一些形象具有社会具体性，比如卡夫卡《变形记》的主人公是一个旅行推销员，《城堡》中的K是个土地测量员，但这些社会附着并没有实际的意义，它们并没有妨碍作者表现一个一般意义上的人的命运。造成这种差别的原因主要是因为俄罗斯表现主义产生和发展于具有强大现实主义传统的文学土壤中，所以20世纪初俄罗斯文学中的各种新倾向都带有现实主义的印记。

3. 主观化与抒情化的叙事风格

表现主义的诗学原则是建立在非理性主义和本体论的基础之上，一切从个人的主观意识出发，叙事内容带有强烈的自我表现性。其叙事特点为：以表现主观感受为主的第一人称叙事，或者是内部聚焦的第三人称叙事，情节的因果联结作用被降至最低，对现实不是客观再现，而是进行荒诞、幻想的阐释，叙事呈现非逻辑性。比如《变形记》就是主人公格里高尔以第一人称的形式直接表现内心的主观感受，作家将叙事的重点放在表现异化的状态和痛苦的内心体验，而对异化的缘由却不作任何解释。格里高尔一觉醒来就发现自己变成了一只大甲虫，至于为什么会发生这种变化，作者只字未提，正是这种内容的荒谬割裂了叙事的因果联系，从而突出了异化的神秘性、荒诞性和惊恐感。

俄罗斯表现主义倾向的小说在叙事上除了以上特点外还表现出三个特色。

第一个特色是用不同类型日记体的杂糅来增强叙事的主观性。例如扎米亚京的《我们》中，主人公以一个公民的身份来讲述“统一王国”的美好与伟大。他打算运用日记的形式来记录自己的所见和所想，认为所有这一切都是数学般完美的统一王国的反映。但这个日记中没有标注日期（也许这正反映了统一王国居民特殊的时间感受），只是以数字的顺序来表示每天的生活记录。在这个意义上，主人公的日记可以称为纪事日记。然而随着故事的发展，日记作者所关注的对象发生了变化，统一王国的世界渐渐退出了叙事视野，取而代之的是作者的内心世界。“就让我的记录像一个异常灵敏的地震仪，记下我心灵中最细微的变化，因为有时正是这些变化会成为某种先兆。”[1]叙事的双重目的反映在小说的内部结构和内容两个层面：既有外在于叙述者的“统一王国”的事件，也有叙述者自己的内心感受。前者是纪事性的，它面向的是其他星球的读者，后者则是隐私性的，它面向的是作者自己的内心世界。这样主人公的日记就是一种融合了纪事与个人隐私于一体的叙事形式。这种形式有利于表现“我”与“我们”的冲突。隐私层面揭示的是“我”的形象，纪事层面揭示的则是“我们”的形象。而且，尽管日记作者的初衷是记录在“统一王国”的所见所闻，但最后却写成了一个隐私性的日记。出现在读者面前的不是“一个既成社会的形象，而是反映了新爆炸来临后某一循环发展的时刻……从某一时刻起讲述者已经不再是新世界的向导，而变成了一个能感知岩浆爆发的心灵地震仪”[2]。

第二个特色是采用多视角的第一人称叙事来加强主旨表现的力度和深度。

在安德烈耶夫的《红笑》中，上下两个部分各有一个不同的讲述者。第一部分是一个上过战场的人在讲故事，所以对战争场面和出生入死的感受描写较多。回到家乡后，主人公无法回到正常的生活状态，他逐渐变成一个肉体和精神上的残疾人。现实对他来说已不复存在，他只能通过臆想出一个和谐理想的世界来苟延残喘。

“……灵感，神圣的灵感出现了。一轮红日照亮了我的大脑。它那炽热的、创造性的光芒，溢满了整个世界。散发着花香和歌声。我写了整整一夜，不知疲倦，凭着强大、神圣的灵感之翅，自由地翱翔。我终于写出了伟大而又不朽的作品——鲜花和歌声。鲜花和歌声……幸运的是，他上个礼拜五就死了……”[3]，作家在小说的第二部分突然更换了讲述者。从上面的讲述可以看出，作者将叙述的任务交给了一个清醒理智的人。他能够看清现实并意识到自己兄弟的疯狂。他没有上过战场，所以他能够以一个旁观者的身份来评价战争。如果说在第一部分中占主导的是对战争的直接印象，那么在第二部分中更多

1. «Мы»,Замятин Е. И.//«Избранные произведения в двух томах», том второй, Замятин Е. И., Художественная литература, 1990, С.17.
2. «Специфика формы повествования в романе Е. Замятина “Мы”»,Чаликова В.А.//Творческое наследие Е. Замятина: взгляд из сегодня. Книга VI, Тамбов, 1997, С.69.
3. 《红笑》，列·安德列耶夫著，张冰译，作家出版社，1998 年，41~42 页。

的是对战争的思考，对战争的后果及其对人的毁灭性影响的反思。而反思的结果使得这个所谓的清醒者不仅没能做到理智的冷眼旁观，而且几近疯狂的边缘。“我不理解战争。我理应和哥哥，和成百上千从战场上运回来的人一样发疯的。我对疯狂一点儿也不感到害怕。我觉得失去理智犹如哨兵牺牲在岗位上一样光荣。”[1]这同样不是对战争的客观看法，但作家通过另一种观点、另一种视角（所谓的理智清醒的视角）更加强化了前一个视角所得出的恐怖疯狂的战争印象。

第三个特色是以叙事结构的对位原则来强化叙事的表现力。所谓结构的对位原则是指小说在结构上分为两个情节或内容上相对应的部分，通过前后的映照而凸显作品的主旨。

《红笑》在叙事结构上分为前后对立的两个部分。第一部分是对战争的感性理解，第二部分则是理性审视。这是安德烈耶夫常用的手法，他在自己的作品中惯于用两种视角来看待同一问题。所以情感与理性、本能与理智的搏斗构成了他创作的主要内容。在《红笑》中作家设计这样一个对立结构并不是要形成黑白分明的二元对立，而是要达成一种相互转化、前后叠加的效果，即无论用感性的眼光还是理性的视角来看，战争都是恐怖而疯狂的。两个部分的视角看似对立，但它们分别来自两个血缘相同、教养相同的亲兄弟（在安德烈耶夫看来，理智和情感正是这样一对亲兄弟），所以对立被消解，取而代之的是相同印象的叠加，这无疑强化了作家所渲染的表现主义世界感受。

4. 陌生化的多样时空[2]

在表现主义小说中，主观表现的创作原则瓦解了传统现实主义的时空观。首先，追求主观真实的原则使作家有权打破现实主义时空的客观真实性，把梦幻、现实、神话、过去、现在、未来交错杂糅在一起，创造出一个服从于主题的陌生化时空，这正如洛谢夫在《神话辩证法》中所说，表现主义者的空间……不是一种感知的空间，而是想象的空间，在这里一切都被破坏和改变。[3]其次，表现普遍规律的原则使表现主义者超越了现实主义时空的历史具体性，在他的笔下时空要么变得不再重要，要么变成揭示主题的抽象象征。

俄罗斯表现主义倾向的小说根据时空的特点可以分为以下几种类型：

模糊的时空。它表现在两个方面，一是作品的时空背景没有明确的所指，

1. 《红笑》，列·安德列耶夫著，张冰译，作家出版社，1998年，44~45页。
2. 这里的时空由于作品的特殊性应作广义理解，一些情况下指时间，另一些情况下指空间，还有一些情况下指时空统一体。
3. «Творческое наследие Е.Замятина: Взгляд из сегодня», Лосев А.Ф., 1994, С.288.

二是由于情节弱化而导致作为其构成要素的时空的淡化。第一种情形见诸于安德烈耶夫的大多数作品,时间和空间在作品中没有明确的交代。比如在《警报》中，充斥全篇的是不绝于耳的警报声以及奔跑者恐慌不安的心理感受，而事件发生的时间和空间背景则并未具体指明。《大满贯》里一帮人一星期打三次文特牌，一年四季一成不变，他们所有的生活都集中在那张牌桌上，周而复始。主人公生活的时代我们不得而知，甚至在哪里打牌都没有明确指出。当然，这是作者的创作思想决定的：他想展现的不是具体的时空，而是永恒的、超时空的问题。第二种情形可以拿《红笑》和《谎言》为例。《红笑》是由一个个相互间没有因果联系的日记残稿组成，联结它们的是小说的中心主题 —— 疯狂与恐怖。这样，主题取代了现实主义作品中承担主要叙事组织作用的情节。当情节的作用被弱化后，情节发展的介质 —— 时间和空间自然也不再重要。所以在小说的日记残稿中并没有标记时间，而且整部作品中也没有传统小说中构成情节发展的时间链。《谎言》也是如此，整部小说以独白的方式建构，其情节简单到可以用一句话来说明：主人公怀疑所爱女人不贞并将其杀死。在以独白为主的小说里时间和空间完全丧失了传统的地位，退到了叙事者的视野之外，所以小说里基本上找不到时空的痕迹。

象征的时空。比如《墙》里的时间：没有昨天、今天和明天，“夜从来也没有离开过我们……它始终是倦怠的，令人窒息的，阴森森的”。[1]这“恐怖的夜”成为主人公所处时代的象征。而空间 —— 以墙为界的两个世界，则是黑暗与光明、现实与理想的象征。再如《洞穴》中以楼梯为界的上下两层,上面象征着彼得堡人的生存时空,下面象征着洞穴人的生存时空。《我们》中“古宅”象征着从前丰富多样的世界，“绿色大墙”两边的空间分别象征着专制王国和自由世界，等等。这里，时空不仅是事件发生、意义形成的一个外在条件，它本身也获得了意义并直接参与了作品最终意义的形成。

对立的时空。表现主义一个惯用的手法就是通过将两种相对立的事物对比而凸显事物的本质和意义，在时空方面也是如此。比如在《龙》中就交织着两种对立的时空 —— 梦魇的雾世界和人间世界。在梦魇的雾世界里太阳像患了热病,冰一般地悬在雾中,龙人们也都被雾所笼罩,到处充满了梦幻的、可怕的景象。作家用步枪、电车、知识分子等字眼暗示出事件发生在革命年代。在这样一个梦魇般的时空里一个小龙人非常冷血地用刺刀杀死了一个知识分子。可是当这个小龙人出现在人间世界时，他却用自己的热气救活了一个快冻死的小麻雀。小说中这两个时空具有假定的性质，联结它们的通道是

1. 《安德列耶夫中短篇小说选》, 列 · 安德列耶夫著, 靳戈、顾用中等译, 上海译文出版社, 1984 年, 52 页。

小龙人的眼睛。如："龙把帽子朝脑后一推——雾里便出现了两只眼睛——从梦魇世界通到人间世界的两道小缝。"[1]于是，两种时空的对立揭示出小说的一个内涵：在梦魇的雾世界，人们的眼睛被雾所迷蒙，处于不清醒的状态，所以人们变成了凶恶的龙，相互残杀而不以为怪。在人间世界，人睁开了双眼，变得清醒，所以人的本性得以显现。在这里，雾成为龙人从梦魇世界进入人间世界的一个关键障碍。雾是什么呢？结合时代背景我们不难猜出它与那场社会变革的关系。再比如《我们》中"古宅"与大一统王国的对立（多样与单一），绿色大墙外的世界与墙内大一统王国的对立（自由与专制），《洞穴》中彼得堡时空与洞穴时空的对立，《嫉妒》中巴比切夫的居室、建设工地、体育馆（天堂）与荒废的厂房、啤酒馆以及阿涅奇卡的居室（地狱）的对立。所有这些时空都通过象征和对立获得了非时空的意义，从而直接参与到作品意义的形成。

总的来说，俄罗斯的表现主义倾向最大的艺术特色便是它的艺术综合性。这一特点是时代文学发展的总体特征决定的。无论是前一阶段的安德烈耶夫还是后一阶段的扎米亚京，他们的表现主义创作都体现着日常与存在、现实与幻想的综合。正是在这种综合性的作用下，表现主义在俄罗斯的发展总体上只呈现出一种倾向，既没有比较纯粹的表现主义作品，也没有完整的表现主义流派。不过，正是因为俄罗斯表现主义的不纯粹，它才对文学的发展有了更大的价值。因为表现主义对抽象的强调使它接近了哲学而远离了文学，人物形象的模式化和故事情节的淡化无疑会削弱作品的文学性，这对作为造型艺术的文学来说，不能不算是一个潜在的缺陷。而俄罗斯的表现主义正是由于受到现实主义的影响而避免了过于抽象的倾向，从而化解了表现主义的先天不足。在这个意义上，俄罗斯的表现主义为世界表现主义的发展提供了一种更富艺术价值也更具生命力的模式。

参考文献：

1. Дарьялова Л. Русский экспрессионизм в прозе 20-х годов: немецкие истоки, национальное своеобразие[C]. //Актуальные проблемы и перспективы филологии. Калининград, 1996.
2. Дрягин К. Экспрессионизм в России:Драматургия Леонида Андреева[M].Пединститут, Вятка, 1928.
3. Замятин Е. И.Избранные произведения в двух томах[C], том второй, Художественная литература, М.,1990.
4. Костылева И. Экспрессионизм в русской литературе начала XX века: Л.Андреев и Е. Замятин[C].//

1. 《我们》，叶·扎米亚京著，顾亚玲等译，作家出版社，1998 年，241 页。

Художественный текст и культура. Владимир, 1993.

5. Костылева И. Экспрессионизм в творчестве Е.Замятина[C].// Проблемы эволюции русской литературы XX века. Вып. 1. М.,1994.
6. Лосев А. Ф. Творческое наследие Е. Замятина: Взгляд из сегодня[M].Тамбов, 1994.
7. Русский экспрессионизм: Теория. Практика[M]. Критика Сост. В.Н.Терехина. ИМЛИ РАН, М., 2005.
8. Русский авангард 1910-1920-х годов и проблема экспрессионизма[C]. Отвтс.ред. Г.Ф.Коваленко. Наука, М., 2003.
9. Сироткин Н. Эстетика авангарда: футуризм, экспрессионизм, дадаизм[J].//Вестник Челябинского университета. Серия 2. филология, 1999, №2.
10. Смирнов В. Проблема экспрессионизма в России: Андреев и Маяковский [J].// Русская литература,1997, № 2.
11. ЧаликоваВ.А.Специфика формы повествования в романе Е.Замятина «Мы» [C].//Творческое наследие Е.Замятина: взгляд из сегодня. Книга VI,Тамбов, 1997.
12. 列・安德列耶夫.安德列耶夫中短篇小说选[C].靳戈、顾用中等译，上海：上海译文出版社，1984.
13. 列・安德列耶夫.红笑[M].张冰译，北京：作家出版社，1998.
14. 王宗琥.叛逆的激情——20世纪前30年俄罗斯小说中的表现主义倾向[M]. 北京：外语教学与研究出版社，2011.
15. 吴泽霖.叶赛宁评传[M].杭州：浙江文艺出版社，1999.
16. 叶・扎米亚京.我们[M].顾亚玲等译，北京：作家出版社，1998.
17. 叶・扎米亚京.明天[M].闫洪波译，北京：东方出版社，2000.

第7章　新农民诗派
Глава 7　Новокрестьянская поэзия

俄罗斯新农民诗派这一20世纪俄国文学史上的独特现象，只是在近年才受到越来越多的关注。而在我国还没有得到应有的重视。它作为一种文学思潮出现于20世纪10~20年代，这一诗派的特点在于并没有自觉地创立组织，确立纲领。这些诗人们的邂逅、交流和分手都不是组织性的行为，是出身的相似和世界观的认同把他们和他们的诗歌联系在一起。他们的诗歌由于非常自然地表现出相当一致的思想艺术特征，而被称为新农民诗歌（Новокрестьянская поэзия）。这一名称是当年的一位批评家李沃夫-罗加切夫斯基（В. Львов-Рогачевский 1874-1930）在1919年第一次提出的。新农民诗派的主要诗人有克柳耶夫（Н. Клюев 1887-1937）、叶赛宁、克雷奇科夫（С. Клычков 1889-1937）、希里亚耶维茨（А. Ширяевец 1887-1924）、奥列申（П. Орешин 1887-1938）、拉季莫夫（П. Радимов 1887-1967）、加宁（А. Ганин）等。在新农民诗歌风格独特的咏唱中，别有一种农民世界观的清新的、诗意的展现。而从怀着实现农民天国的激情向往、咏颂革命的诗歌到理想失落的哀歌，反映着农民乌托邦理想的幻灭历程。新农民诗派遭到禁绝几十年后，从苏联晚期开始，新农民诗派诗歌以其对大自然、对天人关系理解的深邃性而重新受到重视。

所谓新农民诗歌之新，是为了区别于过去的、特别是19世纪后期的农民诗歌，那时的农民诗歌受到苏里科夫（И. Суриков 1841-1880）传统的影响，吟诵的是农夫的痛苦生活，是农夫被沉重的劳作压得泯灭了个性思想、能力、才情的命运。而新农民诗歌和19世纪俄罗斯传统的农民诗歌的主题、色调迥然不同。既不像19世纪上叶柯尔卓夫（А. Кольцов 1809-1842）笔下的农村生活充满劳动的喜悦，充满和大自然交往的乐趣，神往迷醉，也不像19世纪下叶苏里科夫诗歌中充满对农民贫困饥饿的痛苦生活的哀诉，对妇女苦难地位的控诉。它是在19世纪末至20世纪初俄国为寻求自己独特的拯救道路的文化反思中，在俄罗斯民族传统、民族文化根基、俄罗斯民俗学得到越来越深入的研究和重视的时期，在俄罗斯白银时代文化氛围中应运而生的。它作为一种文学思潮有着独特的思想艺术特征，在当时和后来都产生了很大的影响。

历史沿革

俄罗斯新农民诗派是应运而生和悖时而终的。

从社会政治方面看，1861 年沙皇亚历山大二世 (Александр II 1818-1881) 废除农奴制和促进资本主义发展的改革并未解决农民的命运问题，19 世纪末，俄国经济的严重危机加剧了社会政治危机。20 世纪初的革命形势中，各个阶级都在对俄国前景进行各自的思考和言说。新农民诗歌实际上是当时农民社会文化理想在文学上的表达。

从文化思想方面看，从 19 世纪后期开始，和农民相关的问题受到俄国文化界越来越多的关注。对俄国民俗学的、民族学的全面系统的研究产生了一系列具有深刻影响的著作。如阿法纳西耶夫（А. Н. Афанасьев）对斯拉夫人的传说和信仰进行比较研究的著作《斯拉夫人的诗学自然观》（«Поэтические воззрения славян на природу: Опыт сравнительного изучения славянских преданий и верований» 1866-1869），扎贝林（М. Забылин ）研究俄罗斯民族风俗习惯、传说迷信及其诗歌的著作《俄罗斯民族》（«Русский народ. Его обычаи, обряды, предания, суеверия и поэзия» 1880），尼基福罗夫斯基（М. Никифоровский）研究斯拉夫民族多神教传统的著作《俄罗斯多神教》（«Русское язычество. Опыт популярного изложения научных сведений о языческой религии русских славян» 1875），萨哈罗夫（И. П. Сахаров）的《俄罗斯民族传说，民族手册，民族的节庆和风习》（«Сказания русского народа. Народный дневник. Праздники и обычаи» 1885），萨多夫尼科夫（Д. Н. Садовников）的《俄罗斯民族之谜》（«Загадки русского народа» 1876），雷勃尼科夫（П. Рыбников）的《雷勃尼科夫收集的歌曲》（«Песни, собранные П. Н. Рыбниковым» 1861-1867）等。

这些著作通过对人民的生活习俗、宗教信仰、礼节仪式、民俗工艺、民间文艺的研究，探索俄罗斯民族独特的世界观和自我感知，寻求俄罗斯民族与西方思想抗衡的民族文化之根。在 20 世纪初年，俄国社会更兴起对具有反抗精神的各种教派信徒，特别是旧礼仪派教徒的研究兴趣。如普里什文、邦奇 - 勃鲁耶维奇（ В. Бонч-Бруевич 1873-1955)、普鲁加文 (А. Пругавин 1850-1920) 等都有所著述。甚至民俗深层存在的多神异教也引起关注。这一切使俄国文化思想对传统的民族历史、文化、美学的感受有了新的认识，试图从回归和谐完整的传统民族文化寻找社会出路。

而这一切也都可以在植根于农民立场的新农民诗歌中找到相应的反映。新农民诗歌应运而生，在文坛上散发出清新的气息。克柳耶夫就是第一个登上新农民诗坛的诗人。在20世纪初年革命危机的年代，克柳耶夫的诗歌不再像19世纪末叶农民诗歌那样悲诉农民的痛苦，而是塑造了一个新的富裕美好的农民国度的神话，感召着人们对回归传统产生新的向往。

值得指出的是，新农民诗人不是回避，而是着意突出自己的农民身份和农民的视角、突出农民诗歌从内容到形式上的特色。并且以人民的喉舌、来自人民的声音自居。克柳耶夫就在自传中竭力宣传母亲是天才的壮士歌手和民间歌手，自己的诗歌受到母亲的家传影响。叶赛宁则常常提到儿时农村的美好回忆，和外祖父睡在火炕上，听外祖父讲故事，讲圣经和圣徒的史传，唱那些老歌，而笃信上帝的外祖母总领着他去各个教堂和修道院。克雷奇科夫也声称自己在语言上要感谢看林子人的女人阿芙多吉娅和能说会道的女佣人阿列克谢耶夫娜。为了宣传自己，肯定自己农民世界的价值，这些新农民诗人不惜于在着装打扮上着意地如同扮演一场场的滑稽喜剧，穿上往往已经不时兴的农民装束。通过所有这一切招摇之举，新农民诗人们为的是强调自己的存在，强调农民生活及其世界观的独特性价值，强调农民诗歌的文学独特性，和圣彼得堡贵族沙龙文学分庭抗礼。新农民诗歌的清新抒情的语调、农民独特的语言、诉诸传统的对世界感知的独特性、对农民生活世界的完整而珍贵的反映，散发着强烈的清新而自然的气息，引起社会广泛注意。当时文坛上的著名诗人，如勃洛克、古米廖夫、布柳索夫、别雷、阿赫玛托娃等，都给予了高度评价。可以说，新农民诗歌走上俄罗斯文坛是和这些人的支持分不开的。

应该提到戈罗杰茨基组织的一个和农民诗人相联系的诗人“美丽”(краса)小组。正如戈罗杰茨基说的，“对古老罗斯，对诗歌的民间源头的强烈的兴趣”把小组成员联合起来。小组的成员大都与农村有联系：克雷奇科夫、希里亚耶维茨、叶赛宁等都参加了这个小组。1915年10月25日，“美丽”小组在捷尼舍夫斯基商校举行了唯一一次诗歌晚会。这次晚会的台上装饰着象征性的麦秸捆。诗人们个个穿着农民的服装，扮成农夫的样子，念自己的诗，吟唱民间小调。克柳耶大和叶赛宁在手风琴伴奏下合唱民歌《苦调》。演出最后，在俄国民间里文式手风琴伴奏下，两个人演唱了各自故乡（外奥涅加湖一带和梁赞）的民谣。着意追求斯拉夫式的民间风格是这次晚会的基调。人们建议叶赛宁登台演出穿上饰有银饰的白色俄罗斯长衫，这成为他后来朗诵戏剧化的开端。后来，克柳耶夫和叶赛宁又穿起了腰间抽褶的上衫和羊皮靴，去莫斯科表演。

这种对农民风俗的刻意模仿是很惹眼的。而且这也非人人都喜欢。这里显然有很多矫揉造作的东西。《杂志之杂志》1915 年 30 期上就不无奚落地说，一些新演员在台上搞起了文学杂耍。而我们的观众们已经看腻了现代主义、唯美主义和未来主义，需要一种新的开心游戏。他们将能在戈罗杰茨基及其带有无可指责的爱国主义情绪的作家兄弟们的甜蜜蜜、假惺惺的民粹主义中找到这种开心游戏。

虽然这个小组在这次公开演出之后很快就瓦解了，但是它毕竟是新农民诗歌作为文学思潮的一种表现。它促进了农民诗人之间的联系，特别是促进了叶赛宁和克柳耶夫的亲密关系。这一时期新农民诗歌已经形成了自己完整而独特的思想风格，东正教末世论、农舍 - 天堂的形象成为他们诗歌的基本思想内容。

当然，在当时流派纷呈的流派思潮竞争之中，新农民诗歌也处处遇到竞争的对手和不友好的歧视。比如马雅可夫斯基就从未来主义崇尚工业文明的立场发出反对的声音，更有随十月革命而兴起的无产阶级诗人，他们要占领诗坛，要代表人民的声音和读者的趣味，和新农民诗人形成十分残酷的争斗。而贵族沙龙或是将其作为带有类似异域色彩的新鲜物寻求猎奇性的刺激，或者干脆投以蔑视的目光。作为最初成名的新农民诗人，饱经风霜的克柳耶夫虽然是在彼得格勒文坛上找到保护神而站稳脚跟的，但是却生怕叶赛宁陷入贵族沙龙的迷魂阵，生怕叶赛宁受到彼得格勒五花八门的文学流派的“勾引”。他拼命要把叶赛宁置于自己的庇护之下，影响之下。“我亲爱的小白鸽”，克柳耶夫在给叶赛宁的信中写道，“你该知道，我和你是文学这片菜园里的两只羊，容忍我们在这里，只是多承人们的好意关照。而且这菜园里有不少带毒刺的仙人掌，你我为了身心的健康，必须躲开它们……”[1]

在十月革命降临之时，新农民诗人从俄罗斯传统农民的立场，想象这个革命，欢呼这个革命，并且把农民天国的理想寄予其上。克柳耶夫就把自己充满农民宗教情感的诗歌送给列宁，表达对革命的响应态度。而叶赛宁更是以革命的浪漫激情写出了《天上的鼓手》《约旦河的鸽子》。他把十月革命视为“为了全环宇人们的兄弟团结”的壮举。

在十月革命之后，克柳耶夫仍然坚持把自己对古老的农民的罗斯的信念，倾注在传奇中基捷日城[2]的象征之中。在他的诗集《铜鲸》中，他把这基捷日城的象征扩大到整个亚洲、东方，而且把革命后的俄国也包括进去。当时有

1. 《叶赛宁评传》，吴泽霖，浙江文艺出版社，1999 年，54 页。
2. 古编年史的传奇中讲到，1239 年拔都攻打美丽的基捷日城。上帝为保护这个城，把它沉没在清彻的湖底，永恒地保藏了这一俄罗斯东正教的古迹。这个浪漫的传说不只一次地激发着作家、画家、作曲家们的艺术畅想。

人就指出作者徒然地力图在摧毁一切的革命中保住自己的古基捷日城，保住自己的基督教的世界观。而另一些新农民诗人，如叶赛宁、克雷奇科夫，则更加激进地把自己的农民天国和社会主义前景联系在一起，他们和无产阶级诗人一起进行创作。叶赛宁、克雷奇科夫和无产阶级诗人盖拉西莫维奇一起编写过电影剧本《曙光的召唤》。尽管这个剧本最终没能拍成电影。

1918 年 11 月 7 日，在红场烈士牌揭幕式上，还朗诵了由叶赛宁、克雷奇科夫和盖拉西莫维奇写作的《颂歌》。

这些新农民诗人试图投入到十月革命的行列中。1918 年 9 月叶赛宁、科年科夫，克雷奇科夫、奥列申还起草了《农民诗人、作家倡议小组关于成立莫斯科无产阶级文化协会农民支部的宣言》。同时，叶赛宁和克雷奇科夫、奥列申、波维茨基、别雷还创办《莫斯科文学者劳动组合》出版社。

在当时纸张严重缺乏的时期，新农民诗人自有获得纸张的高招。叶赛宁又穿上自己原来初登诗坛时那种腰间带褶的俄罗斯式长襟上衫，梳上农民式的头发，去找莫斯科苏维埃主席团的值班员。摘下帽子，鞠一大躬，用外地的口音请求他们“看在基督的分上”，做做“好事”，给“农民的诗歌”批点纸张吧。谁能拒绝这样一个可爱的农村小伙子的请求呢。

当然，新农民诗人们心目中的社会主义的天国理想自有农民阶级的想象。1918 年，叶赛宁在文学论文《玛丽娅的钥匙》(«Ключи Марии» 1918）中把这天国描绘成“一个宇宙的花园”。“在那儿，人们在一株巨树的繁阴下跳着圈舞，幸福而并不浑浑噩噩地休息。这株大树就叫它社会主义，或者叫它天堂。因为在农夫的创作中，天堂就是这个样子。在那里没有赋税，在那里房子是用柏木板制作的。在那里，把所有部族、人群，召到铺天盖地的宴席前，给每一个人用金樽盛满蜜酒，遍飨欢宴。”[1]

然而这期待的天国一旦降临人间，便使新农民诗人们大失所望。接踵而来的一个个针对农村的革命措施使农村受到巨大震动和伤害。在施行残酷的余粮征集制的时期，有统计，仅 1921 年 2 月在坦波夫等三十多省，就频繁发生上百起农民暴动。1921 年 2 月爆发的喀琅施塔得红军战士的兵变就是农民不满情绪的集中反映，成为政治危机的顶峰。

接踵施行的粮食税、消灭富农运动和工业化……这一切使新农民诗人们渐渐明白了自己的理想和无产阶级革命的目标其实相去太远。在这些新农民诗人的诗吟中便响起了对钢铁王国的诅咒和对农村命运的哀号。于是，新农民诗人也就越来越成为当时残酷的文学围剿的对象。比如，希里亚耶维茨的

1. 《玛丽娅的钥匙》，叶赛宁著，吴泽霖译，东方出版社，2000 年，22 页。

长诗《农夫的语言》长期不能通过书刊检查，无产阶级文化派别“锻工场”也以他的诗歌不符合他们的纲领而把他除名。

但是直至20年代中期，新农民诗人的活动还是相当活跃的。比如，1923年10月，九位“出身劳动农民的诗人和作家”——克柳耶夫、叶赛宁、奥列申、克雷奇科夫、恰贝金等人联名向俄共中央写信，以农民的名义请求俄共中央对他们的创作给予支持：

俄共中央：

尊敬的同志们：

下面签名的几个是出身劳动农民的诗人和作家。从十月革命一开始就把自己的命运和革命农民阶级的命运、和苏维埃政权的命运联系在一起。兹谨向俄共中央提出这样一个问题，即请工农政权方面对我们的著作成就予以关注。在此基础上，我们请求给予我们独立出版自己的书籍的可能性。何况几乎所有的文学团组都得到了这种可能性。我们认为自己并不比任何其他现在的文学团组低一等。我们请求给予我们使用在国家出版社的每月30印张的独立预算权。让我团组代表们组成独立编辑部，并对印刷材料进行独立分配。

小组发起人：

奥列申、克雷奇科夫、叶赛宁、恰贝金、克柳耶夫、拉吉莫夫、卡尔波夫、希里亚耶维茨、卡萨特金。

这封信的最后被删掉的一段是：

“除此以外，鉴于我们团组每一成员的极艰难的物质状况，请代敦请能给我们每一组员立即预支500纸卢布稿酬。”1

这是一次农民诗人作家自觉联合的尝试。但是也可以看出农民诗人的处境已经相当窘迫。随着时局的发展，官方文禁愈严，拉普对其他文学派别弹压愈厉，新农民诗人在组织上的联合已经越发不可能了。

不过，新农民诗人一直保持着经常性的人际联系和诗歌演出等活动。比如，1924年5月希里亚耶维茨患脑膜炎逝世。5月18日，在莫斯科瓦甘科夫墓地举行希里亚耶维茨葬礼。一些新农民诗人参加了葬礼。叶赛宁同日在赫尔岑宫为纪念死者朗诵了哀痛的诗歌《我们现在在渐渐离去》。之后叶赛宁、奥列申和克雷奇科夫由作协理事会委任为希里亚耶维茨文学遗产遗嘱执行人。6月9日，他们又同去特维尔大街，在中央工人俱乐部纪念希里亚耶维茨的农民诗歌晚会上朗诵。不过这毕竟还不能算是有组织的流派活动。

1. 《叶赛宁评传》，吴泽霖，浙江文艺出版社，1999年，255页。

而在社会舆论中，对新农民诗人的攻击已经不断加剧。他们被称为富农的农村歌手、富农诗人，被指责为“民族主义”“反犹太主义”“美化过去”“为宗法奴隶制俄国歌功颂德”，诸如此类。

1925 年 12 月，叶赛宁就是在这种气氛中自杀的。叶赛宁自杀之后，马上掀起批判叶赛宁情调（есенинщина）的浪潮，官方指出这是一种需要认真批判的有害思潮。卢纳察尔斯基还在共产主义学院作过题为《青年中的颓废情绪（叶赛宁情调）》的报告。布哈林也在真理报上发表文章，努力清算叶赛宁情调的恶劣影响。之后，对新农民诗歌的批判就和扫除、消灭富农的运动连成一气。

至此，新农民诗歌作为一个文学思潮在 20 年代后期便消失了。这些诗人在 30 年代大都绝少有诗歌问世。比如，克雷奇科夫改作案头的文学翻译工作。

但是这些诗人并没有因为有所收敛而在命运上获得侥幸。1937 年，克柳耶夫、克雷奇科夫、奥列申等人相继被捕并被处决。

不过，把新农民诗歌的衰落完全归于苏联当局的弹压是表面化的。新农民诗歌的衰落根源在于这一思潮的农民乌托邦主题在时代前行中现出其幼稚性，成为必遭幻灭的悲剧。

只是到了上世纪 60 年代之后，由于时代的需要，他们的诗歌才逐渐得到重生和研究。有纳乌莫夫（Е. И. Наумов 1939-1992）、普罗库舍夫（Ю. Л. Прокушев 1920-2004）、维霍德采夫（В. С. Выходцев）、巴扎诺夫 （В. Г. Базанов 1911-1981）的研究著作问世。尽管这些新农民诗人得到了平反，对其在文学史上的作用给予一些正面评价，但是他们世界观的落后和社会立场的消极乃至反动则是不刊的定论。

随着时代的变迁，人们对新农民诗歌的认识也越来越趋于客观公正。比如，看到他们诗歌的一些独特艺术品格，歌颂了大自然，人和自然的和谐关系，把文学和生活更紧密地联系在一起，这样一些特点。

在苏联社会后期的社会思想的迷茫之中，一些研究著述更从新农民诗歌和农民文化中，寻找社会出路。他们看到农民文化，特别是新农民诗歌中保存着丰富的民族世界观和俄罗斯传统文化、生活形态、趣味的记忆。指出在当代历史文化中，损失了农民文化及其价值体系，致使国家背离了有机的、自然的民族发展道路。有些研究者甚至认为，在农民的文明之中，可以看到宇宙、民族、个体之间关系的辩证法。一个人走入这种村社，他就通过它的观念整体，犹如进入一个“有序”的世界秩序。只有通过这一秩序，他才能获得至高的福祉 —— 灵魂的拯救。在农民的世界中，有着抚育了整个古老传统文明的经济的、宗教的、道德的、美学的和艺术的基础。甚至即使在精神方面恢复农民的文明，也可以给人们昭示通向未来的道路，寻求经济平衡发展和世界的生态平衡。

代表诗人和创作简介

1. 克柳耶夫

克柳耶夫（Н. Клюев 1887-1937) 是俄国新农民诗歌的代表人物。

克柳耶夫生于俄罗斯西北部奥洛涅茨省一个荒僻的森林中的小村子里。这个小村离铁路线有500俄里，这里世世代代住的都是不服从沙皇统治、酷爱自由的勇敢的农民。祖上都是逃避官方教会的迫害而逃到这儿的分裂派旧教徒。这些诚笃的旧教信徒世世代代不与一切新教派发生联系。分裂派的精神也笼罩着克柳耶夫家庭。克柳耶夫就有一个爷爷辈的人是自焚者。还有一个爷爷辈的人是念圣诗的。克柳耶夫的母亲是一个很有才华的哭丧歌手，知道很多古时的歌谣、寓言、故事和旧教的祷词。克柳耶夫的家庭是一个充满宗法思想和宗教氛围的家庭。他从小就受着狂热的宗教精神和圣经思想的熏陶。还在少年的时候，他就笃信古老乡村的风习信仰。16岁那年，他甚至到索洛维茨基修道院去“自赎”。他曾游走于穷乡僻壤的隐士苦修之所，生活于鞭身教派信徒们之间。他收集的宗教歌曲，其中一些便是流传于分裂派教徒之中的。年轻的克柳耶夫的心灵中既洋溢着思古之幽情，又充满了强烈的求知渴望。他顽强自修，苦苦地求索着农民的天国。

1897年，克柳耶夫上完两年制实业中学，就开始四处周游，还有当时人证实，他甚至到过伊朗、中国和印度。在漫游的生活中，克柳耶夫练就了一身才艺。他学会三种外国语，了解俄罗斯古代的文化，会几种乐器，有表演的才能。1905~1907年间，由于参加当时的革命活动，如在铁路员工中间散发传单、向农民进行革命宣传，他受到莫斯科当局的监视，多次遭到逮捕。1906年还在他的家里搜出过他从秘密小组那儿借来阅读的《资本论》。同年他又被宪兵传讯，并因在农村进行宣传和反政府活动而锒铛入狱，坐了半年牢。

从20世纪初，克柳耶夫就开始了诗歌创作。他不再追寻农民诗歌创作中传统的苏里科夫的悲凉诗风，而大胆地学习象征主义诗歌写作手法。同时，在他的诗歌中充满宗教的形象性和浓郁的方言色彩。在20世纪10~20年代的自由知识分子的艺术圈子里，随着对于俄罗斯民族生活、人民自然本性，对宗教文学、古斯拉夫和俄罗斯神话的探究热情的兴起，克柳耶夫的诗歌一出现在诗坛上，马上就受到关注，它被视为发自民族精神深层、人民自发的原始宗教意识的艺术表现。

从 1907 年，克柳耶夫就和勃洛克互通信函，他从中受到不少启迪。这深刻地影响了他的精神成长。1911 年，他初次见到了勃洛克。勃洛克在日记中，把会见克柳耶夫说成是他生活中的一个“重大事件”。而克柳耶夫的诗集《松涛轰鸣》（«Сосен перезвон»）就是献给勃洛克的。

克柳耶夫的诗歌最典型地表现出新农民诗人诗歌的特征，反映出农民世界观的矛盾性。这正是列宁在评价列 · 托尔斯泰时指出的，农民的脱离现实世界的天真幻想，不抵抗主义的宗法情绪和对滚滚而来的资本主义的无力诅咒。他把自己心目中的人民（即农民）崇拜如神，而对知识分子则充满蔑视，也看不惯工人。他的理想是建立“农民的天国”，照上帝所说去生活。

在 1912 年出版的诗集《松涛轰鸣》中，克柳耶夫咏颂着古老罗斯和善良温情的俄罗斯人民（农民），勾勒着农村那小木屋的天堂。在教堂悦耳的钟声里，透露着农民非现世的天国思想。早期诗歌中那种人民的痛苦和愤怒的声音渐渐变为从旧教派的宗教诗歌因袭而来的主题。在这些诗歌里，荒无人迹的宗法农村被理想化为温馨宁静、富足美好的所在，而和钢铁的世界相对峙。戈罗杰茨基指出过，克柳耶夫的诗歌与古老的俄罗斯壮士歌、俄国北部宗教诗交融在一起。严格的诗歌鉴赏家布柳索夫在给诗集写的前言中指出：“无疑，克柳耶夫的不少诗作流于粗糙而不尽完善，但是他的诗歌没有僵死之作……克柳耶夫的诗歌是作者用心灵的熊熊火焰锻造成的……这使克柳耶夫的诗歌充满灵性的火焰，这是宗教意识的火焰。”[1]

克柳耶夫1913年出版了两部诗集《弟兄们的歌》(«Братские песни»)和《林中往事（«Лесные были»)。《弟兄们的歌》中的主题和形象多取自宗教赞美诗。在这些诗歌中，农村的生活没有 1905 年革命所唤起的新农村生活的征兆。一首首充满对农村生活习俗、节庆礼仪的描写的诗歌完全与现代生活无关，这是一个顽强抵御着现代化、封闭在古老传统中的俄罗斯。诗人为心爱的古老罗斯的农村在现代文化冲击下的衰败而哀伤，而在克柳耶夫的思想中，农民的世界就是俄罗斯的形象。现代城市在克柳耶夫看来是一种敌对的力量，它扭曲基督的遗训，泯灭人的纯洁的道德，使人腐化。他也不承认官方的教会，认为只有在笃信旧教、与大自然相接近的纯朴农民那里才有着真正的道德和真理。1914 年他在给希里亚耶维茨的信中说，“整个所谓文明世界看起来是多么的可恨和黑暗，它还会做出什么事情，还会带来怎样的十字架、怎样的痛苦啊——千万不能让……逼近灰色羽毛般的朝霞、森林里的小礼拜堂、

1. 《俄罗斯白银时代文学史》(第四卷)，俄罗斯科学院高尔基世界文学研究所编写，谷羽、王亚民等译，敦煌文艺出版社，2006 年，272 页。

干草垛旁的兔子和童话般的农舍……”[1]

在克柳耶夫的诗歌中，活灵活现的形象，丰富生动的民间口头语言，特别是民间的信仰、礼俗诗歌这些古朴的传统的成分使诗歌焕发着浓郁的俄罗斯民族特色，甚至这种浓郁的民族诗风中往往过分表现出刻意模拟的色彩。

叶赛宁1915年给克柳耶夫写信，他们很快成为好友。叶赛宁把克柳耶夫视为自己的老师。两个人一起出入于圣彼得堡和莫斯科的诗坛沙龙，刻意地穿着农民的服饰，摆着农民的作派，说着农民的语言，来显示农民文化的独特性和农民身份的尊严，成为新农民诗歌的一大景观。

克柳耶夫像其他新农民诗人一样，是怀着喜悦的心情迎接十月革命的。也和他们一样盼望革命带来“农民的幸福和黑麦的天堂”。在这些日子里，克柳耶夫加入了联共(布)。他创作了许多歌颂革命的诗歌，如《红色的歌》《步枪》《同志》《公社》《二月》等，都收集在诗歌集《铜鲸》（«Медный кит» 1919）中。

但是好景不长，克柳耶夫的诗歌中很快就出现了阴郁惊惶的音调。1920年，他因为作品中的宗教思想而被而被开除出联共（布）。在1922年出版的诗集《狮子的那份面包》（«Львиный хлеб»）中，人们看到的是在黑暗中煎熬、又在永恒之光的照耀下恭顺而又狂暴的俄罗斯。在痛苦和欢乐的交织之中，古老的罗斯正在复兴。20年代克柳耶夫发表了一些诗歌集，如《母亲星期六》(«Мать Суббота» 1922)、《在湖的那边》(«Заозерье» 1927) 、《哭叶赛宁》(«Плач о Есенине»)。最后一本诗集《小木屋和田野》（«Изба и поле»）发表于1928年。这些诗歌中充满了对俄罗斯农民的痛苦的沉思和对农民天堂梦幻的失落的绝望哀伤。

1933年，克柳耶夫的长诗《火灾》（«Погорельщина»）被指为攻击农业集体化运动。克柳耶夫被流放到克里米亚边区，后经高尔基求情，改发配托姆斯克。1937年6月5日他被捕，于10月底被枪毙。1957年被恢复名誉，1982年他的诗作才重新出版。

2. 叶赛宁

叶赛宁1895年9月21日(俄历10月3日)生于梁赞州康斯坦丁诺沃村的一个农民家庭。外祖父每天晚上躺在火炕上讲的故事，唱的民谣，外祖母带着他游走的各个教堂和修道院，和几个“淘得出奇”的舅舅在一起度过的

1. 《俄罗斯白银时代文学史》(第四卷)，俄罗斯科学院高尔基世界文学研究所编写，谷羽、王亚民等译，敦煌文艺出版社，2006年，269页。

乡村童年，这就是哺育这个未来的诗人的摇篮。叶赛宁五岁学会阅读，刚满九岁，到村学读书，在他八九岁的时候，乡亲们已经都知道，叶赛宁会“编歌子”了。

从康斯坦丁诺沃四年制村学和斯巴斯-克列比克师范学校 (1909 ~ 1912) 毕业之后，他来到了莫斯科。1913 年叶赛宁进入沙尼亚夫斯基莫斯科平民大学历史哲学部学习。在这所倡导思想自由、见解和学术独立、政治辩论，具有民主精神的大学里，他克服经济的拮据，听了一年半的课。这在思想理论上促进了他对人生目的和意义的执著求索。他参加了具有鲜明进步倾向的苏里科夫文学音乐小组。在小组的郊外活动中，他朗诵了自己的诗歌，他的天才一下子就被发现了。在这期间他在工人中间散发过进步刊物，受到警方暗中监视。

在莫斯科的近三年时间里叶赛宁创作了不少诗歌，报刊上也开始出现他的诗歌，如《白桦》（«Берёза» 1913）、《稠李》（«Черемуха» 1913）、《新雪》（«Пороша» 1914）等。1915 年春，他决定去彼得格勒投奔“俄罗斯第一诗人”勃洛克。叶赛宁后来回忆，自己的文学道路就是从这开始的。他还结识了戈罗杰茨基、伊夫涅夫、古米廖夫、阿赫玛托娃、梅列日科夫斯基、吉皮乌斯等。在当时诗坛上一些有影响的人的帮助下，叶赛宁很快就成为彼得格勒诗坛上传奇式的新闻人物，一个个文学沙龙带着新奇的目光向他敞开大门，听着他带有浓重的梁赞方言口音的朗诵，看着他一身农民打扮，人们宁愿把他想象成一个穿着树皮鞋，一步步从遥远的乡村刚刚走进京城的“老农民”。正如高尔基形容的，彼得格勒这个城市啧啧赞叹着扑向叶赛宁的诗，就像饕餮之人扑向严冬里香甜的草莓一样。而叶赛宁也乐于利用这一心理来开拓自己的文学道路，他就像一阵原野的春风吹进了彼得格勒诗坛。介绍当代农村生活的《月刊》杂志在叶赛宁踏入诗坛的关键时期起了不小作用。不少介绍农村风情的诗篇，如《野樱树把雪片……》《三一节的早上》《出嫁前的晚会》等，都是在这里发表的。

在这一时期，叶赛宁结识了具有浓重宗教思想色彩的农民诗人克柳耶夫。对俄罗斯农村生活、民间语言文化的热爱使他们一度成为形影不离的朋友，也使这一时期叶赛宁诗歌创作中充满浓重的宗教色彩。叶赛宁把克柳耶夫称为自己的老师。1916 年初发表的叶赛宁的第一部诗集《亡灵节》（«Радуница»）就是一部笼罩着浓重的宗教氛围的俄罗斯农村风俗、文化的写生画。不过，叶赛宁的诗歌中，没有克柳耶夫诗歌中那种抽象的智慧和凝重的宗教深思，却有着生动感性的宗教风习画面。比如在诗歌《那不是乌云在烤麦房后游荡》中，圣母给小耶稣烤了个面包，耶稣把面包掉到了大门外。圣母哄着哭泣的耶稣，告诉他，要怜悯茫茫迷雾中的世人，就让那块面包当做莽莽黑林中的月亮吧。这圣母是农民心目中农家的圣母，她烤面包，哄孩子，同时又从高高的天上，无限同情地俯看着苦难的众生。抒情诗中出现的生动情节使诗歌具有叙事诗的特征。在诗集《亡灵节》中，还有一些诗描写农村的现实生活，如《爷爷》描写不辍劳作的老人，《农舍即景》（«В Хате»）描写平凡而温馨的农家日常生活，表现了诗人对农村生活、对俄罗斯祖国的热爱。

叶赛宁怀着对农民的天国的美好憧憬，欢呼二月革命。他在《同志》（«Товарищ» 1917）、《如歌的召唤》（«Певущий зов» 1917）、《八重赞美诗集》（«Октоих» 1917）、《奥特恰尔》（«Отчарь» 1917）等一系列充满革命激情的诗篇中欢呼着农民的天国的到来。而叶赛宁也就在这欢呼和渴望中迎来了十月革命。

“在革命的年代，我完全是站在十月一边的……不过，我是按照自己的理解，带着农民的倾向来接受这一切的。”[1]

在十月革命的日子里，他以浪漫的激情写出了《天上的鼓手》（«Небесный барабанщик» 1918）、《约旦河的鸽子》（«Иорданская голубица» 1918），他把十月革命视为“为了全环宇人们的兄弟团结”“把全世界结成亲密的浩荡大军”的壮举。他高呼：“天上与地上的革命万岁！”他说，“我们是天上的鼓手”，“要擂起太阳这面大鼓”。他高呼“我——布尔什维克！”他以革命的名义宣布天国的降临，“新的，新的，崭新的一天就要来到了！”（《约旦河的鸽子》）他在长诗《乐土》（«Инония» 1918）里，描绘出农民的天国乐土。

同时，他也和无产阶级文化的战友们编写了宣扬工人阶级在十月革命斗争中的伟大作用的电影剧本《曙光在召唤》（«Зовущие зори» 1918），为克里姆林宫墙上的革命烈士纪念牌揭幕式撰写了《颂歌》，他结交无产阶级文化派的朋友，参加无产阶级文化协会的文学讲习班活动，并向莫斯科无产阶级文化协会递交了成立协会属下的农民作家小组的申请，目的是支持“农民创作力量”，“巩固他们的革命的共产主义精神”。1919 年，叶赛宁还提出了加入共产党的申请。

但是叶赛宁的这种高涨的革命激情很快就冷却了。一方面，当时把持文坛的无产阶级文化派以“惟我独革”的宗派主义态度排斥打击这位农民出身的诗人，另一方面，叶赛宁也愈来愈认识到无产阶级文化派的错误而产生强烈的反感情绪。而造成叶赛宁情绪低落的根本原因是他的农民天国的理想幻灭了。

1. 《玛丽娅的钥匙》，叶赛宁著，吴泽霖译，东方出版社，2000 年，121 页。

由于外国武装干涉和国内战争的开始，危机中的苏维埃国家向农民发出了救助的呼吁。余粮征集制在实施中对农民半掠夺性的剥夺，以及革命初期一些过于残酷的斗争形式与诗人心目中玫瑰色的幻想太格格不入了。1920年春天，叶赛宁写下了《我是农村的最后一个诗人》(«Я последний поэт деревни»)，悲痛地预言“不久将会走来一个钢铁的客人”，而“有了你们，我的诗就活不了”。一般认为这表现了“诗人看到农民旧的生活方式受到急剧摧毁时的真实痛苦”。

叶赛宁这种痛苦的心情突出表现在长诗《四旬祭》(«Сорокоуст» 1920)中。《四旬祭》描写一匹血肉之躯的小马追逐列车，最终落到钢铁列车后边的场景。“这个对于任何人都无足轻重的场面对我来说却意味深长。钢铁的马战胜了血肉之躯的马。而这个小马驹对于我来说，是那珍贵的、正奄奄待毙的农村……的最直观的形象。”[1]在叶赛宁的笔下，火车这一时代进步的象征被描写成像恶魔一样的机械力量，“瞧它，正腆着铁的肚子，向原野的喉咙伸出魔掌……”[2]而“霜雪就要像石灰一样，抹白这村庄和草场”[3]。“去你的吧，该死的客人！我们的歌跟你永不能合拍！”[4]叶赛宁站在“木头的”“麦秸的”俄罗斯的立场上，断然地拒绝“钢铁世纪”的到来。

叶赛宁的“农村”和“城市”，已经不是本来意义上的农村和城市。农村，这是合乎自然的、充满人性的、和谐美满的象征，而城市则是不自然的、违反人性的、机械僵死的世界的象征。叶赛宁向往着人和大自然的统一，这就是叶赛宁的祖国的概念。对大自然的戕害和对人自身本性的戕害总是难以分开的。叶赛宁在一封信中说：“我现在非常忧伤，历史正经受着一个扼杀活生生的个性的痛苦时代。要知道，眼下的‘社会主义’完全不是我想象的那样，而是一种人为既定的，存心设置的东西。就像是那么个赫勒拿岛[5]，既无荣耀，也无幻想。在那里活生生的人，建筑着通向看不见的世界的桥的人感到憋闷痛苦。”[6]

而同时，他也不满于克柳耶夫“革命了，可他还是唱他那个‘小木屋’”，他要诗友“不要再学着克柳耶夫的调子唱那些子虚乌有的基捷日城和那些愚蠢的老太婆的古罗斯了。……我们现在的罗斯的生活，要比旧教派的那幅停滞不动的画面强得多”[7]。

1.《玛丽娅的钥匙》，叶赛宁著，吴泽霖译，东方出版社，2000年，157页
2. 《叶赛宁诗选》，顾蕴璞译，译林出版社，1999年，145页。
3. 同上。
4. 同上。
5. 拿破仑一世被放逐该岛至死。
6. 《玛丽娅的钥匙》，叶赛宁著，吴泽霖译，东方出版社，2000年，158页。
7. 《玛丽娅的钥匙》，叶赛宁著，吴泽霖译，东方出版社，2000年，155页。

在叶赛宁这一时期的诗歌中出现了一个令人注目的抒情主人公形象——一个忧心如焚而又柔肠寸断的“流氓”。这个形象，毋庸讳言，正是诗人心态的自画像。这个“流氓”成天出入于莫斯科茶馆酒肆，狂饮闹事，时而幻想着“在浅蓝色的草原”“在茫茫的夜色中”“持械抢劫”，当个强人。叶赛宁的同代人也记下了他的不少乖张胡闹之举，成为那诗中“流氓主人公”的注脚。《酒馆莫斯科》(«Москва кабацкая» 1924）组诗是叶赛宁陷入精神痛苦的深渊的反映。

也正是在这一时期，叶赛宁结识了意象派，并且提出了自己独到的意象主义理论，著有论文《玛丽娅的钥匙》和《生活与艺术》(«Быт и искусство» 1921）一文，后者是他原打算撰写的《词语的图案》一书的一部分，他和一些主流的意象派理论家的思想大相径庭，终于在1923年和意象派分道扬镳。

1922年，叶赛宁与美国著名舞蹈家伊莎多拉·邓肯经过旋风般的恋爱而结婚，然后出国周游。这对于叶赛宁来说是生活中的一大事件。在一年多的时间里 (1922.5~1923.8) 他们游览了德国、意大利、法国、比利时，又漂洋过海到了美国。叶赛宁开始试图用意象派放荡文人的闹事来征服欧洲，而郁闷思乡之情最终使他的精神处于消沉苦闷之中。一年多他只写了组诗《酒馆莫斯科》和诗剧《恶汉国度》(«Страна негодяев» 1923)。

归国后，叶赛宁在《消息报》上发表的访美特写《铁的密尔格拉德》(«Железный Миргород» 1923）基本上表达了他当时对他心目中的“城与乡”问题思考中的矛盾心理。叶赛宁对美国的最反感的印象是人的精神世界的贫乏化。而当谈到美国电气化的成就时他又感叹道：“当你听到，看到这一切，则不由得要为人的能力而震惊。而想到我们俄国至今还唯长胡子的老爷爷是听，真是丢人。”[1]他对比欧洲的文明和俄国的肮脏、贫穷之后说，“从这个时候起，我不再爱贫穷的俄罗斯了”[2]，“从这一天起我更加钟爱共产主义建设，即使在我的诗歌中我作为浪漫主义者不接近共产主义者，但是我在理智上是接近他们的，并且我希望，我将在自己的创作中也接近他们”[3]。

他在《苏维埃罗斯》(«Русь советская» 1924）一诗中也自称：

把整个心灵献给十月和五月
只是决不交出心爱的竖琴。

这种矛盾实际上成为叶赛宁后期创作生涯中的基本矛盾。在1924~1925两年间叶赛宁就写了约100首诗，其中包括《伟大的征程》

1. 《玛丽娅的钥匙》，叶赛宁著，吴泽霖译，东方出版社，2000年，124页。
2. 同上。
3. 同上。

(«Песнь о великом походе» 1924)、《安娜 · 斯涅金娜》(«Анна Снегина» 1925) 等歌颂革命的诗歌。然而同时，在外界压力和内心矛盾的交相作用下，他那过于敏感而脆弱的神经处于极度紧张、濒于崩溃的边缘；他喜怒无常、情绪极不稳定、多疑不安，还出现了迫害狂的症候，直到最后自杀。

叶赛宁这种极度紧张的精神状态也是和当年“拉普”(1923~1932)“岗位派”把持文坛,专横无理的宗派主义所造成的极不正常的氛围有关。在《斯坦司》(«Стансы» 1924) 一诗中，叶赛宁向“拉普”领袖们说道：“我不是你们的金丝雀！我是诗人！也和那些个什么杰米扬[1]们不同。”他提出：“我要做一个歌手，做一个公民，／……我要做伟大苏维埃国家的／真正儿子／而不做一个过继的养子。”[2]

在《苏维埃罗斯》中,他一方面看到自己的家乡“生活在沸腾”,另一方面，他又感到“在自己的家乡仿佛成了异乡人”,感到“这里已不再需要我的诗歌，也许我自己在这里也无人需要”。他理智上愿意“接受所有这一切”，但是感情上又总感到格格不入：“我不是一个新人！／这有什么可隐瞒？／我的一只脚滞留在过去，／为要赶上钢铁般的大军，／另一只脚一滑，跌倒了。”[3]

他不能接受故乡的现实，又失落了心灵的故乡。例如：

“我是永世的漂流者，
再回不到故乡的小屋。”

而在外高加索的半年多时间里，叶赛宁写下的组诗《波斯抒情》(«Перседские мотивы» 1924) 15 首，便是他的心灵所塑造的一个永恒的、安泰的、美好的亚洲古邦，在其中他寻觅着所失落的故乡的影子，寄托着对故乡的全部美好的情愫，抚平流落他乡的旅人的心灵上的创伤。例如：

“我用黑德兰的蓝色花朵，
在茶馆里治疗心灵的创伤。”[4]

1925 年 11 月 26 日，叶赛宁在医院里写下构思多年的长诗《黑影人》(«Черный человек»)。这首诗是诗人灵魂挣扎与搏战的嘶鸣。用人格分裂的表现手法，反映了他自我意识中久久不能解脱的复杂矛盾。

1925 年 12 月 23 日，叶赛宁从医院出走，次日到达列宁格勒，住进安格列捷尔宾馆。12 月 27 日凌晨在列宁格勒安格列捷尔宾馆暖气管上上吊自杀。

---

1. 指苏联诗人别德内伊 · 杰米扬。
2. 《叶赛宁诗选》，顾蕴璞译，译林出版社，1999 年，194 页。
3. 《叶赛宁诗选》，顾蕴璞译，译林出版社，1999 年，199 页。
4. 《叶赛宁诗选》，顾蕴璞译，译林出版社，1999 年，229 页。

叶赛宁死后，文坛上酿起轩然大波。数以百计的论文、回忆录、报刊评论乃至祭文、祭诗都带有论战性质。既有称他为“当代最伟大的抒情诗人”“人类青春之歌手”“开创一个时代的大师”等参天之誉，也有称他为“流氓”“酒鬼”“发酒疯”的不敬之词。而这时候，从上层掀起了批判“叶赛宁情调”的声浪。直到上世纪 60 年代，叶赛宁才被恢复名誉，重新回到俄罗斯读者的身边。

叶赛宁是俄罗斯大地、俄罗斯农村、俄罗斯的“绿色乳房”哺育出的儿子。他继承着普希金所代表的 19 世纪俄罗斯诗歌传统，以 20 世纪俄国第一诗人的独特魅力征服着一代代后人。

3. 克雷奇科夫

克雷奇科夫，1889 年 7 月 1 日出生在特维尔州一个鞋匠的家里。父亲是旧礼仪教派信徒，母亲也出身农家，擅长诗歌。克雷奇科夫把自己成为诗人的原因溯源于从小受到的家乡和家庭的影响。他声称自己在语言上要感谢看林子人的女人阿芙多吉娅和能说会道的女佣人阿列克谢耶夫娜。还有笨嘴拙舌而颇具智慧的父亲，而最要感谢的是村外的原野和莽莽苍苍的森林。在村里上完小学，克雷奇科夫被送到莫斯科念实科中学。1905 年 12 月他参加了著名的莫斯科农民暴动，写下一些革命题材的诗歌。后考入莫斯科大学自然系，又转到历史哲学系、法律系，最后，1913 年被学校开除。但是这期间他开阔了眼界，结识了朋友。勃洛克等人的诗歌强烈地吸引着他。1908 年，他开始发表诗作，之后，出版了他最早的两部诗集：《歌》(«Песни: Печаль-Радость. Лада. Бова» 1911) 和《秘密花园》(«Потаённый сад» 1913)。在浪漫的抒情中已经显露出诗人和民间口头创作的紧密联系，在他古朴清新的诗句中，俄罗斯的大自然、农民的耕耘劳作被染上一层诗意的色彩，农田、木屋、林妖、美人鱼、牧羊人、歌手、乡村小伙儿……农民的生活方式被描绘得像童话一般，现实和梦幻交织在一起。

村边俯临牧场处古木森森，
延伸在密林深处的小路上，
姗姗地走着一位修士，
他沉静，忧伤，拄着木杖。

他四周伫立的棵棵白桦，
总被山雀的啾啾声盖住……
林中垂挂的颗颗清露，
宛如银亮睫毛边的泪珠。

他的提篮里是什么声响？
是山杨树落下的一地叮当，
其中有项链、戒指和耳环，
还有珍珠像朝露般闪亮。

秋风渐起，秋雨也飘零，
光光的枝梗东摇西晃……
树林像是个暴戾的长官，
烧焦的眉毛留在他脸上……

淳厚的修士为了美少女
采撷了硕大圆润的珍珠——
对自己先父母的一番回忆，
他却把它们失落在路途。

1911年[1]

渐渐的，他的诗歌里表现了为保全这美好的大自然，为保全大地上的所有生灵而发出的忧心忡忡的情思。同时他的诗歌中也就充满对古代文化及宗法制度的怀恋，流露出消极、怀疑、失败、灭亡的情绪。有的评论家指出，克雷奇科夫的诗歌笔调细腻，情致精妙，有着无可挑剔的韵感，轻吟低唱的乐感，无拘无束的纵横感，错落有致的层次感，色彩丰润的画面感，显得青春、鲜润、欢快，甚至有些怪异。从他那朴素直白的诗行中隐隐散发出乡间辽阔的原野上特有的黑土地的芳香。

克雷奇科夫诗歌的思想风格和当时其他新农民诗人的诗风是连成一体的，尽管他们之间还没有更多的联系。

第一次世界大战打响了。1916 年克雷奇科夫应征入伍，到过西方前线。这些经历充实了他的创作思想和素材。这一时期他结识了克柳耶夫、叶赛宁和奥列什。战争结束时他的军衔是准尉。1919~1921 年克雷奇科夫生活在克里米亚，1921 年来到莫斯科，基本上都在《红色处女地》杂志工作。十月革命后的诗歌创作主要有诗集《杜勃拉芙娜》（«Дубравна» 1918)、《家园之歌》(«Домашние песни» 1923)、《神秘的客人》（«Гость чудесный» 1923)、《护身符》(1927)、《在仙鹤家作客》（«В гостях у журавлей» 1930)， 这些诗集继续

1. 《俄罗斯白银时代诗选》，顾蕴璞编选，花城出版社，2000 年，381 页。

和深化着他早年的诗歌主题，反映了第一次世界大战和十月革命给他深刻印象。被摧毁的农村、无家可归的孤独流浪者，是他诗歌的基本主人公。而且在这一时期，克雷奇科夫的诗歌中出现了一种更加绝望的音调。这就是对古老罗斯的大自然在机器文明的压榨下毫无出路的哀号。克雷奇科夫预感到工业文明将给农村和大自然带来的悲剧。

我们离开了自然之路，
失去了星辰闪烁的标志……
它们年复一年地移动，
却没有改变原来的位置。
我们的路——钢铁铺就
既没有小径，也没有通途，
在何处才能遇见上帝
人类的救世主！
现在我们也能像鸟一样飞翔，
我们给四轮农车安上了翅膀，
野兽惊恐地朝这边张望，
人也会飞翔！
让一切对我们愈发恭顺
不论河川，还是空气、火焰：
给伊利亚的烈马套上缰绳
任凭它在马厩里咆哮嘶鸣！
让我们把地球上如山的钢板，
统统投进炉火熔炼—
我们在给世界打造门锁，
但我们自己却需要一把钥匙！
蓝色的密幕被远远抛开，
我们把现实与梦呓搅拌
在痛苦的幻境中目送
一道彗星滑过的光焰！[1]

“钢铁时代”驱赶着农民离弃家园、土地，连林妖都带着所有的野兽和禽鸟离开森林，大地一片凄凉丑陋。当人和大自然分离之时，人类绝不是胜利者，克雷奇科夫的诗歌呼出的不仅仅是农民的心声：

1. 《克雷奇科夫与新农民诗歌》，马卫红，四川外国语学院学报，2005 年，5 期，59 页。

“人类生活变得乏味贫穷，
命运多舛，心灵冷淡。
每个人都在暗自忧伤：
熊窝多舒适，
里面住着一对公熊和母熊。
房门长着耳朵，墙壁在注视我们。
心灵蒙上云翳，爱情喑哑无声，
为什么追随爱情的是背叛，
而酒却如血一样红……”[1]

这些诗句自然完全违背了那个时代的潮流，以“拉普”为代表的文坛主流势力不可能允许这种声音的存在。1925 年之后，克雷奇科夫除了写作诗歌，还转向小说创作。1925 年他创作了《糖样的德国人》（«Сахарный немец»），1932 年以《最后的列尔》（«Последний Лель»）的书名发表。这期间他还进行了一些文学批评活动。30 年代克雷奇科夫被称为富农思想家，只能从事文学翻译，1937 年肃反运动中克雷奇科夫被捕，并于当年 10 月 8 日以捏造的罪名宣判死刑，当日执行。1956 年给予平反。

诗学特征

新农民诗歌作为一种文学思潮，首先值得注意的是它的题材主题的特征，这就是对农民自己的生活世界、农民自己的立场、农民独特的世界感知和在世间的地位、使命的自信和高扬。

在俄国的文学传统中，农民诗歌一直处于边缘的地位。而新农民诗歌则着意地、鲜明地、高扬地突出农民独特的世界感知和对世界的态度，它显示出农民对自己立场的自信。它确信正是农民才真正代表着俄罗斯、代表着俄罗斯人民和俄罗斯传统文化。

新农民诗歌生动地描绘出农民的世界。农村的日常生活场景、农民的风俗习惯、节庆礼仪、民间传说、大地和天空与大自然天生万物的紧密联系，这就是俄罗斯。俄罗斯农民传统文化正是在新农民诗歌中得到百科全书式的展现。农民的语言、农村日常习俗的词汇自然地进入他们的诗歌。这里体现着农民的自我意识和自信，凸显为新农民诗歌的基本特色。

在新农民诗歌里，诗人自信农民是知晓天堂之路的人，是被神选中的。

1. 《克雷奇科夫与新农民诗歌》，马卫红，四川外国语学院学报，2005 年，5 期，61 页。

农民被赋予一种使命，诗人要引领俄罗斯人和全世界人进入一个新的基督之乡。克柳耶夫、叶赛宁甚至感到自己就有一种预言的力量，他们的诗歌具有沟通和理解上帝的力量。叶赛宁就说过，他是一支神笛。

克柳耶夫把自己和自己的农民兄弟称为“亚当的头生子”、是“基督的代言人”，他自己是“为上帝效力的自由人”。他预言“金黄麦穗的世纪”就要到来。

“永恒的世纪就要来到，
金黄麦穗的世纪就要降临。”[1]

新农民诗人把农民的世界等同于俄罗斯，而俄罗斯则肩负着救世主的使命。在他们的信念中，俄罗斯就是这天堂降临的地方，就是这“光明的城市”。例如：

“啊，金色的方舟，
啊，光明的城市
——从东方到日暮的俄罗斯。”

《俄罗斯咒语》1918[2]

而同时，这些新农民诗人努力凸显农民立场和知识分子立场在思想方法和创作上的对立，以此确立新农民诗歌在文坛上的独立不羁的地位。虽然克柳耶夫和叶赛宁都受过勃洛克的影响和提挈，但是克柳耶夫在通信中仍指责勃洛克不理解人民（也就是农民），而叶赛宁更是扬言“把勃洛克当个俄国人是一种误解”，“他没有对俄国的真正的感知”，“他对俄国的态度是我不能满意的”[3]。叶赛宁戏称勃洛克是“荷兰人”，在1917年6月24日给希里亚耶维茨的信里，他断然划清“我们”（农民）和知识分子的界限：“他们和我们根本就不是一种人，我觉得他们的根子要比我们农民，这些烧不毁的灌木扎的浅得多，因为我们是西徐亚人[4]，我们是用安德烈 · 鲁布廖夫的眼睛观看，采纳了拜占庭文化和科兹玛 · 印地科普洛夫的圣书，里面包含着我们那些老太婆关于大地撑在三条鲸鱼上的信仰。而他们呢，全都是些浪漫儿，他们全是些西欧派。他们要的是美国，而我们要的却是日古利丘陵上那树林里的

---

1. 《俄罗斯白银时代诗选》，顾蕴璞编选，花城出版社，2000年，361页。
2. 《俄罗斯白银时代文学史》（第四卷）俄罗斯科学院高尔基世界文学研究所编写，谷羽、王亚民等译，敦煌文艺出版社，2006年，260页。
3. 《叶赛宁评传》，吴泽霖，浙江文艺出版社，1999年，108页。
4. 西徐亚人是具有伊朗血统的一支游牧民族，公元前8世纪至前7世纪从中亚迁徙至俄罗斯南部，以现今克里米亚为中心建立了一个富裕而强大的帝国。这个帝国延续了500多年，至公元前4世纪至前2世纪西徐亚人被萨尔马特人 (Sarmatian) 征服才覆亡。

歌声和斯捷潘·拉辛的篝火。”[1]

这里，叶赛宁是在对比勃洛克的诗《新美国》和希里亚耶维茨的诗《拉辛的悬崖》，由此生动地阐明他们所代表的农民和知识分子的意识形态的根本分歧，而农民才代表着俄罗斯文化之根。

其二，强烈的宗法传统意识、浓重的宗教意识，是新农民诗歌的又一特征。它们在新农民诗歌中绝不表现为与世隔绝的固守传统，而是敏感地反映在对时代的思索、对革命和工业化的态度上。一些新农民诗人，如克柳耶夫、克雷奇科夫，都是旧教派出身，叶赛宁也自认从小受到家庭旧教文化的熏陶。这就使新农民诗歌反映出对东正教的，特别是其中异端教派（比如鞭笞派、阉割派）的思想的信仰。诗歌中的有些思想也和列·托尔斯泰主义思想接近。

宗教的主题和情节是新农民诗歌最突出的主题和情节。东正教的形象充满他们的诗歌。圣经是他们的思想和灵感的最广阔来源。甚至从诗歌的题目也可以看出这一点，如叶赛宁诗歌中诸如此类的题目比比皆是：《同志》《三一节的早上》《亡灵节》《奥特恰尔》《约旦河的鸽子》《四旬祭》《变容节》《乐土》《乡村日课经》，等等。

天堂是新农民诗歌中的一个极为珍重的思想和形象。农村的大自然、农村的生活和农民的小木屋都是和天堂紧紧联系着的。克柳耶夫在他的《农舍——人间圣地……》中把农舍视为“人间圣地，那里有壁炉后的秘密和天堂”。在这些新农民诗歌中，农舍中的高板床、顶棚等等往往和天上的世界联系在一起，上帝的形象和农民的生活、劳动联系在一起。伊万诺夫-拉祖姆尼克在《两个俄罗斯》一文中就说，这些新农民诗人是“真正的末世论者，不脱离现实而是脚踏实地、思想深刻、具有人民性的”[2]。这些以西徐亚人自比的新农民诗人们以他们激进主义的宗教眼光观察俄国的革命运动，在他们的末世论的意识中，对天堂的信仰和追求与革命联系在一起，给革命染上一层宗教的色彩。他们希望在革命中实现农民的天堂。这就使他们的天堂的思想获得了历史的语境和时代的特色。他们甚至和无产阶级诗人们一道歌颂暴力革命。在克柳耶夫的诗歌中，革命是“复活的盛宴”，而列宁则怀着和自己一样的“旧教徒的灵魂”；叶赛宁则把基督教的爱的学说赋予革命。“为了自由，为了和平，为了劳动”，婴儿耶稣和起义者并肩战斗而壮烈牺牲。

然而，从怀着实现农民天国的激情咏颂革命的诗歌到理想失落的哀歌，

1. «Собрание сочинений в 6 томах» (т.6), Есенин С.А, Художественная литературта, 1979, С.81.
2. 《俄罗斯白银时代文学史》（第四册），俄罗斯科学院高尔基世界文学研究所编写，谷羽、王亚民等译，敦煌文艺出版社，2006 年，259 页。

在新农民诗歌中只有咫尺之遥。新农民诗歌很快又回到对工业文明的诅咒和对世界末日降临之地 —— 农村的哀歌。叶赛宁站在“木头的”“麦秸的”俄罗斯的立场上，断然地拒绝“钢铁世纪”的到来。吟出“我是乡村最后一个诗人”：

我是乡村最后的一个诗人，
质朴如诗中简陋的木桥。
伫立在落叶缤纷的白桦林间，
参加它们诀别的祈祷。
……
不久将走来一个钢铁的客人，
踏上这蓝色田野的小道。
这片注满霞光的燕麦，
将被黑色的铁爪掠掉。

这铁爪是没有生命的异类，
有你们在，我的诗就活不了！
只有那骏马般滚滚的麦浪，
还在为老主人哀号。……[1]

其三，作为后象征主义时期的一个文学思潮，新农民诗歌对象征主义的借鉴和发展是显而易见的。对理性的排斥，对直觉的崇尚，特别是渗透诗歌的宗教神秘主义感受，都和象征主义有着千丝万缕的联系。甚至可以说，象征主义在艺术描写中所呈现的现实世界与神的世界的结合，在新农民诗歌中达到了独特的 —— 农民的世界观的高度。

不过，新农民诗歌中的象征主义因素，特别是它的思想资源，更多地是来自俄罗斯古老文化传统，取自民间风习和神话，是对古老罗斯文化的记忆，是基于农民意识中的生动的幻想。克柳耶夫的组诗《农舍之歌》就使他获得“天生的象征主义者”的称号（格罗杰茨基）。在组诗里，农舍、教堂和宇宙形成一个多维的世界。在克柳耶夫的意识里，农民的世界就是俄罗斯的形象，而俄罗斯扮演着救世主的角色，又具有女性的本质。在他的诗歌里，俄罗斯或者体现为“目光严厉的妻子”，或者是母亲，是爱女。

中国、欧洲、北方和南方

1. 《俄罗斯白银时代诗选》，顾蕴璞编选，花城出版社，2000 年，426 页。

相逢在宫殿，像女友跳环舞一样，
以便把深渊和穹庐连在一起，
俄罗斯是母亲，拯救者是上帝。

《运送太阳的人之歌》1918[1]

而在叶赛宁的想象中，孕育着革命的俄罗斯，产下了小马驹，而诗人在诗中也面对天上滚滚的云彩呼道：

“上帝，你生个小牛犊吧！”（《变容节》）

叶赛宁的宇宙主义思想与其说来自象征主义，不如说更源于历代农民对于天堂的想象，源于《圣经》的传统。

新农民诗歌仅在20世纪初存在了不到短短的20年时间，而且在俄罗斯20世纪文学史研究中一直没有得到应有的重视。但是，随着时代的发展，它越来越受到关注。因为在后工业化时代所面临的社会危机、文化危机、生态危机中，人们必然想起新农民诗人所思考、所描绘、所预言的东西。

参考文献：

1. Азадовский К. М. Николай Клюев: Путь поэта[M]. Л., 1990.
2. Азадовский К. М. «Гагарья судьбина» Николая Клюева[M]. Инапресс, СПб, 2004.
3. Базанов В. Г. С родного берега: О поэзии Н. Клюева[M]. Наука,Л.,1990.
4. Дитд. В. Ф. Есенин в Петрограде-ленинграде [M]. лениздат, Л., 1990.
5. Есенин.С. Собрание сочинений в 6 томах[C].Художественная литератуpта, M.,1979.
6. ЕсениС.А. В воспоминаиях современнико в двух томах[M]. художественная литература, M.,1986.
7. Звентов.И. Три позта этюы и очерки[M]. Советский писатель, M.,1984.
8. Клюев Н. Исследования и материалы[C]. M.,1997.
9. Клюев Н. Образ мира и судьба: Сб. ст.Сибирика[C]. Томск, 2005.
10. Маркова Е. И. Творчество Николая Клюева в контексте севернорусского словесного искусства. Петрозаводск: 1997.Пономарева 9.Т. А. Проза Николая Клюева 20-х годов[C]. M.,1999.
11. Солнцева Н. М. Странный эрос: Интимные мотивы поэзии Николая Клюева[M]. Эллис Лак, M.,2000.
12. Прокумев Ю. Сергей Есенин образ.стихи.эпоха[M]. Современник, M.,1996.
13. Русская литература XX века, Очерки. Портреты. Эссе[C].под редакцией ф.ф.Кузнецова Просвещение, M., 1994.
14. Художественная аксиология новокрестьянской поэзии первой трети XX века[J/ol]. http://slova.org.

1. 《俄罗斯白银时代文学史》（第四册），俄罗斯科学院高尔基世界文学研究所编写，谷羽、王亚民等译，敦煌文艺出版社，2006年，279页。

ru/mandelshtam/index/
15. Яцкевич Л. Г., Головнина С. Х., Виноградова С. Б. Поэтическое слово Николая Клюева[C].Русь, Вологда, 2005.
16. 俄罗斯科学院高尔基世界文学研究所.俄罗斯白银时代文学史[M].（第四册）谷羽、王亚民等译，兰州：敦煌文艺出版社，2006.
17. 顾蕴璞.俄罗斯白银时代诗选[C].广州：花城出版社，2000.
18. 李辉凡，张捷. 20世纪俄罗斯文学史[M].青岛：青岛出版社，1998.
19. 马卫红.克雷奇科夫与新农民诗歌[J].四川外国语学院学报，2005（5）.
20. 吴泽霖. 叶赛宁评传[M].杭州：浙江文艺出版社，1999.
22. 叶赛宁.玛丽娅的钥匙[M].吴泽霖译，北京：东方出版社，2000.
23. 张捷.十月革命前后苏联文学流派（上编）[C].上海：上海译文出版社，1998.

第8章　现实艺术协会
Глава 8　ОБЭРИУ

现实艺术协会（ОБЭРИУ）是20世纪20年代末期一个少为人知的先锋文艺团体。这一团体是继象征主义、阿克梅主义和未来主义之后的又一杰出文学流派代表，它发展了现代主义文学所开创的荒诞和离奇，通过对语义、语法、逻辑、因果关系、决定论等基本认知要素的解构，建立起全新的认知事物和世界的荒诞诗学。有人将他们比为卡夫卡和贝克特，把他们的创作称为"荒诞文学"，也有人将他们视为表现主义者，将他们的创作直接纳入表现主义美学体系。[1] 2003年出版的《20世纪文化百科词典》对现实艺术协会的评价是："他们在诗语研究方面超越了所有前人，在戏剧领域则比欧洲的荒诞戏剧早了40年。"[2] 而且，有一种更为普遍的观点认为，现实艺术协会的荒诞诗学开启了俄罗斯后现代主义文学的先河。[3]

历史沿革

现实艺术协会成立于20年代后期，当时的历史背景是十分特殊的。一方面，政府刚开始加紧对文学的控制，书刊检查日渐严格，20年代早期形成的相对自由的创作环境正在逐步消失。另一方面，还允许一些文学和戏剧演出，诗人和作家们还没有被归入苏联作家协会的管辖之下，社会主义现实主义也没有被定为唯一的创作方法，而且"文学团体"这一概念本身还没有被赋予反苏的意义。正是在这种情况下以哈尔姆斯、维坚斯基、巴赫捷廖夫（И. Бахтерев 1908-1997）、列文（Б. Левин 1904-1941）以及瓦吉诺夫（К. Вагинов 1899-1934）为代表的一批作家于1927年秋天成立了著名的现实艺术协会。后来，又有弗拉基米洛夫（Ю. Владимиров 1909-1931）加入该团体。

现实艺术协会创立的初衷是要容纳先锋艺术的各种形式，协会内设有诗歌部、戏剧部、电影部，还计划开设音乐部和绘画部。1928年1月在《出版

1. «Объединение Реального Искусства», Арндт М.//Грань, 1971, № 81, С.45-83.
2. «Энциклопедический словарь культуры XX века», Руднев В., АГРАФ, 2003, С.298.
3. «Постмодернизм в русской литературе», Андреева И.С.// http://www.fege.narod.ru/librarium/andreeva.htm

之家海报》杂志上刊登了一篇作者署名为扎博洛茨基[1]的现实艺术协会的宣言，其中确立了现实艺术协会的基本艺术原则，而且对协会的每个成员都作了点评。这篇宣言表明，现实艺术协会倾向于先锋艺术，如费洛诺夫的绘画、马列维奇的建筑、捷列契耶夫的导演艺术。他们反对传统艺术方法和艺术原则，主张建立新的世界感受和新的诗歌语言。他们认为新艺术的主要特点在于对待事物的新方法，即“对事物和现象的具体而物质的感受”。现实艺术协会的新视角激发了艺术的认知潜能。正如他们自己所说：“我们通过自己的创作拓展并深化事物和词语的意义，绝不损害它们的意义。艺术的真正财富在于那些剔除了文学和日常生活外壳的具体事物……世界被无数傻瓜的语言所污浊，深陷于各种痛苦和感受的泥潭，如今它要以完全洁净的具体形式而复活。其复活的条件是要以自然的眼光去看待它，遵循的不是生活的逻辑，而是艺术的逻辑。”[2]

宣言发表后当月的 24 日，现实艺术协会的成员在列宁格勒上演了一场名为“左翼文学三小时”的晚会。这场晚会体现了现实艺术协会将绘画、音乐、戏剧以及电影等各种艺术形式融为一体的思想。晚会的第一个小时是读诗，据说哈尔姆斯是坐在舞台的柜子顶上读诗的；第二个小时演出了哈尔姆斯专门为晚会创作的荒诞戏剧《伊丽莎白 · 巴姆》（«Елизавета Бам» 1927），该剧人物不合逻辑，情节荒诞离奇，语言犀利多变；第三个小时展示了电影导演明茨与拉祖莫夫斯基的电影《绞肉机》，这是一部由纪录片废弃的胶片剪辑组合而成的电影。之后协会的成员与观众进行了热烈的讨论，据巴赫捷廖夫证实，讨论一直持续到第二天凌晨。这场晚会得到了先锋派的肯定与赞赏，同时也被官方媒体《红色报》大加挞伐。

此后开始了现实艺术协会的正史，但也只有短短的三年时间(1928~1931)。最初两年，哈尔姆斯和维坚斯基还能时常在大学生宿舍或这种俱乐部的小型晚会上朗诵自己的诗作，并且在马尔夏克的帮助下，他们可以靠写一些儿童故事和诗歌为生。1929 年哈尔姆斯和他的朋友打算出版他们的作品集《阿基米德的浴缸》（«Ванна Архимеда»），但是遭到形式主义者们的反对，他们认为文集中除了扎博洛茨基、哈尔姆斯和维坚斯基的作品外，其他人都不值一提，于是出版计划搁浅。1930 年初，现实艺术协会成员被禁止在列宁格勒的各大广场演出。他们最后一次公开演出是 1930 年 4 月在列宁格勒大学的学生宿舍楼内，这次演出招致了《接班人》报蓄谋已久的恶毒

1. 实际上，这个宣言是现实艺术协会成员集体劳动的结晶，扎博洛茨基只撰写了宣言的两个部分，他更多地充当了组织者和编辑的角色。见 «Ванна Архимеда», составитель А. Александров, Художественная литература, 1991, С.6.
2. «Манифест обэриутов», изд. Афиши Дома печати, 1928, № 2, С.11-13.

攻击："这是与我们不共戴天的人的诗歌，是阶级敌人的诗歌。"[1]受这一事件的影响，哈尔姆斯、维坚斯基和巴赫捷廖夫等人于 1931 年底被捕，罪名是"从事有害的儿童文学创作"，团体因此解散。所幸的是，当时国内形势还不太严峻，哈尔姆斯和维坚斯基只是被流放到库尔斯克，而且住在一起。后来在哈尔姆斯父亲的斡旋下，两人于 1932 年秋获准返回列宁格勒。

从 1932 年开始，昔日现实艺术协会的成员们已经不可能有任何的团体创作活动了。每个人都在默默地进行着"抽屉写作"，到 30 年代中期他们开始每逢周日在哲学家利帕夫斯基（Л. Липавский 1904-1941）家里举行定期聚会。由于讨论的话题各异其趣，所以聚会的成员也并不固定。一年半后，由于国内紧张的政治局势，特别是 1934 年基洛夫被暗杀之后，所有形式的聚会都被视为反对派的阴谋活动，现实艺术协会成员们不得不终止了这种危险的活动。后来，利帕夫斯基将他们聚会时谈论的哲学和文学话题结集出版，定名为《谈话集》（«Разговоры»）。

1934 年维坚斯基与妻子伊万特尔离婚，两年后与在南方认识的哈尔科夫姑娘维克多罗娃结为伉俪。维坚斯基去了妻子所在的哈尔科夫，并一直待到去世。哈尔姆斯和维坚斯基在 30 年代末的情况较为相似：诗歌创作上转向情节性，更为"清晰明了"，而生活上都变得更加拮据。1937 年两个人都遭到清洗：哈尔姆斯因为儿童诗歌《从家里走出了一个人……》（«Из дома вышел человек...»），维坚斯基因为儿童小说《小姑娘玛莎的故事……》（«О девочке Маше...»）。这两部作品都不符合"苏维埃儿童文学"的标准，在哈尔姆斯的诗歌里，从家里出来的人突然失踪了（请注意这是 1937 年的苏联）；而在维坚斯基的作品里，小姑娘玛莎上街参加"五一游行"，由于个子矮小只能看到人们的腿……这被认为是对苏维埃社会的讽刺和挖苦。于是，两位作家被禁止发表作品，而这意味着他们失去了唯一的生活来源。从这一时期哈尔姆斯的日记和维坚斯基的信件里我们可以看到两位诗人的生活窘况。

尽管如此，现实艺术协会的成员们在 30 年代创作出了自己最优秀的作品。扎博洛茨基完成了自己的荒诞哲理长诗《农业的胜利》（«Торжество земледелия» 1930-1931）以及《花儿的神圣飞行》（«Священный полет цветов» 1930）。维坚斯基写了戏剧长诗《证人和老鼠》（«Очсвидсц и крыса» 1933）、《一些谈话》（«Некоторое количество разговоров» 1937），以及戏剧《伊万诺夫家的枞树》（«Елка у Ивановых» 1938）和《哀诗》（«Элегии» 1940）。哈尔姆斯从 30 年代中期实际上已经完全转向了小说创作，并创作出《偶发事件》

1. «Реакционное жонглерство (об одной вылазке литературных хулиганов)», Нильвич Л.//Смена, 1930, 9 апр.

(«Случаи»）系列以及具有深刻意义的中篇小说《老太婆》(«Старуха» 1939)。

30年代既是现实艺术协会成员们创作成熟的年代，也是他们悲剧命运接踵而至的年代。1931年年仅22岁的弗拉基米洛夫死于结核病，1934年瓦吉诺夫由于同样的病症离开了人世。1937年团体的非正式成员奥列依尼科夫(Н. Олейников 1898-1937）被指控参加托洛茨基分子的活动，被捕后不久，这位团体中唯一的共产党员便被处决了。一年后扎博洛茨基被捕，并被关入集中营，直到1944年才释放。现实艺术协会的两个核心人物哈尔姆斯和维坚斯基的悲剧命运非常相似：两人都是在1941年8月被捕，不同的是哈尔姆斯在处于被围困的列宁格勒，维坚斯基在哈尔科夫。哈尔姆斯1942年死于列宁格勒的监狱医院，而维坚斯基则在德军攻占哈尔科夫之前的疏散中丧命。这两位核心人物的辞世标志着该协会艺术创作的终结。

总的来说，现实艺术协会在文学史上地位十分独特：和其他知名团体不同，现实艺术协会完全是人为地从时代文学的发展中被清除出去，其成员在生前不仅得不到承认，甚至连发表作品的地方都没有。他们的作品直到1960年代才开始在西方出版，20多年后在自己祖国问世。值得欣慰的是，自1980年代末以来，他们的作品吸引了越来越多的读者和研究者，他们在俄罗斯文学中的地位也愈发显著。

代表作家和创作简介

1. 哈尔姆斯

哈尔姆斯，1905年12月17日生于俄国圣彼得堡。哈尔姆斯是他的笔名，其真实姓氏是尤瓦切夫（Ювачев）。父亲伊万·尤瓦切夫是一个作家，民粹主义者和政治苦役犯，后来成为科学院的通讯院士。母亲娜杰日达·科柳巴金娜出身贵族，曾任一所福利院的院长。哈尔姆斯曾就读于圣彼得德文学校，熟练掌握了德语和英语，并醉心于阅读德国和英国作家的作品。1922年他转到姨妈任校长的一所中学读书。1924年他考入列宁格勒电子技术学校，一年之后，他决定放弃学业，全身心投入文学创作活动。

早期的哈尔姆斯偏爱未来主义诗人赫列布尼科夫、克鲁乔内赫以及图凡诺夫（А. Туфанов 1877-1941）等的“超理性诗学”。1925年初，哈尔姆斯与图凡诺夫结识并加入以其为首的“超理性诗人团体DSO”。图凡诺夫独特的文学观念对初出茅庐的哈尔姆斯产生了不小的影响。在他的“将生活戏剧化”观念的指导下，哈尔姆斯创造出一个高尚的怪人形象：身穿双排扣的坎肩，高尔夫球裤，牙齿叼着沉重的烟斗，行为怪异，让人侧目。另外，图凡诺夫的诗学观念，即意义变化流动的技巧，断裂不连贯的结构，也在哈尔姆斯的艺术实践中有所体现。但是哈尔姆斯并没有完全模仿老师，而是一开始就表现出自己的风格：他并不像图凡诺夫那样在诗歌的语音原则方面大做文章，而是更关注语义原则。同年他与独立诗人维坚斯基交好，并于1926年和维坚斯基一起创建了室内社团“契纳利”（Чинари），成员有哲学家德鲁斯金（Я. Друскин 1902-1980）和利帕夫斯基，还有后来做了儿童杂志《刺猬》编辑的诗人奥列依尼科夫。

1926年，哈尔姆斯的诗作《铁路上的偶发事件》（«Случай на железной дороге»）首次在一本诗集中刊出。次年，另一首诗《彼得·亚什金之诗》（«Стих Петра Яшкина»）在诗集《篝火》中刊出。1928年1月，《出版之家海报》杂志发表了“现实艺术协会”的宣言，随后哈尔姆斯创作的戏剧《伊丽莎白·巴姆》在“现实艺术协会”举办的“左翼文学三小时”晚会上上演，引起很大轰动。“现实艺术协会”的宣言中对哈尔姆斯的创作有如下注解：“哈尔姆斯作为诗人和剧作家，其关注的重心不是静态的形象，而是物体间的冲突和相互关系。行动赋予了物体全新的、充满现实意义的具象。而这一行动在自身中保留了‘古典’的印记，同时又展现出现实艺术世界感受的广度。”[1]从这段注解中可以发现哈尔姆斯诗学的两个特点：动态性、现代主义非逻辑性之下的传统基础。

哈尔姆斯同期创作的戏剧鲜明地体现了他艺术创作中的传统与创新。在《彼得堡城市喜剧》（«Комедия города Петербурга» 1926-1927）中，哈尔姆斯通过荒诞和黑色幽默将革命后的彼得格勒与暴力和杀戮相连。“无底的城市彼得格勒”这一原型让人很容易想起19世纪一系列彼得堡题材的作品。哈尔姆斯改编了众多文化形象：麦谢尔斯基公爵套用了《聪明误》中恰茨基最后的话语（“罢了，罢了！从这些地方滚开。/ 简直是耻辱，我不会再重蹈覆辙了！），而奥别尔尼别索夫对玛利亚的爱也可以看成是圣灵感孕的狂欢版。创作于1927年的戏剧《伊丽莎白·巴姆》（剧名显然是取自于20世纪初圣彼得堡知名民间木版画女画家伊丽莎白·比奥姆），在很大程度上开创了欧洲荒诞戏剧的先河。戏剧的情节结构表现了卡夫卡式的荒诞：司法机关平白无故地拘捕无辜的女主人公。随着情节在言语中展开，形象不断变化，人物也在不断改变自己的舞台面貌。这部剧作对哈尔姆斯后期的小说创作有着明显的影响，不同的是，在该剧中人生存的荒诞性被滑稽表演所掩盖，而在小说中生存的荒诞则完全展示于对现实的自然主义描写之中。

哈尔姆斯的小说创作始于20世纪20年代末，其作品总的基调是荒诞。

1. «Афиши Дома печати», 1928, № 2, С.12.

这种荒诞既是对果戈理《鼻子》中开创的荒诞风格的继承，又是对世界不连贯性与时间零散性的时代感受。扎米亚京在《新俄罗斯散文》中谈到了文学对这种时代感受的反映：从日常走向存在，从物理走向哲学，从分析走向综合。他号召作家们使用综合的艺术手段：幻想式的荒诞，非理性的场景。

哈尔姆斯走的正是这一创作路线，他的故事在情节上缺乏连贯性，逻辑上缺乏因果关系，生死缺乏明显的界限。他有一则小说是这样开头的："一只苍蝇迎面飞撞在正从旁奔跑的先生的头上，它穿过了他的脑袋，从后脑勺一跃而出。"这第一句话作者就为所创造的艺术世界定下非现实的、荒诞的调子，因为苍蝇像子弹一样能够穿透人的脑袋，人却没有死，而"只不过感到万分惊讶：他似乎觉得有什么事成为他自我反思的对象：'这是怎么回事？我明明听到脑子里有呼啸声，真叫人莫名其妙，让人百思不解发生了什么事。不管怎么说，感觉很古怪，像一种头痛。但我不愿再想这事，还是继续自己的奔跑吧。'"在这个"自我分析"的尝试中透露出"现实艺术协会"的审美实质：这是个奇怪的世界，让人无法理解"发生了什么事"，作家与其人物不想对这个世界作出解释，但愿意指出确有一种"古怪的感觉"，并且不打算思考它并准备"继续自己的奔跑"。至于"往哪儿跑？为什么跑"，作品不但没有回答，甚至连提都没提。[1]

哈尔姆斯小说创作的高峰是系列作品集《偶发事件》。该文集收录了他1933~1939年间创作的30篇作品。在这些体裁各异的作品里，哈尔姆斯揭示了所处世界的荒诞不经。作者没有像以前那样，通过类似于童话故事中的偶然性游戏来表达荒诞，而是通过人日常存在的悲剧性本质来揭示荒诞。在这里偶然性是存在的本质属性，变形是主要的美学原则，叙事的未完成性则是生命无意义的鲜明表达。人在哈尔姆斯的小说中是一维的，他们就像火柴盒里的火柴，千人一面，没有灵魂。他们的生命平凡低贱，毫无价值，可有可无。所以在这个系列里最常见的主题就是杀戮、暴力、死亡和消失，如"一个猎人撕断另一个猎人的大腿而对方没有痛感"（《捕猎者》），不知为何"从窗口不断有老太婆跳下，总共六个，都摔死了"（《跳楼的老太婆》），"季卡凯耶夫从钱包里拿出最大的一根黄瓜并用它去砸科罗迪金的脑袋"（《商店里正在卖什么》），"科什金同志围着马什金跳舞，突然马什金同志大叫一声扑向科什金，用拳头猛击科什金的脑袋，直至将其打死"（《马什金打死了科什金》）。在艺术手法上，《偶发事件》系列丰富了荒诞艺术，深化了对荒诞的理解，尤其在对日常生活描写方面，哈尔姆斯达到了卡夫卡悲剧式荒诞的高度。在

1. 《20世纪俄罗斯文学》，符·维·阿格诺索夫主编，凌建侯等译，中国人民大学出版社，2001年，163页。

短篇小说《梦》中，卫生委员会在检查住宅卫生时看见了卡卢金，发现他不卫生并且毫无用处，于是命令住宅租赁合作社将卡卢金和垃圾一起扔掉。人们把卡卢金对折叠放，然后像垃圾一样扔掉。此外，哈尔姆斯还尝试了其他一些先锋艺术手法，比如《曾经有一个火红色的人》和《相遇》中对读者的游戏，《历史事件》中对当时流行的历史小说的戏仿，《普希金生活中的笑话》对大众思维定势的讽刺。

1939 年哈尔姆斯创作了中篇小说《老太婆》。在这篇魔幻现实主义风格的作品中融合了作家多种创作兴趣，既有卡夫卡式的“无罪受刑”的观点，也有众多俄罗斯作家的“彼得堡故事”的影响，在主题上偏向于神秘主义哲学。

哈尔姆斯生前发表的作品主要集中在儿童文学领域。1927 年末他受邀为儿童文学杂志《刺猬》撰稿，到 1930 年他共发表了大约三十篇诗歌和短篇小说，其中有《伊万·伊万诺维奇·萨玛瓦尔》(«Иван Иваныч Самовар»)、《首先和其次》(«Во-первых и во-вторых»)、《游戏》(«Игра»)、《说谎者》(«Врун») 等。1930 年 1 月儿童文学杂志《黄雀》问世，哈尔姆斯成为该杂志的固定撰稿人。他的儿童文学作品风格独特，既有天真的游戏，又有对成人世界的讽刺隐射。这使得他在文学界声望增加的同时又面临着外界现实的压力。1931 年 12 月，哈尔姆斯以涉嫌参与反苏活动的罪名被捕，在集中营里被关押至 1932 年 6 月 18 日。同年 7 月 13 日被流放到库尔斯克，在父亲的斡旋下于 11 月 18 日返回列宁格勒。自 1933 年下半年起他继续在《黄雀》杂志上发表幽默作品，同时也积极创作“写入抽屉”[1] 的短篇小说。1934 年他加入苏联作协，继续创作儿童文学作品，同时从事一些翻译工作。1936~1937 年他在《黄雀》杂志上发表的一些作品以及自己翻译的儿童文学作品《普利赫与普留赫》遭到《儿童文学》杂志的批评，后者认为哈尔姆斯的儿童文学创作没有政治立场。1939 年他被迫写了几首政治正确的诗来证明自己的政治信念：“我哪里都不想去／我只想留在苏维埃祖国！”[2] 1941 年 8 月，在被围困的列宁格勒城内，哈尔姆斯再次被捕，罪名是“进行失败主义宣传”。据说，在他的文章中有这样的字眼：“苏联从战争的第一天就已经失败了。列宁格勒要么被围困至全城人都饿死，要么被炸成一片废墟，寸草不生。”[3]被捕后，哈尔姆斯开始装疯（也许这是他最后的游戏），结果被送入监狱的精神病院，半年后死在那里。

哈尔姆斯的档案由他生前好友德鲁斯金保存。1960 年哈尔姆斯被恢复名

1. 特指由于历史环境的限制作者不打算为发表而进行的创作。
2. 《大雁与船儿》(«Журавли и корабли»)，转引自 «Русские писатели XX века», Под ред. П.А.Николаева, научное издательство «Большая российская энциклопедия», 2000, С.725.
3. «Даниил Хармс», Кобринский А., Молодая гвардия, 2009, С.475.

誉，1989 年他的作品集首次在俄罗斯出版。哈尔姆斯的作品一经公开出版便吸引了众多的爱好者和研究者。就目前哈尔姆斯的研究情况来看，他的文学创作受到越来越高的评价。当代俄罗斯作家马克斯 · 弗拉伊曾说："俄罗斯文学有愧于哈尔姆斯……哈尔姆斯对于俄罗斯文学就像一贴膏药对于一具死尸……后来发现，哈尔姆斯如此受广大读者的喜爱。对哈尔姆斯的爱是独特的……哈尔姆斯的文学就像罗巴切夫斯基的几何学，他以一种独特的方式把语言符号在纸上摊开。在读者看来，平行的直线相交了，存在的延续性取消了，熟悉的话语失去了通常的意义，让你急着去找本合适的词典。活生生的人像影子剧院里的舞者般失去了立体性和色彩。在作者残忍的笔下，现实如同水晶玩偶受到小锤的重击而变得四分五裂……""世界一心想抓住哈尔姆斯，但终究没能成功（尽管它毁灭了哈尔姆斯的肉体，但最终没能抓住他）。也就是说，'生命以一种我所未知的方式战胜了死亡'，'就是这些'。"[1]

2. 维坚斯基

维坚斯基，1904 年 12 月 6 日生于圣彼得堡。父亲是经济师，银行职员，母亲是圣彼得堡著名妇产科医生。维坚斯基在圣彼得堡度过了自己的童年，1921 年他从彼得格勒最好的一所私立中学毕业，之后在"红十月"水电站做了半年办事员。1922 年考入彼得格勒大学法律系，后转入东方系学习汉语。

维坚斯基 13 岁开始写诗。17 岁的时候他将自己的实验性诗作寄给勃洛克，但并未得到后者的赏识。1923 年他的名字首次出现在《艺术生活》杂志上，作为未来主义新阶段的代表人物被提及。1924 年 5 月初他申请加入诗人协会，广泛结交知名诗人，如克柳耶夫、库兹明、图凡诺夫等。1925 年与哈尔姆斯结识，两人共同加入图凡诺夫的"超理性诗人团体 DSO"，次年退出该团体，成立了室内社团"契纳利"。1926 年他受邀到马列维奇的艺术文化学院工作，并与哈尔姆斯创作了剧作《我的妈妈浑身是表》。之后他和哈尔姆斯又成立了两个文学小组，一个叫"左翼"，一个叫"左翼经典作家学会"，但都是昙花一现。

1926 年，维坚斯基在"诗人协会"出版的诗集中发表了第一首诗《长诗的开头》（«Начало поэмы»），次年，他在"诗人协会"的另一本诗集《篝火》中又发表了一首诗《落难英国人的呼救……》（«Но вопли трудных англичан...»）。此后维坚斯基再也没有发表过写给成人的诗作。

1. 此处马克斯 · 弗拉伊引用的是哈尔姆斯作品中的句子，前一句来自小说《箱子》，后一句来自《彼特拉科夫的一件事》。

1927 年末，维坚斯基与哈尔姆斯等诗人成立了“现实艺术协会”，并在协会举办的“左翼文学三小时”晚会上朗诵了自己的诗歌。由于现实艺术协会的艺术原则和苏维埃政权对文学创作的要求相去甚远，维坚斯基和协会的其他诗人无法公开发表自己的作品。在这种情况下，马尔夏克和奥列依尼科夫向维坚斯基伸出了援手。他们邀请维坚斯基为自己主编的儿童文学杂志《刺猬》和《黄雀》撰稿，从此开发了维坚斯基儿童文学创作方面的潜能，短短三年的时间（1928~1931）维坚斯基就出版了 30 余本儿童书籍。

1931 年，维坚斯基和哈尔姆斯等人被捕，罪名是“从事有害的儿童文学创作”。次年 3 月维坚斯基被释放，但被勒令三年内不得在 16 个城市与边境地区居住。回到列宁格勒后，维坚斯基一直在作协的儿童部工作。这一工作不仅让他安身立命，而且为他赢得了文学声誉。维坚斯基在儿童诗歌创作方面是一个非常细腻的抒情诗人，他能精微地感知孩童的天性。他 1930 年创作的长诗《谁？》（«Кто? »）很多孩子都熟烂于心。30 年代中期，维坚斯基改写了格林兄弟的童话故事，受到青少年朋友的追捧。

1936 年维坚斯基与维克多罗娃结婚，迁居至哈尔科夫。此后时常还去莫斯科和列宁格勒办事。1941 年 9 月 20 日，维坚斯基试图举家撤离哈尔科夫，但未能如愿。9 月 27 日被人告发而被捕，之后被押往远离战火的边区，结果在去往喀山的途中遇难，死因不明。

维坚斯基的文学创作只有一部分保留了下来。其中包括哈尔姆斯的亲人转交给德鲁斯金的材料，保存在诗人哈尔科夫家里的作品，以及在国家档案馆（包括克格勃档案）找到的部分作品。他的许多手稿在他 1931 年被捕后被他第二任妻子伊万特尔销毁了，还有一些由于诗人本人保管不善而遗失。

维坚斯基在创作上属于勇于破旧立新的激进派，哈尔姆斯认为在维坚斯基的身上有一股撒旦式的破坏力，他同时代的许多人对他自由不羁的性格印象深刻。也正因为如此，维坚斯基在现实艺术协会的宣言中被归入极左派成员。宣言中还点出了他的创作特色：“维坚斯基将物体分解为各个部分，但物体不会因此而丧失自己的具体性。维坚斯基把行动分解为各个片段，行动也不会因此而丧失自己的创造规律。如果追根寻底，其结果是：无意义的表象。为什么是‘表象’？因为真正无意义的是超理性语言，而维坚斯基的创作中却没有超理性语言。需要更为好奇地、认真地研究语词意义的冲突。”[1]

“语词意义的冲突”，正是维坚斯基诗歌创作的玄妙所在。这种冲突往往会产生新的、陌生的隐喻。维坚斯基喜欢将人们意想不到的物体与行动联系

1. «Афиши Дома печати», 1928, № 2, С.12.

在一起，并以此推翻传统的隐喻构成方式。如：在《周围可能有上帝》一诗中，我们可以看到非常新颖的语词搭配：信仰拍打着冰冷的翅膀，／独自在人世上空翱翔。／麻雀从左轮手枪中飞出／嘴里叼着思想的尖端。[1]维坚斯基赋予物体与行动超乎意料和常规的意义，常常借用相邻概念的属性或是把相邻概念的属性转嫁到其他相邻的概念上，或者给它们加上孑然不同的事物或现象的特点。正是通过超乎常规的语词搭配，维坚斯基的诗歌才具有了豁人耳目的诗语表现力。

维坚斯基诗歌创作的主要工具是非逻辑性、荒诞和无意义。他自称为“无意义的权威”，想方设法地嘲弄和消解一切被赋予意义的东西，首当其冲的，就是各种既定的规范，不管是伦理方面的，还是文学传统或文学语言方面的。在他早期发表的《长诗的开头》和《落难英国人的呼救》两首诗中，时空的惯常逻辑以及因果关系完全被打破，作品似乎不知所云，如第一首诗的结尾：“死神在神父的长袍里弹奏着古斯里琴／它和腐臭沆瀣一气／听，枯瘦的篝火／猪一般的安静的科尔希达[2]／燃烧着肉。猞猁结婚了。”[3]

需要指出的是，维坚斯基的非逻辑性、荒诞和无意义不是一种艺术手法，也不是有意颠倒黑白，违反语法规范，而是诗人对诗歌思维的独特见解和表达。他在一次谈话中专门解释了自己的意图：“我有意破坏概念间的固定联系，这是前所未有的事。我想通过这种方法来批评理性，这比抽象的批评要更加有理有据。我对事物间的既有联系持怀疑态度，比如说，房子、别墅和塔是用‘建筑物’这个概念联系在一起的。也许，‘肩膀’可以和数字4联系在一起。我在自己的诗歌创作中实践了这一想法，并得到了证明。我相信事物间的固有联系并非如此，但我还说不好新联系应该是怎样的。我甚至不知道，是应该只有一个联系体系呢，还是有很多。我的基本感受是：世界是无联系的，时间是不连贯的。正是因为这一点与理性相悖，才证明了理性是无法理解世界的。”[4]

维坚斯基创作的基本主题有三个：时间、死亡、上帝。这几个主题在他所有的作品里都有体现。例如，“……印度的鬼怪／小河潺潺／两小时的死亡／向上帝须致敬”[5]。“我们听完了对死亡的描述／我们从垂死的思想家那

1. «Русские писатели XX века», Под ред. П.А.Николаева, научное издательство «Большая российская энциклопедия», 2000, С.143.
2. 科尔希达：西格鲁吉亚的古希腊语名称。
3. «Русские писатели. XX век», Под ред. Скатовой, Просвещение, 1998, С.269.
4. «Разговоры», Липавский Л., изд. Логос, 1933.
5. «Факт, теория и Бог» (1930)//«Русские писатели XX века», Под ред. П.А.Николаева, научное издательство «Большая российская энциклопедия», 2000, С.144.

里／看清了这些消息／如今，对我们的意识来说／不再有年岁的分别”[1]。时间的范畴对维坚斯基来说是最主要的，尤其是在他创作的成熟期，从1931年的《周围可能有上帝》(«Кругом возможно Бог»)到1941年的《何处,何时》(«Где. Когда»)。在《灰色笔记本》(«Серая тетрадь»)中他写道："不管对时间作简单的还是复杂的理解，我们人类的逻辑和语言都无法与之相适应……而且，可以试着记述一些东西，即便不能写时间，至少应该尝试确立一些我们对时间感受的原则。在这些原则的基础上，我们才可能明晰通向死亡之路以及走向更广阔的未知领域的途径……这是我们这些思考时间问题的人的痛苦。"[2]在同一本书中他还谈到了时间与死亡的关系：奇迹可能在死亡来临的一刻出现，因为死亡即是时间的终止。

维坚斯基的许多作品都是以诗歌和小说的组合来构建的，这种结构接近对话形式，最易于确定意义和概念，最易于“批评理性”，因为在对话争论的过程中熟悉的事物获得了新的语义形式。因此在维坚斯基的创作中有很多作品都是完全探讨意义的，如20世纪30年代后期的剧作《亡父额头的冷汗》(«Потец» 1937）和《一些谈话》。

维坚斯基写于1938年的戏剧作品《伊万诺夫家的枞树》和哈尔姆斯的《伊丽莎白 · 巴姆》一样，被誉为欧洲荒诞戏剧的先声。这部作品的荒诞性从人物表和人物的姓名就可以看出一二。戏剧中的主要人物是70岁或80岁的小男孩和小女孩。他们分别姓“花花绿绿”“蚊子”“活泼伶俐”“敏锐机智”,他们都是“气泡”夫妇的孩子。而“气泡”夫妇却比自己的孩子年纪小。本该看管孩子的女佣却杀死了“气泡”夫妇的女儿索尼娅。年仅一岁的小孩别佳却比自己的父母和其他年迈的孩子更睿智（“没关系，妈妈，生命消逝的很快、不久我们都会死去”)。一家人在准备过圣诞，但却一个接一个地死去……

总体上，维坚斯基的创作可以用“无意义之星”[3]来概括。在他那些荒诞不经的作品中掩藏着作者对现实和当下的深切思考，同时在艺术上他的先锋实验开创了欧洲荒诞戏剧的先声。阿克梅派代表诗人库兹明称维坚斯基是划时代的诗人，哈尔姆斯将他与果戈理、列 · 托尔斯泰以及赫列布尼科夫相提并论，认为他们都是“思想高于作品”的伟大作家。[4]目前维坚斯基的创作遗产还有待更加细致深入的研究。

1. «Четыре описания»(1931-1934)//«Русские писатели XX века», Под ред. П.А.Николаева, научное издательство «Большая российская энциклопедия», 2000, С.144.
2. «Полнос собрание произведений»(Т.2), Введенский А., 1993, С.79.
3. «Русские писатели XX века», Под ред. П.А.Николаева, научное издательство «Большая российская энциклопедия», 2000, С.144.
4. «Русские писатели. XX век», Под ред. Скатовой, Просвещение, 1998, С.270.

3. 扎博洛茨基

扎博洛茨基，出生于喀山一个农艺师之家。父亲信奉宗教也尊重科学，可以算是半个农民半个知识分子。母亲是一名中学老师。1910 年举家迁往维亚特卡省的乌尔茹姆斯克市，1913~1920 年间扎博洛茨基就读于乌尔茹姆斯克实验中学。扎博洛茨基自小就遍读了父亲收藏的所有俄罗斯文学经典作品，七岁时开始写诗，在乌尔茹姆斯克求学时创作了大量的戏谑和严肃的诗歌，其中包括长诗《乌尔茹米亚达》（«Уржумиада»）。1920 年扎博洛茨基考上了莫斯科大学的历史语文系，同时兼修医学专业，但一年后他离开了莫斯科，转入彼得格勒的赫尔岑师范学院语言文学专业学习。

大学毕业后扎博洛茨基结识了当时“契纳利”的成员哈尔姆斯和维坚斯基。据巴赫捷廖夫回忆，扎博洛茨基的诗让哈尔姆斯折服，从此两人结下了深厚的友谊。1927 年“现实艺术协会”成立，扎博洛茨基成为其中重要的理论家。他提出了“协会成员的创作诗学应互不相同”的原则，并亲自起草了协会宣言的两个重要章节“现实艺术协会成员的诗歌”和“现实艺术协会的社会面貌”。在宣言里他将自己定义为写具体事物的艺术家。1927 年他的诗歌得到广大听众和读者的认可，1928 年他在儿童文学杂志《刺猬》上发表了几个短篇，1929 年他的第一本书《专栏》（«Столбцы»）问世。这本书在列宁格勒和莫斯科非常畅销，在文学界掀起轩然大波。当时的一些评论家对他的作品表示不解，官方报刊更是对其进行了严厉的批评。[1]同年 2 月扎博洛茨基开始创作长诗《农业的胜利》。

1931 年扎博洛茨基与维坚斯基发生龃龉，基本上淡出了现实艺术协会的活动。这一年他创作了长诗《疯狼》（«Безумный волк»）。1932 年他准备出版一部自己1926~1932 年间的诗集。1933 年他在杂志《星》上发表了诗歌《十二星座黯然无光……》（«Меркнут знаки Зодиака...»）和长诗《农业的胜利》，引发了新一轮的政治批评。文学评论家叶莲娜 · 乌希耶维奇在《文学批评家》杂志上发表了题为《在圣愚的面具下》的文章，痛斥扎博洛茨基宣扬“敌对无产阶级的思想”，认为长诗是讽刺，是对唯物主义的无耻嘲弄。著名批评家叶尔米洛夫和罗森塔尔在《真理报》分别撰文,称扎博洛茨基的诗歌为“装疯卖傻的诗歌”。[2] 其结果是：扎博洛茨基的诗集在 1933 年未能出版，而他本人也彻底退出了现实艺术协会的诗歌部。

正是由于这一原因，扎博洛茨基在 30 年代中期逐步转向了“政治正确”的诗歌创作，比如写于 1934 年的《告别》（«Прощание»）就是在抒发对死去

---

1. 《在文学的岗位上》,1929 年，第 15 期;《出版与革命》,1930 年，第 4 期;《建筑工地》,1930 年，第 1 期。
2. 《真理报》，1933 年 7 月 21 日和 8 月 30 日。

同乡基洛夫的哀悼之情，1936 年的《哥里交响曲》（«Горийская симфония»）是写拜访斯大林故乡哥里的感受，还有诗歌《北方》（«Север»）是献给北方的征服者们的。当然扎博洛茨基间或也写一些儿童诗歌，为孩子们改写世界名著，比如拉伯雷、斯威夫特等人的长篇小说。1935 年扎博洛茨基与两位格鲁吉亚诗人结识，引发了他对格鲁吉亚文化的兴趣。这一时期他翻译了许多格鲁吉亚诗歌，其中包括著名诗人鲁斯塔维里的《虎皮勇士》，他也因此获得红旗劳动奖章（1958）。此外，扎博洛茨基还把《伊戈尔远征记》改写为现代诗歌的语言，被卡维林等作家称为“文学上的一大贡献”。1937 年扎博洛茨基出版了他的《第二本书》，里面收录的作品反映了他诗歌创作的发展历程。

1938 年 3 月 19 日扎博洛茨基被捕，罪名是莫须有的反苏宣传。他被判处 5 年劳改营监禁，并被遣送至远东服刑。监禁期间他做过挖壕工、道路工、图纸技术员，但一直坚持诗歌创作。1944 年他获得自由，1946 年 1 月返回莫斯科。1947 年扎博洛茨基在《新世界》第一期发表了诗歌《道路创造者》（«Творцы дорог»），结果又招致《文学报》的严厉批评。

1948 年扎博洛茨基出版了自己的第三本诗集和一些译作，这次他的作品得到了官方的承认。第三本诗集展现了扎博洛茨基全新的“古典”风格，反映出作者对一些重要哲学问题的深刻反思。1951 年扎博洛茨基在“伊戈尔远征记”委员会会议上宣读了题为《< 伊戈尔远征记 > 韵律结构问题》（«К вопросу о ритмической структуре “Слово о полку Игореве”»）的报告，该文直到 1969 年才在《文学问题》杂志第一期发表。50 年代扎博洛茨基扩大了翻译的范围，翻译了许多著名欧洲诗人（如席勒、歌德）的作品，获得了“翻译大师”的美誉。他 1956 年出版的《译者札记》（«Заметки переводчика»）成为后世译者的翻译宝典。在这部札记中扎博洛茨基指出：翻译的成功取决于译者能否完美地将准确度与自然度结合起来。

劳改营的生涯毁坏了扎博洛茨基的健康。1954 年他遭受了心肌梗死的打击，然而仍然坚持每天创作。1957 年他出版了自己最后一本诗集，同年秋天他去了意大利。在生命的晚期他致力于历史长诗《鲁布鲁克在蒙古》（«Рубрук в Монголии»）的创作，而后期写的《别让心灵懒惰……》（«Не позволяй душе лениться... »）可以算是他的诗歌遗嘱。1958 年扎博洛茨基死于心肌梗死，遗体安葬在莫斯科的新圣女公墓。

扎博洛茨基的创作历程以劳改营生活（20 世纪 40 年代中期）为界限分为两个阶段。前期主要是先锋实验创作期，后期则是向传统经典诗歌的回归期。尽管存在两种不同的创作方式和倾向，但诗人创作的内在线索是一致的，即通过诗歌来对抗理性所构建的世界，赋予存在全新的面貌和感受。从他早期的诗歌《十二星座黯然无光……》到死前写的《黄昏时分》(1958)，全部都是在努力将个人意识融入到神秘的存在世界之中。因为在他看来，这个神秘的存在世界要远比人们用理性构建的世界宽广和丰富，而创作的目的，就是要还原这个世界本来的面目。鉴于扎博洛茨基后期的创作和现实艺术协会关系不大，这里主要介绍他前期的创作。

扎博洛茨基前期创作风格的形成得益于以下三个因素：第一是诗人善于在诗歌中用空间形象来思索和重现外部世界，这与他受到先锋画家沙加尔、马列维奇等人的影响有关。第二，他希望描写20年代转折时期一切丑陋的东西。他努力通过各种形象来记录飞逝生活的所有细节，然后用一幅当代生活的直观图来区分“白”与“黑”，回答那些永恒的哲学问题：人为什么而活？存在的意义何在？第三是先锋文学团体“现实艺术协会”的创作实践。扎博洛茨基在1927年与哈尔姆斯、维坚斯基等人创立了这一协会，并亲自撰写了协会宣言的两个重要部分。该团体倡导通过大胆的语词实验来探求新的诗歌形式，从而真正表达诗人的意识和他独特而敏锐的观察视角。现实艺术协会创作的基本原则是“世界是不加粉饰的世界,诗歌是没有装点的诗歌”。他们认为，诗歌应该不再是轻松而浪漫的抽象体裁，它必须合乎时代的严酷环境。所以现实艺术协会拒绝使用传统的诗歌手法，努力去开辟新的文学天地。

上述三个因素直接导致扎博洛茨基创立了“字谜体”诗：在由非逻辑隐喻、夸张和怪诞组成的复杂语词结构中蕴含高深的哲学思想。自1926年开始，诗人确立了这样一种做诗的方法，并不断对其进行完善，直至驾轻就熟。这期间创作的诗有《白夜》(«Белая ночь» 1926)、《夜晚的酒吧》(«Вечерний бар» 1926)、《新风尚》(«Новый быт» 1927)、《在市场上》(«На рынке» 1927)、《鱼铺》(«Рыбная лавка» 1928)、《婚礼》(«Свадьба» 1928)。这些诗先是在各种文学晚会上朗诵，而后发表在《列宁格勒真理报》的副刊上。1929年，作者将它们结集出版,命名为《专栏》。《专栏》包括两个部分：“城市专栏”和“混合专栏”。这两个部分在主题上和写作情绪上都很不相同，甚至相互对立。

“城市专栏”里的每一首诗都是一幅城市生活的截图，它仿佛是诗人记忆拍摄下的丑陋幻象：脑满肠肥的人们过着单调无忧的生活，类似于荷兰画家博斯赫笔下15~16世纪之交的人们。新经济政策时期国内局势的无序不公和混乱野蛮引起诗人情感的迸发，催生了情感爆炸诗。年轻气盛的诗人把悲伤晦暗的情绪写进诗里，于是展现在读者面前的全是一些行为荒诞顽劣的怪人。这里，诗人运用了怪诞奇特的方法来讽刺他所鄙视的城市市侩生活。

在“城市专栏”中诗人着力描写的是沉闷压抑的集市、奸商云集的旧货市场、大小店铺、封闭的公寓，以及残疾人和乞讨者遍布的喧闹而冷漠的街道，这些是事件的主要发生地，也是诗人极度厌恶的地方。在这里一切都可以买卖，甚至人的生命都有价格，而且并不贵重，因为这是一个重物欲而轻精神的世界：

天平在诵读“我们在天上的父”[1]
两个砝码，静静地站立在托盘中，
决定着生命的行程……

《鱼铺》1928年

诗人借助于特殊的诗歌句法结构来表现严峻的社会形势所带来的沉重感：他把事件、现象、人物和事物用一个统一的情节意义主线串起来，这种手法要求用列举语调把诗行的所有元素自然有机地连接起来，形成一幅内容上统一而丰富的画面，亦即空间形象。因此，尽管扎博洛茨基20年代的诗歌运用了不少动态动词，但占主导的还是某种“静物性”，这与费洛诺夫(П. Филонов 1883-1941)和彼罗斯马尼施维里（Н. Пиросманишвили 1862-1918）的画有几分相似。例如：

啊，世界，请你缩小到一个街区，
一条破败的马路，
一个肮脏的货栈，
一个老鼠的洞穴，
但请你准备拿起武器。

《伊万诺夫一家》1928年

作者在表现事件的反自然性方面还运用了一个重要手法——梦境。在《专栏》中，梦是用来传达变化了的现实的工具，它的幻象性和做梦没有区别。在《足球》(«Футбол» 1926)、《疾病》(«Болезнь» 1928)、《梦的身影》(«Фигуры сна» 1928）几首诗中，诗人用“串线”等方法将没有逻辑联系的情节串成一个整体。例如：

在梦里他看见了某人的嘴脸，
像橡树一样蠢笨而结实。
这时马睁开了双眼，
露出了方形的牙齿。

1. 基督教主祷文的代称。祷文的第一句话为“我们在天上的父”。据说，该祷文是耶稣口授的。

它咀嚼着空玻璃瓶，

低下头，读起圣经。

《疾病》1928年

非现实梦境的荒诞是对可能发生的现实事件的注解，作者在具体的现实生活中找不到一丝合理的、令人欣慰的表征，所以他将这种荒诞与现实的混沌并置起来，表达自己对现实的态度。他时常运用塞壬这个古希腊神话中人身鸟足的女妖形象来强调生活的虚幻与脆弱。例如：

而在那里，有石墙环绕，

汽笛长鸣，车轮喧嚣，

在那里站着迷人的塞壬，

身上披散着褐色的头发。

《伊万诺夫一家》1928年

扎博洛茨基的结论是，大城市的权力对人来说是毁灭性的：不是人在管理城市，而是城市——这个割断了人与自然联系的钢筋水泥堆积物在向人发号施令，腐蚀并毁灭着人。诗人认为人的拯救在于向自然的回归，与自然重建亲密的血缘联系。

诗集的第二部分“混合专栏”是“城市专栏”的逻辑发展。例如：

我们在居所里

过着明智但不漂亮的生活。

我们养家糊口，生儿育女，

忘记了树木的存在。

《在我们的居所里》1926年

诗人在回忆中回到了儿时的故乡，他在原初的自然之中和古老的法则里发现了城市生活中缺失的舒适与秩序。所以，诗人这一时期的创作中出现了泛神论的主题。这也使得第二部分的诗歌洋溢着发现的喜悦。例如：

大自然穿着合体的长衫，

脑袋直抵太阳，

整日演奏着风琴。

我们说，这才叫生活。

《雨之诗》1931年

诗人关注的焦点是散发着力量、爱和柔情的大地母亲形象，它赋予世界生命，周而复始。扎博洛茨基张开了诗人想象的翅膀，将自己融进了自然之中，化作一棵树、一株草、一只鸟，成为自然界的一部分。在他的泛神论的诗歌里，动物、植物都被赋予了意识，它们充满活力，热闹喧哗，一如“城市专栏”中城市生活的自然状态。然而不同的是，在“城市专栏”中诗人为了讽刺小市民生活的庸庸碌碌，赋予事物一种丑化人们心理的恶俗之气，而在写大自然的诗中，他则表示在自然中存在一种“万有之灵”，亦即无所不在的精神上帝。它有思想，有痛苦，有怀疑，但始终对无知而自私地向它索取的人类抱着宽厚仁爱的态度，就像慈爱的母亲对淘气的孩子。反过来，人却不重视它，不保护它，不珍惜它，而是变本加厉地索取和破坏，丝毫没有想到，其实自己也是大自然的孩子和继承者。例如：

当我们看见的不是
这些广场，这些高墙，
而是被春天的慵懒所温暖的
地底下的土壤；
当我们看到的是
阳光下植物们怡然自得的幼芽——
我们一定会跪倒在
沸腾着菜的热锅前。

《午餐》1929年

扎博洛茨基崇尚自然的泛神论思想在后来的诗歌中得到进一步发展和深化。如果说在《专栏》中扎博洛茨基主要是通过反传统的隐喻、夸张以及梦境等手法来表达自己对人类社会现实的不满和对自然世界的颂扬的话，那么在30年代初创作的一些作品则反映了作者对世界本质、人与自然关系等基本问题的哲学思索。这些具有自然哲学倾向的思考消解了传统的“自然是永恒的压榨机”的观念，推翻了弱肉强食的人与自然的关系，提出了现实艺术协会所强调的对世界全新的认知方式和感受。

扎博洛茨基创作中的自然哲理倾向并非一时的心血来潮。他早年就热衷于杰尔查文、普希金、巴拉丁斯基、丘特切夫、歌德和赫列布尼科夫的自然诗歌，醉心于对自然问题的哲学思考，阅读了柏拉图、恩格斯、斯科沃罗达（Г. Сковорода）、维尔纳茨基（В. Вернадский）等人的著作。1932年初他接触到齐奥尔科夫斯基（К. Э. Циолковский）的著作，大为震撼。在给这位学者兼幻想家的信中扎博洛茨基写道：“……您关于地球、人类以及动植物的未来的思想深深地触动了我，它们和我的观点非常相近。在我一些未发表的诗歌中我也在竭尽所能地思考这些问题。”

在30年代初诗人创作了长诗《疯狼》(1931)、《树木》(«Деревья» 1933)、《鸟儿们》(«Птицы» 1933)，诗歌《甲虫的学校》(«Школа жуков» 1931)、《果实做的装饰》(«Венчание плодами» 1932)、《洛杰依尼科夫》(«Лодейников» 1932)。这些诗歌旨在表达一种自然哲学观念，即世界是一个联系所有生物和非生物的统一体，世界上的一切现象都是运动着的物质的不同形式，这些物质或多或少都具有意识，由于它们永恒的相互作用和相互转化才有了自然界整体的存在。物质的每一部分都能感知并作出反应，这种能力既存在于高级生物中，也存在于无机世界，而这样的物质构成了宇宙的基础。

扎博洛茨基在30年代中期的诗歌创作(《干旱》(«Засуха» 1936)、《林中春天》(«Весна в лесу» 1935)、《心中曾有的一切》(«Все, что было в душе» 1936)、《昨天，思考死亡》(«Вчера, о смерти размышляя» 1936))中逐渐形成自己的自然哲学理论：宇宙是一个统一的系统，其中囊括了一切有生命和无生命的物质形式，它们处于永恒的相互作用和相互转化之中。这一复杂的自然机体的发展之路是从原初的混沌走向一切物质的和谐有序。在这过程中起主要作用的是自然固有的意识，按照季米利亚泽夫(K. A. Тимирязев)的观点，这一意识“在低级物质之中默默地潜伏着，只有在人类的智慧中才焕发出夺目的光彩”。因此，正是人类被赋予了关心改造自然的使命，但人类在自己的活动中不仅应该把大自然看作自己的学生，而且也应该看作自己的老师。因为在这个不完美的、饱受苦难的自然中蕴含着未来的美好世界以及人应该遵循的智慧法则。在《农耕的胜利》这首诗中作者坚信，智慧的使命开始于人类社会的完善，然后将社会公正的观念推广到人对动物以及整个自然的态度。

关于人对自然的态度以及人与自然的关系这个问题，扎博洛茨基在30年代后期成熟的作品中给出了自己的答案：自然不再是大地母亲和救世主，但也不是人的对立物。它应该是人创造世界的战友和帮手，和人共同经历困苦与成功，并赋予他前人的智慧，同时也用新的经验丰富自己。自然与人是平等的，他们相互联系相互依赖。扎博洛茨基借用了赫列布尼科夫的话来说明人与自然的关系：“我看到了马的自由，我看到了牛的平等。”[1]

扎博洛茨基这套自然哲学理论在21世纪的今天才逐渐被人们理解和接受，而在20世纪30年代绝对是振聋发聩的奇谈怪论，所以他的这种认知世界本质的方式和对人与自然全新关系的诠释一方面为先锋主义者所追捧，另

1. «Ладомир»,Хлебников//http://lib.rus.ec/b/153603/read#t2

一方面又被官方批评家大加挞伐。不过，正如诗人勃洛克所说，诗人总是在后世复活，穿过若干不被接受的死亡地带。如今，扎博洛茨基的作品广为传播，被翻译成多种外语。在学术领域对诗人的研究也相当全面深入，既有博士论文也有专著。诗人达到了他终生奋斗的目标：写一本不愧于俄罗斯伟大的自然哲理诗传统的书。

诗学特征

作为一个先锋艺术团体，现实艺术协会主张艺术革命。团体的缩写名称“奥贝利乌（ОБЭРИУ）”就是这一革命的例证：命名者们故意违反缩写规则，加上了一个毫不相干的“У”，以表示他们在艺术上的离经叛道和标新立异。现实艺术协会的核心概念是现实，它与现实主义的现实虽然词根相同，但意义却相去甚远。现实艺术协会认为：艺术和生活本身一样，是现实的。艺术什么也不反映，它是一种独立自为的存在。在这个意义上，艺术有自己的规则和逻辑。艺术的逻辑往往非同一般，甚至与生活的逻辑背道而驰。它是非逻辑的，非典型的，无联系的，偶然的。[1]这一对艺术现实的理解鲜明地表现在协会的宣言里：“也许，你们会觉得，我们的情节既不合乎现实也不合乎逻辑。可是有谁说过，艺术一定要遵循日常生活的逻辑？我们会惊叹于一幅画中女人的美丽，即使她并不符合解剖学的逻辑。艺术有自己的逻辑，这个逻辑并不破坏事物，而是帮助理解事物。”[2]

这一逻辑的特点就是人物和行为的非现实性，时间和空间的假定性。这种逻辑是梦境和童话的逻辑，是果戈理《鼻子》和赫列布尼科夫荒诞人物的逻辑。在这种逻辑下，现实艺术协会的成员们可以让死人说话，可以让事件在天上发生，可以偷听到马与麻雀的对话。他们可以让时间倒转，也可以把它像皮筋一样拉长，甚至连统治我们思维的因果联系，在他们的创作中都遭到了戏谑和嘲讽。所以，从传统艺术和传统思维的观点来看，这种逻辑的核心就是荒诞。

现实艺术协会的目的就是要用传统上认为的荒诞观念和荒诞手法来创建全新的“现实”。因为他们认为，传统的方法 —— 无论是哲学理论还是物理实验 —— 都无法认知真理，获取真理的手段是体现在语言中的直觉，是“裸眼”的观察。为此必须对束缚人们思维的“元叙事”（认知世界的基本观念和原则）进行消解和颠覆，让他们能够用未经文明污染的“裸眼”看取现实世界的具体事物。易言之，现实艺术协会试图建立起一套全新的认知和表述系统，借

1. «Ванна Архимеда», Александров А., Художественная литература, 1991, С.12.
2. «Манифест обэриутов», изд. Афиши Дома печати, 1928, № 2, С.13.

助这套系统他们将世界和万物从各种人为的外壳中剥离出来，凸显其最原初的本质[1]。

在现实艺术协会的文学创作中，他们积极践行了自己的艺术观念：一方面通过解构策略消解统治人们思维的一些基本观念和原则，另一方面通过相对性原则构建新的认知和表述系统。下面我们就从这两个方面来具体分析现实艺术协会的诗学特点。

1. 检验并质疑艺术创作中的时间、因果关系以及决定论等原则

乌斯宾斯基（Б. Успенский）在《历史与符号学》一文中指出，将现实符号化需要两个条件，其一是将过去发生的某些事件按照时间顺序进行排列，即引入时间因素，其二是确立事件之间的因果关系，即引入原因因素。[2] 这一符号机制可以说是一切艺术创作的基本原则。任何一部作品都可以视为由情节结构组织起来的事件链，只不过有的是先因后果的正叙，有的是先果后因的倒叙。但是在先锋艺术出现之前，所有的倒叙都是在情节层面的，也就是说，是作者艺术组织事件发生顺序的手段。比如在侦探小说里，开始先告诉读者发生了一起谋杀案，然后在侦探严密的推理下整个因果关系链由后向前展开，一直到案发的最原始动机。在这个推理过程中小说的时间也随着向前回溯，所以作品开头的时间可能比结束的时间要晚几十年。作品情节的统一性是在整个文本结构的层面确立的。而现实艺术协会要做的，就是在事件发展的现实层面来倒置时间和因果关系，并将其作为自己诗学的一个主要原则。

在哈尔姆斯的短篇小说《让我们看看窗外……》（«Давайте посмотрим в окно...» 1930）里有这样一段对白：来自地球的格里高里耶夫对太空居民博利德和天堂居民格拉芬讲述地球上的生活：“我进了合作社，对售货员说：请把那罐小鲱鱼罐头给我。售货员说：没有鲱鱼罐头，那些是空罐头盒。我对他们说：你们别骗人了。他们答道：这不是我们的原因。那是谁的原因？这是因为食品不足，因为所有的偶蹄牲畜都被吉尔吉斯人偷走了。那蔬菜有

1. 哈尔姆斯在《丹尼尔 · 伊万诺维奇 · 哈尔姆斯发现的事物与人》一文中阐明了事物所具有的意义。从所有的意义中他区分出四种“工作”意义和第五种“本质”意义。前四种意义包括（1）描述意义（几何意义）—— 事物的外部特征，人的外貌；（2）目的意义（功利意义）—— 人如何使用该物体；（3）情感作用意义（针对人的）；（4）美学作用意义（针对人的）。第五种意义是由事物存在的事实决定的。它与事物和人的联系无关，只服务于事物本身。哈尔姆斯强调，前四种意义并不是说明事物的特性，而是在说明使用他们的人的特性。它们丝毫不能说明事物的本质。第五种意义存在于指示该物的词中。而且词和具体的物体是与其他物体同等地并存于具象世界的体系之中的。
2. «История и семиотика (восприятие времени как семиотическая проблема)» (Статья первая),Успенский Б.А.//Труды по знаковым системам. XXII. Тарту, 1988, С.69.

吗？我问道。蔬菜也没了，卖完了。闭嘴吧，格里高里耶夫。”[1]

在这个小小的片段里哈尔姆斯首次展现了现实艺术协会诗学的一个重要特点：在他们作品里构建的世界里有两种不同类型的因果关系共存——除了传统的因果关系（即每个事件都有一个或若干具体的原因，而且原因在事件之前并起决定作用。如：蔬菜没有了，因为它们被买光了），又出现了倒置的因果关系（即不是原因决定结果，而是结果来选择原因，并在时间上早于原因。例如，鲱鱼罐头没有了，因为所有的偶蹄牲畜都被吉尔吉斯人偷走了）。在后一种因果关系中，“鲱鱼罐头没有”这一结果在先，而所有偶蹄牲畜被偷是结果选择的原因，并不是造成结果的真正原因。

同样的因果倒置发生在哈尔姆斯的另一个短篇《女收银员》（«Кассирша» 1936）中：玛莎采了一个蘑菇，在市场上挨了打，她躲进了一个合作社的收银处。结果被合作社主任看见，还任命她为收银员的助手，帮助转动收款台的把手。转着转着玛莎突然死了。警察来了，认定为谋杀，但是只跟主任要15卢布作为杀人的罚款。主任付了钱后要求警察把“死去的收银员”抬走。但实际上死的不是收银员，而是她的助手玛莎。警察却没有理会主任的这个口误，把活着的收银员给抬走了。警察走后，主任才发现弄错了，没人当收银员了。为了糊弄群众，主任把玛莎的尸体放到了收银员的位置上，给她嘴里按上烟卷，手里放上蘑菇，让死尸显得更像活人。主任认为，“也许，大家也搞不清楚，到底是谁坐在收银台里”。当合作社开门后，进来的人们发现了收银台处的死人，引发了一场闹剧。我们看到，在这个故事里同样共存着两种因果关系：一种是传统的，玛莎的死尸做了收银员，因为真正的收银员被警察误抬走了；一种是倒置的，玛莎的死尸做了收银员，因为她坐在收银员的位置上，而且手里拿着蘑菇，嘴里叼着香烟（这证明她是活人）。

在倒置因果关系和传统因果关系的共存中哈尔姆斯为我们展示了现实艺术协会对因果关系的质疑：其实现实世界里存在的很多的因果关系不过是人们为已知的果选择想要的因，它们只是人们意识的反映，并不是真正的因果关系。接下来作者更进一步，对自启蒙时代盛行的因果论和决定论进行了戏仿和消解。

决定论从18世纪启蒙主义时代开始便统治着人们的思维。它认为自然界和人类社会普遍存在客观规律和因果联系。人的一切活动，都是先前某种原因和几种原因导致的结果，人的行为是可以根据先前的条件、经历来预测的。与此相关的因果论是指，任何事物的产生和发展都有一个原因和结果。

---

1. «Русская литература 20 века: школы , направления, методы творческой работы», Тимина С., Высшая школа, 2002, С.195.

一种事物产生的原因，必定是另一种事物发展的结果；一种事物发展的结果，也必定是另一种事物产生的原因。原因和结果是不断循环，永无休止的。对于这两个统治人们思维的原则，著名的哲学家休谟和维特根斯坦都表示过质疑。休谟认为，我们所谓的因果关系，只是事件在空间上相邻、在时间上前后相接，至于这种因与果之间联系的必然性，我想，它只存在于人们的意识之中[1]。维特根斯坦借鉴了休谟的观点并又向前迈进了一步。他宣称，未来的事件不能从现在的事件中推导出来，相信因果关系不过是一种偏见。[2]

关于这一点维坚斯基有过类似的表述："我相信事物间的固有联系并非如此，但我还说不好新联系应该是怎样的。我甚至不知道，是应该只有一个联系体系呢，还是有很多。我的基本感受是：世界是无联系的，时间是不连贯的。正是因为这一点与理性相悖，才证明了理性是无法理解世界的"。[3]

哈尔姆斯则是直接通过作品对因果论和决定论形成的语言规约进行戏仿："有一天奥尔洛夫豌豆粉吃多了，于是就死了。克雷洛夫知道此事后，也死了。而后斯比利东诺夫自然也死了。之后斯比利东诺夫的妻子从碗橱上摔下来，也死了。而斯比利东诺夫的孩子们在池塘里淹死了。之后斯比利东诺夫的奶奶变成了酒鬼，在路上游荡。而米哈依洛夫停止了梳头并得上了头癣……"[4]

其中最绝的是哈尔姆斯写给朋友的一封信。在这封信中哈尔姆斯写道："我读了一本非常有趣的书，讲的是一个年轻的男人爱上了一个年轻的女人，而这个年轻的女人爱着另一个年轻的男人，而这个年轻的男人又爱着另一个年轻的女人，而这个年轻的女人又爱着另一个年轻的男人，而这个男人爱的不是她，而是另一个年轻女人。

突然，这个年轻女人失足跌进了一个没加盖的下水道里，摔断了脊椎骨。可当她基本痊愈的时候又突然得了感冒，结果一命呜呼。于是爱她的那个男人拿了把手枪自杀了，而爱着这个男人的女人也卧轨自杀了。而爱着这个女人的男人由于悲痛爬上电线杆触电而死，而爱着这个男人的女人则吃下了碎玻璃，结果被玻璃割断肠子而死。而爱着这个女人的男人则跑到了美国，喝得酩酊大醉，以至于卖掉了自己身上最后一件衣服，由于没有衣服他只好整

1. «Сочинения: В 2 т.» (Т.1), Юм Д., 1966, С.277-278.
2. «Логико-философский трактат», Витгенштейн Л., 1958, С.4.
3. «Разговоры», Липавский Л., изд. Логос, 1933.
4. «Поэтика ОБЭРИУ в контексте русского литературного авангарда» (Том 1), Кобринский А.А., Изд. Московского культурологического лицея, 2000, № 1310, С.37.

天待在被窝里，结果得上褥疮并死于褥疮。”[1]

这个故事虽然有些夸张，但却很容易让人明白因果论和决定论的可笑与荒唐。我们开始怀疑，这两个左右我们思维的原则是否真的帮助我们认识了世界和现实？同时我们还发现，传统的长篇小说正是这样一种写法——由决定论和因果循环支撑起来的叙事结构。现实艺术协会正是通过对一些固有观念的戏仿和质疑来消解它们在认知世界和现实方面的作用，从而建立起自己的相对性创作原则。

2. 基于相对性的诗学原则

相对性原则是现实艺术协会诗学的一个标志性特征，它被广泛运用在文本构建的各个层面，从人物、情节、时空直到语言，在文本中都是变动不居的，它们缺乏传统文学作品中那种稳定性。相对性原则的建立与现实艺术协会对因果论和决定论的解构是一脉相承的。既然事物间的因果关系只是人们理性和意识的产物，而并非现实的真实的联系，那么需要用“裸眼”来重新看待事物间的联系。现实艺术协会认为，现实就是相对的、发展的、流动的、难以捕捉的，而传统文学中所描述的统统是静止的、机械的、僵死的现实。所以现实艺术协会要在创作中致力于表现流动的不断变化的现实，为此必须消解传统文学文本中那些要素的稳定性。

相对性原则的一个主要特点是作品人物的不稳定性。比如在哈尔姆斯的剧作《伊丽莎白 · 巴姆》中女主人公伊丽莎白 · 巴姆从一个成熟的女人变成了一个小姑娘，结尾时又变成了一个成熟女人。而且她的名字在剧中也变化了三次：伊丽莎白 · 塔拉坎诺夫娜，伊丽莎白 · 埃杜阿尔多夫娜，伊丽莎白 · 米哈伊洛夫娜。

在维坚斯基的剧作中，人物的不稳定性鲜明地表现在人物的命名方法上。在《证人和老鼠》里，我们可以看到这样命名的人物：丽莎或者玛格丽特，或者是模棱两可的人物指称：两个女人中的一个，她（两个人中之一），甚至还有这样的指称：玛格丽特或者丽莎（现在变成了卡佳）。在长诗《战役》中一个人物被命名为“不知名的某人”，而且此人用复数形式说话：“我们两个人／嚎叫／躺着／腐朽……”（实际上他说的是自己一个人）。在《一些谈话》中情况正好相反，作家让“两个商人”用单数形式称呼自己：“两个商人（像公牛一样低下头）：池子里没有水。我（指两个商人）没法洗澡……两个

1. «Поэтика ОБЭРИУ в контексте русского литературного авангарда» (Т. 1), Кобринский А.А., Изд. Московского культурологического лицея, 2000, № 1310, С.37-38.

商人：看看，我变了。／两个商人：对，对。我变得完全认不出了。”[1] 此外，澡堂服务员的性别也在不断发生变化，开始是个男的，后来又好像是个女的，最后在两个商人的眼中他成为没有性别的人。

相对性原则的另一个重要特点是两种相互排斥的选项（概念、定义、形式或结构）共存于一个文本之中。

维坚斯基在谈及自己的一首诗《可惜我不是动物》的创作经历时曾对利帕夫斯基说："开始的时候，我想到的是鹰的形象，于是我就在你那里这样写了，你记得吗，是上一次。后来又想到了另外一种方案。我就在想，为什么总是要二选一呢，所以就两种都用了。"[2]维坚斯基的这一做法体现了现实艺术协会相对性原则的本质：在两个相互矛盾的艺术形式中从来不做非此即彼的选择，而是作为平等的选项共存于文本之中。这样做是为了强调他们的现实观：现实是不可能用某种单一的方式来展现和揭示的。

在现实艺术协会的文本世界里，两个前后矛盾的元素是同时存在的，作家并不用文本中后出现的那个元素消解先出现的与之对立的那个元素，而是以这种方式加剧其对立，赋予其更大的信息内涵。例如，前面我们论及的倒置因果关系，它与常规的因果关系是相互排斥的，但哈尔姆斯让它们共存于自己的小说中，如上面分析到的《让我们看看窗外……》《女收银员》），拓宽了作品的阐释空间。哈尔姆斯的另一篇短篇小说更有代表性。小说的题目是《四条腿的乌鸦》（«Четвероногая ворона»），而小说的第一句是："其实是五条腿，但这已不值一提。"这里面的相对性已经达到无以复加的程度：小说的题目本身已经破坏了"乌鸦"的基本语义场特征（乌鸦只可能有两条腿），但接着又破坏了刚刚引入的"四条腿的"概念，"其实它有五条腿"。然而后引入的概念（五条腿）并没有否定前一个概念（四条腿），两者一直共存到小说的结尾："乌鸦落到地上，然后用自己的四条腿，或者更准确地说，是五条腿走向自己的破巢。"同样，维坚斯基的创作里也不乏这种相对性，如他的诗歌《五个还是六个》（«Пять или шесть»）中开头便说"从前有六个人"，然后却只列出了五个人的名字。

此外，在哈尔姆斯的短篇小说《跌落》（«Упадание»）和《一个再也不想吃干豌豆的人》（«Один человек, не желая более питаться сушеным горошком»）中还可以看到时空相对性的运用。总之，相对性原则是现实艺术协会文本生成的一个基本原则。这一原则在协会其他成员（如扎博洛茨基、瓦吉诺夫和巴赫捷廖夫）的作品中也都有不同程度的表现。相对性原则体现了现实艺术

1. «Ванна Архимеда»,Александров А., Художественная литература, 1991, С.382-383.
2. «Сборище друзей, оставленных судьбою...», сост. Сажин В. Н., 1998, С.204.

协会的基本艺术追求：在文本中捕捉和记录“流动的”的现实，借助有限的语言来表现永恒的运动和变化。对现实艺术协会成员们来说，语言是检验基本概念和现象的关键要素，虽然它不无贫乏苍白[1]，但在现实艺术协会的先锋实验中它获得了新的潜能，带给人们理性认知外的另一种现实。

以我们今天的眼光来看，现实艺术协会诗学的两个基本原则与后现代主义艺术的解构策略和相对性原则非常契合。由此可知，“现实艺术协会是俄罗斯后现代主义文学的先河”这一论断绝非虚言。这一方面说明了现实艺术协会的先锋性，另一方面确立了它们在俄罗斯文学中的意义。

参考文献：

1. Александров А. Ванна Архимеда[М]. Художественная литература, Л., 1991.
2. Андреева И.С. Постмодернизм в русской литературе[OL].// http://www.fege.narod.ru/librarium/andreeva.htm
3. Введенский А. Полнос собрание произведений[С]. (Т.2), М., 1993.
4. Витгенштейн Л. Логико-философский трактат[М]. М.,1958.
5. Жаккар Ж.-Ф. Даниил Хармс и конец русского авангарда[М]. СПб., 1995.
6. Кобринский А. Поэтика ОБЭРИУ в контексте русского литературного авангарда. В 2 томах[М]. М., 2000.
7. Липавский Л. Разговоры[М]. изд. Логос, М., 1933.
8. Руднев В.Энциклопедический словарь культуры XX века АГРАФ[К]. М., 2003.
9. Русские писатели. XX век[К]. Под ред. Скатовой, Просвещение, 1998.
10. Русские писатели XX века[К]. Под ред. П.А.Николаева, научное издательство «Большая российская энциклопедия», 2000.
11. Сажин. В. Н. Сборище друзей, оставленных судьбою... [С]. М., 1998.
12. Тимина С. Русская литература 20 века: школы, направления, методы творческой работы[М]. Высшая школа, М., 2002.
13. Успенский Б.А. История и семиотика (восприятие времени как семиотическая проблема) [С].// Труды по знаковым системам. XXII. Тарту, 1988.
14. Четыре описания(1931-1934)[К].//«Русские писатели XX века», Под ред. П.А.Николаева, научное издательство «Большая российская энциклопедия», 2000.
15. Юм Д. Сочинения: В 2 т.[С]. (Т.1) М., 1966.
16. 王宗琥. 叛逆的激情——20世纪前30年俄罗斯小说中的表现主义倾向[M]. 北京：外语教学与研究出版社，2011.

1. “请尊重语言的贫乏，请尊重思想的贫瘠。”—— 维坚斯基语。

第9章　社会主义现实主义

Глава 9　Соцреализм

社会主义现实主义在当今世界受到广泛的批判和彻底的否定，可以说是落得一身骂名。不少批评文章认为，“社会主义现实主义”并不是一种自发文学思潮，它并没有文学创作的自然基础，而是由政治权力结构按照国家意志制造出来的口号，是强制推行的文学模式。这个口号有意识形态的意义，但唯独不具有美学意义。它把文学主张意识形态化，严重违背了文学规律。成为文学创作公式化概念化的理论根源。在这一口号的压抑之下，苏联文学实际上是一片荒原。

在苏联社会主义现实主义已经成为历史的今天，我们有必要对20世纪这一重大的文学史事实进行历史主义的考察。首先，应该承认社会主义现实主义作为一种文学思潮的存在是一个文学史的事实，而不仅仅是官方臆造的一个口号；其二，应该把作为文学思潮的社会主义现实主义和苏联官方借社会主义现实主义口号所施行的文艺体制相区别；其三，应该对苏联社会主义现实主义思潮的产生、发展、演化，以及它与苏联官方的文学体制的复杂关系作历史具体的分析；其四，由此评判其近一个世纪的盛衰荣辱的悲剧性历程的历史功过、思想艺术上的强弱利钝，从而对其深刻的文学史意义进行历史的总结和反思。

历史沿革

社会主义现实主义作为一种文学思潮出现于20世纪初年，至20世纪70~80年代逐渐退出文学舞台。

社会主义现实主义作为文学口号是苏联官方提出的，它是苏联官方推崇的一元化的创作方法。但是，社会主义现实主义不是如许多评论者所说，是苏联官方借以维护其思想文化统治的臆造，不是如一些人想象的那样，是几个人策划于密室的产物。把社会主义现实主义归于斯大林个人名下，更是一种变相的个人崇拜。苏联社会主义现实主义作为一种文学思潮，是一种真实不虚的存在。这一文学思潮的产生、发展、演化和消亡都有着现实的深刻的历史文化基础和丰富复杂的文学史经历。

从社会文化背景看，社会主义现实主义应该溯源于19世纪后期和20世纪上半世纪高涨的世界性社会主义思潮和运动，从社会阶级背景看，可以从不断高涨的无产阶级的斗争那里找到现实的阶级基础。它可以溯源于19世纪西欧无产阶级革命运动的高涨时期的文学，如英国宪章派文学、德国无产阶级诗歌和巴黎公社文学等。而在俄国则发轫于高尔基、绥拉菲莫维奇和别德内伊（Д. Бедный 1883-1945）等一批无产阶级诗人。

从更深层的历史文化背景上看，20世纪初自然科学领域的重大发现，特别是量子理论(1900)、狭义相对论(1905)和广义相对论(1916~1917)的创立对人的世界观产生着重大影响。自然科学上“物质消失了”的提法和哲学伦理上“上帝已死”（尼采）的提法相呼应,昭示着建立在古典自然科学基础上，统治着19世纪的实证主义理性思维的彻底动摇。对一直束缚着人的历史命定论、因果必然论、对人必须服从整个世界统一性秩序的信念产生深刻的怀疑。对人、对人在世界上的命运和使命的思考，对人有没有能力变革现实、创造历史的思考凸现出来。对人的精神力量发掘、对人的内心世界的探索也反映到文学探索之中。面对这一切，19世纪的现实主义的回应已经显得越来越力不从心，包括现代主义在内的各种新的文学思潮流派蜂拥而起。被称为俄罗斯白银时代的文学时代剧变把“文学分流成涓涓小溪”。五花八门的文学艺术流派相互影响，时聚时分，生灭不定。俄国社会主义现实主义思潮正是在这一时代风起云涌的文学思潮中诞生和成长的。按它和这一时代的文化思想关系，它完全可以算作是俄罗斯文学白银时代的文学思潮的一支。

面对资本主义社会现实，面对现代化进程所显露出的矛盾问题，在20世纪初的俄国社会动荡和意识的剧变之中，社会主义现实主义鲜明地作出和现代主义文学思潮截然不同的回应，它不是像现代主义那样面对社会矛盾而转向个人内心的探索，遁入潜意识或渺远的彼岸世界，乃至陷入颓废荒诞的感觉领域，而是直面现实，力图探索一种新的人和世界的模式，力图对现实世界进行革命的改造。

高尔基就是在这条道路上最初的探索者之一。他正是在新世纪的第一个月份，就在给皮特尼茨基的信中指出，“……新世纪的确是一个精神复苏的世纪，……最终美与公平将取得胜利，人类美好的愿望终将实现”。[1]而10年之后，勃留索夫在分析文学发展大势之时，则预言说：“未来的前景显然属

1. 《俄罗斯白银时代文学史》（第二卷），俄罗斯科学院高尔基世界文学研究所编写，谷羽、王亚民等译，敦煌文艺出版社，2006年，2页。

于能够综合现实主义和理想主义的，某种尚未出现的文学艺术流派。”[1]而高尔基正是从他早期并行的浪漫主义创作和现实主义创作这两条看来并不一致的道路上探索着走向社会主义现实主义的。他个人的创作道路对于探索社会主义现实主义的产生有着典型的意义。

在高尔基的浪漫主义作品中，能够看到丹柯这样傲岸不群的英雄，他深深爱着人们，愿意为人们幸福献出自己火热的心，但又孤独而不为人们理解，只留下身后那颗破碎的心溅起蓝莹莹的凄凉的火花。而在他的现实主义作品中，在底层的人们痛苦丑陋的生活中也找不到真正生活的出路。看来，高尔基所继承的传统浪漫主义和现实主义创作方法都无法让他更深刻、更积极地揭示和回应那个革命高涨的时代，然而正是在这传统的浪漫主义和现实主义创作方法中，新世纪的思想文化思潮酝酿、形成着新的创作方法。

从社会底层走来的高尔基凭着他艺术家的敏感的心灵，凭着他在广阔俄罗斯土地上的探索，初如海燕朦胧地预感到革命暴风雨的来临，继而在剧本《小市民》(«Мещане» 1901) 里，借俄国文学中第一个有觉悟的工人尼尔之口向全世界宣布“谁劳动，谁就是主人！”，终于，在《母亲》(«Мать» 1906) 中，传达出俄罗斯底层发出的社会主义的呐喊。

《母亲》被称为社会主义现实主义奠基之作，的确显示出社会主义现实主义的最基本的思想艺术品格。作为社会主义现实主义的最初作品，也显示出在文学史中的承继关系和思想上的基础和影响。首先，它把作者一直分别采用的传统的现实主义和浪漫主义方法有机地融于一体，创造出一种在本质上崭新的创作方法。它从俄国工人运动刚刚萌生的人物原型中，创造出一种从未有过的新的形象，走向自觉斗争的工人巴威尔 · 符拉索夫和他的母亲尼罗芙娜的形象，展望着俄国工人运动与马克思主义相结合的实践过程，预言了俄国资本主义制度走向覆亡，社会主义走向胜利的历史前景。在白银时代对新现实主义的呼唤声中社会主义现实主义思潮应运而生。

从时代思潮的错综复杂的关系看，社会主义现实主义思潮和俄国先锋主义、和俄国世纪初宗教思想也有着深刻的联系。20 世纪初期，先锋主义在政治上和艺术上的激进主义理想、反叛的精神、对艺术是社会行动和改革工具的认识，要成为革命宣传和煽动手段的意愿，的确和社会主义现实主义思想有着某种类似；而在社会主义现实主义创作中，人们也可以找到和俄罗斯传统的宗教意识、和当时俄罗斯的宗教哲学探索相接壤的因素。在创作《母亲》的时期，高尔基正是从造神论的视角理解社会主义的理想精神。在《论犹太

1. 《俄罗斯白银时代文学史》（第二卷），俄罗斯科学院高尔基世界文学研究所编写，谷羽、王亚民等译，敦煌文艺出版社，2006 年，4 页。

人》和《论绷得》等文章中，他把社会主义称为“群众的宗教”，他指出，“不管别人怎样看待社会主义——从理论角度审视或者从哲学角度观察，它自身都包含着强大的精神和宗教的激情”[1]。《母亲》中母亲在自己的革命宣言中，就反映出当年高尔基的造神论思想：“我亲爱的，假使我们知道，在生活中已经有了照耀大众的光，而且将来有一天他们准会看见这个光，会衷心地和它拥抱，这是多么美好啊！”“这不正像是替人类产生了一个新上帝吗？万物为万人，万人为万物！我就是这样理解你们全体的。真的，你们大家都是同志，都是亲人，大家都是一个母亲——真理——的孩子！”[2]

这个新创造的上帝就是民众，高尔基试图把群众的宗教激情从官方教会的影响下解放出来，成为人民对自身力量的信心。这里包含着高尔基面对这个上帝已死的世界，对人的存在意义的积极思考，对人性、对超人——人神的思考。高尔基是沿着自己长期的精神探索的路径走近社会主义思想的。

但是，照亮《母亲》创作的光，显示出社会主义现实主义基本特征的历史乐观主义之光，从根本上是来自马克思的科学社会主义思想的。这一时期高尔基所提出的“社会理想主义”，是在《母亲》中所弘扬的思想。社会主义现实主义是否受到先锋主义影响，是否融入了那个时代的宗教探索意识，或者它们都不过是那个激烈变革时代的并生物，可以作进一步探讨，但是，起码可以断言，社会主义现实主义不是如一些人所说的，是个人的杜撰，是无本之木，无源之水。它是那个特定时代的产物，是在那个时代各种文化现象丛生交杂、斗争影响中生成的真实存在的文学思潮。

而另一位俄国社会主义现实主义文学的重要代表绥拉菲莫维奇早年就接触了马克思主义学说和革命活动，写作了一批反映了革命前下层劳动者的生活的作品，如《在浮冰上》（«На льдине»）、《扳道工》（«Сцепщик»）、《小矿工》（«Маленький шахтер»）等，他亲身参加了俄国1905年第一次革命，写下了一系列反映这次革命的文学作品，赞扬街垒上的“勇士们的大无畏精神”。而中篇小说《沙原》（«Пески» 1908）和长篇小说《草原上的城市》（«Город в степи» 1912）等更深刻揭示了资本主义腐朽没落的历史规律。

俄国早期的无产阶级诗歌也可以视为探索社会主义现实主义思潮文学路径的重要组成部分，从19世纪90年代就有颂扬工人罢工，支持工人革命行动的诗和歌。诗人涅恰耶夫、什库辽夫和加夫里洛夫等是直接来自工厂的工人，而拉金、克尔日扎诺夫斯基、鲍格丹诺夫、科茨等是职业革命家或具有

1. 《俄罗斯白银时代文学史》（第二卷），俄罗斯科学院高尔基世界文学研究所编写，谷羽、王亚民等译，敦煌文艺出版社，2006年，58页。
2. 《高尔基文集》（11卷），高尔基，人民文学出版社，1985年，409页。

进步思想的知识分子。革命家拉金 (1860~1900) 的《同志们，勇敢地前进！》(1896) 被誉为“无产阶级革命进行曲”。

别德内伊是俄国无产阶级重要诗人。他出身农民家庭，从 19 世纪 90 年代开始撰写革命诗歌。1911 年他在布尔什维克的《明星报》上发表的《关于杰米扬·别德内伊，一个有害的庄稼汉》(«О Демьяне Бедном, мужике вредном») 一诗，塑造了一个农民“暴动者”的形象。十月革命前夕，别德内伊完成的诗体小说《关于土地、关于自由、关于工人的命运》(1917)，再现了从 1914 至 1917 年俄国广泛的社会生活，号召全国工人、农民团结起来，为争取美好的未来而斗争。高尔基当年还为许多革命作家出版了两辑《无产阶级作家文集》(1914 年和 1917 年)。

十月革命后十余年间，社会主义现实主义的探索和发展仍然是在各种文学思潮流派的竞争中进行的。十月革命胜利初期，文学思想空前活跃，出现了几十个文学团体和派别，众多刊物和出版社。如意象派 (1919~1927)、“锻冶场”(1920~1931)、“谢拉皮翁兄弟”(1921~1926)、“列夫”(1921~1928)、构成派 (1924~1930)、山隘派 (1924~1932)、“拉普”等。社会主义现实主义文学思潮正是在各种思潮流派的竞争中，探索着自己的路径，不断地把社会主义现实主义思潮的轮廓勾勒得越来越清晰，涌现出一批具有社会主义现实主义创作倾向的作家诗人，如高尔基、绥拉菲莫维奇、富尔曼诺夫（Д. Фурманов 1891-1926）、法捷耶夫（А. Фадеев 1901-1955）、别德内伊、马雅可夫斯基和许多优秀创作，如《铁流》（«Железный поток» 1924)、《毁灭》(«Разгром» 1927)、《恰巴耶夫》（«Чапаев» 1923)、《列宁》（«Владимир Ильич Ленин» 1924）、《好！》（«Хорошо!» 1927）和《放声歌唱》（«Во весь голос» 1928-1930）。

绥拉菲莫维奇的小说《铁流》描写在库班的一次反革命暴乱时，一支地方红军部队带领当地群众被迫撤退的故事。正是在敌人围追堵截中，在忍受饥饿、流血、牺牲的残酷斗争中，最初乱作一团的部队，一盘散沙般的群众，凝聚成坚强的铁流，取得了最后胜利，显示出革命的伟大凝聚力。作品虽然出现了如郭如鹤、郭必诺等具体英雄形象，但是更重要的特点是塑造了由无名战士和群众形成的战斗集体群象，表现了那个特定时代的革命文学的品格。

而富尔曼诺夫根据亲身经历而写的小说《恰巴耶夫》，则在真实的历史事件、革命进程中塑造出一位有血有肉、真实可信的民族英雄形象。小说对恰巴耶夫的传奇命运、成长经历和性格的细节真实进行了出色的刻画。

法捷耶夫的《毁灭》刻画了一支游击队的三个人物：莱奋生、莫罗兹卡和密契克，展现了革命中“人才的精选”。这些人物都具有深厚扎实的生活基础，都是有血有肉的活生生的人物。而深刻细腻的心理分析显示出法捷耶夫对列夫·托尔斯泰的心理描写传统的继承。这些都表现出对社会主义现实主义文学方法的成功探索。

此外，还有大量作品都表现出在社会主义现实主义方向上的成功探索，如列昂诺夫(Л. Леонов 1899-1994)的长篇小说《獾》(«Барсуки» 1924) 和《贼》(«Вор» 1926)、费定 (К. Федин 1892-1977) 的长篇小说《城与年》(«Города и годы» 1924)、拉夫列尼约夫 (Б. Лавренёв 1891-1959) 的小说《第 41》(«Сорок первый» 1924)、巴别尔 (И. Бабель 1894-1941) 的小说集《骑兵军》(«Конармия» 1926)、革拉特科夫（Ф. Гладков 1883-1958）的长篇小说《水泥》(«Цемент» 1925)、利别津斯基（Ю. Либединский 1898-1959）的小说《一周间》(«Неделя» 1922)、列昂诺夫的长篇小说《索溪》(«Соть» 1930)、莎吉尼昂 (М. Шагинян 1888-1982) 的长篇小说《中央水电站》(«Гидроцентраль» 1931)、卡达耶夫（П. Катаев 1897-1986）的长篇小说《时间呀，前进！》(«Время, вперёд!» 1932) 等。

同时，值得指出的是，社会主义现实主义思潮的批判性一面在 20 世纪 20 年代已经有所发展。普拉东诺夫 (А. Платонов 1899-1951) 可以说是最早从社会主义革命的立场批判地审视苏联社会主义革命历程的作家之一，他的一些具有批判性的作品同样具有社会主义现实主义的特征。比如小说《格拉多夫市》(«Город Градов» 1926）就是苏联文学史上最早出现的揭示官僚主义本质及其对社会主义国家危害的小说之一。长篇小说《切文古尔》(«Чевенгур» 1927-1929，1988 年发表)、《初生海》(«Ювенильное море» 1934，1986 年发表)、短篇小说《疑虑重重的马卡尔》(«Усомнившийся Макар» 1929)、中篇小说《有好处（贫农纪事)》(«Впрок» 1931）等等，都是怀着对人类美好前景的期待，从发展的视角，深刻地反思苏联社会主义实践中根本性的问题，指出其空想性、残酷性、预见其内在的矛盾发展和严重后果。“普拉东诺夫风格”在当时已经广为人知。

社会主义现实主义文学思潮和当时的许多文学流派既激烈斗争，又相互激发促进，在这种复杂的文化格局中成长起来。这实际上正是一个文学思潮流派自然发展的正常环境。那些执著于社会主义现实主义思潮的作家诗人通过各成角度、各具特色的探索和切磋，勾勒出这一思潮的特征，构成社会主义现实主义思潮的成长发展的真实历史。

这一时期的社会主义现实主义作品虽然往往尚欠琢磨，却充满真挚感人的激情，呈现出一种朴拙生动的美。在这五彩斑斓的社会主义现实主义探索中，可以看出这一思潮的一些基本美学特征，主要就是：(1) 空前的历史乐观主义品格；(2) 基于社会主义理想的理想主义品格和相应的浪漫主义风格；(3) 具有社会主义价值论的倾向性；(4) 革命的能动的反映论；(5) 和社会主义运动紧密联系的实践性品格，不回避功利性；(6) 从革命立场批判地审视社会主义运动的矛盾问题。但是，最后这一点批判性的文学基本功能，由于违背了苏联体制发展的需要而被禁绝。

值得注意的是，在社会主义现实主义思潮的探索中，“拉普”所代表的一种试图包揽革命、垄断思想、划一方法的倾向，这些革命的文学青年多的是狂热，少的是现实的和历史的知识。他们在文学界挥舞棍棒，充当打手，代表了社会主义现实主义探索中最片面极端、最没有前景的倾向。比如，拉普提出辩证唯物主义创作方法，完全无视文学艺术的本质。他们紧跟“形势”，把文学创造变为纯粹的宣传工具。请看 1931 年 5 月 4 日拉普书记处关于“在文学中表现劳动英雄”的决议：

“一，给所有无产阶级作家联合会的每一个无产阶级作家个人提出任务：立即着手艺术地表现五年计划的英雄，即获得列宁勋章和劳动红旗勋章的工厂和突击队员个人；

二，应当认识到，这是必须完成的任务。两周后检查完成的进度……” [1]

他们甚至提出“消灭文学落后于五年计划第三年的差距”这种近乎荒唐的口号。

而“拉普”的这一倾向恰恰受到苏联国家的支持。只是因为“拉普”在文坛上的专横偏执发展到丑陋不堪的讨嫌地步，以至于斯大林自己直接出面收拾局面并领导文学。他提出取消包括“拉普”在内的一切文学艺术流派，提出把社会主义现实主义作为苏联文学的基本创作方法的口号，实际上都是把文学纳入体制化的手段。而这一措施在当时甚至表现为对广大文学艺术家的保护和团结（从“拉普”思想大棒下解放）。

文学的体制化从 20 年代起就是苏联官方对文学导向的一部分。提出把社会主义现实主义作为苏联文学基本创作方法的口号，就是要利用社会主义现实主义思潮努力把自己的文学实践和社会主义的社会实践紧紧联系在一起、为之服务的基本思想，把这一思想扭曲为甘当其体制的御用工具。

社会主义现实主义思潮反对为文学而文学的“纯文学”，主张文学的功利性。而另一方面，从 20 年代，苏联逐渐强化国家意识形态，不断加强对包括社会主义现实主义在内的各种文学思潮进行行政控制和思想引导，筛选，贬抑。比如，对普拉东诺夫所代表的一种社会主义现实主义创作方法、对如

1. 《十月革命前后苏联文学流派》（下编），张捷选编，上海译文出版社，1998 年，168 页。

肖洛霍夫等人作品揭露性一面（表现出社会主义现实主义批判功能）就进行了扼制。比较苏联20年代文学和30年代后期文学，其显著特征就是文学（包括社会主义现实主义文学）批判性功能的衰亡。这种治绩是逐渐完成的。只是到了30年代，苏联官方才终于得以酿成罢黜百家、独尊社会主义现实主义的局面。同时应该指出，时至1932~1934年社会主义现实主义口号提出之际，社会主义现实主义思潮的走向经过在苏联体制及其意识形态的外在“修整”下的内在“调试”，基本上可以和苏联体制的思想要求接轨了。口号的提出不过成为体制对文学控制的一种象征。

1934年社会主义现实主义口号的正式提出，全苏作家代表大会的召开，社会主义现实主义被定于一尊，与其视为文学现象，毋宁视作苏联体制的政治行为。

对苏联社会主义现实主义的经典描述出现在1934年9月1日第一届苏联作家代表大会通过的《苏联作家协会章程》[1]中：

“社会主义的现实主义，作为苏联文学与苏联批评的基本方法，要求艺术家从现实的革命发展中真实地、历史地和具体地去描写现实。同时艺术描写的真实性和历史具体性必须与用社会主义精神从思想上改造和教育劳动人民的任务结合起来。社会主义现实主义保证艺术创作有特殊的可能性去表现创造的主动性，选择各种各样的形式、风格和体裁。”[2]

首先，在社会主义现实主义口号中，预设了现实主义和浪漫主义的结合，这是社会主义现实主义思潮本质特征，是其高度的历史乐观主义所要求的。

日丹诺夫作为体制的代言人说：

“我们的两脚踏在坚实的唯物主义基础上的文学是不能和浪漫主义绝缘的，但这是新型的浪漫主义，是革命的浪漫主义。我们说，社会主义现实主义是苏联文学创作和文学批评的基本方法，而这是以下面一点为前提的：革命的浪漫主义应当作为一个组成部分列入文学的创造里去，因为我们党的全部生活、工人阶级的全部生活及其斗争，就在于把最严肃的、最冷静的实际工作跟最伟大的英雄气概和雄伟的远景结合起来。”[3]

高尔基根据他自身创作道路的探索也指出，如果我们“接受现实主义”，再“补充以”根据共产主义思想的逻辑所可能的东西，那么就得到了浪漫主义，“这种浪漫主义建立在神话的基础上，它对于促进激发对现实的革命态度，

---

1. 《苏联作家协会章程》，1934年9月1日第一次苏联作家代表大会通过，1935年11月17日苏联人民委员会批准，引自《苏联文学艺术问题》，人民文学出版社，1953年，13页。
2. 同上。
3. 《在第一次全苏作家代表大会上的讲话》，日丹诺夫，选自《日丹诺夫论文学艺术》，人民文学出版社，1959年，11页。

即实践地变革世界的态度，是极为有益的”[1]。

他指出，是否应该寻找一种可能性，把现实主义和浪漫主义结合成为第三种东西，即能够用更鲜明的色彩来描写英雄的现代生活，并用更崇高、更适当的语调来谈论它。[2]

但是这里已经埋藏了把理想当作现实，把“从现实的革命发展中”来描写现实，变为臆造现实 —— 所谓“第三种现实”的危险，即粉饰现实、无视现实的危险性。

其次，社会主义现实主义口号也预设了社会主义现实主义文学教育人、鼓舞人为理想英勇奋斗的使命，这是从社会主义现实主义思潮的基本思想引申出来的，但是在当时的背景下，也埋藏了把文学变为国家意识形态的简单的宣传工具的危险性。

第三，值得注意的是，社会主义现实主义口号排除了作为任何一种积极的文艺思想所应该具备的批判精神。从根本上背离了马克思主义的批判性、革命性的世界观。而从社会主义现实主义思潮的实践看，从普拉东诺夫、肖洛霍夫、帕斯捷尔纳克，乃至社会主义现实主义思潮后期出现的许多具有深刻揭露性、批判性的创作看，社会主义现实主义思潮并不是先天缺失这一批判功能。这一功能是被苏联体制出于自身的需要而不断剥夺、阉割的。与此相联系的，幽默、讽刺、悲剧这样一些形式和体裁也被取消，它们的作者也只能是命乖运舛。

遗憾的是，大会上，高尔基在否定批判现实主义的当今意义之时，没有去指出文学批判性在当时的意义：“我们不否定批判现实主义广泛而巨大的功业，但是我们应该懂得，这种现实主义我们只能用于揭示过去的残余，以祛除它们。这种形式的现实主义没有，也不可能服务于教育社会主义的个性，因为它批判一切，什么都不去肯定，或者在更坏的情况下，它转而肯定那些已经被它否定了的东西。”[3]

尽管如此，在阐释社会主义现实主义口号的当时，高尔基仍然表露出与官方不同的思想倾向，比如强调了社会主义现实主义和个性、和人道主义的关系的思想，试图把自己“文学是人学”的思想纳入社会主义现实主义思潮的探索，因为这正是当时社会主义现实主义思潮的薄弱环节。在 1934 年全苏作家代表大会上，高尔基指出，“社会主义现实主义认定生活是行动事业，是创造。其目的是不断地发展人的最宝贵的个性能力，为的是能够战胜自然

---

1 《论文学》，高尔基，人民文学出版社，1978 年，113 页。
2 《论文学》，高尔基，人民文学出版社，1978 年，38 页。
3 《论文学》，高尔基，人民文学出版社，1978 年，134 页。

力，为的是人的健康长寿，为的是在地球上生活的伟大福祉”[1]。

但是，后来的文学实践证明，文学创作上对人的个性的关注、对个性化追求、对人道主义、对心理现实主义等等的否定，文学艺术界种种机械划一的清规戒律的形成，对文艺界的弹压，都是在社会主义现实主义的旗号下进行的。这往往给人以归咎于社会主义现实主义思潮的口实。实际上，社会主义现实主义作为思潮或流派，不可能具有指挥文坛、唯我是听，乃至封杀人口、左右人的命运的权能。必须把作为文学思潮的社会主义现实主义和作为控制文艺界的社会主义现实主义口号区别。社会主义现实主义思潮自身可以被扭曲，但是它不可能扼杀整个苏联文学，苏联愈演愈烈的文艺界的惨剧，只能是出自苏联体制的力量。

1932 年 10 月 26 日，在高尔基寓所举行的一次文学家座谈会上，关于“写真实”问题斯大林与与会者之间有如下一段对话：

“斯大林同志，您怎么看待世界观在艺术中的作用？”一个过去的“拉普”活动家问。

“你们反复地谈论辩证唯物主义，而你们却不理解所说的是什么。”

“难道一个诗人不可能成为一个辨证论者吗？”一个诗人问道。

“不，可以的，”斯大林回答说，“如果他能成为一个辩证唯物主义者，这很好。但是，我想说，到那个时候他就不愿意写诗了（全场笑声）。当然，我这是开玩笑。严肃地讲，你们不应该用抽象的论点来装满艺术家的脑袋。他应该知道马克思和列宁的理论，但也应该知道生活。艺术家首先应该真实地反映生活。如果他真实地反映我们的生活，那么他在生活中就不可能不觉察到，不可能不反映使生活走向社会主义的东西。这就是社会主义艺术，这就是社会主义现实主义。”[2]

斯大林是懂得文学的，懂得文学思维的特点，懂得文学思想不能灌输，但是斯大林体制不懂得文学。包括社会主义现实主义文学在内的整个苏联文学的精神力量正是在这一体制下一步步迅速趋于委靡。

应该看到的是，苏联社会主义现实主义思潮的探索，正是在苏联国家建设自己的意识形态过程中进行的。苏联国家意识形态的导向深刻地影响着这个自觉自愿地希望服务于这个社会主义国家的思潮，尽管苏联国家意识形态正是一步步走向集权体制。但是迅速实现苏联社会主义工业化和农业集体化，是时代的迫切要求和民族的根本利益所在。妙不可言的理想旗帜似乎正是只有斯大林体制可以来高举。斯大林体制是逐步形成、逐渐显露、逐渐被认识的。

1. 《论文学》，高尔基，人民文学出版社，1978 年，134 页。
2. 《马克思主义文艺思想史稿》，陈辽，四川文艺出版社，1986 年，670 页。

在当时的和之后卫国战争的历史背景下，社会主义现实主义思潮和社会普遍思潮都历史合理地接受了斯大林体制。

所以，社会主义现实主义口号之下的文学体制化，不是简单的从上到下的压制性灌输，它得到了广大作家和民众认可；建设工业化强国作为民族意志，要求自我牺牲、要求为理想奋斗，需要一种昭示前景、鼓舞人心的文学，30~40 年代社会主义现实主义思潮的走向反映了那个时代思想主潮的要求，同时也隐藏下那个时代的弊病和伤痕。这应该视为一种时代的迷误。

而从文学的成就看，在这一文学思潮中，不论是那些心灵合上斯大林模式的社会主义律动的作家诗人，还是一些怀着不同的社会主义理想而执著地向斯大林模式质疑的作家，都可能写出相当壮美的作品。因为这是时代的需要。只不过不符合主流意识形态的作家作品将被封杀禁绝。于是，出现了一批一直认为标志着 30~40 年代俄罗斯社会主义文学繁荣昌盛的社会主义现实主义作品，重要长篇史诗性作品，如阿 · 托尔斯泰的三部曲长篇史诗《苦难的历程》(«Хождение по мукам» 1921-1941) 和《彼得大帝》(«Петр Первый» 1929-1945)、高尔基的四部史诗巨著《克里姆 · 萨姆金的一生》(«Жизнь Клима Самгина» 1925-1936)、肖洛霍夫 (1905~1984) 的四部八卷长篇史诗《静静的顿河》(«Тихий Дон» 1927-1940) 等。还有记述了那个时代农业集体化运动的艰巨性、复杂性、困难性，甚至悲剧性历史的长篇小说《磨刀石农庄》（«Бруски» 1928-1937）和《新垦地》(«Поднятая целина» 1932-1995)。工业化题材中瓦 · 卡达耶夫的《时间呀，前进！》、爱伦堡 (1891~1967) 的《第二天》(«День второй» 1934)、革拉特科夫的《动力》(«Энергия» 1933)、马雷什金 (А. Малышкин 1892-1938) 的《来自穷乡僻壤的人们》(«Люди из захолустья» 1937-1938)、克雷莫夫 (Ю. Крымов 1908-1941) 的《油船“德宾特”号》(«Танкер «Дербент» 1938) 等一系列作品也充满了那个时代的狂热气息。

被视为社会主义现实主义经典的奥斯特洛夫斯基的长篇小说《钢铁是怎样炼成的》更是从共产主义理想的高度，对人生的价值、生命的意义，对生死、爱情这些根本性文学主题进行了先锋性的思考，感染了几代执著于共产主义理想的青年。直至 40~50 年代初，社会主义现实主义文学的经典中还出现了法捷耶夫的长篇小说《青年近卫军》、列昂诺夫的长篇小说《俄罗斯森林》（«Русский лес» 1953）和一大批长诗、抒情诗、剧本。

这些创作是那个在理想主义之光炽烈照耀下，遮蔽了现实中矛盾、残酷的一面，充满狂热和迷误的时代的文学见证。

社会主义现实主义思潮的体制化和获得独尊地位，正合了古今规律，并不是好兆头。从30年代中期以后，整个文学界呈现出萎靡不振的局面。主要表现在出现了所谓“无冲突论”思潮。这一往往归咎于社会主义现实主义的恶果，本来不过是意识形态严厉控制舆论的自然产物。尽管苏联体制的种种弊病愈演愈烈，苏联社会隐藏着残酷的矛盾和斗争，苏联官方舆论却宣称，社会主义已经建成，苏维埃人在政治上和道义上完全一致，在社会主义制度下生产关系与生产力的性质“完全适合”。于是有评论家也宣称“我国生活中的理想和现实达到了完全一致”。这就封死了文学反映现实矛盾之口。

“无冲突论”思潮在40年代被反法西斯战争所掩盖，在战后到50年代初期则达到登峰造极的地步。其间还夹杂着对不能遵从体制意识形态的创作的打压。比如，对法捷耶夫《青年近卫军》（第一版）的批评（忽略了描写党领导的模式），比如1946年8月，苏共中央《关于 < 星 > 和 < 列宁格勒 > 两个杂志的决议》在文学界发起的批判运动。文艺创作越来越概念化，公式化，四平八稳，千篇一律。只剩下歌功颂德和表现生活中那些甜甜蜜蜜、歌舞升平的东西。出现了“节日文学”这样无视现实的天真口号。战后初期出现的表现“无冲突”的小说，如《金星英雄》、《光明普照大地》、电影《幸福生活》，都是得到官方欣赏的社会主义现实主义赝品。而斯大林亲自过问、直接参与文学奖的推评的史实，具有典型意义。社会主义现实主义这一本来积极能动的文学思潮已经奄奄一息。

值得注意的是，倒是苏联官方首先试图打开这种难堪的文学局面：要求文学揭示矛盾。1952年4月7日和1953年6月9日《真理报》发表两篇编辑部文章《克服戏剧创作的落后现象》和《克服文艺学中的落后现象》，提出“我们不应该害怕揭示缺点和困难。有毛病就应当医治。我们需要有果戈理和谢德林”。在1952年底召开的苏共第19次代表大会上，苏共中央总结报告号召苏联文学家和艺术家“无情地抨击在社会中仍然存在的恶习、缺点和不健康的现象”，“大胆地表现生活的矛盾和冲突”。文学界这才有些动静，如奥维奇金（В. Овечкин 1904-1968）的特写《区里的日常生活》(«Районные будни» 1952) 出来“积极干预生活”。

1954年12月召开的第二届全苏作家代表大会，按照1953年9月苏共中央全会提出的号召，提出恢复文学的批判功能和现实主义原则，把文艺领域中反对“无冲突论”的斗争引向深入。大会在社会主义现实主义口号的提法上大做文章。对1934年代表大会通过的《苏联作家协会章程》中社会主义现实主义的表述，仅保留了前一部分：“社会主义现实主义作为苏联文学与苏联文学的基本方法，要求艺术家从现实的革命发展中真实地、历史地和具体地去描写现实。”而删去后一部分，即“同时艺术描写的真实性和历史具体性必须与用社会主义精神从思想上改造和教育劳动人民的任务结合起来”。另一个重要修改，是把“历史地和具体地”两个副词删掉了，只保留了“真实地”。后来1959年召开的第三次全苏作家代表大会继续探讨社会主义现实主义口号的提法，重又把“历史地和具体地”这两个副词恢复。

无论是对社会主义现实主义口号大做文章，还是第二届全苏作家代表大会恢复了文学的批判功能，提出了“积极干预生活”的口号，无论是第三届全苏作家代表大会热烈讨论“理想人物”塑造、典型人物的塑造，还是后来对人道主义的长期讨论，以及之后持续20余年的对于社会主义现实主义理论的探讨，对于恢复被扭曲的社会主义现实主义思潮，都有着一定意义，但是都没能挽救这一思潮没落的命运。

应该指出，在社会主义现实主义思潮存在的后期，对社会主义现实主义的理论探讨一直在努力发展。1957年和1959年，苏联科学院世界文学研究所与苏联作家协会联合举办两次全国性学术讨论会——“世界文学中的现实主义问题”和“社会主义现实主义问题”，会上提出的15个报告，如《社会主义现实主义问题》《现实主义与20世纪初俄国文学中的现代主义流派》《论批判现实主义和社会主义现实主义》《古典遗产和社会主义现实主义文学的艺术革新》等，涉及现实主义和社会主义现实主义的各个方面的问题。苏联文艺界在克服教条主义和庸俗社会学方面也取得了一定进展，社会主义现实主义的美学问题引起重视，对种种关于社会主义现实主义的错误观念提出了批评，比如把社会主义现实主义仅仅归结为世界现，比如把社会主义现实主义只看作新的现实的反映，提出社会主义现实主义在体裁、风格、形式、手法等方面应该是多样的，特别值得注意的是，给予了假定性以应有的地位。

从50年代后期至80年代，在官方意识形态允许的限度内，出现了许多探讨社会主义现实主义美学和创作规律的很有分量的专著，实际上，都构成和官方体制对文学控制的潜对话，如赫拉普钦科的《现实主义方法和作家的创作个性》(1957)、布尔索夫的《作为创作个性的作家》(1959)对于打破图解式的评论和概念化的创作起着积极的促进作用。布罗夫的论文《美学应该是美学》(1955年)和专著《艺术的审美实质》(1956)从理论上系统地探讨了文学的特殊对象和特殊内容，强调文学艺术的特性，试图把它和其他意识形态区分开来——过去总是把文艺同哲学、历史学、社会学和政治学的对象混为一谈。1961年苏共第22大提出“一切为了人，为了人的幸福”这些口号之后，人道主义成了苏联文学的思想旗帜。1962年，苏联作家协会和苏联科学院世界文学研究所联合举行了“人道主义与现代文学”的学术讨论会，宣称在新的基础上和新的条件下，“我们重新返回到人道主义的各种概念上来”；批评了过去仅仅把人当作“历史的燃料”“螺丝钉”和“达到目标的手段”，看不到人的全部丰富性及其真正的历史地位和作用，而且不尊重人、不关心人和不相信人的思想。1964 年 12 月苏联作家协会和苏联科学院世界文学研究所举行的“当代现实主义和现代主义问题”的学术讨论会也具有探讨世界文学思潮流派间关系的意图。

一次次文学会议和文学理论的探讨，实际上都成为社会主义现实主义思潮和自身的体制化的对话和抗争，成为社会主义现实主义文学思潮思索、发展和表白自身的美学特性、思维特性、创作个性，争取自身的发展空间的顽强努力。

但是，理论上的努力没能挽救社会主义现实主义思潮，因为都没有触及社会主义现实主义思潮被扭曲、社会主义现实主义思潮的文学实践一蹶不振的真正根源——体制对于文学的控制。一些研究者也指出理论探索和文学实践的脱节，当时的理论研究多不为作家所关心，对创作影响很小。

而从更深的层次讲，造成社会主义现实主义思潮衰落瓦解的根本原因甚至不在体制的控制，而在于苏联社会主义体制从经济基础到上层建筑意识形态的愈演愈烈的矛盾，在于社会主义理想信念在苏联体制下的衰落和瓦解。社会主义现实主义思潮所依存的历史乐观主义在衰落，社会主义现实主义思潮再也无力展开浪漫理想的翅膀了。社会主义现实主义思潮就是在沸沸扬扬的社会主义现实主义的理论探索阐发中，在社会主义现实主义旗号的挥舞下一步步蜕变。社会主义现实主义思潮中固有的缺欠，如人道主义问题，如对于过去和未来关系的认识、对理想和现实关系的认识，在当时的苏联社会文化背景下越来越失去调整的可能性。进入社会主义现实主义创作思想中新的因素不再是补充、促进这一思潮的因素，而是成为侵蚀性、对抗性的因素。正面人物的思想资源、美好事物的道德根源，不再诉诸社会主义理想，文学矛盾冲突的揭露和解决，不再瞩望于“在前进中对于‘旧的、传统的’克服”；主流文学不再从社会主义现实主义的“未来”，而是从过去、从俄罗斯古老传统、从神话、从人性、从东正教思想的发掘等等，去寻找理想的支撑；面对现实，发出的只能是“死结”的感叹和“火灾”的警示和呼号，或者干脆走向对社会主义现实主义创建的整个“第三现实”的解构，走向后现代主义。苏联晚期出现的种种文学思潮，许多都是在社会主义现实主义瓦解的废墟上形成的。

代表作家和创作简介

1. 高尔基

高尔基，原名阿列克塞·马克西莫维奇·彼什科夫（Алексей Максимович Пешков）。他从早期的漂泊生活，认识俄罗斯的社会现实和矛盾，在创作出具浪漫主义色彩的短篇小说《马卡尔·楚德拉》（«Макар Чудра» 1892）、《伊则吉尔老婆子》（«Старуха Изергиль» 1895）的同时，又发表现实主义短篇小说《切尔卡什》（« Челкаш» 1895），实际上已经成为其探索新的现实主义路径的尝试。在剧本《小市民》(«Мещане» 1901) 中，尼尔作为俄国文学中第一个有觉悟的工人形象，向全世界宣布："谁劳动，谁就是主人！"

在广泛接触下层人民的生活和世纪初的民众运动中，高尔基走近了社会主义思想。1905 年高尔基结识了列宁，加入布尔什维克。在这一时期，他创作了奠立社会主义现实主义创作方法的长篇小说《母亲》(«Мать» 1906)。

作为人道主义者，高尔基一直对人、对个性、对人生抱有崇高的希望。他曾经在艺术散文《人》(«Человек» 1903) 中，对大写的人，作为胜利者的人，发出激情的礼赞：人，是"伟岸、高傲而自由的"斗士，他"一往无前！又向上攀登！永远是一往无前！又向上攀登！"[1]在他接触到科学社会主义之后，进一步探索到把自己的人道主义理想呈现于现实主义文学之中的新的思想途径——社会主义现实主义创作方法。

不同于高尔基过去继承 19 世纪现实主义传统的作品，比如《在底层》(«На дне» 1902)，也不同于他过去的浪漫主义作品，《母亲》中表现出对世界的一种新的认识和相应的新的文学方法，充满浪漫主义激情的现实主义创作方法。

这一创作方法基于对现实环境、对人、对人和环境的关系的崭新理解。现实主义所要求的典型环境被确定为具体的、历史的社会环境，视为一种历史过程，向人的解放、人类的进步发展的过程，而人不再是"现实"的消极的、宿命的奴隶，也不是浪漫主义的、任意而行的、抽象的英雄，他们生活在具体历史之中，人物性格与典型环境的关系，是互动的，变化的，是通过革命途径变革社会的实践。人成为历史的自觉的参与者、创造者和主人。

正是采用这种创作方法，高尔基得以在最高的境界中实现了自己的人道主义理想。巴维尔·符拉索夫和他的母亲，就成为他心目中"人"的形象的最高理想。这一切都体现出高尔基新的美学追求，构成社会主义现实主义文学思潮最基本的创作方法。

---

1 http://az.lib.ru/g/gorxkij_m/text_0017.shtml

当然，不言而喻，照亮《母亲》创作的光，显示出社会主义现实主义基本特征的历史乐观主义之光，从根本上是来自科学社会主义思想的。1905 年高尔基结识列宁，加入布尔什维克和对科学社会主义思想的思考，显然起着决定性的作用。

小说《母亲》的主人公及其故事背景都是有其原型和事实依据的。其原型就是 1902 年高尔基故乡“五一”工人示威游行的领导者和组织者彼得 · 扎洛莫夫和他的母亲安娜 · 基利洛英娜。小说展示出俄国工农大众走向社会主义理想的历史必然性，表现他们在这一革命运动中的觉醒、成长。可以说，这是一部反映 20 世纪初年俄国社会现实中的工人运动历史的社会政治小说。而同时，又是高尔基不断探索人的个性形成、成长的历史，个人的生活与命运的新的里程碑。小说揭示的是社会主义思想在工人中传播，怎样唤醒人的个性，促进人的个性的形成和内心的成长。从他过去作品中那些被命运压倒、无所作为的人群中，出现了新人，他的心灵一旦被思想点燃，就从沉睡中觉醒了，他开始去审视自己的存在，开始意识到自己的人格尊严，开始去认识和理解这个世界，意识到自己与这个世界的真实联系，并且去改造这个世界，去做新世界的主人。它表现了高尔基对人的新的观点，新的个性观。

高尔基是把母亲作为小说的中心人物来刻画的。这个被生活压倒在最底层的苦难的母亲，受尽摧残，没有文化，思想被禁锢在最狭窄的家庭小屋子里，生活中她最多的是害怕，是恐惧。

母亲在逐渐觉醒，逐渐意识到自己，思考自己的生活，努力使自己成为能够主动生活的人，自为的人，成为一个真正的个性。世界变得开阔了，她不再仅仅看到自己的儿子、自己的小屋，她真心地参与到发展的生活之中，成为自觉的革命者，为历史的美好前景而生活。

在小说结尾“逮捕”的场面中，母亲已经没有畏惧，在宪兵的殴打绑架下，她宣说着革命的真理，成为生活的主人，为人类解放而献身的大写的母亲，大写的人。

靠了社会主义现实主义创作方法，高尔基第一次塑造出在现实中可能出现的真正的大写的人，肯定人与历史之间有可能也必须相互作用，人在历史面前不是奴隶，他能够也必须表现出自己的意志，表现出自己改造世界的力量。

应该补充说明的是，在之后，特别是在苏联的社会变革中，社会主义现实主义方法并没有再让高尔基循着这条人道主义的思路创作出新的形象。

1909 年，高尔基和卢那察尔斯基、波格丹诺夫一起在喀普里组建了党员讲习班，宗旨是要把俄罗斯的造神学说同革命思想结合起来，这一思想反映在高尔基的中篇小说《忏悔》(«Исповедь» 1908) 里。

被称为“革命的海燕”的高尔基，早就预感到革命的来临，真诚地相信必须变革社会，同时又担心在这个布满因循守旧的农民的国度，他的人道主义理想会在革命中会受到歪曲。这些疑虑也反映在 1917~1918 年间发表在《新生活报》(«Новая жизнь») 上的一组文章《不合时宜的思想》(«Несвоевременные мысли») 中。十月革命中一些令高尔基震惊的现象，使他得出悲观的结论：革命是对生活、文化、国家的全面破坏。至此，高尔基与新政权开始分道扬镳，在列宁的坚持下他移居国外。在国外期间他完成了自传三部曲的第三部分《我的大学》(«Мои университеты» 1923)、长篇小说《阿尔塔莫诺夫家的事业》(«Дело Артамоновых» 1925)，开始写作长篇史诗《克里姆 · 萨姆金的一生》，并一直关注着俄国社会生活和文学。

1931 年高尔基回到苏联，和斯大林建立起私人联系。斯大林曾多次邀请作家们在高尔基的寓所聚会。“社会主义现实主义”这一术语，就是在其中的一次聚会上酝酿产生的。高尔基还直接参与第一届苏联作家代表大会组委会的工作，主持了 1934 年的苏联作家代表大会。高尔基和斯大林的关系和他晚年的思想，当今成为受人关注的问题。从高尔基自身的思想路径分析，或许正是“对农民的恐惧”，使他情愿乐观地想象农业集体化和工业化的道路和成就，而看不到整个民族、整个国家面临的悲剧。

无论高尔基对苏联领导人的暴力倾向、对他们残酷的知识分子政策等等，提出过多少尖锐的指责和“不合时宜的思想”，但是在当时整个世界潮流中，他毕竟还是把自己美好的追求和期望寄寓在自己红色的祖国。这也正是成为他同意社会主义现实主义文学口号的基础。社会主义现实主义口号的提出，文学国有化的形成也正合于其所代表的社会主义现实主义思潮的走向。当今，在质疑社会主义现实主义的声浪中，人们真诚地为高尔基辩解、开脱，求证社会主义现实主义创作方法不是高尔基提出的。实际上，探究社会主义现实主义一名首先出自谁人之口，并不意味着找到了作为文艺思潮的社会主义现实主义产生的渊源。

社会主义现实主义在苏联的出现，不是某个人的灵感或提案，它是那个时代应运而生的产儿，是一个时代的文学思潮。它的出现有着社会历史和文学思想史上的必然性和合理性。

而高尔基从他自身的创作实践，从他对那个时代的文学的想象，从他对自己关于“现实主义和浪漫主义结合”的创作主张的种种拟想中，一步步走近后来命名为社会主义现实主义的创作方法，成为社会主义现实主义的奠基人。

在高尔基30年代的多次重要讲话和论述中，可以发现他是那样热忱地从社会发展的现实，从文学思潮发展的历史走向，讲述着，论证着社会主义现实主义在苏联出现的必然性和必要性。

比如，关于社会主义现实主义产生的根据，他指出，“社会主义现实主义，只有反映劳动实践所产生的各种社会主义创造的事实时，才会在文学中出现”。而“我国已经有了革命性的社会主义创造的事实”。[1]关于社会主义现实主义的思想高度和教育功能，他认为，应该站在社会主义理想的高度“去注意已经开始生长和活动的东西上”[2]，去“培植人们对美好事物的渴望”，去“教育人们”[3]；在艺术方法上，高尔基指出，社会主义现实主义“要承认艺术有权夸大各种肯定的和否定的社会现象”[4]，他企盼着“把现实主义和浪漫主义结合成为第三种东西，即能够用更鲜明的色彩来描写英雄的现代生活，并用更崇高、更适当的语调来谈论它”[5]。

他指出，“在苏联，对这‘幻想’般的目标的追求，成了丰功伟业、英雄的劳动和大胆的意图的推动力”。而“文学家应该在这些意图**实现和成为事实之前**[6]知道它们”[7]。因此，“光描写现存的事物还不够，还必须记住我们所希望的和可能产生的事物（亦即所谓‘第三种现实’）。必须使现象典型化，应该把微小的而有代表性的事物写成重大的和典型的事物——这就是文学的任务”。[8]

社会主义现实主义创作方法的构想是属于包括高尔基在内的新文学时代的探索者的，是和高尔基的创作思想的发展走向、和他宣说的新的文学创作思想相一致的。但是，在苏联的特定社会历史条件下，这一新文学思潮的走向必然是悲剧性的。这种悲剧性本来就是整个社会思潮走向悲剧性的一部分。社会主义现实主义创作方法在苏联模式下势必被扭曲为极权主义掌控文坛、压抑文学发展、扭曲文学创作和文学批评的工具，成为极权政治的工具，这大抵是高尔基所始料不及的。

2. 尼·奥斯特洛夫斯基

尼·奥斯特洛夫斯基（Н. Островский 1904-1936）在他短暂的一生中用生命凝成的长篇小说《钢铁是怎样炼成的》（«Как закалялась сталь» 1932），

1. 《论文学》，高尔基，人民文学出版社，1978年，339页。
2. 《论文学，续集》，高尔基，人民文学出版社，1983年，258页。
3. 《论文学，续集》，高尔基，人民文学出版社，1983年，255页。
4. 《论文学，续集》，高尔基，人民文学出版社，1983年，498页。
5. 《论文学》，高尔基，人民文学出版社，1978年，38页。
6. 俄文为黑体字。
7. 《论文学》，高尔基，人民文学出版社，1978年，341页。
8. 《论文学》，高尔基，人民文学出版社，1978年，345页。

一直被视为社会主义现实主义文学的经典。

尼·奥斯特洛夫斯基出生在乌克兰的一个贫寒的工人家庭，11 岁起，当过车站食堂小工，当过司炉的助手。十月革命后曾在一所两年制中学半工半读并开始参加革命活动，形成自己的社会理想。后参加红军，负重伤而退伍。他不顾自己伤病的身体，在最艰苦的地方忘我劳动，抢修过窄轨铁路，在冰冷的河水里打捞过木材，患了伤寒病和风湿症，仍不愿离开工作岗位，1926 年他完全丧失了活动能力，瘫痪在床上。他想尽办法，以最大的毅力争取“归队”，有了写作的念头。他大量阅读俄罗斯经典作家的作品，参加函授大学，同时关注着苏维埃国家的生活。1930 年，在双目失明的情况下开始写作长篇小说《钢铁是怎样炼成的》，1932 年完成第一部，1934 年完成第二部。随即着手长篇小说《暴风雨的儿女》（«Рождённые бурей» 1936）的构思和写作，未就而溘然去世。1935 年 10 月荣获列宁勋章。

可以说《钢铁是怎样炼成的》很大程度上是一部自传性作品。其中写到保尔·柯察金童年受尽凌辱的生活和倔强的反抗，写到他的初恋的纯真和生活的坎坷，他的自强不息的奋斗和命运一次次的打击。小说着力刻画保尔作为一个普通的人，怎样在现实的斗争中，在和命运的抗争中，炼就成一个钢铁般的个性。

小说的人物的思想和命运必须放在那个时代的具体历史环境中才能够理解。这样才能理解保尔对冬妮亚的爱情所加的先决条件——“你必须和我们站在一起”，而“我首先是属于党的，然后才属于你和其他亲人”。这样，才能理解筑路一节中令人难忘的、具有象征意味的情节。在保尔所获得的工人阶级的主义和理想面前，生命和爱情都只能融于其间，否则两者当然是皆可抛的。有人不由想到俄国为信念而承受苦难的宗教传统和圣徒。在暴风雪中，在饥饿严寒中，保尔一身破烂衣服，挺住重病的身体，日复一日地干着难以想象的繁重劳动。在那条具有象征意味、迤逦伸向前方的窄轨铁路上，他看到了自己生活的意义。

他在全身瘫痪、双目失明的绝境下，产生过自杀的念头，因为感到自己的生活不能再对人有益。不过，他很快就醒悟到“这是最怯懦也是最容易的出路”。他要和命运作最后的斗争，甚至在严酷的命运面前，他也要最后地显示一下自己作为一个人的个性。保尔的信条是：当生活变成不可忍受的时候，你也要竭尽全力，使生命变得有益于社会，有益于人民，要迸发出最后一道灼目的强光，来显示自己个性生命的价值。人们正是由此看到保尔的个性魅力。

在生命的终极性的拷问面前，保尔对人生价值的回答成为几代青年的圣经式的箴言："人的一生应该这样度过，要不为虚度年华而悔恨，……这样，临死前他就可以说：'整个生命和全部力量都献给了世界上最美好的事业——为人类的解放而斗争。"[1]

保尔的形象是鲜活的，作品没有掩饰他富有时代特色和个性特征的思考、情感（爱憎、懊悔、喜悦、悲哀）。在那个时代的生活中，保尔选择了他认为是最有价值、最富理想的生活。他是无怨无悔的，为了自己的理想，保尔做了自己所能做到的一切，付出了自己所能付出的一切，他诀别了自己的初恋，献上了自己的青春、健康，乃至生命。当然，他不能够、也不愿意看到灌输给他思想的人不希望他看到的一切——那是对一个普通工人来说过于残酷的东西。保尔的命运是苏联一代走向革命的普通工人心路历程的真实写照。在他身上反映着那个"理想燃烧"的时代所赋予、同时也支撑着那个时代的精神品质和特有局限。

小说在人对环境的能动关系上，在对人的个性价值，人的自我塑造，人对命运的自我把握和抗争上，都显示了社会主义现实主义思潮特有的美学理想。

在保尔身上，突出显示出社会主义现实主义思潮的历史乐观主义特征——这就是消灭了原来意义上的悲剧。小说把保尔置于最深刻的悲剧境遇之中，不是让他成为悲剧英雄，而是让他战胜自我，战胜环境，成为战胜悲剧的英雄。可以说，保尔形象是社会主义现实主义美学理想的至高体现。站在这一美学理想上，不能不认为，保尔的生命是美丽的。正是因为如此，保尔的形象感染着那个时代的人。

当然，站在那个时代之外和那种美学理想之外，就会另有感触，就会发现其中的悲剧。有人指出，保尔的行为对于神来说，比如普罗米修斯，是合情合理的，而对于人，这是不自然的。更何况连普罗米修斯都在呼号着自己为人类牺牲的痛苦，而保尔却在昏迷中才呻吟。一些文章认为，社会主义现实主义在这一意义上是神话性的。社会主义现实主义塑造着超人或神人。苏联官方需要这样的形象来教育和宣传。

但是这只能说明，保尔的悲剧性不在小说之内，不在社会主义现实主义美学理想之内，而在现实之中。作为那个历史时代的人，他无法逃脱历史的宿命：他的个性追求，最终不能不表现为把个人融入"我们"，而"我们"又恰恰正在被苏联模式融入"黑洞"。正是在苏联的现实中，保尔演绎着苏联多少革命者心路历程的真正悲剧性——对美好理想的憧憬和奋斗被扭曲

1. 《钢铁是怎样炼成的》，尼·阿·奥斯特洛夫斯基著，李兆林等译，浙江文艺出版社，1997年，281页。

为遵从苏联模式的意识形态狂热，成为时代的牺牲品。他们最终不得不亲手摧毁自己用鲜血和生命筑成的“理想大厦”。

3. 法捷耶夫

法捷耶夫出生于一个革命民意党人家庭，1908 年随全家迁居远东。1918 年加入布尔什维克党，并参加了当地的红色游击队。1921 年他被选为第 10 次党代表大会代表。同年，在镇压喀琅施塔得暴乱时负伤，回莫斯科养病，后来进入莫斯科矿业学院学习，并开始文学创作，写出短篇小说《泛滥》(«Разлив» 1923) 和《逆流》(«Против течения» 1924)。1927 年发表被公认为苏联社会主义现实主义优秀作品的长篇小说《毁灭》(«Разгром»)。

小说描写内战时期远东地区一支小小的红军游击队，在寡不敌众的情况下英勇突围的动人故事，表现了革命造就新人的过程。小说成功地塑造了一系列鲜明的人物形象，勇敢、坚定、沉着、胆识过人、有坚强的革命信念的领导者莱奋生，残留着许多落后的农民意识的莫罗兹卡和仪表堂堂而藏着一颗软弱的小资产阶级知识分子灵魂的密契克。小说的真实性基于作者深厚扎实的生活基础，深刻细腻的心理描写、对人物自我剖析和自我反省的自我革命过程的生动描写，凸显出对俄罗斯古典作家特别是列夫・托尔斯泰心理分析传统的继承和发展。小说结构严整，情节发展协调，可以说，是 20 年代苏联社会主义现实主义探索过程中颇具特色的作品，对社会主义现实主义文学发展作出了贡献。

然而法捷耶夫没能在这条道路上走下去。“我在成为作家之前先成为革命者。”[1]法捷耶夫在自己悲剧性的一生中，执著地履行着自己这一誓言。从 20 年代直至 30 年代初，为了占领无产阶级文化的领导“岗位”，法捷耶夫毅然放弃自己天才的创作之笔，四处阻击无产阶级文化事业的“敌人”。在狂热的“拉普”斗士中，他是稳重而又执著的中坚。“不是同盟者便是敌人”，就是法捷耶夫提出的口号。高尔基曾一次次告诫他赶快从派别的争吵中回到文学创作来。但是，对无产阶级“岗位”的责任感，使他感到“责无旁贷”，难于回头。而在 30 年代之后充当苏联文学阵地掌门人的残酷年代，对体制的忠诚和他自己正直的判断之间往往构成悲剧性的冲突。在 1951 年初法捷耶夫 50 岁生日纪念会上，法捷耶夫感叹自己是“统共只有两本完成了的作品”（指他最著名的《毁灭》和《青年近卫军》）的作家。

卫国战争年代，他作为随军记者，奔赴前线，写出大量歌颂苏联人民爱

---

1. 《文艺理论与批评》，2002 年，1 期，28 页。

国主义和英雄主义的特写和政论。1945 年，写成讴歌卫国战争中青年人的英雄业绩的长篇小说《青年近卫军》(«Молодая гвардия»)。小说以真实的史料为蓝本，艺术地再现了克拉斯诺顿沦陷区共青团员们组织“青年近卫军”同德寇进行顽强搏斗、壮烈牺牲的悲壮事迹。小说获得好评，又被指责没有突出党的领导，法捷耶夫遵照上边的意图，作了多年苦心修改，1951 年出版修订本，虽然少了些生动的刻画，思想上则更为“完美”。

接着，法捷耶夫又从马林科夫那儿领来《黑色冶金》(«Черная металлургия»)的主题，完成了他创作生涯中悲剧性的最后一幕。法捷耶夫创作《黑色冶金》的事实对于理解社会主义现实主义被扭曲而衰落的悲剧是有典型意义的。首先，《黑色冶金》的主题是法捷耶夫从官方那儿请来的。按法捷耶夫自己当时的话说，这应该是“献给人民、献给党和苏联文学的一份真正的礼物”，它“要歌唱我们的黑色冶金，歌唱我们的苏联工人阶级，……歌唱我们的党”[1]，它将是他“一生中所写得最好的作品”[2]。其次，小说的预想冲突是迎合当时政治需要、符合当时苏联文艺创作思想的模式性冲突：革新派和保守分子之间进步与落后的冲突。

但是，这一主题、冲突越来越被生活本身证实是掩盖着重大社会矛盾的虚伪的主题和虚伪的冲突。

小说写了一年又一年，法捷耶夫恍然发现：“我完了。作为一个作家我完了。尽管我有创作经验和生活经验，我却不能一眼看出，分不清真假！”[3]

在给瓦日达耶夫的两封信(1955,8)中，他痛苦地述说自己跟不上“形势”：“我的小说（指《黑色冶金》）需要根本性的修改。那些在 1951 年到 1952 年开始写作时构想和编撰的东西中，在我们今天，很多已经陈旧甚至不正确了。在为那些当时称作‘冶金业革命’的技术发明而进行的斗争中，正确一方看来不是那些‘革新者’，而倒是那些守旧派……”而“现在，对于我的那些正面主人公，也得让他们转向……去对官僚主义保守性作斗争。关于向西方学习技术以便赶超的问题，应该有新的提法；……对外国专家的作用也应该有新的提法。一句话，我的一些人物‘已经陷入绝境’。而新的人物已经出现，所以，第一部只得整个重新修改。”

是什么使他“分不清真假”，使他的人物陷入绝境呢！是为了符合一种创作模式、套路，为了图解一种思想，为了迎合体制的“精神”。正像当时的许多作品一样，《黑色冶金》的主题和人物如此短命，原因很简单，因为

1. 《文艺理论与批评》，2002 年，1 期，39 页。
2. 同上。
3. 《关于苏联著名作家法捷耶夫的几个问题》，张捷，俄罗斯文艺，2002 年，1 期，12～20 页。

它不是来自生活的提示，而是领受于体制的意图。直至整个创作破产，法捷耶夫念念不忘的仍然是所谓“新的提法”。当然这种“新的提法”想必是来自“指示”，而非生活。包括法捷耶夫自己在内的社会主义现实主义思潮探索者所奠立的创作精神被扭曲了。

这位曾经自觉而敏锐的社会主义现实主义探索者，竟使自己的创作境界沦落到何等可惨可笑的地步！《黑色冶金》一书最终夭折，轰毁了他所忠诚的文学路线和创作程式，也使社会主义现实主义方法蒙羞。法捷耶夫晚年酗酒成瘾，直至自杀。在法捷耶夫的悲剧命运中，有着社会主义现实主义思潮悲剧性历程的影子。

诗学特征

社会主义现实主义不是像一些人所说，没有诗学特征，实际上，作为文学思潮的社会主义现实主义和一般文学思潮一样，它在一定的宇宙人生观念基础上形成了独特而鲜明的美学思想。

1. 社会主义现实主义思潮的思想艺术特征首先是建立在社会主义理想和信念之上的空前的历史乐观主义激情，决定了创作风格的积极的、明朗的、激进的基调。历史在不可阻挡地飞速前行，妙不可言的终极前景已经展现在眼前。在这飞速前行中，现实的一切已经变得短暂而微不足道，现实中的革命人为献身于奔向终极未来而自豪。

在地上实现天国的信心是和对人的信心、对重建新理性的信心联系在一起的——人有能力改造世界，创造新生活。人变成大写的人。

而人变成大写的人、“真正的人”的时候，往往又成为“个性的毁灭”、非人化的时候。文学理想上极端主义、至高主义的态度，导致为了未来和理想不惜牺牲现有的一切，现实人生仅仅视为达到目的的手段。这方面，传统的东正教的末世论思想和弥赛亚思想、终极追求和牺牲、献身和使命感、为理想而受难的思想、耶稣的形象……都潜移默化地影响和融入社会主义现实主义的这一美学理想。对这一美学理想应该进行历史的分析。遗憾的是，社会主义现实主义思潮后期，在试图对个性的思想、人道主义的思想做深入探索之时，这一思潮的理想根基已经摧折，人道主义的思想便往往嫁接到其他文学思潮之上了。

在社会主义现实主义思潮探索中，社会主义理念应该处于开放的发展的探索中。一旦被终极化、固定化，就可能成为法规、戒律，思潮就会僵化而失去生气。社会主义现实主义被体制化之后，这种情况就格外明显了。

2. 基于社会主义理想的理想主义品格、社会主义价值论的倾向性和革命的能动反映论，形成现实主义和浪漫主义的一种奇特融合。

社会主义现实主义视野中的现实是疾速奔向终极的现实，要反映这一现实，必须要用未来的眼光从发展中认识现实，不是关注正在成为过去的现实，而是展望由理想所确定的、即将到来的“第三现实”。

实际上，从 19 世纪俄国现实主义，特别是列 · 托尔斯泰后期的现实主义思想中都可以获得这种思想资源。比如对真实的看法，对真和善一致性的信念。列 · 托尔斯泰在其《劝善故事集》序中指出，“真就是道。基督说：‘我就是道路、真理、生命。’”[1]，所以“一切文学作品之所以需要和成为好的，不在于它们写了过去有过什么，而在于它们指出应该有什么……”“不管描写的事是怎样的不可思议，不管野兽是怎样地像人一样说话，不管魔毯是怎样地载人飞行，——传奇、比喻和童话，如果其中有天国的真理，那就是真实的”[2]。

对社会主义现实主义思潮的现实观、真实观也可以作如是观。

表现这种理想主义的现实就必然要求现实主义融入浪漫主义的玫瑰色。尽管创作的整体面目呈现为现实主义特征，但是社会主义现实主义的现实不一定是实有的，却一定是理想中应该实现的，符合社会主义真理的。如果说传统的浪漫主义中充满不要求历史具体性的奇人、奇事、奇境，那么社会主义现实主义在刻画社会主义理念中的新人、新事、新境时，则要求赋予形象以历史具体的现实性特征，所以浪漫主义因素是奇特地附着在（隐藏在）现实主义之中的。在那些经典的社会主义现实主义作品中实际上都具有这种艺术特征。

当然，这一特征可以被利用于把某种需要的、而未必具有“发展中的真实性”的形象“现实化”，把幻想的东西伪装成具有历史具体性的品格。社会主义现实主义体制化时期的一些创作就出现了种种伪现实和伪光明。

3. 努力和社会主义运动紧密联系的实践性品格，为理想服务的愿望，形成社会主义现实主义思潮具有宣教性、实践性的激情。社会主义现实主义思潮反对为文学而文学的“纯文学”，主张文学的功利性。希望把文学艺术作为社会革命活动的一个组成部分。成功的社会主义现实主义作品都做到了这一点，但是是在遵守创作规律的范围内。

马雅可夫斯基当年甚至为自己的诗歌没有得到国家的指令而焦躁不安，提出他的“社会订货”思想……

---

1. 《托尔斯泰文集》（14 卷），列夫 • 托尔斯泰，人民文学出版社，1992 年，59 页。
2. 《托尔斯泰文集》（14 卷），列夫 • 托尔斯泰，人民文学出版社，1992 年，60 页。

然而，一旦这个诗意的畅想变为现实，就不仅对于社会主义现实主义思潮自身，而且对整个苏联文学都产生致命的危害。因为这违反了文学的规律。

更有一种倾向值得注意，这就是社会主义现实主义实践性品格在一定条件下，发展为要改造现实、创建现实的冲动，以其昭示的革命先锋性让现实追随文学艺术。做人生事业的“教科书”是社会主义现实主义思潮对文学的赞誉之语。但是“教科书”化的要求，往往扭曲文学的创作过程，出现模板式的创作，而且还导致混淆艺术实践和社会实践，造成荒唐可怕的后果。

而这一点，也充分显示出和20世纪初年俄国先锋主义的密切关系。先锋主义反传统的激进主义、革新性意识、永远走在最前线的无休止的实验性、浪漫激情和救世主式的狂热，最终都落实到改造社会的功能性上。它否定纯文学和文学的贵族化、强调艺术与社会的依存互动关系，把艺术视为社会行动和改革的工具。它把艺术作为社会的表现，试图在最高层次上揭示最进步的社会趋势，表现出先锋主义把艺术和生活融为一体的创造生活的激情。这些都可以在社会主义现实主义思潮中找到呼应。

社会主义现实主义思潮的这一特征最终可能使现实和艺术的关系反转/翻转过来，不是文学艺术反映现实，服务现实，而是要现实听凭文学艺术的指挥。苏联体制就使社会主义现实主义思潮的这一倾向极端化，为其体制服务。

另外，社会主义现实主义思潮和传统的、当时的文化思想都有着千丝万缕的关系。这些文化思想不顾社会主义现实主义思潮“决裂感”的自我意识，或潜移默化、或改头换面地融入到这“最革命”的美学思想中来。

显然，传统的东正教思想、民俗思想、古老传说和寓言及壮士歌、神话资源、文化象征（如远方、无尽头的道路、五角星、钢铁、火、土地、儿童、未来的象征意义），对于社会主义现实主义思潮都具有启发和借鉴价值，得到广泛利用并赋予新的意义。比如郭如鹤率领库班红军队带领当地群众被迫撤退的故事就使人想起摩西率犹太人出埃及的宗教传说……

20世纪初年俄罗斯宗教思想的探索，寻神论、造神论思想，俄国先锋主义的探索，都被有机地融入思潮的体系；为了呈现前瞻性的未来，象征主义流派的艺术手段也得到充分的借鉴。

社会主义现实主义思潮还形成了一系列新的美学观念，文学的人民性、党性、典型性、英雄、领袖、人民，都有着崭新的解释。而一些旧的诗学观念，如悲剧观念，则被彻底改造。在社会主义现实主义中已经没有了传统的悲剧，代之以“乐观的悲剧”。在新的悲剧观念中不是英雄在命运面前受难，而是英雄战胜命运。《钢铁是怎样炼成的》中的保尔就是这样的英雄。

此外，古典主义中一些概念也得到继承。比如责任和情感的冲突的主题也常常成为社会主义现实主义的主题，革拉特科夫的《水泥》和《钢铁是怎样炼成的》等作品中就充满了责任和情感的冲突的主题，也成为表现人物精神性格的手段。为此有人把社会主义现实主义指为新古典主义。但是，实际上，在这两种文学思潮中，责任和情感的冲突的基础是不同的。前者是基于对理想的追求，后者是基于对王权的忠诚。把责任和情感的冲突的基础扭曲为对体制的忠诚，是体制的要求，而不是社会主义现实主义思潮的本质。

社会主义现实主义思潮的美学特征正如所有文学思潮的美学特征一样，实际上都具有两重性。而在苏联体制的控制压抑下，它的美学特征往往受到扭曲，许多卓有天资的社会主义现实主义作家未能创作出更优秀的作品。这与其说是这一思潮的过失，不如说是它的历史性的不幸。

参考文献：

1. Актуальные проблемы социалистического реализма[C].//Сб. ст., М., 1969.
2. В борьбе за социалистический реализм[C].//Сб. ст., М., 1959.
3. Горький М. О литературе[M]. М., 1961.
4. Лукин Ю. А. Ленин и теория социалистического искусства[M]. М., 1973.
5. Марков Д. Ф. Проблемы теории социалистического реализма[M]. М., 1975.
6. Овчаренко А.И. Социалистическая литература и современный литературный процесс[M]. 2 изд., М., 1973.
7. Проблемы социалистического реализма[C].//Сб., М., 1959.
8. Проблемы социалистического реализма[C].//Сб., М., 1961.
9. Социалистический реализм и классическое наследие[C].//Сб., М., 1960.
10. Социалистический реализм в литературах народов СССР[C].М., 1962.
11. Социалистический реализм и художественное развитие человечества[C].М., 1966.
12. Творчество М. Горького и вопросы социалистического реализма[C].//Сб., М., 1958.
13. 陈辽.马克思主义文艺思想史稿[M].成都：四川文艺出版社，1986.
14. 俄罗斯科学院高尔基世界文学研究所.俄罗斯白银时代文学史》（第二卷）[C].谷羽、王亚民等译，兰州：敦煌文艺出版社，2006.
15. 高尔基.论文学[M].北京：人民文学出版社，1978.
16. 高尔基.论文学，续集[M].北京：人民文学出版社，1983.
17. 李辉凡.当代苏联文学中的人道主义问题[M].合肥：安徽文艺出版社，1987.
18. 李辉凡，张捷.20世纪俄罗斯文学史[M].青岛：青岛出版社，1998.
19. 列夫·托尔斯泰.托尔斯泰文集（14卷）[C].北京：人民文学出版社，1992.
20. 尼·阿·奥斯特洛夫斯基.钢铁是怎样炼成的[M].李兆林等译，杭州：浙江文艺出版社，1997.
21. 70年代苏联社会主义现实主义问题[C].北京：中国社会科学出版社，1979.

22. 日丹诺夫.在第一次全苏作家代表大会上的讲话[C].//日丹诺夫论文学艺术，北京：人民文学出版社，1959.
23. 苏联社会主义现实主义问题讨论集[C].北京：外国文学出版社，1981.
24. 苏联作家协会章程[C].//苏联文学艺术问题，北京：人民文学出版社，1953.
25. 张捷. 十月革命前后苏联文学流派（下编）[M].上海：上海译文出版社，1998.
26. 张捷.关于苏联著名作家法捷耶夫的几个问题[J].俄罗斯文艺，2002（1）.
27. 张秋华等.拉普资料汇编（上下）[C].北京：中国社会科学出版社，1981.

第10章　俄国境外文学

Глава 10　Литература русского зарубежья

俄国境外文学早在16世纪即有记载。俄国最初的一位流亡作家是安德烈·库尔勃切斯基大公。此后的几个世纪，由于战争、政治、宗教等原因作家流亡异国，不断形成境外文学。而20世纪俄国境外文学无论从这一文学过程的历久复杂、作家群体之庞大、文学成就之崇高，还是从对20世纪俄罗斯文学历史的影响和价值上看，都是具有世界文学史意义的。

俄国十月革命之后，在几个不连续的时间段内，集中地出现了数量空前的流亡作家。他们的社会活动、文学实践成为一种独特的文化、文学现象。有学者提出“两个俄罗斯”来描述20世纪俄罗斯文学。在20世纪，俄语文学除了在苏联本土生产的“境内文学”之外,还有重要的一部分“境外文学”，也称“侨民文学”或“流亡文学”，指的是由流亡境外的俄罗斯作家所创作的文学。俄国境外文学以其在思想、艺术上的巨大成就赢得世界性的声誉，拥有布宁、索尔仁尼琴（А. Солженицын 1918-2008）、纳博科夫 (В. Набоков 1899-1977)、布罗茨基四位诺贝尔文学奖获得者。境外侨民文学与境内的苏联文学互为补充共同组成整体的20世纪俄罗斯文学。境外文学的生成方式、发展历程、思想理念、美学价值对于俄国文学史、文化史、思想史的理解与建构有着重大意义。

历史沿革

20世纪俄国境外文学有三次浪潮。

1917年十月革命后，接踵而来的出版法令的公布，报刊检查制度的实施，反对派报刊的取缔，私人出版社的没收，以及残酷的内战和宣布无产阶级专政和红色恐怖的局面，使一大批知识分子陷入困惑、怀疑和忧虑之中。他们无法接受革命对于古典俄罗斯的全面“革命”,随着国内局势的动荡不安、知识阶级社会地位下降、言论出版自由受到限制，许多在白银时代蜚声文坛的知识分子选择离开祖国，开始流亡。这里除了一大批著名的哲学家、宗教神学家、艺术家、演员等等，还有大量著名的文学家，成为第一浪潮的俄罗斯境外文学的主体，而这一浪潮的俄国境外文学也被称为俄国侨民文学的“第一浪潮”。

据不完全统计，1917年以后，共有200万俄罗斯人离开俄罗斯，最终陆续返国的人则只不过18万。1918~1921年间，这数百万流亡者经由俄罗斯西部、南部涌向欧洲，往东则流向中国、朝鲜、日本。20世纪30年代前，俄罗斯侨民主要驻留在欧洲，最为集中的是德国和法国。资本主义世界的经济危机开始之后，法西斯暴政加剧，迫使大批俄侨迁往美洲和澳洲。直至30年代末，第一次流亡浪潮才告结束。俄罗斯流亡者为了争得合法的身份和相对自由、友好的环境，在欧洲各地迁徙，营建并维护自足的“小俄罗斯文化圈”。其中主要的经营维护力量是侨民中占相当比重的文化知识分子。

“第一浪潮”中有早已在“白银时代”就已成名的老作家，如布宁、阿维尔琴科（А. Аверченко 1881-1925）、巴尔蒙特、吉皮乌斯、格列本什科夫（Г. Гребенщиков 1882-1964）、瓦·安德烈耶夫(В. Андреев 1903-1976)、阿尔志跋绥夫（М. Арцыбашев 1878-1927）、库普林、梅列日科夫斯基、明斯基、纳日温（И. Наживин 1874-1940）、谢维里亚宁、苏尔古乔夫（И. Сургучёв 1881-1956）、阿·托尔斯泰、苔菲（Тэффи 1872-1952）、乔尔内伊（С. Черный 1880-1932）、奇里科夫（Е. Чириков 1864-1932）、尤什凯维奇、阿姆菲捷阿特罗夫（А. Амфитеатров 1862-1938）、扎伊采夫、列米佐夫（А. Ремизов 1877-1957）、施缅廖夫、扎米亚京等，也有较年轻的，在境外成长起来的新一辈作家，如波普拉夫斯基（Б. Поплавский 1903-1935）、茨维塔耶娃、阿尔丹诺夫（М. Алданов 1886-1957）、阿达莫维奇、格·伊万诺夫（Г. Иванов 1894-1958）、霍达谢维奇（В. Ходасевич 1886-1939）等。第一浪潮俄侨作家的素质在俄罗斯境外的文学家整体中居首位。

俄罗斯境外文学家随着时代风云四处漂泊，先后主要散布于康斯坦丁堡、柏林、巴黎、贝尔格莱德等地，组成文学中心，创建出版社，发行百余种俄文报刊，得到广大俄侨们的支持。

俄侨作家的第一个集结中心是康斯坦丁堡，在此出版了俄法两种语言的报纸《俄罗斯回声》(«Русское эхо»）和《晚报》(«Вечерняя пресса»)，以及周刊《远方的闪光》。康斯坦丁堡的“俄罗斯”成为之后柏林、巴黎、布拉格的“俄罗斯”的原型。

1921~1923年间，俄侨文学人主要活动区转到柏林，1918~1928年仅在柏林就注册了188个俄国侨民出版社。其中有“言辞”出版社、“黑里康”出版社、“思想”出版社、实力雄厚的“时代”（эпоха）出版社、左派社会革命党人的“西徐亚人”（Скифы）出版社，特别是“彼得罗波里斯”出版社

(Петрополис)；还有一些重要的报刊，如《俄罗斯图书》(«Русская книга»)、《界限》(«Грани»)杂志、《前夜》杂志的文学副刊、《舵轮报》(«Руль»)、《俄罗斯与斯拉夫》(«Россия и славянство»)等。这些俄国侨民出版社和报刊使苏联许多著名作家的作品得以绕过苏联的书刊检查在这里发表，如扎米亚京、布尔加科夫、左琴科、梭罗古勃、费定、伦次等的作品。在这些年，柏林的“俄罗斯”成为俄侨文学维持和俄国本土文学并行而连接的中枢。

随着时间的推移，侨民文学的中心渐渐转移到巴黎。1923年巴黎有俄国侨民30万人，布宁、库普林、梅列日科夫斯基等许多著名文学家都集结于此。巴黎逐渐成为俄侨文学的“首都”，梅列日科夫斯基和吉皮乌斯的家庭“周日读书会”成为俄罗斯境外文学的辐射中心之一，保持了俄罗斯知识分子一贯对崇高精神生活追求的特质，并且由读书会派生出了一个较大规模的团体——“绿灯社”(Зеленая лампа)。梅列日科夫斯基对团体的宗旨作了阐释，他说：生活在异国他乡，面对流亡生活的“空洞、虚幻、贫乏和徒劳”，当“疲倦的传染病流行起来。庸俗的风气盛行。空气中弥漫着稀释的毒气，我们也丧失了关于自由和祖国的清晰概念”。因此，“绿灯社”的任务就在于“寻找解毒剂”，寻找那些可以将俄罗斯和自由联结为一个整体的语言。巴黎年轻的俄侨作家则大多是“青年作家诗人协会”的成员，他们以《数目》(«Числа»)杂志作为阵地，正是在这份杂志上，形成后来被称为“俄罗斯帕尔那索斯派”即“巴黎音调”(парижская нота)的风格多样的统一体。巴黎俄侨成立的“俄罗斯土地”出版社、“复兴”出版社，以及《最新的消息报》(«Последние новости»)、《共同的事业报》、《复兴报》(«Возрождение»)、《当代纪事》(«Современные записки»)杂志、《环节》(«Звено»)文学周刊，在刊载传播俄侨文学方面具有重大意义。其中以《当代纪事》最具影响力，这份杂志以开阔的政治视野和宽容的美学态度见长，布宁、库普林、扎伊采夫、纳博科夫、霍达谢维奇、茨维塔耶娃等著名作家的几乎全部作品都在这一刊物的文学-哲学栏目上刊载。

1928年，在贝尔格莱德举行了一次俄侨民作家代表大会，筹备成立侨民作家组织，并设立一个隶属于塞尔维亚科学院的专门的出版委员会，编辑了《俄国文库》丛书。正是凭借着广泛的出版网络、高素质的作家队伍以及稳定充实的侨民读者，俄国侨民文学才得以成为一个完整的、自足的、充满生命力的独立文学集合。

布拉格也是俄国侨民文学的重镇。至二战前，布拉格出版过18种俄国报刊，还有一个“火焰”出版社。1921~1926年布拉格出版的社会政治文学月刊《俄罗斯意志》(«Воля России»)具有重大的影响。扎米亚京著名的反乌托邦小说《我们》就是首次在这里发表的。

欧洲始终是俄罗斯境外文学的主要阵地，不过，产生于东方的俄罗斯境外文学也是组成20世纪俄罗斯文学整体的不可或缺的一环。[1] 20~30年代的哈尔滨和抗日战争全面爆发之后的40年代的上海先后成为俄罗斯境外文学的东方中心。在哈尔滨出版有俄文报刊《光》(«Свет»)、《俄罗斯之声》、《曙光》、《亚洲之光》、《燕子》。

在哈尔滨也有“绿灯社”的文学集会活动，1926年发展为规模更大的文学团体“楚拉耶夫卡”(Чураевка)[2]。虽然不能夸大中国境内的俄侨文学在俄国境外文学整体中的成就和价值，但是涅斯梅洛夫 (А. Несмелов 1889-1945)、佩列列申 (В. Перелешин 1913-1992)、阿恰伊尔 (А. Ачаир) 和维·伊万诺夫等优秀作家的名字和他们的作品绝不可忽视。比如巴依阔夫 (Н. Байков) 的《一个满洲猎人的札记》(«В дебрях Маньчжурии») (1941)、《大王》(«Великий Ван») 充满中国民俗气息，又如阿恰伊尔的诗句“命运永远压不倒我们，／哪怕腰身一直弯到了地，／祖国把我们赶出家门，／我们却把她带往世界各地”[3]，成为俄罗斯侨民的心理写照。随着抗日战争的进展，中国境内的俄侨作家的命运各异：逃往其他地区（澳洲、美洲）的作家继续写作生活，大部分作家在战后主动或被迫返回苏联，许多人遭受流亡或劳改的命运，到50年代中期，哈尔滨和上海已不再有俄罗斯侨民。远东境内的俄罗斯侨民文学支流的典型特点是西方文化与东方文化的水乳融合，神秘而古老的中国形象、坚韧沉默的中国人，甚至中国语词都被侨民作家捕捉书写，而由于抗日战争的风云激荡的氛围影响，在大多数侨民作品中都蕴含着阴云之下严峻的男性力量。

1940年以后，由于战争动乱和政见不同，新的一批作家从苏联境内流亡欧洲，形成侨民文学的第二浪潮。此时的欧洲局势已发生剧变，二战全面爆发，环境恶劣。第一浪潮中的许多作家已经逃往美洲，滞留欧洲的作家则境遇悲惨。根据统计，1947年在流亡欧洲的苏联公民中约有30万人不幸被囚禁在西德各地的集中营。集中营中的许多杰出活动家在战时或多或少地与德国当局合作过，战争结束后，西德地区作家不少被同盟国政府强制性地送回了苏联。这一浪潮中的侨民文学家中有许多极富天赋的诗人，如叶拉金

1. 《缺失的一环 —— 在华俄乔文学》，李萌，北京大学出版社，2007年；《风雨浮萍 —— 俄罗斯侨民在中国》，李星耕，中共中央编译局出版社，1997年；《中国俄罗斯侨民文学丛书》，李延龄主编，北方文艺出版社、黑龙江出版社，2004；《中国俄罗斯侨民文学研究》，王亚民，兰州大学博士学位论文，2007年。
2. 这一团体的名称取自流亡作家格列边希科夫的多卷本长篇小说《楚拉耶夫兄弟》(Братья Чураевы 1913-1936)，小说主人公是些来自阿尔泰地区的俄罗斯人。这一团体还创办了报纸《基督教青年会青年楚拉耶夫卡》。
3. 《俄罗斯侨民文学史》，弗·阿格诺索夫著，刘文飞，陈方译，人民文学出版社，2004年，66页。

(И. Елагин 1918-1978)、奥尔加 · 安斯泰 (О. Анстей 1912-1985) 、克连诺夫斯基(Д. Кленовский 1893-1976)、莫尔申 (Н. Моршен 1917-)、马克西莫夫(С. Максимов 1930-1995)、希里亚耶夫（Б. Ширяев 1887-1959)、勒热夫斯基 (Л. Ржевский 1905-1986)、奇诺夫（И. Чиннов 1909-1996)，还有著名的小说家纳洛科夫（Н. Нароков 1887-1969)、菲利波夫（Б. Филиппов 1905-1991)、尤拉索夫（В. Юрасов 1914-)、马克西姆夫（С. Максимов 1877-1962）等。他们的创作在内容和思想上有独特价值，是俄罗斯文学不可抹杀的部分。与第一浪潮侨民作家不同的是，新来的流亡者年纪大多较轻，与苏联本土的主流文学理念有着千丝万缕的联系。十月革命后的第一阶段俄罗斯侨民作家在战争中随着作家们流散而解体，40 年代形成的第二次浪潮也随着战争的结束而落潮。

与第一浪潮的瞩目成就相比，第二浪潮的活动和成就则逊色不少。首先在数量上，第二浪潮的流亡作家远少于第一浪潮。但这一代作家在政治志向和文学理念上有着不同于前一浪潮的新特点。20 世纪 40~50 年代的俄罗斯侨民创作主要集中在德国的慕尼黑及周边地区和莱茵河畔的法兰克福的难民集中营，后来转移到了美国。作家们在极其艰难的环境中坚持文学活动，例如 1945 年，在门兴戈夫、费尔斯腾瓦尔德和罗特温斯登战俘劳改营发行了《播种》杂志，1946 年，在慕尼黑弗莱曼难民中心发行政治 - 信息类杂志《转折关头》(«На переломе»)、文学 - 社会类杂志《火光》(«Огни»)，在门兴戈夫集中营中出版的《界限》(«Грани»）杂志，后来迁到法兰克福，1948 年在雷根斯堡集中营相继出版《自由语言》(«Свободное слово»）和《自由》(«Свобода»）两种报纸，1951~1952 年在慕尼黑出版一份文学和批评杂志《文学现代人》(«Литературный современник»)。除了在报刊上散载的作品，还有一些出版者和作家自主编辑发行流亡作家们的诗文集和辑刊：欧洲的有《俄罗斯境外文学》(«Литературное зарубежье» 1958)、《桥》(«Мост» 1958-1970)、《流亡缪斯》(«Муза диаспоры» 1960)，在美国则有《在西方》(«На западе» 1953)、《团结：当代俄罗斯境外诗歌选》(1966)、《相遇》(«Встречи»)（曾名《十字路口》）等等，在这些出版物上既能读到俄罗斯经典作品，也能见到苏联境内流出的地下文学作品，更为重要的是刊载俄罗斯侨民作家的新作。通过这些出版活动，第二浪潮的流亡作家保持与苏联境内的联系，也承前启后地联结着第一浪潮和第三浪潮的俄侨文学社会。

从 50 年代末至 80 年代初，苏联出现了第三次较大规模的流亡潮。导致此次浪潮的原因是苏联“解冻”思潮的兴起和之后的风向逆转。许多作家的作品受到公开批判，限制发表，作家不得不将自己的作品寄往国外发表。而这进一步激怒苏联当局，勃列日涅夫上台之后，对文坛的意识形态重新实行严格控制，对作家进行更为猛烈的政治批判和惩罚，或将他们开除出作家协会，甚至逮捕拘禁或驱逐出境。1966 年苏联官方对作家西尼亚夫斯基和达尼埃尔的公开审判[1]，指控他们把“诽谤性的作品”寄往国外，分别判处两人七年和五年徒刑，在第三浪潮形成过程中成为一个重要的事件。70 年代初，苏联放松公民出国限制。在苏联体制、思想的重压下，一批作家纷纷离开本土，侨居于巴黎、慕尼黑、维也纳和美国各地，与原来被驱逐出境的作家一起成就了第三浪潮的境外文学。与前两次浪潮中的作家最明显的不同在于，第三浪潮的作家大部分出生、成长于苏联时期，一方面他们见证了苏联反法西斯战争的伟大胜利和经济建设的成就、困境，同时从小受到社会主义意识形态的熏染，深受苏联社会主义现实主义文艺建制的影响；另一方面，这一代侨民作家又较多较快地接受了西方流行的各种社会哲学思潮，认同现代西方世界的基本价值观。这些作家中，对苏联思想、体制的批判态度是其共同思想特征。而从文学风格上说，一些人坚持现实主义传统，如索尔仁尼琴，而有许多作家的创作则带有现代主义特色，更有一些人走向后现代主义风格，对苏联体制和思想进行深刻的思索和解构，如陀甫拉托夫、伊・索科洛夫等。

第三浪潮境外文学的主要创作者有布罗茨基（И. Бродский 1940-1996）、科尔扎文（Н. Коржавин 1925-）、索尔仁尼琴、加利奇（А. Галич 1918-1977）、利蒙诺夫（Э. Лимонов 1943-）、马姆列耶夫（Ю. Мамлеев 1931-）、维克多・涅克拉索夫（В. Некрасов 1911-）、马克西莫夫（В. Максимов 1930-1995）、茨维特科夫（А. Цветков 1947-）、马拉姆津（В. Марамзин 1934-）、沙・索科洛夫（С. Соколов 1943-）、戈尔巴涅夫斯卡娅（Н. Горбаневская 1936-）、阿马尔利克（А. Амальрик 1938-1980）、格拉季林（А. Гладилин 1935-）、季诺维耶夫（А. Зиновьев 1922-）、陀甫拉托夫（С. Довлатов 1941-1990）、伊戈尔・叶菲莫夫（Игорь Ефимов 1937- ）、阿列什可夫斯基（Ю. Алешковский 1929-）、波贝舍夫（Д. Бобышев 1936-）、阿克肖诺夫（В. Аксенов 1932-）、沃伊诺维奇（В. Войнович 1932-）、戈连什泰因（Ф. Горенштейн 1932-）、科比列夫（Л. Копелев 1912-1997）、哈扎诺夫（Б. Хазанов 1928-）、库勃拉诺夫斯基（Ю. Кублановский 1947-）和弗拉基莫夫（Г. Владимов 1931-）等。

---

1. 西尼亚夫斯基（Андрей Донатович Синявский 1925-1997），笔名阿勃拉姆・捷尔茨（Абрам Терц），他和达尼埃尔（Юлий Маркович Даниэль 1925-1988）被以“诬蔑苏维埃国家和社会制度”罪受刑，受到社会舆论的关注。这件事成为苏联持不同政见者的民主运动的重要时期的开端。

第三浪潮作家的主要流向是法国、以色列和美国。除巴黎外，纽约、洛杉矶、特拉维夫等地也是主要的俄苏侨民政治、文化活动中心。第三浪潮中，马克西莫夫在巴黎创刊的《大陆》（«Континент»）杂志与西尼亚夫斯基和妻子罗扎诺娃创办的《句法》（«Синтаксис»）杂志针锋相对。前者与索尔仁尼琴关系密切，奉行崇尚宗教与民族主义的思想路线，后者推崇西方的文化与社会体制，鼓吹人权。此外，同样在巴黎创刊的还有马拉姆津的《回声》（«Эхо»）、鲍科夫的《方舟》（«Ковчаг»）、《第三次浪潮》、《新美国人》（«Новый американец»），以及早年创立的《俄罗斯思想》（«Русская мысль»）等刊物，成为不同俄侨团体和派别各抒己见的论坛，而巴黎也因此保全了自十月革命以来就已奠定了的俄苏侨民在欧洲文化中心的地位。

与居住在法国和以色列的俄侨相比，居住在美国的俄苏侨民生活中的政治色彩相对淡薄。由斯拉夫学者埃伦迪娅 · 普罗菲尔和卡尔 · 普罗菲尔创办的“阿尔迪斯”(Ардис) 出版社和由伊戈尔 · 叶菲莫夫与其妻——女作家玛丽娜 · 拉奇科创办的“艾尔米塔什”（Эрмитаж）出版社是美国俄侨文学重要的发行途径，第三次浪潮期间俄侨陆续创办的《新俄罗斯言论》（«Новое русское слово»）、《全景》（«Панорама»）、《万花筒》（«Калейдоскоп»）、《新杂志》（«Новый журнал»）等刊物形成一个颇成气候的俄罗斯文学舞台。

形成侨民文学三个浪潮的俄国境外文学因为流亡的时代背景、社会政治原因不同，流亡地的异域文化的影响不同，加之各个作家所属的风格流派不同和个性差异，使得俄罗斯境外文学呈现出斑斓复杂的面貌，但是无论哪一个阶段的境外作家群都坚决而积极地进行了文学活动及社会活动。不可否认，俄罗斯境外文学形成的原因是政治，而流亡作家政治面目复杂，政治态度各异。几十年历史进程中，既有右翼社会党人、立宪民主党人、君主主义者、转换路标分子，也有力图“非教条地、自由地”诠释马克思主义的知识分子，从未形成一个划一的整体。由此形成俄国境外文学错综复杂的意识形态特征，也没有统一且固定的诗学特点。从文学流派来看，俄国境外文学的作家涉及传统的批判现实主义、白银时代的象征主义派和阿克梅派、自我未来主义派等，许多作家更自觉地接受西方思想文化，融入西方现代主义、后现代主义各种思潮流派。但是他们多是深守着对俄罗斯祖国和自己民族语言文化的不舍情怀，在自觉聚合而成的侨民社会这一狭窄的空间中，继续沿着各自的轨迹创作，形成具有特色的俄国境外文学。

代表作家和创作简介

1. 布宁

布宁是侨民文学“第一浪潮”中最重要的作家。他在政论性日记《该诅咒的日子》(«Окаянные дни» 1925) 里谈到他流亡国外的原因时说：“我不像有些人那样，对革命的发生感到措手不及，对其规模和暴行感到十分突然，可是现实还是超出了我的意料：俄国革命在不久之后演变成了什么，是任何一个未曾目击者所无法明白的。对每一个对上帝还保持着信念的人来说，眼前的情景真是惨绝人寰……”[1]

在 20 世纪初年俄国革命危机高涨的时代背景下，布宁曾由衷地相信，“革命对我们来说是救星，新的制度必然会使国家繁荣起来”[2]，他“渴望革命”。在一次海上航行之中，和人辩论有否社会不公时他说，“若是把这轮船垂直地切一刀，便会看到，我们在这里边喝酒边聊天，而工人却在闷热的机房里，浑身煤黑，操劳不停……最主要的是，坐在上面的人还不把那些给他们干活的人当人看待 —— 这公平吗？”这艘轮船大抵成为小说《来自旧金山的绅士》(«Господин из Сан-Франциско» 1915) 的故事背景。而这篇小说出色地表现出作者对资本主义的“新世界的主人”的揶揄。现代物质文明的奢靡不过如繁华一梦，而人类命运仍在恶浪滔天中挣扎。然而 1917 年的十月革命的暴力局面同样令他憎恶，失望。在文学上，他作为一个坚持站在“老派”传统现实主义立场上的文学家，一直视白银时代俄国现代诗歌流派如“瓦普吉斯之夜”的群魔乱舞，而对十月革命后以无产阶级文化派为代表的摧毁传统文化的“可恶的野蛮人”更是十分反感。他不能忍受俄罗斯的这种“堕落”。1918 年，他离开了莫斯科，1920 年 1 月 26 日乘坐一艘法国轮船从敖德萨辗转到了巴黎，此后直至 1953 年因病去世，布宁再也没有回到过他始终深爱的俄罗斯。

流亡生活是艰苦的，他在法国小城格拉斯度过了他的几乎整个流亡生活，直至生命的最后。布宁夫妇与寄住在他们家的库斯涅佐娃和祖罗夫过着简朴清贫的生活，1933 年布宁获得诺贝尔文学奖，他把大部分钱捐给了困境中的俄国侨民。或许正如扎伊采夫所说，“流亡甚至对他有好处。流亡强化了他对俄罗斯的感情，一去不复返的感觉，并使他先前就很浓烈的诗歌之汁变得更为浓缩了”。[3]

流亡中的布宁文笔耕作更勤，创作了随笔集《遥远的一切》(«Далекое» 1922) 、《迟缓的春天》(«Несрочная весна» 1923)，诗文集《耶利哥的玫瑰》(Роза

1 《跨越与回归》，冯玉律，上海外语教育出版社，1998 年，17 页。
2 《跨越与回归》，冯玉律，上海外语教育出版社，1998 年，15 页。
3 《俄罗斯侨民文学史》，弗 · 阿格诺索夫著，刘文飞、陈方译，人民文学出版社，2004 年，273 页。

Иерихона 1923)、文集《米佳的爱情》(«Митина любовь» 1924)、诗文集《中暑》(«Солнечный удар» 1925)，短篇小说集《幽暗的林中小径》(«Темные аллеи» 1949)，长篇自传体小说《阿尔谢尼耶夫的一生》(«Жизнь "Арсеньева"» 1933) 等。无论在艺术还是思想上，这些作品都是卓越的。

虽然布宁说，"称我为现实主义者意味着不了解作为一个艺术家的我"，但是他毕竟是 20 世纪俄罗斯最具古典气质的作家。他一方面继承并发扬了普希金、莱蒙托夫、屠格涅夫所铸就的俄罗斯式浪漫主义，使他的现实主义创作萦绕着一层浓浓的诗意，另一方面，他延续了列·托尔斯泰式的道德力量和生命思索。人们往往很惊讶于布宁笔下自然主义式的细腻逼真的描写反而形成一种虚幻浪漫的氛围。这样的笔触在他所有作品中毫不吝惜地用于对于俄罗斯景致、风土人物的描摹，没有常见的强烈鲜明的色彩，而是调动所有的感官，将气息、形状、色彩、光影、声音、冷暖等种种因素将俄罗斯复杂、微妙的自然呈现出来。

如果说，在流亡前，布宁对俄罗斯自然的深情迷恋出于他对旧式庄园的怀念和惋惜，那么，流亡后的布宁不知疲倦地对俄罗斯过去的追忆和美化，对记忆中俄罗斯景物的再现，则表露出对俄罗斯祖国的生离死别的眷恋，而在这眷恋之上覆盖上一层厚厚的由于时间不可逆转和空间不可逾越的深沉绝望。

写作既是布宁对往日的记忆，也是他当下的存在形式。他通过文字将时光雕刻的记忆变成一种个人化的历史和现实，并以其强大真挚的感染力吸引着所有俄罗斯人。记忆或者说回忆成为一块坚实温暖的盾，抵御着来自真实的冷箭。在少见的政论性散文《该诅咒的日子》中，他怒视大变革的祖国，将革命视为俄罗斯生活中的愚钝和白痴现象的泛滥，这种强烈的批判激情延续到《阿尔谢尼耶夫的一生》中。对于由金钱与物质支撑的西方世界，布宁早在 1915 年的《来自旧金山的绅士》中就已经开始进行深刻的讽刺，而在被迫流亡寄居其中的漫长岁月中，布宁以对西方视而不见的态度表达他的冷漠和蔑视。"悬"在现实中，成为布宁及以其为代表的俄国流亡作家的普遍存在状态，他们大多选择将牵引风筝的那根线挂在虚构的文字的世界中，这个世界是俄罗斯式的。

流亡中历时 6 年而完成的自传性抒情小说《阿尔谢尼耶夫的一生》，是代表布宁创作特色的杰作。小说的主人公阿尔谢尼耶夫将写作和爱情视作生命的支柱，并试图借助它们克服贯穿一生的孤独。布宁并不承认这是一部自传作品，因为"有很多东西，很多最艰难的事情，我都没有写，《阿尔谢尼耶夫的一生》要比我的一生轻松得多”[1]。爱情，在布宁流亡前后的创作中都有着毋庸置疑的地位。在布宁笔下的爱情是浪漫的，是甜蜜的，更是悲剧性的。从他的《米佳的爱情》到《幽暗的林中小径》，再到《阿尔谢尼耶夫的一生》，美好的爱情总是在人性的弱点和现实的残忍中令人伤感地凋落。布宁笔下的爱情在两个方面超越了一般的浪漫情感，一是，布宁以敏感而深沉的体验营建了一种独特的俄罗斯民族式的爱情悲剧，他说，“我们俄罗斯人的东正教灵魂，是抒情的、禁欲的，也是阴暗和失常的”[2]。他用爱情的喜与悲，守护着俄罗斯的民族灵魂。另一方面，用一种悲剧的方式抗拒时间这把“软刀子”对一切情感的谋杀，布宁用苦痛的文字浇筑出永恒的情感世界，在这个世界中，时间被迫成为情感的见证。他宣称：“只要是在世界上曾经存在过的生命，就不会死亡！只要我的灵魂、我的爱情、我的记忆不死，就不会有离别和失落！”[3]

2. 波普拉夫斯基

在第一浪潮境外文学之中，除了由流亡前就已成名的作家引人注目的成就之外，还有一部旋律曾经不为人知，是由受到忽视的一群青年诗人、小说家所弹奏的。波普拉夫斯基是弹奏这一旋律的首席演奏家，并将之命名“巴黎音调”(парижская нота)。

波普拉夫斯基1903年出生于一个艺术之家，父亲出生于波兰农村，后来成为柴可夫斯基最心爱的弟子，却为生活所迫放弃了音乐；母亲出身波兰贵族，是一个小提琴手，而音乐在她更多的是一种谋生的技能。波普拉夫斯基从小表现出艺术天赋，喜爱画画，童年便有诗作。17岁时随父亲前往克里米亚，又在1920年11月和弗兰格尔的军队一起离开了俄罗斯。1921年，一家人从君士坦丁堡迁往巴黎。除了1922~1924年两年间在柏林学习绘画之外，波普拉夫斯基与家人一直生活在巴黎，艰难度日。在柏林学画的结果是证明自己并不能成为一名雕塑家，与此同时结识了流亡作家别雷、维·伊万诺夫而接近俄国侨民文学圈，从而打开他的另一扇艺术之门。从柏林重返巴黎的波普拉夫斯基成为众多青年侨民文学者的一员，他们的共同特点是，没有一个人以写作为生，都有着自己的职业，并且往往都是一些卑微的工作，他们常常挨饿。但波普拉夫斯基与其他青年侨民不同，他没有工作，也没有找工作的愿望，他的生活由卧室、写作、图书馆、体育馆和咖啡馆构成。

1. 《俄罗斯侨民文学史》，弗·阿格诺索夫著，刘文飞，陈方译，人民文学出版社，2004年，275页。
2. 《俄罗斯侨民文学史》，弗·阿格诺索夫著，刘文飞，陈方译，人民文学出版社，2004年，278页。
3. 《布宁短篇小说选》，张建华主编，陈馥译，外语教学与研究出版社，2006年，181页。

他与爱人娜塔丽娅·伊万诺夫娜·斯托里亚罗娃在1931年相遇，三年后斯托里亚罗娃回国，从此音讯全无，原因是回国不久后就遭到镇压，父亲也被枪杀。这一段短暂、真挚的恋情带给诗人更多的是精神的折磨，心灵的煎熬。

见过波普拉夫斯基的人都为他孩子般的纯真所打动，这个饱受人生艰难的“孩子”过早地以非正常的方式结束了远未成熟的生命：1935年，在俄侨界人尽皆识的骗子、瘾君子谢尔盖·雅尔科的诱惑下，波普拉夫斯基吸食过量毒品而亡。关于波普拉夫斯基的意外死亡，有的朋友说是由于怯懦的雅尔科按照早有的自杀计划而有意拉上一个“伴儿”，也有的朋友认为这本是合适的，因为现实的绝望和苦难“已经超越了作家那种儿童性格所能体验到的欢乐”，无论是哪种，对于一个有着超常的诗歌天赋且愿意投身其中，并有着未尽的书写计划的作家来说，这样的死亡都是一个巨大的悲剧。

在波普拉夫斯基，与生活潦倒相比更为痛苦的是，他的创作无处发表，他发出的声音没能让人听到。诗人生前，创作受到冷遇，只在布拉格的杂志《俄罗斯意志》和巴黎的《当代纪事》杂志上发表过41首诗作，只有一部诗集《旗帜》(«Флаги)在一位富商的支持下得以出版，而长篇小说《阿波罗·别佐布拉佐夫》(«Аполлон Безобразов» 1932)只发表了一半又因为缺少资金而中止。虽然作品少见面世，他的诗才却得到了俄国侨民界的普遍承认，诗篇《黑色圣母》得到了极高的评价。他的意外之死震惊了整个侨民界，人们意识到他们失去了一位天才诗人。波普拉夫斯基去世后，他的作品由他的朋友整理出版，1936年出版了《下雪时分》(«Снежный час»)，1938年出版了《在蜡制的花环中》(«В венке из воска»)，在1965年出版了《方向不明的飞艇》(«Дирижабль неизвестного направления»)。

正如他对“巴黎音调”的界定，青年艺术家们那种玄秘朦胧的内心状态，在那样的内心状态中，“庄重的、明亮的和无望的”音调，全都交织在一起。波普拉夫斯基本人的创作是这一音调最为复杂、最为深刻的演绎。在《论巴黎诗歌》一文中，费多托夫写道，巴黎俄国青年侨民的诗作“挣扎在生活与死亡之间”，充满了“一个人注定灭亡的感觉和强烈的生活感受这两者之间的冲突”[1]。与文学前辈不同，青年作家们不能像他们那样将厚重的俄罗斯作为可靠的灵魂庇护所，他们流亡的时候还是孩子，还未完全理解自己拥有过什么，就走上寻找所失的历程。他们需要在卑琐的现实中寻找自己的位置、自己的价值，往往投向了神秘化的内心之境。正如波普拉夫斯基关于诗

1. 《俄罗斯侨民文学史》，弗·阿格诺索夫著，刘文飞、陈方译，人民文学出版社2004年，39页。

歌倾向的自我界定："揭示出我们潜意识的内在恐惧，揭示所有的斗争和失望，以及在烈火和寒冷之间的摇摆。"[1]死亡是波普拉夫斯基最为重要的吟唱主题,因为生活在他看来却像"寒冷的节日"。他对死亡的认识似乎与生俱来。例如：

我身披鲜花静静地走着，
我自童年起就打算死去。
你们别去寻找我的脚印，
我委托风儿去擦净遗迹。[2]

死人、死神、魔鬼、悲伤的飞艇和唱机是钟爱的意象，有时候死亡是人类无法逃避的恐惧的痛苦,又有时候,死亡变成了一种欢愉，一种安慰。例如：

……春天露出了无底的粉红，
微笑着慢慢地退入天穹，
一面深蓝的扇子渐渐展开，
上面清晰地写着"死神"。[3]

诗人对自己的死亡是从容的，甚至将它作为一种抗争的方法，在这场战争中，没有胜利者，但诗人能享受一瞬间的荣光，一种高贵的尊严。

躺下。入睡。孑然一身多么恐怖。
我再也无力了。我要入梦。
我要把这世界留给他们，
那些残忍、贪婪而又愚蠢的人。[4]

1931年，在填写《数目》辑刊发出的一份题为《谈谈自己的创作》的调查表时，波普拉夫斯基写道，创作对于他来说，就是获得这样一种可能性，以便"臣服于神秘类比的权威之下，创作出某些'神秘的画面'，这样的画面能够借助形象和声音的特定组合，神奇地在读者身上唤起一种感受能力，感受到我所面对的一切"[5]。他有意识地追求形象、隐喻、声音、色彩，同时他将语言自身看成艺术生成的力量："内在的革命开始于语言，不要在习惯的含义上来使用词，尤其是像笑、哭、委屈等，应该找到在这些词中间有着相反含义的语言。为了避免停滞与腐朽，需要让每个瞬间死去，并以新的方式

1. 《俄罗斯侨民文学史》，弗 · 阿格诺索夫著，刘文飞、陈方译，人民文学出版社2004年，401页。
2. 《俄罗斯侨民文学史》，弗 · 阿格诺索夫著，刘文飞、陈方译，人民文学出版社2004年，406页。
3. 同上。
4. 《俄罗斯侨民文学史》，弗 · 阿格诺索夫著，刘文飞、陈方译，人民文学出版社2004年，401页。
5. 同上。

复活。旧的基座妨碍建设新的大楼……”[1]更为重要的是，诗人对于“死亡”的独特深邃的体认，使得一些平常的单独意象在他的反常的组合之下显得光怪陆离，荒诞诡异，如“锋利的云朵割断了月亮的手掌”“电车的嘴巴会突然发出响声，滚动在黑暗中的圆球拼命吱呀作响”，喻指复杂而幽远。

波普拉夫斯基的诗作中俄罗斯的意象并不明显，但是俄罗斯民族性格中的静思默想、对生死和上帝进行思考的特质在他那里得到别样的继承。他也是俄罗斯侨民文学中“被忽略的一代”不断求索的明证。他的诗歌是提出问题和谜语的诗歌，而不是一种给出答案和谜底的诗歌，预示着俄罗斯文学的新生的一种可能。巴黎俄侨知识分子的领袖梅列日可夫斯基曾有过这样一个评价：“要证明俄罗斯侨民文学的未来前景，只要举出一个波普拉夫斯基就足够了。”[2]

3. 叶拉金

叶拉金是俄国境外文学第二浪潮的首席诗人。本名伊万·维涅季克托维奇·马特维耶夫，1918 年 12 月 1 日出生于海参崴，曾在中国的哈尔滨暂居。父亲维涅季克托维奇·马尔特是一个小有名气的未来派诗人。1937 年，由于父亲和数百万俄罗斯人一样遭受了调查和迫害，伊万一家从中国回到莫斯科不久就被流放到了萨拉托夫，之后迁居基辅，父亲受迫害后不久去世，给诗人造成无法磨灭的伤害。在基辅，伊万就读医学院，与女诗人奥尔迦·安斯泰结婚。战时，基辅被德军占领，叶拉金夫妇度过了两年恐怖生活后被赶到德国，流落慕尼黑郊外的难民集中营。在这里诗人创作了他第一批引人注目的诗作。1950 年，叶拉金与妻子、女儿一起移居美国，度过了一段贫困潦倒的生活，在成为纽约《新俄文报》的编辑后，过上相对稳定的生活，此后从未中断过诗歌创作，并在哥伦比亚大学和纽约大学学习，获得博士学位，晚年在德尔斯伯里学院和匹兹堡大学度过，1986 年被宣布身患不治之症——胰腺癌，于 1987 年 2 月 7 日刚刚度过 68 岁生日之时，在匹兹堡去世。

诗人在 1981 年接受由爱荷华《当代俄苏文学百科全书》编辑部发出的调查问卷时，指出了自己诗歌中创作的几个基本“要点”：(1) 公民性；(2) 难民主题（战争）；(3) 阿赫玛托娃式的安魂曲主题；(4) 面对机器文明而感恐惧的主题；(5) 部分的超现实主义色彩（荒诞），都市幻想题材；(6) 对现实的逃避；(7) 同一心灵分裂于两个世界之中的主题；(8) 贯穿始终的艺术主题；(9) 叙事情节向抒情层面的转换。

---

1. 《俄罗斯超现实主义大诗人波普拉夫斯基》（序），汪剑钊，//《波普拉夫斯基诗选》，河北教育出版社，2003 年，1 页。
2. 同上。

“统一心灵分裂于两个世界”是叶拉金诗歌世界的骨架，这两个世界包括时间上的过去和现在、空间上的故国与流亡之所，他的痛苦和慰藉在这两个世界中交织。流亡的岁月大多由两个阶段组成，前一阶段是告别过去的记忆，后一阶段则是重构理想的过去以面对现实。在大多数流亡诗人那里，前一阶段持续的时间相当长，充满了悲伤和愤怒，而到了后一个阶段则呈现出一种哲理性的超越，现实的社会主题变成了永恒的哲理思考，从而达到普希金式的和谐。诗人叶拉金就走过了这样典型的历程。

童年时期耳闻目睹父亲与克柳耶夫、哈尔姆斯、皮利尼亚克等著名作家的交谈，他们的言谈风度、诗情和论才在他心中留下深刻的印象。父亲的不幸死亡，给诗人的心灵造成巨大的创伤，父亲的形象成为他诗作中无所不在的意象。与其他第二浪潮诗人相同，叶拉金也是从政治诗歌，甚至是讽刺诗歌起步的。在早期的政治讽刺诗中，杀害父亲的凶手、体制成为他诅咒的对象。离开祖国后心理和现实的痛苦刺激诗人的创作需求，在难民集中营里他写作并出版了最早的两部不厚的诗集《从那儿来此的道路》(«По дороге оттуда» 1947) 和《你，我的世纪》(«Ты, мое столетие» 1948)，正如维特科夫斯基所说的那样，叶拉金的诗歌风格“更接近战争一代的苏联诗人，而非那些‘巴黎音调’继承者们”[1]。这两部诗集质朴地表达了诗人对所经历的时代审判，邪恶政治、战争、集中营在他细腻、形象临摹的景象之中演绎着种种罪恶。

一幢幢钢筋水泥的大房
是谁装进了里面？
是转移来的
不容于世的难民……[2]

诗人对过往岁月氛围身不由己的沉浸，还表现在他对于当下的、真实的新环境的拒绝，“面对机器文明而感恐惧”。在表现现代化的美国的诗篇中，物象和意境与战争的诗篇发生重叠，炮火硝烟弥漫的天空换成了灯光摇曳下朦胧的城市风景，而断壁残垣则为几何形状的摩天大楼所取代。在这样的环境之中，即便平安稳定，也令诗人感到陌生和不安。例如：

没等任何人发出邀请，
我的影子已现在身旁，
它显得狭长显得扁平，
滑过夜间的马路和楼房……

1. 《俄罗斯侨民文学史》，弗 · 阿格诺索夫著，刘文飞、陈方译，人民文学出版社，2004 年，580 页。
2. 《俄罗斯侨民文学史》，弗 · 阿格诺索夫著，刘文飞、陈方译，人民文学出版社，2004 年，576 页。

这些立方，这些六面体，
这些水泥板，这些尖角！
影子！你我已被抛了出去，
我们被投进了另一个轨道。

《摩天楼躲进一片朦胧……》[1]

在现代化的美国，诗人获得了新的创作灵感，他求学期间曾付出巨大努力翻译斯泰芬·维森特·贝莱的长诗《约翰·布劳恩的身体》，借此磨砺了语言和思考，在这里，他获得第二次婚姻，享受到难得的幸福。在这里他走完生命历程，留下了《倾斜的飞行》（«Косой полет» 1967）、《屋顶的龙》（«Дракон на крыше» 1973）、《在斧头星座的下方》（«Под созвездием топора» 1976）和《宇宙的大厅》（«В зале вселенной» 1982）几部优秀的诗集。

叶拉金的大半生在俄国境外度过，但他从来都是一个俄罗斯诗人，对于侨民诗人的称谓拒不承认。例如：

我们已习惯于阅读
报纸上的各种怪论。
它们用地理来强调
我是一个侨民诗人……

画家要凭色彩去判断，
诗人要凭他的笔调。
我被称为侨民诗人？
这是地道的胡说八道！

《我们已习惯阅读》[2]

他的笔调正如是一个画家的色彩，森林、街道、白昼、黑夜都在他轻松自如、简洁却神奇的描绘下令读者“看得见”，而诗中的情绪也变得有了色彩。痛苦和不安、甚至恐惧和绝望是侨民共有的情绪，而诗人的可贵之处，不仅在于将这种情绪形象化表现、记录下来，而且在他的文字中灌注一种力量，这种力量来自于对世人熟视无睹的现象重新审视，并坚持独立的思考和与众不同的表达，来自诗人对自身尊严的捍卫，叶拉金将这种重新审视的存在状态描述为“倾斜的飞行”。不委身于任何时代，任何国家，叶拉金的精神始终在其中自由游离，这也是整个俄国侨民文学的独特魅力所在。

---

1. 《俄罗斯侨民文学史》，弗·阿格诺索夫著，刘文飞、陈方译，人民文学出版社，2004 年，581 页。
2. 《俄罗斯侨民文学史》，弗·阿格诺索夫著，刘文飞、陈方译，人民文学出版社，2004 年，590 页。

不难发现，诗人用以抵抗绝望，获取继续生活下去的力量的源泉，正是俄罗斯，他怀念俄罗斯，眼前异国的一切都是俄罗斯的投影，“纽约的黎明漂浮起来，直接漂进涅瓦河上的白夜”[1]。对俄罗斯的终身守望，令他能够超脱时代和空间的局限，而将生死永恒的主题升华为深邃的哲理思考。例如：

这里一切皆奇迹：人和土地，
还有个个瞬间星星的细语。
不能被称为奇迹的只有死亡，
世上没什么比这更平凡无奇。[2]

这首诗是诗人留给世界的绝唱，今天，他的诗作如愿以偿的重返俄罗斯，回到他为之吟唱和写作、为之生和为之死的土地。

4. 索尔仁尼琴

无可置疑，索尔仁尼琴是俄国境外文学第三浪潮的旗帜。索尔仁尼琴是二次大战的亲身参与者，1941 年入伍，1942 年走上前线，战斗步伐从奥廖尔到普鲁士，获得二级卫国战争勋章和红星勋章。

1945 年，索尔仁尼琴因为在与友人的通信中批评苏联最高领导人，被内务委员部以“进行反苏宣传和阴谋建立反苏组织”的罪名判处八年劳改，之后他成为一个坚定不移的“持不同政见者”。刑满后流放哈萨克斯坦，这期间被诊断患有癌症，但命运似乎注定他传奇如圣徒的一生，几个月后他奇迹地痊愈。这一次神奇的经历，促使索尔仁尼琴重新审视自己长久以来的文学理想，珍惜自己对俄罗斯历史和现实的思考，沉重地面对监狱中数百万人失去自由的苦难境遇。他说：“我并不是我，我的文学命运也并非我个人的文学命运，而是那些数百万人的命运，是他们没能写完、没能说完的遗言，没能用嘶哑的嗓音道出他们在监狱中的命运，在集中营里的发现。”[3]1956 年他被解除流放，1957 年被恢复名誉，在梁赞市任中学教师，并开始创作。

1959 年，索尔仁尼琴写出了他的第一部小说《伊万 · 捷尼索维奇的一天》(«Один день Ивана Денисовича»)，开始了他用文学、用思想拯救俄罗斯的艰难历程，也为他的流亡生涯埋下伏笔。这篇中篇小说是苏联第一部描写劳改营的作品，它成为赫鲁晓夫政治战略的一枚棋子，由赫鲁晓夫亲自授意在 1962 年 11 月的《新世界》上刊出，立即引起震撼。1963 年，索尔仁尼琴成为苏联作协的一员。之后因为政治形势的变化，除了《马特辽娜的院子》

1. 《俄罗斯侨民文学史》，弗 · 阿格诺索夫著，刘文飞、陈方译，人民文学出版社 2004 年，590 页。
2. 《俄罗斯侨民文学史》，弗 · 阿格诺索夫著，刘文飞、陈方译，人民文学出版社 2004 年，581~592 页。
3. 《俄罗斯侨民文学史》，弗 · 阿格诺索夫著，刘文飞、陈方译，人民文学出版社 2004 年，680 页。

（«Матрёнин двор»）等四个短篇小说之外，他的创作皆未能在苏联境内发表。1967 年，索尔仁尼琴散发给苏联第四次作家代表大会代表作家们一封抗议书刊检查制度的公开信，要求“取消对文艺创作的一切公开和秘密的检查制度”，而大会却通过了谴责他是苏联作家的叛徒的决议。1968 年，他写成了暴露莫斯科附近一个政治犯特别收容所的中篇小说《第一圈》（«В круге первом»）和叙述苏联集中营历史和现状的长篇小说《癌症楼》（«Раковый корпус»），毫无疑问，这两部作品皆未获准出版，只能通过特殊途径得以在境外发表。为此，他被开除出苏联作家协会。1970 年，因为“他在追求俄罗斯文学不可或缺的传统所具有的道义力量”而获得诺贝尔文学奖，这项世界性的荣誉却使他遭到苏联境内最恶毒的批评，迫于压力，他没有前往斯德哥尔摩领奖。随后的两年，他的重要作品长篇小说《1914 年 8 月》和《古拉格群岛》(«Архипелаг ГУЛАГ») 相继在西欧诸国发表。后者由于揭露了 1918 年至 1956 年间苏联监狱与劳改营的内幕而最终招致他被剥夺苏联国籍，驱逐出境。索尔仁尼琴先是在西德柏林，不久到瑞士苏黎世，两年后移居美国，经历长达 20 多年的流亡生涯，继续在境外严厉而忧郁地关注着俄罗斯。

1970 年，作为前任诺贝尔文学奖获得者，他按惯例，推荐了同胞作家纳博科夫，却在同时给纳博科夫信中写道：“借向您表达我对您巨大、细腻天才之钦佩的机会……我也要表达我深深的伤心、甚至责备，因为您这样一个伟大的天才却没有奉献于我们痛苦、不幸的命运，没有奉献于我们阴暗、扭曲的历史……”[1]这正好说明他本人的文学理念。作为文学家，他从来不掩饰自己的政治参与感，索尔仁尼琴始终是一位斗士，一位复仇者，一位追求正义的理想主义者。

欧洲的短暂漂泊之后，索尔仁尼琴在有着与俄罗斯相似的自然风物的佛蒙特州定居下来，在这里他过着禁欲、隐居的苦修生活，全身心投入到“研究俄国革命历史”的工作之中，实现自己由来已久的宏大构想：为 1914 年 8 月至 1917 年 4 月之间的俄罗斯创作一部编年史诗，找出历史变革的内在原因。这一构想的成果是持续 20 年之久著成的长达数千页的巨作《红色车轮》(«Красное колесо»)。在这部小说中总共再现了四个历史“关头”：《1914 年 8 月》(«Август Четырнадцатого»)、《1916 年 10 月》(«Октябрь Шестнадцатого»)、《1917 年 3 月》(«Март Семнадцатого»)、《1917 年 4 月》(«Апрель Семнадцатого»)。他选择这几个关头中的一段相当短的时间，详尽而集中地展现二月革命前后俄国社会生活中各个不同的政治和哲学纲领，以及思想领袖，既有真实人物，

1. 《索尔仁尼琴 80 岁，别样的风景》，刘文飞，人民文学出版社，2008 年，124 页。

也有虚构的角色，构成一部革命时代的多声部立体交响乐。

作为一名被强行驱逐出境的流亡者，他始终坚信一名俄罗斯人的生活位置就应该在自己的祖国，对于慷慨接纳他的西欧诸国，并没有心怀感激而表现得“客气”,而甚至怀有“敌意”,他不改桀骜不驯的本性写作大量政论文章，在著名的《哈佛演讲》上尖锐地批判资本主义唯利是图的精神危机。正是基于对西方体制弊端的深刻体认，苏联解体后，索尔仁尼琴重返祖国，面对照搬美国的俄罗斯现实痛心不已，他希望在苏联社会主义体制和西方资本主义体制之外找到第三条路，这条路不是革命的，而是渐进的，不以个人为决定因素，而以人民的精神上的一致性为方向。20 年后梦寐以求的回归，并没有瓦解这个坚定的“持不同政见者”的意志，在几年的沉默之后，他再次以抗议者的姿态走出来，批判当局的领导失策。

从第一部作品开始，直至 2008 年 8 月 3 日深夜由于心力衰竭在莫斯科逝世，索尔仁尼琴从未停止过用“用嘶哑的嗓音”向世人诉说呼号。俄罗斯总理普京在唁电中写道：“亚历山大 · 伊萨耶维奇 · 索尔仁尼琴的去世，是整个俄罗斯的一个沉重损失。我们以拥有亚历山大 · 伊萨耶维奇这样一位同胞和作为同时代人而感到骄傲。我们将记住这位强大、无畏、具有巨大内心尊严的人。他的创作和社会活动以及他整个漫长、多舛的生活为我们树立了一个真正的献身精神的范例，一个无私地服务于人民和祖国的榜样，一个无私地服务于自由、公正和人道主义的楷模。”[1]

索尔仁尼琴、纳博科夫、布罗茨基同为 20 世纪后半期最为著名俄罗斯流亡作家，享有世界声誉，后两者都加入了美国国籍，并先后去世，只有索尔仁尼琴回到了俄罗斯。他的回归，在某种程度上宣告了 20 世纪俄国流亡文学的终结，也象征着“境内”和“境外”两种俄语文学联结成了一个整体。

诗学特征

由于生成背景和生存语境不同，俄罗斯侨民文学和本土文学的思想指向和美学追求有很大的差异。而同时，流亡作家们各自秉持着迥异的文学理念，并都借此传达各自的思想。然而，流亡作家们，无论是在那一阶段，在现实境遇上都有着共同之处，他们背负着沉厚的俄罗斯传统，面对着全新的社会主义苏联，寄居于熟悉而又陌生的、变化莫测的资本主义欧美，他们同样站在历史、地缘的交叉点，孜孜不倦地思考俄罗斯和欧洲的历史剧变，思

1. 《索尔仁尼琴 80 岁，别样的风景》，刘文飞，人民文学出版社，2008 年，124 页。

考生死等永恒主题，几代俄罗斯流亡作家坚韧地守望着俄罗斯，稍显顽固地抵抗着欧美文学的影响，自成一体，铸成一部俄罗斯知识分子另类的心灵史。

流亡作家与俄罗斯血肉相连，继承并珍视俄罗斯伟大的经典传统。无论他们是何时离开，流向何地，俄罗斯始终是他们魂牵梦萦的精神家园，是他们永远的庇护所。正如诗人阿列克赛·阿恰伊尔所描绘的那样，“祖国把我们赶出家门，我们却将她带往世界各地”[1]。他们无时不在关注祖国的命运。布宁曾自述说：“我们的使命是什么？我们代表的是谁？我们尽管有着人类的一切堕落品行和弱点，但我们是在替天行道，替俄罗斯行道……”每一代俄罗斯侨民作家都有着剪不断理还乱的“俄罗斯情结”，但他们对俄罗斯眷念的表达方式，对俄罗斯传统的理解并不相同。第一阶段的境外文学与祖国的联系最紧密，流亡作家中的大部分作家都认为自己是俄罗斯民族文化的承载者和继承人，他们将捍卫普希金、列·托尔斯泰和陀思妥耶斯基的人道主义传统当成自己的天赋使命。在他们笔下不再描写俄罗斯生活的阴暗面，只有美丽的俄罗斯自然，出色的俄罗斯人民，他们不约而同地创作关于童年生活的自传体作品，早已远离的往日的生活只剩下美好的回忆，让他们感到明亮和安详，是对失去家园的孤独最大的慰藉。“回忆”在俄国境外文学中达到了哲理的高度，是作家们的精神栖居之所，回忆录成为第一阶段俄国境外文学的主要体裁。

在第二浪潮的侨民文学之中一直存在着两种倾向，一种是俄罗斯的古典倾向，他们在形式上趋于保守，更多地致力于对自普希金以来的俄国传统的继承和发扬，偏重19、20世纪之间新现实主义，但是在这一阶段的作家大多在红色苏维埃文学的哺育下成长，因而在创作上与本土文学有着诸多的相似点，如在人物形象上的“日丹诺夫主义”式的概念化、公式化的痕迹。另一种倾向则是积极地进行形式的实验创新，以纳博科夫、茨维塔耶娃、列米佐夫、马姆琴科为代表。青年侨民诗人大多趋向后一种，他们自觉地吸收欧洲新兴文学思想，追求与前辈不同的属于自己的一条新的道路。第二浪潮境外文学的主题大致有两种，一种是反映战前和战争初期的苏联生活，他们亲历了30年代残酷的人清洗运动，留下了深刻而惨痛的烙印，流亡这一境遇使他们能够拉开距离冷静地反思这场运动，而无处可逃的战争迫害又陷他们于进退维谷的凄凉境地，作品的主人公多是在苏联社会“异在”的人，或是反对个人崇拜的清醒的知识分子，或是对农业集体化感到失望的农民；一种

1. 《俄罗斯侨民文学史》，弗·阿格诺索夫著，刘文飞、陈方译，人民文学出版社，2004年，66页。

则是以亲身经历表现在本土个人崇拜狂热和德国法西斯集中营之间挣扎选择的痛苦感受。无论是哪种主题和人物，都充满了在恐惧无依中苦苦抗争、焦灼压抑的悲剧色彩。

第三浪潮的境外文学对社会阴暗面的揭露和批判盛极一时。其特征是对苏联国内主流文学以及文化政策、社会制度进行全面反思、批判。而在对待俄罗斯文化传统的态度上，少数作家仍保持了一种眷恋和尊敬，如索尔仁尼琴。更多的作家则是以颠覆包括现存的"社会主义现实主义"在内的俄罗斯文学传统的异端面目出现的，作品中充溢着一种无家可归的沮丧，甚至感到绝望。他们不再像第一浪潮的作家那样对于古老的俄罗斯怀抱深深的怀念和憧憬，而是认为目前俄罗斯已经病入膏肓，无药可救，俄罗斯社会生活、事件和人物在他们讥讽和调侃的笔调下显得荒诞可笑。

可以说，整个20世纪俄罗斯境外文学始终处在与苏联社会文化、意识形态的对峙之中，同时，境内外作家之间的关系从未间断，境外文学又和苏联本土文学互成补充，而形成统一的20世纪俄罗斯文学。苏联本土文学记录了俄罗斯民族性格中积极的、改造性的一面，在艰苦的战争和困难的经济建设中所展示出来的俄罗斯民族英雄主义的崇高心态，以此继承了古典的俄罗斯现实主义传统，并曾经在全世界范围内引起了广泛的回响。然而俄罗斯流亡作家基于现实生活和精神的苦痛经历，延续了晚期的列・托尔斯泰和陀思妥耶夫斯基所奠基的对生与死、对上帝静思默想的哲思一脉，此外，在苏联被压抑的戏谑、嬉笑元素也在境外文学领域得以保存。在与苏联现实的潜在对话中，境外文学浸润在西方声势浩大的现代主义和后现代主义思潮之中。

但是，在境外文学中，西方始终是一个他者。在文学精神方面，城市的西方与乡村的俄罗斯，物质性的西方与精神性的俄罗斯，唯利是图且人伦败坏的西方与静穆且安宁的宗法的俄罗斯之间鲜明的对比，在侨民作家笔下随处可见；在艺术上，境外文学的各个阶段都与西方现代主义以及后现代主义思潮碰撞交融，第一浪潮年轻一代的作家积极吸收着西欧方兴未艾的现代主义艺术经验，积极投身于欧美新鲜的文学潮流之中，甚至干脆用英语和法语写作，最有代表性的是纳博科夫。到了第三浪潮只有少数作家，如索尔仁尼琴、维・涅克拉索夫等，继承了19世纪俄国文学的传统，大多数作家的创作都具有明显的现代主义和后现代主义倾向，而将二者完美结合起来取得引人瞩目的成就的布罗茨基则成为境外文学最后的高峰。

俄罗斯境外文学虽然思想错综复杂，艺术风格多样，但是俄罗斯的语言在流亡作家的灵魂中似乎是一种具有魔力的咒语，他们孜孜以求地探索一种鲜活的然而又是自古而来的“纯粹的俄语”。从第一浪潮的布宁对高贵旧俄语的迷恋，对粗鲁的新时代俄语的排斥，到第三浪潮的索尔仁尼琴对当今书面语言的抨击，视之为“用旧的语言”，他“为了重现那些失而复得的财富”而编了一部《俄语扩展语词典》收集民间词汇、成语、古斯拉夫用语等，这些都表现着对祖国语言的忠贞。正如苏珊·桑塔格对布罗茨基的概括：“家是俄语。不再是俄罗斯……因此，他在别处——度过他大部分的成人生活。俄罗斯是他的思想和才能中一切最微妙、最大胆、最富饶和最教条的东西的来源，而它竟成为他出于骄傲、出于愤怒、出于焦虑而不能回去也不想回去的伟大的别处。”[1]这其实也适用于广大的俄罗斯侨民作家。同时，由于侨民作家的异域处境和文学创新的自觉追求，他们对侨居地的语言及这些语言所承载的文化意象的吸收化用，使得境外文学在保存了最经典的俄语骨骼同时，又使之形成新鲜的血肉。

苏联时期绵延近70年的境外文学，虽然错综复杂，变化多样，但却清晰地表示出对文学独立性和思想自由的坚守和追求，正是这种坚持的内在力量，通过艺术强大的穿透力，使得境外文学突破重重阻碍，顽强生长，以昂扬之姿重返俄罗斯。俄罗斯境内文学和境外文学之间的“断层”将被历史地、批判地弥合。俄罗斯境外文学在思想上和艺术上的成就，在这一弥合中会展现出奇异的光彩。

参考文献：

1. Борис Поплавский в оценках и воспоминаниях современников[C]. СПб - Дюссельдорф, 1993.
2. Борис Поплавский в оценках и воспоминаниях современников[C]. СПб - Дюссельдорф, 1993.
3. Елагин И. Собрание сочинений[C]. М., 1998.
4. Литература русского зарубежья1920-1940. кн.1/2[C]. М., 1995/1998.
5. Литература русского зарубежья[J/OL] http://history.rin.ru/cgi-bin/history.pl
6. Поплавский Б. Сочинения[C]. СПб, 1999.
7. Поплавский Б. Сочинения[C]. СПб, 1999.
8. Тимина С.Русская литература 20 века: школы, направления, методы творческой работы[C]. LOGOS Вышая школа, 2002.
9. 波普拉夫斯基. 波普拉夫斯基诗选[C]. 汪剑钊译，石家庄：河北教育出版社，2003.
10. 弗·阿格诺索夫. 俄罗斯侨民文学史[M].刘文飞、陈方译，北京：人民文学出版社，2004.
11. 冯玉律.跨越与回归——论伊凡·蒲宁[M].上海：上海外语教育出版社，1998.
12. 刘文飞. 索尔仁尼琴80岁，别样的风景[M].北京：人民文学出版社，2008.

1. http://blog.sina.com.cn/s/blog_4c0487f401014fph.html

13. 李萌. 缺失的一环——在华俄侨文学[M].北京：北京大学出版社，2007.
14. 李星耕. 风雨浮萍——俄罗斯侨民在中国[M].北京：中共中央编译局出版社，1997.
15. 李延龄. 中国俄罗斯侨民文学丛书[M].哈尔滨：北方文艺出版社、黑龙江出版社，2004.
15. 王亚民. 中国俄罗斯侨民文学研究[D].兰州：兰州大学博士学位论文，2007.
16. 张建华. 布宁短篇小说选[C].陈馥译，北京：外语教学与研究出版社，2006.

第11章 后苏联现实主义文学

Глава 11 Постсоветская реалистическая литература

从 20 世纪 80 年代后期开始，非现实主义的文学创作开始越出“地下的”或“域外的”边缘状态，回归地上或本土，从文学观念上打破了现实主义一统天下的文学格局，使得现实主义一贯主张的历史使命感、社会责任感逐渐受到瓦解，文学的价值观也开始发生变化。社会的过渡状态引发了俄罗斯文学道德伦理与价值观的转型，使文学家对建筑在实证主义基础上的、再现现实经验层面型现实主义方法描绘世界的可能性产生怀疑。在随后讨伐社会主义现实主义的声浪中，现实主义一度被指责为片面的、无法深入和多层次表现社会生活的陈旧的、过时的创作方法。

到了苏联解体后的 90 年代，文学面貌更是发生了天翻地覆的变化。文学不仅失去了整体选择的历史背景和价值认同，而且几乎成了文化领域洪水泛滥中的“诺亚方舟”[1]。现实主义受到了空前未有的严峻考验，一方面，“商业文学”一度统领了 90 年代俄罗斯的图书市场，另一方面，作家队伍中“爱国派”或“自由派”的分野，使文学一度再次重新回归意识形态政治，这两端似乎都没有真正的现实主义文学的位置。

文学流派 “主义” 的冠名的确并不重要，“主义”理论的力量也并不在于新颖与时髦，而在于怀疑与超越，在于同现实所保持的一种必要的张力。但事实是，不以作家、批评家与读者的意志为转移，俄罗斯文学在苏联解体后的确出现了“主义”杂陈的新景观。一方面是后现代主义思潮的兴起，另一方面是处于逆境中的现实主义文学在不断变化与更新。前者走上了一条背离写实传统以写意为时尚的价值追寻之路，后者仍然关注时代，关注现实，继续着生存真相与人生苦痛的反映与思索。这两股背道而驰的文学都在以不同的方式追求文学的当代性：前者是解构的，游戏的，欲望的，消遣的，画鬼的；后者是重构的，严肃的，精神的，批判的，写人的。

历史变革与社会文化的转型应该是以社会进步和改善人们的生存状况为

1. 《旗》杂志 1999 年第 1 期文学争论的专栏标题：“当代文学：诺亚方舟？”

目的的，但苏联解体后现实性的悖论却是，在一个相当长的时段里，它给生活在下层的广大民众所带来的是更甚于前的生存窘境和心灵苦痛。与此同时，历史变革与社会文化转型在以其强大的破坏力颠覆旧有的秩序和价值观时，发生了对传统人文精神颠覆性的贬抑和否弃。信仰伦理的沦丧与人文文化价值的失范导致了社会与人性中“恶之花”的丛生与恣肆，而现实主义中人文精神所包蕴与倡导的是人性与人类在生存中具有永恒性价值的东西。对它的寻觅，维护和倡扬，看起来与历史变革，与社会文化转型的主流性价值导向呈逆向之势，但实则却是对社会及人性健全发展的关注与呵护。故而，如同当代文学批评家季明娜（С. Тимина）所言，评价处于审美理念转折十字路口的俄罗斯作家和俄罗斯文学时，“我们不能不严肃地关注现实主义文学在世纪之交的命运和作用。不能低估在整个20世纪俄罗斯现实主义作用的重大性和重要性”[1]。后苏联文学20年的发展、变化中，现实主义经过坎坷重重的精神历险，取得了可观的新成就，作家队伍也有了强劲的后来人。文学创作和批评的实践充分表明，现实主义文学在不断走出狭隘，走向丰富，进入了一种新的境界和新的状态，获得了新的尊严并取得了新的成就。

现实主义已经成为一部分俄罗斯作家、批评家对俄罗斯文学经典的一种缅怀与追忆，成为在后现代文化转型中俄罗斯文学的一种重要选择。这种选择的要义是对俄罗斯文学经典精神资源的守望，亦即对具有深厚民族文化根基的俄罗斯文学基本思想与艺术元素的坚守。这种坚守主要表现在这样两个方面：

第一，文学对历史和现实生活的介入，与社会问题的勾连，人与社会关系的这一基本问题仍然是当代现实主义文学创作反映的基本问题。作家持一种民族的，乃至全人类的写作立场，即为民族的、人类的未来写作，批判丑恶，呼唤美好，表现为匡正与修复世道人心的强烈愿望。

第二，“文学是人学”观念的回归。在新时期的现实主义文学中，19世纪俄罗斯文学经典中的“人”在文学中独立存在的主体价值和人道主义重新得到确认，曾经被社会主义现实主义大大稀释和净化了的人的复杂性、丰富性重新得到展示。人道主义精神的张扬是“人学”价值观的重新肯定，人物性格多重性的展现是“人学”意义上的延伸。

在后苏联文坛美学思潮驳杂而多元，在形式技巧的实验广有市场的今天，在人文精神仍然被部分作家和评论家刻意遮蔽的文学声浪中，为什么反映现实生活、以人道主义为价值核心的文学非但精神不死，反而被不少批评家预

---

1. «Современный литературный процесс, Русская литература XX века в зеркале критики Хрестоматия», Тимина С., ACADEMA, 2003, С.24.

言为“俄罗斯文学的未来”呢？

我们以为，有这样几个原因：

第一，具有深厚现实主义传统的俄罗斯文学不可能使这一文学的巨型话语断流。俄罗斯文学从来就不是被少数人把玩的艺术形式，它所固有的使命感、责任感、宗教意识使得现实主义远远超出了它作为一种方法和流派的意义，而成为俄罗斯文学的一种精神存在，文学活力的命脉所在，民族的文化精义所在。

无论在 19~20 世纪之交，当文学与现实的关系发生动摇，甚至脱离现实而走向对形而上价值、审美形式追寻的“白银时代”，还是在社会主义现实主义作为唯一创作方法的文学高度功利化的时代，无论在 20 世纪 70 年代后文学的多样化时期，还是在 90 年代后现代主义文学极其热闹的十年，俄罗斯文学始终都没有发生过与社会现实的断裂。即使是后现代的观念主义文学（концептуализм）与反社会主义现实主义艺术（соцарт），诗人与小说家们对现存价值的质疑和否弃也是以苏联社会生活的种种现实作为审视与评判对象的。现实主义精神作为俄罗斯文学生命构成的基因在 20 世纪从来没有消亡，无论是坚持现实主义传统的作家，还是寻求另外一种表现方法的作家都无法在俄罗斯现实的“恶之花”面前无动于衷。不管文学如何随时而进，如何变异发展，不仅文学的现实主义精神永远不会断流，而且现实主义范型的文学也永远不会销声匿迹。正如评论家恰尔马耶夫所说，“只有传统才是活的，才是可以不断变化的生命机体”[1]。

第二，现代主义与后现代主义在文化上的趋新、艺术上的创新既有其历史的必然性和合理性，又有着其价值意义上的虚假性和形式追求上的极端性。“先锋文学”以其极端的、激进的叛逆姿态为文学的发展提供种种可能性的同时又使自己陷入了种种的不可能性，出现了行之不远的匮乏。其终结历史的姿态甚至常常会让作家忘记常识，丧失自信而刻意遮蔽现实，阉割精神，甚至篡改历史，走向审美的丑恶。

宗教哲学家费多托夫说，现代主义艺术不具备一种富有活力的，拯救的力量，它是敌视人的，起破坏作用的。他从俄罗斯文学民族文化的宗教特质出发，认为挽救艺术的出路只有一条 —— 那就是回归生活的宗教基原，否则我们就会遭遇“价值的通货膨胀”，亦即在可怕的名称后面掩盖着的只是贫瘠的内容[2]。哲人对现代主义文学的价值判断尽管不无极端，但这一思想无

1. «Современный литературный процесс, Русская литература XX века в зеркале критики Хрестоматия», Тимина С., ACADEMA, 2003, C.24.
2. «Некалендарный XX век, материалы Всероссийского семинара 19-21 мая 2000 года», Федотов Г. П., Великий Новгород, 2001, C.262.

疑是有其合理性的，其合理性就在于他否决了俄国现代主义文学企图以营造新神取代俄罗斯民族文化中东正教思想的努力。

《旗》杂志评论部负责人斯捷帕尼扬（K. Степанян）在苏联解体后不久就预言，“后现代主义与现实的最后一次分裂表明了它走进死胡同的开始……现实主义是后现代主义的终结”[1]。一度蔚成气象的后现代主义文学从文化游戏开始，以大众传媒式的实用的媚俗为战略，在热闹而又短暂的勃兴之后很快迎来了新世纪的消疲与沉寂。1993年，索尔仁尼琴在接受美国国家艺术俱乐部文学奖答谢词中说，后现代主义艺术是一种反文化现象，对以往的一切传统采取否定和鄙视的态度，具有对一切公认的主导性原则的敌视性，这是一种自我封闭而价值观缺失的艺术，表现出整个当代社会的道德疾患。这种艺术鄙视崇高的意义，对任何概念与文化本身都采取一种相对主义的态度，所以它不可能创造出任何有价值的东西来[2]。巴辛斯基说，一些后现代主义评论家对当代文学的理解仅仅停留在文学的智力游戏上，“从其全部的职业艺术手段中完全排除了‘心灵’”，在他们看来，“文学只是一种游戏，实验，多样化的形式与自我表现……以一种基本的人类需求，普通而又庸常的，对国家、家庭有益，但用来谈论20世纪艺术的严肃话题却毫无意义的需求来对待文学是可笑的”，倘若俄罗斯文学没有了真诚的情感，真诚的心灵，“那是可怕的，那是俄罗斯文学的末日”[3]。

第三，生活的深刻性和时代精神的渗透，任何时候对文学艺术都是根本性的，而作为俄罗斯文学的民族文化土壤没有，也不可能在这短短的一二十年里发生根本性的变化。后苏联俄国社会生活的众多领域还远未被发现，从本质上也远未得到深刻的揭示和阐释。

苏联解体后，大多数俄罗斯作家，特别是现实主义作家，都以一种庄严悲壮的心情面对20世纪末俄罗斯的黄昏。世纪末的俄罗斯现实激起了他们特殊的悲凉情怀。这种世纪末的悲凉情怀既是社会历史的，也是民族文化的，都会直接对文学产生重大的影响。不论它采取的是何种表达与书写方式，是激昂的还是隐逸的，是调侃的还是闲适的，都是与后苏联的现实紧密勾连的。早在1935年，在论及20世纪的俄罗斯文学的时候费多托夫就说过，“尽管我们远离了19世纪习惯了的一种思维（柏拉图式的），即艺术是现实的反映，但是，当代形式主义者的立场对于我们来说是完全不可能被接受的，对于他们而言艺术是与现实完全没有联系的游戏的形式。其实艺术与生活的关系是

1. «Реализм,как заключительная стадия постмодернизма», Степанян К.//Знамя, 1992, № 9, С.131.
2. «Русская литература XX века в зеркале критики», Солженицын А. И.,ACADEMA, 2003, С. 99-100.
3. «Как сердцу высказать себя? О русской прозе 90-х годов», Павел Басинский//Новый мир, 2000, № 4, С.185-188.

非常复杂的”，“现实主义作家伦理的宗教特质是毫无疑义的……现实主义主要的特质及其创作业绩就在于对情感世界的把握，同时还在于对社会世界的把握，受基督伦理精神教育的个性被置于这一社会世界中”[1]。现实、情感、宗教这是他所一再强调的俄罗斯文学的、文化的根基所在。

人类的历史经验表明，任何一个民族经济的、政治的、民族心理的变化进程中隐含着某种更为深远和深刻的文化成因。俄国的社会现实以及生活在这一语境中的俄国读者都更需要对生活的现实主义理解与把握。甚至连后现代批评家阿盖耶夫也坦陈，“作家不可能对一定时间和地点的本质性的现实视而不见。不能不对它们有一种态度。甚至连一篇短篇小说也不可能绕开时代的，人与世界的，人与周围人的冲突。任何一个作家，不管他是后现代主义作家还是现实主义作家都不能在七十余年的苏联现实面前缄默无语”[2]。

第四，文学新潮的涌起刺激和促进了现实主义的蜕变，现实主义在一种被冷落、被贬抑的情境中发展，完成了从封闭、机械、单调的艺术模式向开放的艺术形态的过渡。

经历了严峻的考验和各种思潮强烈冲击的现实主义文学以及作家，不断地在寻找自我更新的途径和方法，在坚持一种开放的、发展的、吸收和融化新的艺术因素和文化意蕴的积极态度，在走向丰富，走向深广，具有了当代气息。近 20 年来，不同代际的俄罗斯作家从未间断过对现实主义自觉与非自觉的探索与更新。在“合成”已经成为小说家一种普遍的艺术意识并付诸创作实践的时候，现实主义小说家更是强烈地表现出了“小说话语意识”的强化，即对艺术性、形式性因素的关注。无论是马卡宁（В. Маканин 1937-），还是波利亚科夫（Ю. Поляков 1954-），无论是新一代的瓦尔拉莫夫（А. Варламов 1963-），还是更加年轻的帕夫罗夫（О. Павлов 1970-），他们都没有受制于现实主义“反映论”式的结构与语言陈规，以不同的方式探寻着不确定的叙述语言，追求着一种新的“真实”和文学时空。他们一方面保持了与生活本源、存在本源的血肉联系，另一方面又表现了对最新的文化内容、现代意识的吸纳，只是他们对现代主义、后现代主义思潮的借鉴所昭示的不是离开现实，而是更加深刻地对现实的把握。他们具体地通过对现代主义、后现代主义文学艺术元素的接续，通过建构新的现实主义来实现对 19、20 世纪现实主义文学的超越。《文学报》主编波利亚科夫尚在世纪之交就预言，“新世纪开端文学的特点是现实主义的胜利。当然这种现实主义会用 20 世纪

1. «Борьба за искусство», Федотов Г. П.//Вопросы литетаруры, 1990, № 2, C.214.
2. «Это ваша жизнь», Агеев А.Л.//Знамя, 1997, № 8, C.208.

包括先锋派艺术在内的一切艺术发现来丰富自己”[1]。

后苏联时期的小说创作实践表明，小说家以不同方式表达了对传统现实主义的叛逆与扬弃，在保存写实原则的前提下，极大地拓展了小说表现与批判历史、现实的多样性、复杂性、不确定性，出现了各种不同的写实新潮。我们从小说创作的文化品格和美学特征出发，将现实主义小说的新潮分为“经典叙事”“民族文化叙事”“原生态叙事”“假定性叙事”这样四种。这样的分类未必科学，因为经典叙事的表述更重于纵向的传承，而后面这三种则偏向于对题材、审美特征的强调，但如此分类却能更清晰地看出写实小说对经典的守望与对创新的探求。

“经典叙事”

对社会主义现实主义创作原则的反叛产生了两个结果：一个是非现实主义文学的兴起和繁荣，另一个是经典现实主义传统的回归。“新经典写实”就是后者的体现。回归 19 世纪经典的现实主义，是 20 世纪 90 年代俄罗斯小说更新苏联文学意识的体现，也是对先锋文学拒绝，乃至颠覆现实主义的抗拒。

不同年龄，不同世界观和创作理念的现实主义作家在营造现实主义文学新景观时，其中的一部分人走向了回归“经典写实”之路。在俄罗斯当代文坛，坚持新启蒙思想的作家多采用这样的写作方式。经别林斯基（В. Белинский）和他之后的文学批评家所指认的 19 世纪经典的现实主义，同一切经典的艺术形态一样，是具有“典范性”的文学思潮。在将近一个世纪的发生、发展、成熟、辉煌的历史进程中，它已经形成了一整套艺术规范和创作范式，从题材、主题、人物到艺术表现手法、艺术风格等。当代作家斯拉波夫斯基（А. Слаповский 1957-）坚信俄罗斯文学经典写实的坚实性，他说：“有习惯的话语声音、程式、结构、主题 —— 这都有，而且都业已被确定，只要我们的伦理是基督教的，对待生活的态度 —— 是人道主义的（常常是反人道主义的），在摇篮上方轻轻作响的话语海洋是俄语，那么这一切都不会改变。”[2]20 世纪 90 年代后的“经典写实”小说在整体上坚持了 19 世纪批判现实主义的创作原则，但也有变异。

“经典写实”依然探讨艺术与现实的关系，寻找具有时代特征的艺术模式、视角和叙述方式。小说关注俄罗斯社会的历史与现实，传达社会精神生活的

1. «Начало нового века будет торжеством реализма»: беседа с писателем Ю.М. Поляковым, Поляков Ю. М.//Русская словесность,1997, № 1, С.41.
2. «На то и профессия такая, Современная проза – глазами прозаиков», Алешковский П.//Вопросы литературы, 1996, № 1, С.25.

样态、时代情绪与民众呼声，反思民族、人类的历史命运，承载着浓烈的忧患意识与沉重的社会责任，以人道主义与启蒙主义为价值核心，自觉地担当起推动社会和民族前进、全面实现人的价值和尊严的当代使命。肖洛霍夫文学奖获得者，高尔基世界文学研究所当代文学首席研究员费季 (Н. М. Федь) 说："现在有充分的理由可以断定，90 年代以优秀的经典性作品为代表的俄罗斯文学充满了悲剧感、叛逆的激情，并与社会政治利益紧密地交织在一起……具有人道主义本质的俄罗斯文学从来就没有逃避过对祖国命运的责任。它如今 —— 在我国历史上最为剧烈、紧张的一个时期 —— 依然忠实于这一传统。"[1]

在艺术形式上，"经典写实"基本上依然坚持二元对立的艺术思维，两种不同话语层面的矛盾冲突成为小说作品的基本构型方式。如，真与假，美与丑，善与恶，生与死，道德与邪恶等。在叙事方式上作家们仍更多采用全知全能的视角，他们依然试图传达一种终极的道德标准、伦理价值、"上帝的声音"。因为，他们认定，"传统的现实主义小说不能回避关于生命的意义、善与恶、其相互区分的绝对的和相对的原则"[2]。而在喻象系统上普遍地采用喻义较为明确的公共隐喻或象征，喻体和喻指的关系也较为固定，比如英雄、光明、黑暗、天使、魔鬼、灾难、死亡之类。"经典写实"抑制了喻象的含混性和歧义性，削弱了喻象的增值功能，高度明晰化了创作的思想主旨。

邦达列夫 (Ю. Бондарев 1924-) 的《百慕大三角洲》、拉斯普京（В. Распутин 1937-）的《伊凡的女儿，伊凡的母亲》、弗拉基莫夫 (Г. Владимов 1931-2003) 的《将军与他的部队》、乌丽茨卡雅 (Л. Улицкая 1943-) 的《美狄亚和她的孩子们》等长篇小说就是这样的范例。它们题材不同，叙事视角不同，矛盾冲突不一，情感取向相异，但都把各自的写作与当下的社会现实的对话与沟通作为表意策略。

邦达列夫和拉斯普京在政治倾向上与"重建"是抵触的,有着强烈的"苏联情结"。他们的这两部作品在思想倾向与审美取向上，仍与他们前期的创作有着明显的承接关系。两位作家被俄国社会的剧变所震惊，面对俄罗斯社会转型后的现实，都处在痛苦的反思与明澈的批判中。他们的作品都展示了现实生活中的巨人悲剧，表达了作家对苏联解体后俄罗斯民族文化和精神处境的深深的悲哀与困惑。进步与倒退、精神文明与物质文明、善良与邪恶、道德与反道德的矛盾冲突具有了你死我活的不可调和的敌对性质。两部作品

1. «Литература мятежного века. Диалектика русской словестности 1918-2002», Федь Н.М., Голос-Пресс, 2003, С.632.
2. «Достоевский и канун XX1 века, Материалы круглого стола»//Знамя, 1990, № 7, С.206.

都充满了政论性，显然，作家的政治意识形态视野大于历史文化视野，疾恶如仇的愤懑情绪大于细腻深刻的人性剖析，使得艺术创作被一种急切的感情抒发和时代功利所支配，艺术审美被立场鲜明的政治与道德评判所淹没。“百慕大三角洲”成了乱世的、灾难的俄国“魔鬼现实”的象征，而女主人公，“伊凡的女儿、伊凡的母亲”，成为后苏联受苦受难而又英勇不屈的人民大众的代表。两位作家同样都有他们所寄托的精神理想——根除邪恶、挽救俄罗斯的最具智慧和永恒的真理——东正教精神。

长篇小说《将军与他的部队》和《美狄亚和她的孩子们》却具有另外一种品格。作家受当代生活所引发，却没有把小说直接指向当代生活。两部小说中的“人性叙事”显然要大于“政治叙事”，无论是前者的战争题材，还是后者的家庭题材，不仅都有一个核心的人性反思，而且还都进入到了民族历史文化的深层。弗拉基莫夫的战争意识、人性意识、文化意识、历史意识的自觉，使小说获得了对战争的本质、苏联军队以及苏维埃历史的重新审视的可能。在乌丽茨卡雅的小说中，“克里米亚”连同它的岩石、峭壁、远古的小道等等，成为一个保留着古代文明碎片，有着不可重复的美丽、壮伟的地灵人杰的圣地。“美狄亚”大家族的概念成了人类大家庭的一个隐喻，充满亲情的众多的人都被维系在一个统一的宇宙中，日常与永恒，普通中的平凡与伟大融合在一起。而女主人公“美狄亚”——生存在社会生活底层的伟大的女性，成为家族、民族、人类永恒的精神之母，绝对的真理与道德价值所在。这是女作家在社会转型时代，当文化遇到危机、生存根基遭到破坏时刻在她的精神品质中寻找的精神救赎。

鲍罗金（Л. Бородин 1938-2011）在中篇小说《天堂之地》（«Божеполье» 1993）中将对后苏联时代社会现实的不满、怀疑、批判与对 74 年苏维埃生活的深刻反思融进了一个苏联党与政府的高级领导人克烈缅季耶夫的悲剧性的人生中。小说是作家有意卸去沉重的政治主题，不再囿于政治观念的一种高度审美的艺术创造。主人公痛苦地经受着国家的、民族的、家庭的、个人的多重悲剧：有使命感、责任感的国家领导人对曾经被预言坚不可摧的强大的苏联瞬间轰然解体的震惊，对极度混乱、衰败的国家与民族的痛心与失望，一位成功的政治家退休远离社会生活中心后心灵的落寞与哀苦，一个幸福的丈夫和父亲在突然得知妻子背叛后身心交瘁心脏病突发的身亡。小说中主人公返回乌拉尔乡土——“天堂之地”的意向是被严酷的社会现实、生命暮年心灵的无着所激发的，换言之，这是主人公在苏联解体后精神缺失的一种代偿方式。他试图在故乡，在民众那里寻找并证实他当年为之奋斗的生命理想和人生之路。但是，“天堂之地”之行将他对过去的寻找变成了失落，又将失望变成了绝望。

此外，像叶甫图申科 (Е. Евтушенко 1932-) 的《不要在死期到来前死去》(«Не умирай прежде смерти» 1995)、普罗哈诺夫 (А. Проханов 1938-) 的《黑炸药先生》(«Господин Гексаген» 2001)、利丘京 (В. Личутин 1940-) 的《逃离天堂的流亡者》(«Беглец из рая» 2004)、谢格尼 (А. Сегень 1959-) 的《俄罗斯飓风》(«Русский ураган» 2002）等作品，都以不同的题材，不同的手法表达了一个时代的情绪，一种强烈的社会理性。这些小说的叙述主体都不是个体的，而是“非我化”的，作家的声音中明显带有一种经典现实主义叙事所拥有的“集体代言”印记。创作主体都在为“民众”“圣人”“启蒙者”代言，其叙事话语带有精英色彩，传播的都是知识精英的思想理念。

“民族文化叙事”

“民族文化叙事”小说并非后苏联的文学产物，这是俄罗斯文学传统中一个底蕴深厚的小说脉系，是俄罗斯现实主义创作重要的思想资源和精神财富。民族历史文化从来就是俄罗斯文学探讨的核心话题之一。

俄罗斯作家对民族历史文化的信念从来没有动摇过。这种历史文化信念始终有两个基本的思想支柱。一是历史真实性的信念，二是历史文化决定论的信念。在作家的思想中，各种历史记忆始终被当作一种对民族文化真实性的记载而崇尚，无论这一记忆是否仅仅属于纯粹个人的记述。当年肖洛霍夫的《被开垦的处女地》，后来拉斯普京的《告别马焦拉》都曾经被视作俄罗斯民族文化发展进程中的一个重要的、时代的历史记忆而载入文学史册，甚至当作一个历史文化范本来认知。每当俄罗斯处于社会转型的时代，民族历史总是被认作能够拯救民族危亡的一个文化法宝，民族历史文化传统被看作能够纠正时弊的万能药方，民族的历史记忆成为一个无往而不胜的文化“神话”。作家也习惯于以历史的名义发言，行使其自身的话语权力。将文学书写的“虚构”寓于历史文化“真实”的叙述中，从而大大强化了文学的历史文化记忆与历史反思的功能。

以“公开性”和“新思维”为标志的“重建”时期的结束宣告了苏联时期以“社会问题”“道德探索”为关键词的“乡村小说”使命的终结，苏联文学与意识形态中的政治与道德激情业已找到了宣泄的途径，而“民族文化叙事”既作为一种社会思潮的结构性需要成为政治、道德目标以外的重要的思想诉求，也是对先前农村题材小说的再造，它尤为鲜明地表现在“新根基派”小说家的创作中。20 世纪 90 年代后的“民族文化叙事”小说是在前 30 年苏联“农村小说”衰疲后出现的一种新的写实潮流。它是苏联解体后社会文化条件催生的文学胎儿，是全球化语境刺激、压迫的必然结果，是新时期写实文学体察民族文化危机和获取民族文化身份自觉的一种表现。“民族文化叙事”小说的兴起与后苏联期间的“文化热”、“寻根热”、“民族身份认同”的文化思潮有关，是新时期作家对民族历史文化、乡土文化，对大自然书写热衷的体现。

小说家对民族历史文化的记忆和反思更多是通过“乡土叙事”来表达的，因为在他们的心目中，乡村和乡村人是俄罗斯优秀的民族文化传统的承载者，是俄罗斯民族精神魂魄 “根”之所系，而社会的发展和物质文明的进步使得乡村文化总是充当着现代文明的受害者的角色。于是，“寻根”便成为相当多作家共同的创作意向。这些作家大都出生在农村，而后来到城市，城市改变了这些作家的生活和地位，但是来自农村的劣根性却没有让他们认同城市，反倒是在城市的喧嚣、冷漠和轻浮的映照下，衬出故土的宁静、淳朴、厚重来。社会转型并没有改变他们的价值取向与精神追求，相反，新时期社会生活的混乱与无序重新唤起了他们对宁谧、淳朴、美好的乡村生活方式的向往，激发了他们对民族精神的追寻。国家、民族、自由、正义、真善美等一切神圣的内容都被他们对象化在民族传统文化的“乡土之根”中。尽管小说家们对“根”有着不同的理解，但却都有着与社会、现实、理想割不断的精神 - 情感联系，同时也都是以返回民族“自我”的方式对追随西方的价值观与艺术倾向所进行的一种反拨。

“民族文化叙事”的小说具有共同的艺术命题：表现俄罗斯民族生命力的强大，民族文化的魅力，民族精神的不朽。但按照其思想取向来看，大体可以分为两类：第一类小说以索尔仁尼琴 90 年代的“两部分小说”、索洛乌欣 (В. Солоухин 1924-1997) 的历史纪实性特写《盐湖》（«Соленое озеро» 1994)、拉斯普京的《突如其来》（«Нежданно-негаданн» 1997）和《在故乡》（«На родине» 1999 ）及《伊凡的女儿、伊凡的母亲》(«Дочь Ивана, Мать Ивана» 2004) 等为代表，它们沿着否定的方向，着力表现俄罗斯民族传统文化在苏维埃时期、后苏联时期的失落或所遭受的破坏；第二类以拉斯普京的《农家木屋》(«Изба» 1999)、利霍诺索夫 (В. Лихоносов 1936-) 的联想回忆小说、叶基莫夫 (Б. Екимов 1955-) 的“新乡村小说”、瓦尔拉莫夫的乡村文化小说、瑟乔娃 (Л. Сычева 1955-) 的大自然抒情小说等为代表，它们沿着肯定的方向，表现传统文化和民族精神的生命力，咏赞乡村文化、大自然的魅力及其自由主义精神。

索尔仁尼琴的“两部分小说”以底层与精英、宗教与政治、过去与现在的对比为“历史表述”，通过对 20 世纪不同社会阶层的俄罗斯人生活的叙写，

呈现俄罗斯民族 “精神文化的蜕变”。“两部分小说” 都有共同的历史背景，两部分结构的连贯性和对应性将虚构的个人生活嵌入了历史的框架。由于个人生活嵌入历史而使得故事成为关于历史的 “真实” 的演说，而个人的不幸遭遇或道德缺陷不仅是个人的性格造成的，也是由于历史的变故造成的。因此，作家审视的与其说是苏维埃时期个体的人性伦理，莫如说是俄罗斯民族的生命伦理。索尔仁尼琴要表达的是一种真诚的民族的历史文化忏悔，张扬的是一种东正教的精神传统 —— 忏悔意识。他说：“假如成百千万的人都来忏悔，承认自己的过失并感到哀伤 —— 即使所有这些忏悔不是公开的，而只是在朋友之间或熟人之间，那么所有汇聚在一起的这一切倘若不能称之为民族的忏悔，又能称作什么呢？”[1] 他认为，这是人性得以精神复活、民族得以振兴的前提。作家有一种鲜明的俄罗斯民间文化视角：良善在百姓，希望在民间，未来在宗教。这一创作立场的主旨是 “民族精神的当代重构”，小说的精神品质与文化气息由此呈现。

拉斯普京是民族文化叙事的呼唤者，也是 “寻根小说” 的代表作家之一。他的大部分作品都带有十分浓厚的 “乡土情结”，正是在这个意义上，他 90 年代的 “安加拉河” 短篇小说本质上都是一种 “乡土叙事” 的 “文化寻根小说”。作家面对的现实是：后苏联市场经济所导致的越来越突出的社会矛盾，弱势群体特别是普通农民生存的不幸与悲剧，优秀的民族文化传统的失落，社会对自然的掠夺，人性的迷失，传统价值观念的崩溃等。作家怀疑和反思代替乡村文明的市场文明的合理性，在乡村与都市、传统与现代、民族与世界的对峙中他们鲜明地表达了对前者的张扬，将民族灵魂的发现与重铸视为核心的审美观念。小说在思想意向上是关注当下，着眼以往，揭示社会矛盾，拯救民族灵魂，其间负载的文化民族主义情怀显得十分急切和强烈。

上述小说都带有浓郁的忧伤、怀旧、愤懑情绪，是以历史批判和现实批判为立足点的。它们长于揭露，批判，却不善于建构现实文化秩序的特性决定着其文学生命力的不足和影响的有限。而另一篇小说却是以表达对源于乡土、自然、宗教等民族文化传统的还原与追忆为特点的，小说家将凝聚着地域、历史传统、民族文化、乡土自然等特定内容的俄罗斯 “失落了的文化” 作为自己讴歌、赞美的对象，从而实现他们的 “民族文化叙事”。

拉斯普京的《农家木屋》（«Изба» 1999）与他的以上三篇小说正好相互观照。作家带着浪漫的遐思将人与神、民间传说和深意寓言结合在一起，将无穷的赞美给了那间孕育了俄罗斯文化和民族精神的 “农家木屋” 和它的女

1. «Русская проза конца XX века», под редакцией Колядич Т. М., ACADEMA, 2005, C.336.

主人农妇阿加菲娅。作家说，在这里生成的民族精神的“顽强”与“坚韧”“是没有任何限度的”。别列斯皮沙洲[1]是利霍诺索夫寻找心灵寄托的所在和精神力量的源泉。叶基莫夫的我们的老房子[2]也成为叙事人美好的记忆和温馨的心灵栖息地。这座宁静淡泊的“老房子”远离“如今不安的时代”，这里没有飞涨的物价、频仍的暴力、勒索与敲诈、鲜血与眼泪。然而，面对无情的现实，作家不能不感叹道：“连我们的那座老房子也很快开始衰败了，虽然墙还保留着原样，但我们房子的魂像是被摄走了。没了魂，任何生命都不会长久的。无论是人，还是东西，还是我们的房子。”[3]

“返回大自然、走向乡村”也是瓦尔拉莫夫、叶尔马科夫 (О. Ермаков 1961-)、瑟乔娃等这样一批中年作家小说的叙事内容，是他们在理想与现实的矛盾中，寻找自我人生价值和回归自我精神信念的一个重要情结。同老一代的作家相比，他们似乎有更新的精神信念和价值立场以对抗平庸的现实和世俗的人生。

“原生态叙事”

后苏联社会文化语境赋予写实文学的一个新的变奏是“原生态叙事”。小说家特别注重现实生活的还原，力图写出生活的“原生态”。作家坚持一种民间立场的、非主流意识形态的、反精英的写作。他们坚守“真实性”“日常性”“原始性”，追求一种生活的、人生的原汁原味，一种不提供时代背景或主观评价的“生活本相”。作家在生活的现场“记录生活”，用文学之笔“还原生活”。女作家彼特鲁舍夫斯卡娅 (Л. Петрушевская 1938-) 说：“我的工作场所在广场，在大街，在海滩。在众人当中。他们连自己都不知道，在向我讲述题材，有时甚至是句式……”[4]这类小说在观察生活、把握生活方面的另一个特点是挣脱了追求“典型化”等传统窠臼的制约，褪去了“经典写实”那种直露的、功利的、精英化的意识形态色彩，这是写实作家的一种推进现实主义“非经典化”的叙事策略，表现出同“经典叙事”的对话与对抗，具有结构与建构的双重意义。

在艺术手法上这类小说无疑借鉴了自然主义流派在艺术上的长处——“照相式地”再现，感情的零度介入。作家冷漠淡然地说生活，讲故事，叙述庸常人事、灰色人生、无奈的生活、低调的情感。作家们坚持拒绝远离生活形态的真实，不提供超越性的文化镜像或文化远景——刻意的、深层的

1. 《别列斯皮沙洲孤独的夜晚》(«Одинокие вечера в Пересыпи»)，1998 年。
2. 《我们的老房子》(«Наш старый дом»)，1997 年。
3. «Наш старый дом», Екимов Б.//Новый мир, 1997, № 7.
4. «Современнвй литературный процесс в России», Сушилина И. К., 2003, С.37.

艺术“虚构”。他们将文学庄重的戏剧性叙述返回到平实的日常性叙述中来。然而，我们还不足以据此认为这类小说统统都对人生苦难和生命存在缺乏关怀，不少小说家仍然延续了悲悯、同情、怜爱等人道主义传统。后苏联小说的“原生态”更多的只是表现为一种叙事策略，在似乎漫不经心的书写中达到对现实生活的一种超越，在对现实的指认中否定现实，达到对现实的一种新的解读。可以说，这是既有现代先锋意识也保留着古典忧患意识的当代写实小说，是后苏联写实小说中的一个重要现象并产生过不小的影响力。

“污秽小说”(чернуха) 是一些评论家对表现现实生活和现实人生中污秽、丑陋小说的统称，它们是“原生态叙事”的早期形态。最早出现在 20 世纪 80~90 年代之交的“公开性”时期。这些作品涉及一些此前苏联文学创作的禁区：杀人、抢劫、强奸、卖身、吸毒、堕胎、酗酒、乞讨等。

阿斯塔费耶夫（В. Астафьев 1924-2001）的《悲伤的侦探故事》(«Печальный детектив» 1986)、《柳达奇卡》(«Людочка» 1989）拉开了这一类小说的序幕。两部小说不仅具体再现了苏联社会中杀人、抢劫、强奸的“真实”细节，还呈现了一种广大民众对生活与生存的世俗理念。《悲伤的侦探故事》是对俄罗斯民族心灵“内伤”的审视，广大民众对发生在身边、周围的罪恶漠然，容忍，甚至姑息，迁就。《柳达奇卡》展现的是一个纯洁、善良的农家少女进城后屡遭羞辱，戏弄，最后选择上吊自尽的方式告别苦难、短暂的人生。作家展现了受到西方价值观影响而堕落的现代都市青年的生活与精神状貌，表现出一种对丑恶现实的无助与无奈。阿斯塔费耶夫揭示这些在苏联文学中未曾被涉及的话题的意义在于：表现充斥在民间世界中的人心的黑暗与丑陋，书写一种不是来自个人与政权冲突，而是来自于民间自身，在被侮辱与被损害的人们之间做出来的事。作家试图说明，在当代和平生活的年代，为了自身的生存，流血的战争与残酷的竞争一刻也没停止过。文学的这一理念激发了俄国当代文学对表现社会黑暗、人性卑劣、民间疾苦的关注，把世俗化的人间生活从长期被国家政治意识形态紧锁着的“宝瓶”中释放了出来。对待民间世界的这种态度彻底摧毁了将人民理想化的思想基础，动摇了关于俄国人民是民族“道德基础”“精神源头”的传统理念。这不仅是对社会主义现实主义关于现实与主人公神话的解构，同时也拆除了“正常的生活”与“丑陋的生活”之间的界限。

彼得鲁舍夫斯卡娅的中篇小说《黑夜时分》(«Время ночь» 1992) 是一个关于知识女人的生活故事，写她在日常生活中的苦难与苦恼，还有她对苦恼的屈从与无奈。斯拉波夫斯基的长篇小说《调查表》(«Анкета» 1997) 描写了一个以编字谜为业的知识青年的当代生活。为了能在警察局找一个固定的工作，他需要填一份调查表。回答数百个调查问题的过程成为他自我的心灵测试过程。为体验窃贼心理他需要进行偷窃试验，为审视自己的情感世界他与多个女子交往，一度患上强迫症几乎精神崩溃，于是他酗酒解忧，生活变得一团糟。罗曼·先琴（Роман Сечень）的短篇小说《雅典之夜》（«Афинская ночь» 2000）讲述了一个“我”欺骗善良妻子的故事。“我”借口到外地出差而放纵身心，酗酒，嫖娼，赌博，斗殴，最后被服务员半夜赶出酒店，只好坐火车返回莫斯科。这是新时期年轻一代心灵空虚与精神无靠的再现。

在90年代前期，这些作品在绝对数量上大大超过了对“人民与现实”严肃思考的小说。作家在描写“被侮辱与被损害的”下层大众的“赤裸裸的”真实生活时，并不去探究造成这些现象的社会原因，造成人物痛苦的不是统治者，不是社会制度，而是相互之间为了生存，或者为了某种人生的欲望，或者因为人生尊严的丧失。作品暴露了俄罗斯下层民众生活“黑暗”与痛苦的普泛性，成为一种“新自然主义”的表征。

一部分小说家，特别是女性作家并不排除对生理欲望的书写，如科罗廖夫（А. Королев 1946-）的长篇小说《艾隆》（«Эрон» 1994），卡巴科夫（А. Кабаков 1943-）的“献给沉溺于情爱的人们”的长篇小说《最后一个英雄》（«Последний герой» 1995），帕列伊（М. Палей 1955-）的中篇小说《来自侧路渠的卡比丽亚》（«Кабирия с Обводного канала» 1991），托卡列娃（В. Токарева 1937-）的中篇小说《雪崩》（«Лавина» 1995）等。

类似的小说不能简单看作是小说“污秽”的泛滥，其一，它们大都有比较丰盈的人性的、心理的、文化的内涵附着。其二，作品在性爱的描写上都没有超越俄罗斯文学读者道德心理普遍能接受的程度，而走向“诲淫”。第三，这些作品是另一种形式的对俄罗斯文学传统的理想主义、精神主义的冲决。在泛政治意识形态话语的小说中，“人”是被理想主义、英雄主义、道德主义的玫瑰色彩所包裹的，以一种圣洁的向往、先进的思想、高尚的品格实现对世俗情爱的超越。而这些作家都否定当代社会中“经典”的精神之恋，发生在男女两性间无法遏制的强大的吸引都具有明确生理的、物质的追求，都是循着“欲望”的逻辑把两性关系的各种形式从圣洁的、理性的、道德的爱情中剥离出来，从而完成对俄罗斯文学和苏联文学中经典爱情的解构与放逐。男女作家们是把性爱当作人的生命存在、生命意识的符号来看待的，所肯定的是人的生活的自然、健康、美好。

与19世纪俄罗斯文学和苏联文学中的“小人物”叙事不同，新时期的“原生态叙事”在整体上淡化了传统的社会历史学和道德意义层面的对“被侮辱、被损害的小人物”的描述，而是深深地切入到人性世界的幽微之处。透视人性的变异与堕落，解剖人性的缺陷，期待人性的回归，是这一文学的核心思想。宣泄苦难，揭露黑暗；剖析人性，捍卫尊严。展现普遍的人生窘境，为不安的灵魂寻求不朽的安顿，为生命的神圣与尊严呼号呐喊。可以说，当代俄罗斯小说的“原生态叙事”展现的是一个人性的大世界。

“假定性叙事”

“假定性叙事”是20世纪90年代写实文学的一大亮点，在现实主义文学的艺术创新尝试中具有特殊的位置，是现实主义小说开放性和包容性品格的充分体现。所谓写实文学的“假定性叙事”，是指在小说中将现实与荒诞、神秘、魔幻融合在一起的叙事方式。将现实主义传统原则及与其他的，甚至是对立的艺术元素相对接，让不同美学原则在现实主义小说中相互作用。其中，写实是作品的主体，而荒诞、神秘与魔幻作为一种独特的写意与前者一并进入艺术现实中，使小说呈现出更为丰富的色彩并获得高度的隐喻意义。

一批作家，特别是中青年作家纵向继承了果戈理、梅列日科夫斯基、索洛古勃、别雷、布尔加科夫等经典作家的优秀传统，横向借鉴了欧美文学的现代观念和艺术手法，大大丰富了新时期现实主义文学家族的艺术形态。这种假定性的方式重在寻找对民族生存状态的寓言性表达，或是探求一种永恒的、超时空的、具有哲学和全人类意义的价值判断。小说文本中大量的写意性的假定性表达是文本结构与指向所必需的叙事策略，作家旨在更深入地揭示现实生活与问题的本质。“故事”不是小说的中心，故事后面的隐喻性意义才指向小说的中心，才是寓言化的。当代俄罗斯文学研究学者涅法金娜（Г. Нефагина）说，“20世纪末的现实主义继承了俄罗斯经典现实主义的基本传统，包括列夫·托尔斯泰传统的索尔仁尼琴、拉斯普京、扎雷金、鲍罗金、尼古拉耶娃，陀思妥耶夫斯基传统的阿斯塔费耶夫、马卡宁、德米特里耶夫（А. Дмитриев 1956-）、彼特鲁舍夫斯卡娅、瓦西连科（С. Василенко?），萨尔蒂科夫·谢德林传统的奥尔洛夫（В. Орлов 1953-）、克鲁平（В. Крупин 1941-）、雷巴科夫（А. Рыбаков 1911-1998）、阿克肖诺夫（В.Аксенов 1932-2009）。但是在现实主义的流派中发生了传统原则和与其相对立的元素的融合，各种不同的美学原则互动的现象。而占主导地位的某种元风格原则决定了流派的特征”[1]。

斯拉波夫斯基的《有钱的一天》(«День денег» 2000）是一部以荒诞的

1. «Русская проза конца XX века», Нефагина Г., Флинта-Наука, 2003, С.43.

方式对抗荒诞的长篇小说，讲述了在萨拉托夫城一天里发生的许多荒唐离奇的故事。在萨拉托夫米丘林大街住着三个40岁上下的男人，无业的兹梅伊、在省府做事的帕尔芬和名叫斯文的作家。这三个老同学、老朋友酒醉之后意外地捡到了两卷分别为3 300卢布和33 000美元的钱，开始了他们“有钱的一天”。起先，他们想过用这些钱接济最需要用钱的人，后来又设法用钱来惩罚那些作恶之人。但万能的钱既不能给不幸者带来幸福，也不能丝毫改变邪恶者的本性，却只能暴露出越来越复杂纠结的各种矛盾和问题。于是，三人干脆就想用这笔钱实现各自美好的愿望，结果也大失所望，于是就想逃之夭夭，离开这可诅咒的现实。三个有了钱的中年知识分子不得不面对着两个迫切需要回答的问题：人有了钱会怎么样？人有了钱真会幸福吗？小说结尾，钱终被失主取走。小说提供的是一个不无诡异的、冥想式的文本，讽喻、戏嘲的是不无荒唐的俄罗斯民族的文化和精神处境。阿纳托里·金（А. Ким 1939-）是用隐喻构筑叙事的小说家，他的大部分小说都有明显的寓言化特点，或弥漫着一种幽深的神奇氛围，或透着一股凄哀的情感意蕴。当各种独特的小说意象以隐喻的形式从生命存在的深层一一浮现而又隐入现实中的时候，一种鲜活的艺术效果和深刻的哲理精神便产生了：生与死、人与社会、人与自然、个体与家庭、自我与他人等永恒的人类生存矛盾鲜明、尖锐地交织在一起，大大升华了小说的审美价值。我们从这些作品对现实的整体占有就可以看出，作家不以特定的政治价值观去判断与取舍大大复杂化了的现实存在，而是从社会的、历史的、道德的、文化的、种族的、哲学的等多重视角观照生活，表现出了一种相当开放的“现实观”。如果没有对“政治现实观”的超越，没有完成对现实观的开放，那么对于社会、人性的把握，对现代生存危机的揭示，对灰色日常生活的洞察都不可能达到如此复杂、深刻、精彩的程度。

对魔幻主题的热衷，对魔幻现实主义手法的借鉴，把“魔幻世界”看作是文学隐喻的丰富源泉，成为不少写实作家，特别是对痴迷于艺术形式创造的中青年现实主义作家共同的艺术追求。他们的叙事风格“魔幻叙事”极大地丰富了当代俄罗斯写实文学的品类，扩大了小说的表现空间和文化精神内涵，实现了对传统写实文学的思想与艺术超越。魔幻鬼形意象的塑造与魔幻情节的融入成为这一类小说创作重要的审美元素。然而，其精神内核却并没有随着审美形式的变化而变化。小说植根于社会生活现实和人的精神现实的根基未变，依然洋溢着强烈的生活气息。小说家对俄罗斯命运及俄罗斯人的精神状态的关注依然，对时代的深刻反思、对人性的深度挖掘也未有淡化，道德伦理的和历史文化的价值坐标仍然高高矗立着。“魔幻叙事”小说作品既是对历史的追问，对现实的质询，但更是对人生命存在的深刻探查，对人的精神状况的严肃拷问。这类小说有布依达（Ю. Буйда 1954-）的长篇小说《普鲁士新娘》（«Прусская неввеста» 1998）、库尔恰特金（А. Курчаткин 1944-）的小说集《一个极端主义者的札记》（«Записки экстремиста» 1993），叶尔马科夫的短篇小说《入门前的品茗》（«Чаепитие в преддверии» 1993）等。

“魔幻叙事”小说中的情节虽然大都有十分强烈的非现实性、抽象性、神秘性，但在总体上都是基于现实而又超越现实的，其隐喻世界有着高度存在主义化的和荒诞化的特征。小说表现的是现代人的反叛主题和人本的异化主题，其中的一些小说并不针对具体的社会现实，不局限于呈现世俗生活中的丑恶的具体事物，而是表现现实世界之丑的本质性特征——存在本质与世界本质的种种关系，一种造成丑恶的超现实的本质。小说最大限度地体现了现实主义与现代主义，甚至后现代主义在文学精神和艺术形式上的共融。小说家用一种心态、一种情绪、一种理念来构思谋篇，打破了传统的以故事情节为框架，或以人物性格、命运为脉络的叙事结构，表现出一种新的小说叙事话语，也引发了写实小说文体的巨大变革。

现实主义文学只是俄罗斯当代文学的一脉，展现这一文学的风貌并非排斥其他风格流派，也不是谋求现实主义的唯我独尊，笔者只是对回归俄罗斯文学经典传统和在新时期有了创新的后苏联现实主义小说作一个客观正常的，实事求是的评价。小说可以是“主义”的，也可以是“非主义”的，可以是先锋的，也可以是传统的，关键在于应该具有对民族和当今人类最前沿的思想发现。当代俄罗斯的写实小说家们受俄罗斯经典文化传统的侵染，入世入情，总是背负着历史使命感和社会责任感，以大众群体的代言或小众个体的小叙事讲唱着沧桑且悲凉的救世精神。他们仍然试图在用最前沿的思想和艺术成果引领小说创作，表达对民族和人类前途的焦虑与瞻望。无论传统，还是时尚，无论“涛声依旧”，还是先锋前沿，都是俄罗斯式的。在对民族历史、社会现实和人类未来的思考中，小说家尽管有多种多样的历史和现实根源，各种不同的思想倾向，但都有一个从整体上表现出来的人道主义的价值追寻。可以说，人道主义思想仍然是这一时期文学思潮中的基本主题，是这一时期文学主导的精神理想，作家对俄罗斯民族的一次新的精神启示。虽然不同小说家对这一精神的文学阐释不尽一致，但这一精神确实是他们的一种精神和心理渴望，小说也几乎就是这种情感趋向与精神渴望的一种传达，是历史启示的一种新的时代表述。应该说，真正反映了20世纪90年代以后俄罗斯社会发展的历史轨迹，具有了较大的社会反响，代表后苏联文学创作实绩和成就的作家和作品，大都没有离开写实的这一主流。只是在思想内容和艺术方式上大大跨越了原来的模式，表现出很大的思想自由度与艺术张力。毫无疑问，它们吸收了，融化了新的艺术因素与新的文化意蕴，使现实主义有了当代的气息。

参考文献：

1. Агеев А.Л. Это ваша жизнь[J].//Знамя, 1997, № 8.
2. Алешковский П. На то и профессия такая, Современная проза-глазами прозаиков[J].//Вопросы литературы, 1996, № 1.
3. Басинский П. Как сердцу высказать себя? О русской прозе 90-х годов[J].// Новый мир, 2000, № 4.
4. Достоевский и канун XX1 века, Материалы круглого стола[J].//Знамя, 1990, № 7.
5. Екимов Б. Наш старый дом[J].//Новый мир, 1997, № 7.
6. Нефагина Г. Русская проза конца XX века[M]. Флинта-Наука, М., 2003.
7. Поляков Ю. М. Начало нового века будет торжеством реализма: беседа с Писателем Ю. М. Поляковым [J].//Русская словесность,1997, № 1.
8. Русская проза конца XX века[J]. под редакцией Колядич Т. М., М. ACADEMA, 2005.
9. Солженицын А.И. Русская литература XX века в зеркале критики[M]. ACADEMA, М., 2003.
10. Степанян К. Реализм, как заключительная стадия постмодернизма[J].//Знамя, 1992, № 9.
11. Сушилина И. К. Современнвй литературный процесс в России[M]. М., 2003.
12. Тимина С. Современный литературный процесс, Русская литература XX века в зеркале критики Хрестоматия[M]., ACADEMA, М С.-Петербург, 2003.
13. Федотов Г. П. Борьба за искусство[J].//Вопросы литетаруры,1990, № 2.
14. Федотов Г. П.Некалендарный XX век, материалы Всероссийского семинара 19-21 мая 2000 года[C]., Великий Новгород, 2001.
15. Федь Н.М.Литература мятежного века Диалектика русской словестности 1918-2002[C]. Голос-Пресс, М., 2003.
16. ЧалмаевВ.А.Русская проза 1980-2000 годов на перекрестке мнений и споров[J].//Литература в школе, 2002, № 5.

第12章　后现代主义文学
Глава 12　Постмодернизм

俄罗斯后现代主义文学是20世纪后半期俄罗斯文学发展的一个重要现象，是世界后现代主义文学的一个独特分支。它深受西方后现代主义思潮的影响，同时却又有着深厚的民族文学根源和独特社会历史风貌。俄罗斯后现代主义文学是俄罗斯文化的一个创新现象，它如同一场文化爆炸，为俄罗斯文学带来了新的语言和新的哲学。在艺术形式上，它用全新的书写方式更新了传统文学的体裁和风格样式，为世纪末的文学提供了发展的动力。在内容层面它通过对俄罗斯文学经典和社会主义现实主义话语体系的颠覆表达了对影响人们集体无意识的元叙事的质疑，用全新的哲学观念阐释了俄罗斯民族性格、俄罗斯历史和俄罗斯文化。总之，俄罗斯后现代主义文学已成为俄罗斯文学史上一道独具魅力的风景线，它对传统和经典的解构以及独具特色的美学实践不仅丰富了文学的艺术手法，而且拓展了文学的疆域，开启了多元共存、相互交融的文学新纪元。

历史沿革

关于俄罗斯后现代主义文学起源的问题一直没有统一的答案。比较极端的说法来自著名文化学者埃普施坦（М. Эпштейн 1950-）。他在《俄罗斯后现代主义的起源及意义》[1]一文中提出，俄罗斯文学从一开始就具有后现代文化的特征——对西方文学的有意模仿与引用。他认为普希金的诗体小说《叶夫盖尼·奥涅金》就是一个典型的后现代主义文本，里面不仅有对长篇小说这一体裁的解构，而且还有各种语体、各种风格的杂糅。

尽管埃普施坦的观点有一定的道理，但他将俄罗斯文学的后现代主义源头定位于民族文学的肇始之初，不免有哗众取宠之嫌。因为任何思潮和流派都有自己诞生的社会历史环境和文学内部发展规律。如果在普希金时代就已出现了后现代主义文学，那么后现代主义岂不成了无边的后现代主义？所以，

1. «Истоки и смысл русского постмодернизма»,Эпштейн М.//Звезда, 1996, № 8, С.116-118.

我们还必须从俄罗斯后现代主义文学产生的外部和内部环境来追溯其起源和发展历程。

从文学发展的外部环境来看，始于20世纪50年代赫鲁晓夫的“解冻”时期对“后现代主义思潮”的催生具有重要意义。在政治相对宽松变暖的时期，经历了长期封闭的俄罗斯知识分子们强烈要求摆脱政治独裁，摆脱单一意识形态，要求宗教信仰自由，渴望重视人在社会生活中的地位和作用。到60年代末，以著名科学家萨哈罗夫（А. Сахаров 1921-1989）为代表的一些持不同政见者炮轰集权主义制度，要求人的智力自由、信息自由、言论自由，以及不受权威和成见压制的自由。在知识分子的引领下，苏联国内形成了以消解权威、废除等级、开放自由为核心的政治生活氛围。另一方面，“解冻”使西方的哲学美学新观念在俄罗斯社会文化领域广泛传播，苏联读者可以读到美国、西欧以及东方哲学、美学、绘画、建筑学、文学和电影艺术方面的某些作品（如尼采和弗洛伊德的著作，加罗迪的《无边的现实主义》，海明威、加缪、萨特、王尔德的作品）。同时，“解冻”也使得斯大林时期许多被禁的俄罗斯作家通过公开或秘密的方式展现在苏联读者面前，比如布尔加科夫、曼德尔施坦姆、茨维塔耶娃、布宁等人。1961年出版的《王尔德作品集》以及通过非法渠道传播的纳博科夫的作品让人们接触到了完全不同于社会主义现实主义的纯艺术观念：为艺术而艺术。而白银时代哲学家罗扎诺夫（В. Розанов 1856-1919）的开禁则为人们展现了一个不畏权威、思想独立、文采斐然的“俄罗斯尼采”形象。

从文学发展的内部规律来说，催生俄罗斯后现代主义文学的有两个重要因素：一是纳博科夫长篇小说的发表及其美学观念的传播；二是俄罗斯先锋文学的地下传播。纳博科夫的长篇小说《卢仁的防守》（«Защита Лужина» 1929-1930）以游戏的原则肢解了传统小说中必不可少的情节因素，从而创立了新的艺术文本建构模式。这部作品表达了这样一种艺术观念：艺术是一个复杂而无益的游戏，它唯一的功能就是审美。这一观念在20世纪60年代初通过非法渠道在苏联知识界广为传播，极大地撼动了文学崇高而神圣的社会历史价值。一些作家开始否定文学为政治服务的社会功利性，主张艺术本身就是目的，而非手段。他们转而向世纪初的现代主义文学汲取营养，因为在那些具有先锋实验性质的现代主义作品中他们看到了艺术的自足价值。在这一过程中就出现了俄罗斯后现代主义文学的萌芽——新先锋主义。新先锋主义的代表是50年代中期到60年代初出现的一些创作团体，包括“斯莫格”（СМОГ）[1]、“利阿诺佐夫派”（Лионозовцы）[2]、切尔特科夫小组（Группа Черткова）等。他们质疑社会主义现实主义文艺理论，试图使艺术摆脱政权的文化独裁，要求恢复白银时代的现代派美学，尤其是对形式问题有深刻探索的先锋主义艺术。他们认为其使命在于把俄语从极度意识形态化的窠臼里拯救出来，恢复其最原初的具体形态。[3]

从新先锋主义和白银时代现代派先锋实验的紧密联系中可以看出，俄罗斯后现代主义的萌芽实际上是对20世纪30年代被人为中断的先锋主义实验的继续和发展。其实在30年代“现实艺术协会”的荒诞诗学中就已经显露了后现代主义的端倪。维坚斯基和哈尔姆斯在创作中对时间、因果论、决定论等基本观念进行了消解，而现实艺术协会诗学中的相对性原则（即文本的各种要素——从人物到时空解构都是不稳定的，一直处于不断地变化之中）更是后现代主义文学的核心特征之一。所以我们可以说，俄罗斯后现代主义产生于“解冻”以后相对宽松的社会政治环境中，其中有西方文化思想的影响，但更多的是对俄罗斯白银时代先锋文学实验的继承和发展。

目前比较权威的观点认为，俄罗斯后现代主义文学的发展经历了三个阶段。[4]

第一个阶段是20世纪60年代末至70年代末的形成期。这一时期的俄罗斯后现代主义作品具有强烈的讽刺性和解构意识，解构的主要对象是社会主义现实主义和19世纪的经典文学。社会主义现实主义文学被视为集权国家控制大众意识的宣传工具而大加讽刺，19世纪文学经典则经历了去圣化的过程，苏维埃文艺学对其庸俗化和教条化的解读遭到解构。在诗歌领域最为突出的“观念主义”诗人团体，该团体成立于20世纪60年代末，代表人物有涅克拉索夫（В. Некрасов 1934-2009）、普里戈夫（Д. Пригов 1940-2007）、

---

1. 文学团体“斯莫格”出现在1965年，由Л. 古班诺夫发起，他是该团体宣言《听！》的作者。斯莫格成员主要是莫斯科大学人文专业的大学生：包括В. 阿列伊尼科夫、Ю. 库布拉诺夫斯基、Л. 古班诺夫、В. 巴特舍夫、А. 普罗霍日、萨沙 · 索科洛夫、М. 索科洛夫、О. 谢达科娃、А. 巴西洛娃、А. 阿加普金、В. 杰洛涅、М. 良达、А. 莫罗佐夫、В. 波扎伦科等。团体成员诗歌创作的主要激情源于对形式与意义的原始素朴性的感应，这种原始素朴性来自诗歌的舞台吟诵者，他们的表演激昂热情（А. 韦利昌斯基《叶罗费耶夫现象》，Вен. 叶罗费耶夫《从莫斯科到彼图什基》，莫斯科，普罗米修斯出版社，1990年，第240页）。在60年代末，斯莫格诗人们（Л. 古班诺夫、В. 阿列伊尼科夫、Ю. 库布拉诺夫斯基、А. 帕霍莫夫）以及该团体的追随者А. 韦利昌斯基、В. 廖恩、В. 谢尔吉延科试图成立新的组织。计划没有实现，但为新组织起的两个名字留下了：一个是Л. 古班诺夫提议的“惊奇主义”（“别有风味”“惊奇”双重“惊奇”等）；另一个是В. 廖恩提议的“质量主义”（源于英语词quality——质量）（详细参见：《梦见斯莫格》，《新文学评论》，1996年第20期）。
2. “利阿诺佐夫小组——诗人和艺术家参与的非正式协会，存在于20世纪50年代末60年代初。名字来源于火车站。诗人、同时也是画家Е. Л. 克罗皮夫尼茨基一家在附近居住。加入该协会的诗人们（Г. 萨普吉尔、И. 霍林、Вс. 涅克拉索夫）是构成主义的直接先驱。在语言上艺术家们并不非常激进，但几乎完全具备后现代主义“无所不纳”的风格……”（《俄罗斯艺术，图解百科全书：建筑、格拉费卡造型艺术、绘画、雕塑、戏剧艺术家》，莫斯科，三叶草出版社，2001年，第283页）。参见：В. 库拉科夫：《利阿诺佐沃：一个诗人团体的历史》，文学问题，1991年第3期。
3. «Русская постмодернистская литература», Скоропанова И.С., Флинта, Наука, 2004, С.75-76.
4. «Русская постмодернистская литература», Скоропанова И.С., Флинта, Наука, 2004.

鲁宾施坦（Л. Рубинштейн 1947-）等人。观念主义诗人创作的主要动机是消解官方文化所建立起的关于生活的神话观念，他们把苏维埃时期的各种理想观念、信条反其道而用之，指出其所指的虚妄和荒谬。在小说领域出现了叙事型和抒情型的后现代主义作品。前者以比托夫（А. Битов 1937-）的《普希金之家》（«Пушкинский дом» 1964-1971）为代表，后者有捷尔茨（А. Терц 1925-1997）发表于1975年的《与普希金一起散步》（«Прогулка с Пушкиным» 1966-1968）和维涅季克特·叶罗费耶夫（Венидикт Ерофеев 1938-1990）的《从莫斯科到彼图什基》（«Москва-Петушки» 1970）。捷尔茨的《与普希金散步》被认为是远离主流文学的纯艺术作品，标志后现代主义隐喻风格的开始，而比托夫的《普希金之家》被认为是从传统文学向后现代主义文学转向的标志性作品。

上述流派和作家作品的出现，是俄罗斯后现代主义文学的开端，由于处于探索模仿的萌芽期，他们的作品风格也很难定位，而当时的评论界对这些作品也是按照现实主义美学的原则进行阐释，由于难于将其纳入现实主义的美学体系，所以称这些作品为“另类小说”或“另类文学”。

第二阶段是70年代末至80年代末的确立期。这一时期，第一阶段产生的后现代主义作品在地下广泛传播，观念主义诗人的活动促进了其新诗学在非官方文学中的流行，这些都推动了俄罗斯后现代主义文学的进一步发展。

观念主义在普里戈夫的带动下获得了长足的发展。他影响了一大批地下诗人的创作，其中较为著名的有基比罗夫 (Т. Кибиров 1955-)、叶列缅科 (А. Еременко 1950-)、伊尔坚耶夫 (И. Иртеньев 1947-)、德鲁克 (В. Друк 1957-) 等人。他们接受了普里戈夫解构苏维埃文化语言的创作原则，极力消解苏维埃时期的各种理想观念和信条。基比罗夫在其纲领性的作品《致列夫·鲁宾施坦的一封信》中游戏般地引用了大量俄罗斯著名诗人作品中的诗句、主题、节奏、韵脚，制造了一个有666处引用的大型互文文本。除莫斯科的观念主义团体外，1982年在列宁格勒成立了另一个地下观念主义文学团体——“米契卡”小组。主要代表有德·沙金（Д. Шагин 1957-）、弗洛连斯基（А. Флоренский 1960-）、申卡列夫（В. Шинкарев 1954-）、吉霍米罗夫（В. Тихомиров 1951-）等人。他们以疯癫戏谑的方式表达与苏联当局不合作、不作为、不结盟的哲学，将官方规定的生活方式演变为滑稽秀和狂欢节，在语言上主要借用俚语和流行电影台词。“米契卡”的活动在列宁格勒地下文学中广受欢迎，这在某种程度上促进了观念主义的传播，催生出类似于嬉皮士的新运动。此外还有一派叫元隐喻派，他们关注精神领域，试图通过不同的文化文本建立自己的精神现实。所以，在他们的文本中常常出现大量异质的文化元素，类似于后现代主义的多元互文和文本杂糅。该派的代表人物是诗人帕尔希科夫（А. Парщиков 1954-）、谢尔宾娜（Т. Щербина 1954-）、克里伍林（В. Кривулин 1944-）等。

在小说领域，后现代主义的创作进一步细化，分出了抒情型、精神分析型和忧郁型的后现代主义。抒情型后现代主义的代表作家有波波夫（Е.Попов 1946-）和沙·索科洛夫。他们的作品消解规范，淡化意义，尝试了新的写作风格和体裁样式。精神分析型后现代主义的作品以维克多·叶罗费耶夫(В. Ерофеев 1947-）的《和白痴一起生活》（«Жизнь с идиотом» 1980）和索罗金(В. Сорокин 1955-) 的《定额》（«Норма» 1984）为代表。这两部作品通过主人公精神分裂式的语言揭示出历史发展的原动力源于集体无意识的冲动，因为来自大众的盲目冲动常常会破坏他们有意识的意愿，将社会规划变为荒诞的游戏，这就是历史的本质。忧郁型后现代主义的作品有沙·索科洛夫的《红木》（«Палисандрия» 1985）和别尔格（М. Берг 1952-）的《莫灭穆雷》（«Момемуры» 1984）、《罗斯和我》（«Рос и я» 1986）。这些作品表达了对现代社会价值观的失望，宣扬历史悲观主义却又不得不容忍和迁就历史。俄罗斯的忧郁型后现代主义可以说是最悲观绝望的后现代主义。它否定了有关人类光明未来的一切幻想，只寄希望于个人寻求解脱。

在这一阶段，后现代主义开始登堂入室，甚至公开扩散，除文学外还进入了音乐、戏剧、绘画等艺术领域。作家们不但加紧吸收后现代主义理论，而且加快自己的创作实践，形成自己的理论，作品呈现出具有民族特色的后现代主义文学特征。

第三阶段是 90 年代以来的全面发展期。随着苏联的解体，蛰伏已久的后现代主义文学终于走到文坛前台，并及时地填补了后苏联时期俄罗斯文学中的空白（因为这一时期社会主义现实主义遭遇了彻底的失败，现实主义则处于观望的立场，很少发出声音，而现代主义基本都已演化为后现代主义）。这一阶段俄罗斯后现代主义的发展具有以下三个特点[1]：

1）后现代主义美学理论的确立。这一时期许多文学评论家和文化学者对俄罗斯后现代主义理论的形成作出了卓越的贡献，其中较为著名的有维·库里岑 (Вяч. Курицын) (《后现代主义：新的原始文化》《俄罗斯文学的后现代主义》)、埃普施坦(《后现代主义在俄罗斯》,《后现代主义: 新的运动》)，马·利波韦茨基 (М. Липовецкий) (《俄罗斯的后现代主义》《俄罗斯后现代主义的特点》)、伊里英 (И. Ильин) (《后结构主义·结构主义·后现代主义》《后

1. Скоропанова И.С. Русская постмодернистская литература[М].Флинта, Наука, 2004, С.348-356.

现代主义从源头到世纪末：科学神话的进化》《后现代主义·术语词典》)、斯科罗潘诺娃(И. Скоропанова)(《俄罗斯后现代主义文学》)。当然在俄罗斯后现代主义理论构建方面功不可没的还有对一系列西方后现代理论大家，如罗兰·巴特、鲍德里亚、德勒兹、德里达、拉康、利奥塔、福柯等作品的译介。

2) 作家队伍不断扩大，文学的内容向更深、更广的领域拓展。这一时期出现了不少具有后现代主义倾向的杂志和文学丛刊，如《新文学消息》(«Вестник новой литературы»)、《独舞》(«Соло»)、《迷宫/前中心》(«Лабиринт/ЭксЦентр»)、《泉水》(«Родник»)、《黄金时代》(«Золотой век»)、《新文学评论》(«Новое литературное обозрение»)、《评述》(«Комментарии»)等。它们为后现代主义文学提供了展现自我的广阔天地，作家队伍也因之迅速壮大，加入其中的不仅有新生代的一些杰出作家，如加尔科夫斯基(Д. Галковский 1960-)、沙罗夫(В. Шаров 1952-)、希什金(М. Шишкин 1961-)、佩列文(В. Пелевин 1962-)、科罗廖夫等，甚至从前的现实主义和现代主义作家都侧身其中，如彼得鲁舍夫斯卡娅(Л. Петрушевская 1938-)、托尔斯泰娅(Т. Толстая 1951-)、哈里托诺夫(М. Харитонов 1937-)等。随着时代的变迁和作家群体的扩大，文学的内容也变得纷繁多样。作家关注的焦点从对苏维埃神话的解构转向了对改革时期神话的解构，比如佩列文的《薇拉·巴甫洛夫娜的第九个梦》(«Девятый сон Веры Павловны» 1991)、伊尔坚耶夫的《年轻的合作社员之歌》(«Песнь о юном кооператоре» 1989)等作品。当然，遭到解构的不仅仅是社会神话，如佩列文的《阿蒙·拉》(«Омон Ра» 1991)，还有民族神话，如维克多·叶罗费耶夫的《俄罗斯美女》(«Русская красавица» 1990)和宗教神话，如拉多夫(Е. Радов 1969-2009)的《吸蛇器》(«Змеесос» 1992)，以及混杂了各种神话的作品，如沙罗夫的《此前与此时》(«До и во время» 1993)。作家们认为，神话-乌托邦式的意识作为一种国家学说是不成熟而且有潜在危害的，如何消除神话意识及其潜在的危害，这是一个历史和文化的问题。所以这一时期的作家们更多地转向了文化学的、文化历史学的以及文化哲学的问题，如哈里托诺夫的《命运线，或米洛舍维奇的小箱子》和《外省哲学》、加尔科夫斯基的《无尽的死胡同》、希什金的《一夜期待着所有人》。这些创作尝试使作家们跨越了文学的边界，进入到哲学、文化学、文艺学的领域，从而扩大了文学的外延，丰富了文学的可能性。

3) 艺术探索的形式更加多样，不同类型、体裁的文学样式异彩纷呈。后现代主义文学的类型在第二阶段的基础上进一步发展，这一时期有叙事型后现代主义，如皮耶楚赫(Вяч. Пьецух 1946-)的《新莫斯科哲学》

（«Новая московская философия» 1989）；抒情型后现代主义，如亚尔凯维奇(И. Яркевич 1962-) 的《作为主体和客体的我》（«Как я и как меня» 1996）；精神分析型后现代主义，如维克多 · 叶罗费耶夫的《末日审判》（«Страшный суд» 1996）；忧郁型后现代主义，如沙罗夫的《此前与此时》和佩列文的《恰巴耶夫和普斯托塔》（«Чапаев и Пустота» 1996）；生态型后现代主义，如比托夫的《吵吵嚷嚷的人们》（«Оглашенные» 1995）。另外，在体裁方面也呈现出多样化的趋势。除小说外，后现代主义戏剧也在 20 世纪 80 ~ 90 年代之交开始活跃起来，主要的后现代主义剧作家有普里戈夫、科尔基亚（В. Коркия 1948-）、索罗金（В. Сорокин 1955-）、彼得鲁舍夫斯卡娅等，代表作品有普里戈夫的《黑犬》（«Черный пес» 1990）、索罗金的《自卑症》（«Дисморфомония» 1990）以及彼得鲁舍夫斯卡娅的《男性区域》（«Мужская зона» 1994），其中最后一部戏剧开启了俄罗斯女性主义 - 后现代主义的先河。观念主义诗歌在 80 ~ 90 年代之交赶上了合法化的末班车，大量的作品开始见诸报端，但基本上曲高和寡，与此相反，公开的诗歌表演却常常赢得喝彩。在大部分的观念主义诗人，诸如涅克拉索夫、普里戈夫、基比罗夫、伊尔坚耶夫等出版诗集之后，出现了一大批的观念主义诗歌的追随者和模仿者，其中以 80 年代末诞生的“彬彬有礼的仿古主义者”（“Куртуазные маньеристы”）小组最为有名。这个小组的成员共出版了 16 本诗集，而且常常以非文本的方式（音乐会、电视表演、后现代主义活动等）表达自己的文学追求，以游戏的态度向人们展示新的行为方式和生活方式。

进入 21 世纪以后，俄罗斯后现代主义文学的发展呈颓势。但这并不意味着后现代主义的死亡，而是像洛特曼所说的那样，一种文学样式在经历了“文化爆炸”之后进入了持续平稳的发展期。我们看到，在当今的俄罗斯文坛，现实主义的作家可以创作出具有后现代特质的作品，后现代主义作家也可能在创作现实主义的作品。这说明后现代主义文学的多元化艺术成就并没有消隐，而是与其他的流派互相作用，互相影响，形成了某种折中的美学价值。

代表作家和创作简介

1. 维涅季克特 · 叶罗费耶夫

维涅季克特 · 叶罗费耶夫，5 岁就表现出写作天赋，17 岁发表处女作《疯人日记》（«Записки психопата» 1956-1958），展现了荒诞、夸张、狂欢的艺术风格。维涅季克特 · 叶罗费耶夫的创作并不以数量取胜，除了《疯人日记》和《从莫斯科到彼图什基》外，还有一部小品文集《古怪人眼中的瓦西里 · 梁赞诺夫》（«Василий Розанов глазами эксцентрика» 1973），一部悲剧《瓦尔普吉斯之夜，或骑士的脚步》(«Вальпургиева ночь, или Шаги Командора» 1985)，以及一些随性写下的散文和札记。然而，叶罗费耶夫的创作却为俄罗斯后现代主义文学涂抹上了浓重一笔。究其原因，这位作家创作中的人物体系、美学风格、叙事视角和时空体，都具有独一无二的特色。

维涅季克特·叶罗费耶夫笔下的主人公大都比较怪异，与常人不同。无论是日记中的“我”、叙事长诗中的维尼奇卡、小品文集中的古怪人，还是悲剧中的古列维奇，他们都或多或少具有疯子的特征。但这不是普通的疯子。他们的疯癫中透露出渊博的知识和无与伦比的智慧。他们的“胡言乱语”中不仅富含俄罗斯及世界文学文化文本，而且还处处闪现出《圣经》的影子，甚至隐藏着某些真理。这样的形象用俄罗斯特殊的宗教形象“圣愚”来形容最恰当不过了。疯疯癫癫的圣愚形象在俄罗斯后现代主义文学中并不少见。索科洛夫、沙罗夫、加尔科夫斯基、科罗廖夫、波波夫等，也都曾塑造过类似的形象。然而，他们中没有一个人能像维涅季克特·叶罗费耶夫那样对圣愚形象如此情有独钟，以至于将自己大部分作品中的主人公都塑造成圣愚形象。叶罗费耶夫对圣愚形象的偏好，首先与他本人漂泊不定、贫穷饥饿的一生有关。可以说，在当代俄罗斯作家中，叶罗费耶夫最具圣愚式的二律背反特征：他聪明睿智，单纯矜持，但却经常凑钱酗酒；他为自己的国家骄傲自豪，但却极少对她感兴趣尤其鄙视所谓的爱国主义情感；他喜欢井然有序，但却始终过着混乱的生活；他爱整洁干净，但却总是衣衫褴褛；他心思细腻温柔，言语却粗鲁肮脏。其次，圣愚形象特殊的作用和意义是维涅季克特·叶罗费耶夫选择这类形象表达自我的重要原因。圣愚原本是一类特殊的宗教人物。他们游离于官方教会，以自己独特的方式信仰基督。他们常常在嬉笑怒骂中传播真理，在疯疯癫癫中撕去别人的假面，并以近乎宗教的严厉咒骂人，甚至公开他人生活中最不可告人的隐私，因此在批判陈规陋习、戳穿各种虚假的仪式和礼节、反对违拗人性方面，具有特殊的作用和意义。而在苏维埃时期，一元化意识形态对人从日常生活到行为思想各方面都进行全面控制，极权主义体制使得虚伪和谎言充斥着一切社会关系，真正的人性泯灭消失了，现实变得粗野残忍。叶罗费耶夫正是利用这些疯癫但不失清醒、野蛮但不失幽默、狡黠但不失信仰的圣愚，来对付野蛮的苏维埃现实，揭露官方的虚伪和谎言，恢复人们的本性健康和“自然”功能。

以《从莫斯科到彼图什基》为例。这是维涅季克特·叶罗费耶夫52年短暂人生中的顶级之作，也是他生前最得意的作品。小说创作于1970年，维涅季克特·叶罗费耶夫五周之内一气呵成，而且在此期间滴酒未沾。[1]在

1. «Мой очень жизненный путь», Ерофеев Вен., Вагриус, 2003, С.515.

大学同学穆拉维约夫（В. Муравьёв）的帮助下，小说于1973在以色列出版，随后于1976年、1977年、1980年在伦敦、巴黎和纽约相继发行，开始在欧美各国广为流传。1988年，小说被莫斯科《戒酒与文化》杂志刊载，但却经过严重删节，并被作为酗酒的反面样板推广。[1] 在这部并不厚重但却被作者命名为"叙事长诗"的小说中，集主人公、叙事人和作者身份于一身的维尼奇卡，是一个典型的"圣愚文化原型"[2]。维尼奇卡的出场颇具圣愚疯癫特征。他酒气熏天地出现在深夜的莫斯科大街上，准备乘坐火车回到"鸟语花香"的彼图什基。他丑陋肮脏，穿着破破烂烂的短裤及臭气熏天的袜子。维尼奇卡的出生具有圣愚的无根性和神秘性。他是个孤儿，来自遥远的西伯利亚，30岁，独身且无家可归。维尼奇卡的火车之旅，恰似圣愚的流浪、受难和布道之旅。一路上，喝酒和咒骂是他的主要行为。在迷醉中，维尼奇卡或自言自语，或与天使、上帝、撒旦、斯芬克斯、同车乘客甚至读者对话，咒骂了苏维埃社会失业、货币贬值、赤贫、不公等现象，揭露了苏维埃国家采用强制性行政命令进行工业化、以牺牲公民个人幸福为代价塑造英雄神话等体制弊病。一路上，维尼奇卡还以沙皇般的傲慢口吻讲述人和事，这与圣愚的身份并不矛盾，"古代圣愚身上有将沙皇和被抛弃的人（即圣愚——本文作者注）等同的思想"[3]。维尼奇卡把他在线缆厂领导的五个人称"我的人民"，自豪地说曾经赋予了他们"自由和平等"，培养了他们的精神生活，开拓了他们的视野。同样，他把列车上的其他乘客称为"我国家的人民"，看见他们受苏维埃一元意识形态愚弄却不自知的麻木精神状态时，他以表面傲慢实则痛苦的口吻说："我很喜欢，我国人民的眼睛如此空虚而凸起。这使我产生了一种合法的自豪感。"[4] 显然，维尼奇卡通过赋予自己愚人国国君的身份，鄙视愚民的同时又无限怜悯他们，具有强烈的批评精神和拯救意识。叶罗费耶夫以酒鬼为面具让维尼奇卡充当了苏维埃社会的圣愚，让维尼奇卡用其与众不同的言行举止对抗苏维埃社会培养的"模范公民们"，"用虚构的醉酒世界使得毫无神性的存在变得充满神性"[5]，从而反思和颠覆了苏维埃历史中的极权主义体制和一元意识形态牢笼。

在剧作《瓦尔普吉斯之夜，或骑士的脚步》中，维涅季克特·叶罗费耶夫同样塑造了一个与维尼奇卡及他本人都颇为相似的圣愚形象古列维奇。这部作品是叶罗费耶夫创作生涯中唯一的一部剧作，然而它却"填补了俄罗

1．《维涅季克特·叶罗费耶夫和他的小说〈从莫斯科到彼图什基〉》，余一中，// 当代外国文学，2004年，153页。
2. «Русский постмодернизм», Липовецкий М., Екатеринбург, 1997, С.161.
3. «Смех в Древней Руси», Лихачев Д.С., Панченко А. М., Понырко Н. В.Л., Наука, 1984, С. 139.
4. «Москва – Петушки», Ерофеев Вен., Вагриус, 2007.
5. «Страсти по Ерофееву», Вайль П., Генис А.//Книжное обозрение, 1992, № 7.

斯后现代主义文学中戏剧这一空白”[1]。剧本创作于1985年，当年在巴黎出版。1989年，剧本在苏联出版，继而在莫斯科各大剧院上演并造成巨大影响，被《莫斯科新闻报》称为“戏剧季最重要的事件”。[2] 剧作的主角古列维奇原本是一个性格忧郁、耽于幻想、喜欢自由、嗜好喝酒的未婚流浪诗人。但官方怀疑他的流浪行为有分裂祖国的企图，从而将他抓进精神病院并强迫他接受诊治。剧本以医院接收并“诊治”古列维奇开始。这一过程与其说是“诊治”，不如说是对古列维奇政治思想的考察和审问。而在回答医师问题的过程中，古列维奇装疯卖傻，东拉西扯，时而出口成诗，时而满口脏话，讽刺和嘲笑了苏维埃社会主义经济建设竞赛、爱国主义情感、官方文化和主流价值观。古列维奇还通过行动对抗男护士鲍连卡的霸权和暴力，不仅对其命令不理不睬，而且用从医务室偷来的酒精在病室举行了狂欢酒会，用圣愚式的疯癫和智慧解构了官方权威不可侵犯的神话。

同俄罗斯大部分后现代主义作家一样，叶罗费耶夫创作中最重要的一大主题是解构苏维埃极权主义体制和一元意识形态，充满反乌托邦激情。但是，叶罗费耶夫的解构风格不同于索罗金充满性、暴力和犯罪的“色情”风格，也不同于佩列文充满哲理的虚空风格。维涅季克特·叶罗费耶夫的创作呈现出一种狂欢中带着悲苦、调侃中带着讽刺、幽默中带着苦涩的风格。他曾说，对他影响最大的作家有俄国的萨尔蒂科夫·谢德林、果戈理、纳博科夫，以及欧美的莫泊桑、拜伦、伍尔夫、卡夫卡等。他并不喜欢布尔加科夫式过于严肃的宗教作家、海明威式过于哲理性的作家、索尔仁尼琴和沃伊诺维奇（В. Войнович 1932-）一类过于露骨直白的反苏作家。由此可见，叶罗费耶夫本人的创作风格和兴趣指向更紧接于狂欢和讽刺，疏远于哲理和说教。这种风格的形成之本并不是叶罗费耶夫模仿西方后现代主义的结果，而是他巧妙地将俄罗斯特有的圣愚现象与传统的酒文化融合交织的结晶。因为圣愚这类人物形象本身同广场、戏台、表演等容易制造狂欢气氛的时空体有着重要联系。他们在嬉笑怒骂中将一切游戏化，使得任何严肃的文本都消解其存在的意义和形式，充满了狂欢的氛围。而酒文化本来也是一种代表非理性的狄奥尼索斯文化，“是狂欢化的一种现代标志”[3]。正是酒，让叶罗费耶夫笔下的主人公暂时忘却庸俗的日常生活和现实，逃离到非理性的狂欢世界，“一条忘河隔开了日常的现实和酒神的现实”[4]。

1. 《多重的写作与解读——论俄罗斯后现代主义小说<命运线，或米拉舍维奇的小箱子>》，赵丹，黑龙江人民出版社，2005年，27页。
2. «Мой очень жизненный путь», Ерофеев Вен., Вагриус, 2003, С.516.
3. 《史诗<从莫斯科到彼图什基>文本的<圣经>源头》，任光宣，//国外文学，2008年，1期，20页。
4. 《尼采经典文存》，李瑜青主编，上海大学出版社，2007年，26页。

在维涅季克特·叶罗费耶夫的作品中，狂欢风格还通过高雅和低俗语体的混杂，对圣经文本，对俄罗斯及世界经典文学文化文本、社会主义现实主义文本、苏维埃政治标语的互文性游戏等表现出来，从而形成了狂欢化的语言，实现了绝对不能兼容的意义的真正相遇，消解了一切等级制度。比如，维尼奇卡给他的酒起名“迦南的唇膏”“女共青团的眼泪”“伯利恒的星星”等。他还将苏联红色经典《钢铁是怎样炼成的》中保尔那段关于人生感悟的话粗俗地改写成酒的配方，从而以“醉汉应该有的个性化思维与官方所宣扬的解放全人类的集体理想对话。嬉笑喧哗的讽刺效果被营造出来，伟大理想的严肃性和崇高性也随即被轻松化解”[1]。而古列维奇回答医生问题时，用崇高典雅的莎士比亚抑扬格赋诗表达对医学、医院以及受压制的成长环境的厌恶之情；模仿涅克拉索夫的风格创作打油诗讽刺苏维埃社会主义经济建设竞赛。当谈到崇高的爱国之情时，粗俗地比喻说：“每个正常的公民都应当成为勇敢的战士，正如所有正常的尿液应当是琥珀色一样。”[2]如此种种，高雅语体和低俗语体混杂颠倒，游戏与调侃并重，造成了荒唐和滑稽之感。但正是这种狂欢的语言与正儿八经、陈规刻板的苏维埃官方语言形成鲜明对比，衬托出官方文化的虚伪和做作，表达了对官方主流文化价值观的否定和拒绝。然而，叶罗费耶夫作品中的“笑”并没有遮蔽其特有的悲剧性。《从莫斯科到彼图什基》的沉重主题和悲剧色彩毫不逊色于与其构成互文文本的拉季舍夫的《从彼得堡到莫斯科旅行记》。《瓦尔普吉斯之夜，或骑士的脚步》的结尾处病室内尸体遍布，连唯一苟延残喘者古列维奇也被官方权力代表鲍连卡踩在脚下。

维涅季克特·叶罗费耶夫作品中的主人公和叙事人常常与作者本人完全重合。这不仅表现在作家的大部分作品都是以第一人称“我”的口吻叙事，而且在非第一人称叙事的作品（比如《瓦尔普吉斯之夜》）中，主人公也具有与叶罗费耶夫本人相似的外貌、年龄、性格和人生经历。不过，尽管叶罗费耶夫作品以最为主观的“我”之人称叙事，但读者并不感到作者的主观性，也没有对文本产生疏远感。其中原因在于，叶罗费耶夫的作品形成了陀思妥耶夫斯基式的对话和复调，而且他比陀氏走得更远。比如，《从莫斯科到彼图什基》中的维尼奇卡，不仅在酒后自言自语，而且还与上帝、天使、斯芬克斯、同车乘客甚至读者对话，从而形成了热闹非凡的话语文本，丝毫没有因为“我” 之叙事而变得单一和枯燥。而在极具主观性和自传性的《疯人日记》中，作者在日记中穿插了大量的对话，而且这些对话的参与者并不明确，

1. 《论韦涅·叶罗费耶夫创作中的戏谑艺术》，皮野，// 济南大学学报（社会科学版），2008 年，5 期，51 页。
2. «Мой очень жизненный путь», Ерофеев Вен., Вагриус, 2003, С.227.

也没有明确的对话主题，而是各种声音构成的大杂烩，形成了众声喧哗的效果。“我”的声音在喧闹中反而显得微不足道，从而使得作者的身份得以消解和隐退。

与佩列文小说中截然对立的现实与虚幻对立相比，维涅季克特·叶罗费耶夫小说中没有这种对立式的多元时空。但是，叶罗费耶夫的小说时空并不单薄，原因在于主人公“我”的心中诞生、扩展、延伸出很多心理时空。比如在《从莫斯科到彼图什基》中，表面上看来维尼奇卡的活动时空是火车，但实际上，通过维尼奇卡的独白、对话、回忆等，展现在读者面前的时空竟然无限丰富，以至于让读者眼花缭乱。其中有苏维埃线缆厂的时空，有苏维埃社会生活时空，有各个车站的时空，有遥远的彼图什基时空等。但最后我们又可以说，这么多时空都不存在，因为它们都只是酒鬼维尼奇卡的意识衍生物，而这场所谓的火车之旅也只是他的意识之旅。

维涅季克特·叶罗费耶夫的创作以闪亮精彩的文学形象圣愚、狂欢化的风格和语言、独特的叙事人称和视角、无限延伸的心理时空，成为俄罗斯后现代主义文学中鲜活而有趣的篇章。尤其是他的《从莫斯科到彼图什基》，因极富俄罗斯传统文化且创作时间较早而占据了“俄罗斯后现代主义文学始祖文本”[1]的地位；因与作者性格命运颇为相似的主人公维尼奇卡，而成就了作家“苏联最后一个文学神话”[2]的地位，因为作家成为神话人物的首先条件是“能够在某个人物身上、最好是抒情性人物身上体现自我”[3]。

2. 维克多·叶罗费耶夫

维克多·叶罗费耶夫（Виктор Ерофеев 1947-）出生于莫斯科一个外交官的家庭，少年时代在法国巴黎度过。1965 年他考入莫斯科大学语文系，毕业后成为苏联科学院世界文学研究所的研究生，1975 年取得副博士学位，论文题目为《陀思妥耶夫斯基和法国存在主义》。

维克多·叶罗费耶夫早期主要从事文学研究和文学批评。20 世纪 60 年代末他开始在杂志上发表评论文章，1973 年在《文学问题》上发表《萨德，萨德主义和 20 世纪》（«Маркиз де Сад, садизм и XX век»）一举成名。70 年代叶罗费耶夫开始文学创作，早期的几部文学作品得到了文学界的普遍好评。1979 年他因为组织和参与编辑地下文学刊物《大都会》而被开除出苏联作协，直到 1988 年才重新恢复其作协成员的身份和在国内发表作品的权利。

1. «Великие мифы и скромные деконструкции», Курицын В.//Октябрь, 1996, № 8.
2. «Постмодерн в русской литературе», Эпштейн М.Н.,Высш. шк., 2005, С.411.
3. «Постмодерн в русской литературе», Эпштейн М.Н., Высш. шк., 2005, С.412.

1990 年，重新获得在国内发表作品权利的维克多 · 叶罗费耶夫以一篇题为《悼亡苏维埃文学》的文章宣告了主流文学的死亡。在这篇言辞犀利的悼文中，叶罗费耶夫对苏维埃文学作了如下定性："苏维埃文学是社会主义现实主义观念外加作家人性弱点的产物，这些弱点包括：追名逐利，与官方媾和以及与宗教领袖或野心勃勃的帝王沆瀣一气。"[1]他认为，苏维埃时期文学的悲剧在于："作家们长期以来为了生存不得不违背自己的良心，甚至更糟的是，违背自己的创作风格。"[2] 他把斯大林之后的苏维埃文学分为半官方文学、农村文学和自由派文学，然后逐一分析了这三种文学的衰亡气象。与此同时，他指出，在苏维埃文学的废墟上正在兴起一种新的开放的文学，这种文学愿意与任何文化（不论时空上多么遥远）进行对话，从而创建起多语义多文体的结构。他希望新文学能够摒弃苏维埃文学过多的社会政治因素和道德说教，真正回归到文学本身。1997 年，维克多 · 叶罗费耶夫把对新文学的期望转化为行动，主编了代表新文学的文集《俄罗斯的恶之花》(«Русские цветы зла»)。这部文集不仅是对苏联文学的反叛，也是对俄罗斯经典文学的反叛：作品不再以传统的道德价值为准绳，而呈现出一种恶的诗学、暴力的诗学、病态和恐惧的诗学。而恰恰是这种彻头彻尾的反叛将维克多 · 叶罗费耶夫的创作推向了日渐兴盛的后现代主义文学。

维克多 · 叶罗费耶夫后现代主义创作的主要动机来源于他对"人道主义神话"的解构。自启蒙时代以来，在理性主义光芒的烛照下，人被定义为一种理性的动物，他光明、美好，富有理性，无所不能。实际上，这是一种对人的美好的想象，一种理想化的人格塑造。20 世纪弗洛伊德和荣格的研究颠覆了理性主义关于人的神话，拟定出新的人的观念：人是意识 + 无意识 + 超意识的混合体，而且意识和无意识相比，只不过是冰山一角。叶罗费耶夫将精神分析理论带来的对人的观念的转变称为"人道主义的第二次覆灭"。他认为，传统的人道主义对人的理解是有偏差的，它们提供的是一种地球上根本不存在的、理想化的人的观念。叶罗费耶夫对人的理解不带任何幻想，完全是批评的眼光。他把重估人的价值看作一种人类学现象，拒绝对人进行理想化的阐释。基于此，他对俄罗斯经典文学中的人道主义观念提出了质疑。在《俄罗斯的恶之花》一文中他举了《父与子》中巴扎洛夫的话为例："人是好的，环境太差。"维克多 · 叶罗费耶夫认为这句话可以作为整个 19 世纪文学的注解。他说，19 世纪俄罗斯作家们与糟糕的社会环境进行的勇敢抗争在很大程度上掩盖了对人的本质问题的考量，他们实际上没有余力去思考

1. 《悼亡苏维埃文学》，维克多 · 叶罗费耶夫著，王宗琥译，// 世界文学，2010 年，4 期，64 页。
2. 《悼亡苏维埃文学》，维克多 · 叶罗费耶夫著，王宗琥译，// 世界文学，2010 年，4 期，63 页。

深刻的哲学人类学问题。所以，尽管俄罗斯文学丰富多样——独树一帜的心理描写，纷繁多样的文体风格，以及执著深入的宗教探索，但其总的基调是在创立一种希望的哲学，表达对美好未来的一种乐观的信念。[1]

维克多·叶罗费耶夫对人道主义的批评没有仅仅停留在对国家和社会制度思考的层面，而是走得更远，进入到了对人的本质属性的哲学思考层面。他认为问题不在于追究国家的罪责，而在于揭示出人在类似环境中的真实自然属性，这种属性也许是传统人道主义所忽略的人性中恶的部分："……正是在苏维埃政权下的人，即人道主义的主体，展示了人在特定环境下恶的一面：卑鄙下流，背叛，见风使舵，低俗，施虐，堕落，蜕化；最后证明，其实人可以无所不为。"[2]古拉格群岛骇人听闻的生活环境映照出人本身的可怕。尽管如此，无论在官方文学还是自由派文学中依然在继续鼓吹人道主义，所有的罪行归咎于苏联最高领导人及其部下，至多还有制度。人民只是受害者。但人们逐渐意识到，极权社会是一部"共同完成的作品"，不是某个人或某个群体能轻易造就的。所以必须抛弃关于人与群众的教条观念，重新深入思考这个问题。从20世纪70年代中期开始出现了对"新人"乃至人本身的怀疑，出现了充满对人的怀疑的文学。维克多·叶罗费耶夫说："新文学的意义不在人种学方面的真实性，也不在于对国家的揭露，而是表明，在脆弱的文化外壳下人实际上是一种无法控制的动物。"[3]于是，充满怀疑精神的新文学消解了传统的人道主义观念，建立起新的后人道主义观念。

在这一新观念的推动下，维克多·叶罗费耶夫的文学创作致力于颠覆苏维埃时代把人视为超人的神话。所以他的矛头直指社会主义现实主义文学中的"英雄浪漫主义"的人的观念。为了打破"人神美学"的坚壁，作家专门选取一些与苏维埃文学正面英雄孑然对立的人物形象：疯子、白痴、怪胎、变态狂，作品里充斥着大量低级粗俗的词汇，充满了对肉欲色情的关注。作家的意图很简单：用这种所谓的"肮脏的现实主义"去消解苏维埃文学所创造的人的神话。

在短篇小说《少女与死神》（«Девушка и смерть» 1986）中，维克多·叶罗费耶夫告诉我们，一个受到压抑的人会变得如何变态，如何渴望血腥的报复。小说主人公是一个毫无内涵的普通人，但是他有一颗自命不凡的心。他有强烈的恋尸倾向，在这种特殊嗜好的驱使下，他自编自导了一幕疯狂杀人的惨剧，目的居然是通过死者的葬礼来诱出死者的女友——他心仪的性对象。

1. 《俄罗斯的恶之花：文选》（第二次修订版），维克多·叶罗费耶夫，马蹄铁出版社，1997，8页。
2. 同上，10页。
3. 同上，22页。

他与死者的女友仅有一面之交，但非常渴望占有她。他向死者打听她的电话，但死者严词拒绝了他。于是，被压抑的渴望急速朝变态的方向发展，他在与死者第二次相遇时残忍地杀害了她——因为这样，他就可以见到他心仪的性对象了——后者必定要来参加葬礼。他对自己导演的戏剧非常得意："整个世界都在哭号，成了我导演的剧中的一幕。我心中的恐惧烟消云散……我朝所有观众深深鞠躬谢幕，鲜花朝我飞来，掌声迭起……"[1]主人公真诚地感受到内心的喜悦和幸福，而且以这样一种炫耀的语调表述自己令人发指的罪行，从中可以看出作者对传统的人的观念的颠覆：人不是高尚的存在，而是堕落与嗜恶的动物。

对传统的人的观念的颠覆还体现在文本的互文性方面。小说的标题"少女与死神"就是对高尔基同名童话故事的呼应，内容上则与文学前辈的立意正好相反。在高尔基的《少女与死神》里，美丽的少女为了爱情不惧怕皇帝的威严，更不怕皇帝把她交给凶恶的死神去处置。最后，少女以爱情的生命之火燃起的炽热感情，融化了死神老妇人冰冷的心，象征着人类美好的感情的爱神最终战胜了死神，战胜了摧残这种美好感情的凶恶势力。所以斯大林对高尔基的《少女与死神》有一句经典的评语，爱情必将战胜死亡。如果说高尔基讴歌的是爱神厄洛斯的话，那么维克多·叶罗费耶夫的施虐狂加恋尸癖的主人公赞颂的是死神塔纳托斯。高尔基笔下让人惊叹和自豪的主人公在叶罗费耶夫的笔下换成了一个沉迷于折磨与杀戮的怪物。

在整部小说中维克多·叶罗费耶夫一直在与高尔基的"英雄浪漫主义式"的人的观念进行辩论。高尔基曾说过一句著名的话——人这个字眼听起来多么自豪。这句话后来成了社会主义现实主义文学的一个创作准绳，在它的指导下涌现和创造出了一个又一个理想形象和社会神话。由此，我们就不难理解，为什么叶罗费耶夫如此执著于用后人道主义的人的观念来对抗崇高而又抽象的人的观念。从更广的意义上来说，叶罗费耶夫是在与几十年来统治人们思想的某种不可置疑、不可撼动的权威观念争论，他通过挑战高尔基的权威来消解人们在精神生活领域里的迷信、僵化和偏执，从而击碎僵化意识形态的顽石。

维克多·叶罗费耶夫的后人道主义思想在很多方面得益于德·萨德的理论。萨德认为恶是一种对他人表示权力的形式。他笔下的人不承认他人的价值，常常化身为暴君或刽子手，只关注自己的幸福。他的"主权"意味着否定他者的主权。他所操的唯一语言是暴力的语言。在随笔《萨德，萨德主

1. 《少女与死神》，维克多·叶罗费耶夫著，崔晓菊译，王宗琥校，// 世界文学，2010年，4期，39~40页。

义和 20 世纪》中，叶罗费耶夫介绍了萨德的哲学和萨德式的主人公（性放纵者），但同时他又指出，萨德主义（施虐）不仅存在于性暴力中，它还具有各种变体形式，表现为权力欲和独裁专制。“真正的历史施虐者要比德 · 萨德的主人公奸猾百倍，他靠欺骗、伪善、伪装而生存，而且他伪装的手段十分高明，常常扮演人类朋友的角色”。[1]

短篇小说《小鹦鹉》(«Попугайчик» 1981) 揭示了权力领域中的萨德主义。小说以第一人称的形式讲述了一个刽子手冠冕堂皇地折磨并杀害一个无辜青年的故事。作品中主人公身上有刑侦人员的时代影子，他办案不单单是履行职责，他喜欢折磨、摧残、侮辱被审讯的对象，然后再把他弄死。拷问和刑讯对他来说仿佛在经历一场独特的、能引起他高潮的浪漫恋情。他很享受自己对他者的无上权力，并以各种施虐练习表达对受害者独特的“爱”。

小说的叙事形式别具特色。刽子手的自述语言不是他以国家政权的名义行使暴力的语言，而是权力本身的语言，这种权力不仅为暴力寻找名正言顺的口实，而且还赋予它崇高的意义。例如，施虐者语言中一些典型的苏联时期的宣传用语：“我对自己的工作很熟悉，所以一听刑讯人的叫声就知道是不是自己人”[2]，“您的儿子，叶尔莫拉伊 · 斯皮利顿诺维奇，之所以想弄活死去的鹦鹉，其目的是要证明洋鸟比我们的家雀优越，并以此打击我们的自信心，让我们在全世界面前难堪，出丑。”[3]从这些具有时代特色的权力话语中，我们不难听出具有解构力量的反讽之意。同样反讽的是小说的叙事语调，刽子手用一种抒情的语调、一种感伤的语气将自己的施虐行径娓娓道来，强烈地烘托出他对痛苦和死亡的变态反应 —— 不是同情和恐惧，而是享受。他在这封带有自白意义的书信中不厌其烦地讲述着各种刑讯方式，仿佛要再次体验施虐的快感。这的确是他在思想上重温快感并延长快感的一种方式。这种方式也表现出刽子手对自己施虐对象的一种依赖，同时，这封信还是对受害者父亲的一种精神施虐，因为刽子手赤裸的告白一定会给对方带来巨大的伤害。心理的病态折射出社会的病态，它们沆瀣一气，形成一股庞大的社会心理氛围。

塑造“刽子手”这样的人物意在表明，作品表现的不是具体的个人，而是普遍的心理现象。这种凌驾于他人之上的权力欲望深藏于集体无意识之中，是一种恒常存在于人心理中的潜在侵略倾向。在一定的条件下，潜在的会变成现实。持久专一地激活心理中的毁灭冲动会使集体无意识挣脱意识的监控，

1. 《在诸多该死问题的迷宫中》，维克多 · 叶罗费耶夫，苏维埃作家出版社，1990 年，242 页。
2. 《小鹦鹉》，维克多 · 叶罗费耶夫著，邢淑译，王宗琥校，// 世界文学，2010 年，4 期，58 页。
3. 《小鹦鹉》，维克多 · 叶罗费耶夫著，邢淑译，王宗琥校，// 世界文学，2010 年，4 期，61 页。

而集体无意识的解构冲动一旦不受监控便容易变成倾向于仇恨与恶的可怕力量。叶罗费耶夫展示了无意识脱离意识的结果：意识出现倒错，把恶视为善，人身上施虐本能就会占上风。作家感兴趣的不是个案，而是群体的、被视为常态的现象。

维克多·叶罗费耶夫创作的艺术特色在于文体的游戏，他的作品总是从一种文体转化为另一种文体，而且从不在某种文体上固定下来。著名后现代主义文学评论家利波韦茨基（М. Липовецкий）对这种风格作了精彩的点评："维克多·叶罗费耶夫小说的精妙在于各种文体、修辞和文化语言的游戏式冲突，在于总是从一种形式向另一种形式的过渡。从《给母亲的信》和《小鹦鹉》中不同时代语言的融汇到有意搞笑的结巴语言，从《长着美人眼的白色煽猫》中对当下流行小说的戏仿到《少女与死神》中对高尔基的诗和斯大林评语的精神病理学层面的荒诞解读，从交织着讽刺性神秘主义与一个孤老头生活中令人作呕的画面的《我们如何杀了一个法国人》到可以任意解读的多风格作品《安娜的身体，或者俄罗斯先锋主义的终结》……"[1]

维克多·叶罗费耶夫是当代俄罗斯文学界一个颇具争议的人物。他用文学批评和文学创作两把利剑挑战文学中的美学传统和社会学中的伦理传统，借助苏维埃时代的历史经验和西方同行的精神分析理论，深刻挖掘植根于集体无意识当中的人性之恶。从性恶论出发，他逐步颠覆了从启蒙主义时代开始一直到苏维埃时代愈演愈烈的人的神话，从而消解了人类中心主义的狂妄与自大。他继承了陀思妥耶夫斯基对人的深刻认识，创立了新的后人道主义观念，为传统的俄罗斯文学注入了新鲜的血液。这是他在当代文学史上的意义所在。

3. 佩列文

1989年，27岁的佩列文以短篇小说《伊格纳特魔法师和人们》（«Колдун Игнат и люди»）登上文坛，但当时的知名度仅限于科幻小说爱好者圈子。1991年，他的第一部短篇小说集《蓝灯》（«Синий фонарь»）出版并很快被抢购一空，不过他仍旧没有引起严肃文学批评界的注意。而同年发表于《旗》杂志第5期的长篇小说《奥蒙·拉》（«Омон Ра»）却使佩列文名声大噪，成为其创作生涯中的转折点：不仅这部小说获得了1993的"铜蜗牛"奖（Премия "Бронзовая улитка"）和"国际作家和科幻爱好者协会"奖

1. «Мир как текст: Вик. Ерофеев. Тело Анны, или Конец русского авангарда. Рассказы», Липовецкий М., Моск. Рабочий, 1989//Лит. Обозрение, 1990, № 6.

（Премия “Интерпресскон”），而且《蓝灯》也因为这部小说的名气荣获 1993 年的“小布克”奖（Премия “Малый Букер”）。之后，佩列文的创作势头更旺，长篇《昆虫的生活》（«Жизнь насекомых»）和中篇《黄箭》（«Желтая стрела»）于 1993 年相继发表。1996 年和 1999 年，佩列文又分别以长篇《恰巴耶夫和普斯托塔》（«Чапаев и Пустота»）和《“百事”一代》（«Generation “П”»）两度轰动文坛。《恰巴耶夫和普斯托塔》刚一出版，立刻被文学批评界推举为俄罗斯年度最佳小说，虽然小说最终并未获此殊荣，但却于次年摘走了“朝圣者”奖（Премия “Странник”）的桂冠。《“百事”一代》也于 2000 年获“德国萨尔茨堡文学奖”（Немецкая литературная премия имени Рихарда Шенфельда）。短短的十年，佩列文从一名文坛新手一跃而成“俄罗斯文学中一颗耀眼的太阳”[1]。

21 世纪初，佩列文在文坛上沉默了几年。直到 2003 年，“埃克斯莫”（Эксмо）出版社推出《转型时期辩证法》（«Диалектика переходного периода из ниоткуда в никуда»），文坛再次对佩列文刮目相看。该书当年荣获“阿波罗 · 葛利高里耶夫奖”（Премия Аполлона Григорьева），次年荣获俄罗斯“国家畅销书”奖（Премия “Национальный бестселлер”）。《转型时期辩证法》似乎成了佩列文 20 世纪和 21 世纪创作的分水岭，之后连续几年大部头作品接踵而至：《妖怪传说》（«Священная книга оборотня» 2004），《恐怖头盔》（«Шлем ужаса. Креатифф о Тесее и Минотавре» 2005），《“吸血鬼”帝国》（«Empire “V”» 2006）。此间，佩列文的多部文集也相继与读者见面：《中篇小说和随笔集》（«Все повести и эссе» 2005）、《短篇小说集》（«Все рассказы» 2005）以及《遗产。早期的和未出版的作品集》（«Relics. Раннее и неизданное»），短篇小说集《美国政治侏儒的诀别之歌》（«П5: Прощальные песни политических пигмеев Пиндостана» 2008）。2009 年，佩列文的长篇小说《T 伯爵》（«t»）出版，且首次发行 15 万册。当年年底的民意调查显示，佩列文是俄罗斯最具影响力的知识分子。

从 80 年代末初涉文坛到今天的 20 年间，佩列文成就了一个当代俄罗斯文学神话。这不仅因为他创作成果丰厚，还因为他创造了当代俄罗斯文坛数项之最：国内最畅销的作家，国外出版作品最多的俄罗斯作家，创作最轰动的长篇小说的作家[2]，最时髦的作家[3]，最受崇拜的作家[4]，后苏联文学最典型

1. «Интервью со звездой», Тойшин Д.<http://pelevin.nov.ru/interview/o-toish/1.html>
2. «Кто такой Пелевин?», Пригодич В.<http://pelevin.nov.ru/stati/o-prgd2/1.html>
3. «Самый модный писатель», Кузнецов С.//Огонек, 1996, № 35.
4. «Обстоятельства места и времени», Архангельский А.//Дружба народов,1997, № 5.

的代表。[1] 佩列文的影响甚至超出了国界。他的作品被翻译成多国语言，他的创作引起了国内外文学批评界的研究兴趣。佩列文的成功甚至被学界称之为“佩列文现象”[2] 或“佩列文工程”[3]。

文学批评界对佩列文创作的界定五花八门，其中有科幻小说、讽刺小说、观念主义、超现实主义、后解构主义、纯后现代主义等多种说法。佩列文本人则宣称自己不属于任何流派和范畴，而只是按照自己的“透平现实主义”(турбо-реализм) 风格写作。[4] 无论何种界定，一个不能否认的事实是，佩列文现有的绝大多数创作都具有后现代特征，是结合了俄罗斯文化传统与东西方文化因素的后现代主义。就拿《恰巴耶夫和普斯托塔》来说，它不仅受东方佛教的影响，还受到阿根廷现代主义作家博尔赫斯的《小径分岔的花园》、美国神秘主义作家卡斯塔奈达和俄罗斯魔幻现实主义大师布尔加科夫的《大师与玛格丽特》的影响。[5] 当然，作为土生土长的俄罗斯人，俄罗斯文学传统对佩列文的影响是首当其冲的。他本人曾说：“俄罗斯文学中有很多传统，无论你怎样唾弃，都必定会继承某种传统。”[6] 他曾高度赞扬布尔加科夫的创作，承认《大师与玛格丽特》是对他影响最大的书，他也很喜欢普拉东诺夫的创作，对纳博科夫的诗句更是信手拈来。而他作品中的很多人物形象也都具有真美善的传统观念，比如他的笔下出现了一类喜欢自由、善于思考、勇于探索的俄国知识分子形象（《恰巴耶夫和普斯托塔》中的彼得，《黄箭》中的安德烈等）。另外，佩列文的创作中少有像维克多・叶罗费耶夫、索罗金创作中赤裸裸的性描写，甚至连爱情主题都比较少见。正因为如此，评论家阿扎多夫斯基说：“佩列文……是一个文明人，佩列文和索罗金的区别正在于此。佩列文在思考如何用文明的方式表达自我，同时又不脱离读者观念中的传统文学。”[7] 所以我们有理由说，佩列文的后现代主义属于美国学者大卫・格里芬提出的“建设性的后现代主义”[8]。他在铲除一些东西的同时还构建起自己的世界体系，而非索罗金之类的后现代作家那样，在摧毁外部物质世界的同时连人的内心世界一起毁灭。

佩列文构建的艺术世界最大之特点是现实和虚幻的对立与统一，或者说，“现实世界和虚幻世界的对立是佩列文整个艺术创作中最中心的二律背

1. «Иван Петрович умер: Статьи и расследования», Генис А.,Новое литературное обозрение, 1999, C.82.
2. «Феномен Пелевина», Генис А.//Общая газета, 1999, № 19.
3. «Проект Pelevin», Шайтанов И.//Вопросы литературы, 2003, № 4.
4. «Интервью со звездой», Тойшин Д.<http://pelevin.nov.ru/interview/o-toish/1.html>
5. «Постмодернизм в контексте современной русской литературы», Богданова О., 2004, C.351.
6. «Виртуальная конференция с Виктором Пелевиным»<http://pelevin.nov.ru/interview/>
7. «Виктор Пелевин»,Азадовский К.<http://www.russ.ru/culture/99-05-07/aza dovsk.htm>
8. 《后现代宗教》[美]大卫・雷・格里芬著，孙慕天译，中国城市出版社，2003 年，导言第 4 页。

反体”[1]。因此，在佩列文的创作中，我们首先能看到俄罗斯各个历史时期的社会现实。其中有20世纪初革命和战争时期的混乱现实（比如《恰巴耶夫和普斯托塔》中20世纪初时空），有苏维埃体制下被国家意识形态异化了的现实（比如《奥蒙 · 拉》），有苏维埃政权瓦解之初俄罗斯民族精神空虚、信仰丧失的危机现实（比如《恰巴耶夫和普斯托塔》中20世纪末时空），有当代俄罗斯私有化和市场经济化过程中知识分子精神堕落、道德沦丧的丑恶现实（比如《“百事”一代》《数字》），还有芸芸众生忙于蝇头小利和自我算计的庸俗现实（比如《昆虫的生活》）。

与此同时，佩列文创作中出现了与现实世界并驾齐驱的虚幻世界。在《恰巴耶夫和普斯托塔》中，神秘的佛教世界与红尘世界对立并存。在《奥蒙 · 拉》中，虚构的宇宙世界与现实世界对立并存。在《“百事”一代》中，电视广告营造的虚拟世界与后苏维埃现实对立并存。在《数字》中，数字构成的神秘世界与当代俄罗斯现实对立并存。在《昆虫的生活》中，昆虫的世界与人的世界对立并存。总之，如果把佩列文作品中不同的虚幻（拟）世界看成矢量，那么这些矢量都与“现实”这一恒量相对立。然而，佩列文的独到之处在于，他的现实世界不像托尔斯塔雅、马卡宁等作家笔下的现实那样有序，也不像索科洛夫、索罗金等作家笔下的现实那样混乱，而处于与虚幻世界平分秋色、交织互动的状态。

不过，如果认为佩列文笔下的现实世界和虚幻世界的斗争永无止境、没有结果，那也是不正确的。实际上，所谓的现实最终都汇入虚空的洪流之中。因为实际上，佩列文的世界观中根本没有“现实”二字，正如他本人所言：“现实是你百分百相信的任何幻觉。”[2]或许，用“意识”比用“现实”更能准确表达佩列文对现存世界的关照。在佩列文看来，无论是外部物质世界还是内部精神世界，都是人意识的产物，他曾宣言：“意识是我作为一个作家、也是作为一个人最关心的中心问题。”[3]因此，佩列文几乎所有的作品都是对意识尤其是潜意识的复制。正是意识和潜意识诞生出各种奇异的、扭曲的现实和非现实东西。[4]而佩列文复制意识和潜意识的目的，正是为了解构意识对人的控制。于是，佩列文凭借丰富的想象，借助科技、宗教、哲学等知识，营造出人的意识之物 —— 虚幻（拟）现实，然后对其进行解构和颠覆。

佩列文解构意识的屠刀首先指向了苏维埃官方意识形态。在第一部长篇

1. «Литература и постмодернизм», Коваленко А. Г., 2004, С.107.
2. «Вдали от комплексных идей живешь как Рэмбо-day by day. Виктор Пелевин о себе и своей новой книге» // Коммерсантъ-Daily. 02 сент. 2003. № 157(2760).
3. «Интервью с Виктором Пелевиным», Кропывьянский Л.<http://pelevin.nov.ru/ interview/ o-bomb/1.html>
4. «Анализ романа Виктора Пелевина ‘Омон Ра’», Губанов В.<http://pelevin.nov.ru/stati/ o-guba/1.html>

小说《奥蒙·拉》中，佩列文以丰富的想象仿造了一个怪诞的苏维埃时空，借用苏维埃宇航事业中的人和事，复制了苏维埃国家意识形态伪造现实的全过程。小说中的宇宙空间和宇航飞行并不存在，都只是官方意识催生的产物，是官方的政治谎言。而这个巨大谎言的目的，正是为了让每一个人苏维埃人变成国家意识形态的奴仆，成为推动苏维埃国家向前发展的"燃料"和促成社会主义建设的"螺丝钉"。

佩列文还通过模仿电脑、网络、电视、广告等现代信息手段所营造的虚拟现实，来解构现代科技和大众媒体对人的意识的控制。比如，中篇小说《国家计划王子》是对电脑游戏的复制，长篇小说《恐怖头盔》是对网络聊天的模拟，《"百事"一代》更是对当代社会最为普及的大众传媒介质——电视及其衍生品广告的描写。电脑游戏、网络聊天、电视广告等大众文化进入了佩列文的创作世界，于是有人称佩列文为大众文学作家，但他本人拒绝这一称呼。[1] 因为他描写现代技术手段营造的虚拟现实之目的，是为了证明所谓的现实都是人的意识产物，而不是为了宣扬和赞美现代科技。实际上，佩列文本人对现代技术、城市、进步等字眼充满批判态度，他曾说："那被称为'进步'的东西，将人变得比自由生存的动物更低等。"[2]

对意识的关注使佩列文对西方哲学产生了浓厚兴趣。于是，尼采和海德格尔的虚无主义、德里达的解构主义、荣格的集体无意识、弗洛伊德的心理分析、萨特的存在主义、鲍德里亚的"消费社会"文化理论等西方哲学思想和理论，都成为佩列文构筑虚幻世界的理性材料。然而同很多后现代作家一样，佩列文更喜欢通过非理性的方式来认识宇宙世界。为此，他在创作中吸纳了东西方宗教和神话等具有神秘主义特质的文化遗产。需要强调的是，佩列文的宗教兴趣是东方佛教而非西方基督教。他在一次采访中坦言自己是好祈祷者、不可知论者，排斥包括东正教在内的基督教："我还没有疯掉，以至于和基督教有什么关系。"[3]

正是这样的一个不可知论者，深深地迷恋上了东方佛教。可以毫不夸张地说，佩列文的大部分创作都或多或少透露出佛教"空"之思想和主题。《隐士与六指人》通篇都是两只小鸡围绕虚空主题进行的哲理性谈话。《昆虫的生活》不仅用大量篇幅描写蛾了米佳和古玛关于虚空的谈话，而且小说结尾处所有昆虫的结局也表明人生追求的无意义。《黄箭》中一列不明来向的火车正驶向前方坍塌的桥，乘客即将面临的灾难和死亡彻底否定了生活的意义。

1. «Виктор Пелевин: новый роман», Долин А.<http://pelevin.nov.ru/stati/o-dolin/1.html>
2. «Писатель Виктор Пелевин: Вампир в России больше чем вампир», Кочеткова Н.<http://www.izvestia.ru/reading/article3098114/>
3. «Интервью. Виртуальная конференция с Виктором Пелевиным» <http://pelevin.nov.ru/ interview/>

《恰巴耶夫和普斯托塔》则更是用佛教主题和人物形象构建而成的长篇小说，因此该小说有“俄罗斯第一部佛教禅宗小说”之称。[1] 的确如此，该小说从形式到内容都无不闪烁着佛的光辉。比如在小说的扉页上，假托代表佛教之乡——蒙古的成吉思汗之名的一首诗赫然入目。而书的序言中则说，这是“20世纪上半期完稿于内蒙古的一座寺院”的书稿，且落款为“全面彻底解放佛教阵线主席乌尔汉 · 江博恩 · 图尔库七世”。[2] 这样的开篇和序言使得强烈的佛教气息扑面而来。而在小说中，佩列文将富尔曼诺夫的红色经典《恰巴耶夫》中的人物形象和情节与佛教思想杂糅，打造出一个全新的恰巴耶夫形象。他集红军将领、佛陀和精神导师多重身份于一身。其英雄主义色彩消退，增添了神秘主义气息和智者的气质。他深知世间万事万物虚空的本质，并不断地向探索真正现实和人生意义而精神分裂的彼得灌输这一思想。在他的指导下，彼得最终皈依了佛教，跟随他逃离了乱世，奔向了心目向往之地——“内蒙古”。

尽管佩列文喜欢利用佛教元素构建文本，但他坦言自己不是佛教研究者，更不是佛教信徒。他对佛教的兴趣，只是为了研究和训练自己的意识。[3] 也就是说，佩列文的创作并不是为了宣传佛教，而只是借用佛教“空”之教义来揭示所谓的现实都是人的意识伪造之物。因此，佩列文笔下的“空”并不是佛教意义上的“空”，它的同义词是“虚假”“虚幻”“虚拟”“幻影”等。研究者明凯维奇就曾正确地指出，佩列文在《恰巴耶夫和普斯托塔》中表现的是“非宗教的，融合了基督教、佛教、无神论和泛神论的特殊的宗教世界观”[4]。

神话是赋予佩列文作品神秘主义气息的另一重要因素，也是佩列文构筑虚幻世界的一种途径。古希腊罗马神话（《恐怖头盔》中牛人弥诺陶洛斯的神话）、古埃及神话（《奥蒙 · 拉》中拉神的神话）、古巴比伦神话（《“百事”一代》中巴比伦塔和女神伊什塔尔的神话）、中国神话（《妖怪传奇》中狐狸精的神话）等世界各国神话在佩列文的创作中无所不有。它们经过佩列文的改造、加工、演绎，成为佩列文打造关于20世纪现代人的全新神话的基础。

佩列文在创作中戏拟二元对立诗学，利用多时空交织、片段化叙述、互文、游戏、反讽、夸张、怪诞、变形等多种文学手法，营造出现实就是虚幻、虚幻就是现实的效果，从而达到了彻底解构现实之目的。从这个意义上讲，佩列文是一个意识形态化作家。他将“现实即虚幻”这一世界观通过自己的作

1. «Василий Иванович Чапаев на пути война», Кузнецов С.//Коммерсанть-Daily, 1996, 27 июня. С.52.
2. «Чапаев и Пустота», Пелевин В. О., Изд-во Вагриус, 2004, С.7.
3. «Интервью с Виктором Пелевиным», Кропывьянский Л. <http://pelevin.nov.ru/interview/ o-bomb/1.html>
4. «Поколение Пелевина», Минкевич А.<http://pelevin.nov.ru/stati/o-mink/1.html>

品强加给读者，为读者营造出一幅幅亦幻亦真的艺术图景，让读者迷恋于他独特的艺术图景中。

诗学特征

俄罗斯后现代主义文学的诗学特征有着深刻的哲学美学基础。作为一场文化爆炸，后现代主义首先表现为对基本哲学观念的重新评估。俄罗斯后现代主义文学广泛探讨了人类存在的基本问题，重构了关于人、历史、社会、文化、自然的新观念。

在人的问题上，俄罗斯后现代主义者们和他们的西方同行一样，发现了以人类中心主义为基础的西方人文传统的危机。他们认为，从前关于人的观念是不完整的，它所指向的不是一个完整的、现实的人，而只是一个“理性的人”。人的新型观念还应该包括人的生理意识、情感意识（包括性意识）和无意识。维克多·叶罗费耶夫在其纲领性的后现代主义随笔《人道主义的第二次覆灭》中就批判了把人归入抽象-理性范畴的西方人文学说，他认为，人身上隐藏的恶，正如陀思妥耶夫斯基所说，大大超出那些社会主义者和坚定的民主派的想象，它隐藏得很深，在意识的最底层。最典型的是在苏维埃时期，作为人道主义主体的人无恶不为：无耻下流，见风使舵，背叛，堕落，残暴等等。按照维克多·叶罗费耶夫的说法，俄罗斯新文学的意义“不在于人种学的真实，也不在于对国家的揭露，而在于展示，在纤薄的文化外衣包裹之下的人实际上是一种无法控制的动物”[1]。基于这样一种观念，在俄罗斯后现代主义文学中的人物完全不同于官方文学中塑造的正面形象，而是一些“反英雄”形象。反美学主义成为后现代主义作家们描写人的主要原则，他们侧重于描写人的肉体、生物-生理层面，着意揭示决定人们行为的深层心理机制。这就是后现代时期新的人道主义观念——所谓的“后人道主义”。

对人的重新发现导致了后现代主义作家用新的眼光去审视历史和社会。他们拒绝了关于历史发展的线性、进步的观念，主张用新的相对主义原则和概率决定论来看待历史。后现代的历史问题在俄罗斯后现代主义作家的创作中占据着很重要的地位，在很多作品中都探讨了“历史终结”的思想，比如索科洛夫的《红木》、别尔格的《罗斯和我》、沙罗夫的《彩排》和《此前与此时》、佩列文的《恰巴耶夫和普斯托塔》等。俄罗斯后现代主义者对历史的接受首先是通过文本（文学文本和历史文本）进行的，作家们主要借助俄罗斯文化的大型互文文本，根据后现代的观念来理解俄罗斯历史的特点。索

1. «Русская постмодернистская литература», Скоропанова И.С., Флинта, Наука, 2004, С.191-192.

科洛夫第一个在《红木》中表达了后现代的历史观。他认为，历史是一种具有自我组织能力的混沌，由各种偶然性组成，它本身就蕴含了多种发展的可能性。历史不是按照过去 - 现在 - 未来的模式发展的，而是只有现在一种状态，在现在的动态中包含着过去和未来。由此，时间和历史终结了。[1] 索科洛夫对人是失望的，对历史发展的进步论是怀疑的，这是典型的后现代主义式的消极历史观。这种历史观，在其他俄罗斯后现代主义作家沙罗夫的《此前与此时》里，表现为反乌托邦主义；在皮耶楚赫的《与歌德一起夜不能寐》（«Ночные бдения с Иоганном Вольфгангом Гете» 1997）里，表现为否定历史发展中的革命和暴力。

俄罗斯后现代主义对社会与文化的新观念体现在：它强调异质民族文化之间的包容与融合，如布依达（Ю. Буйда 1954-）的《叶尔莫》（«Ермо»）。在人与自然的关系上，它反对人类中心主义，提倡关爱一切生物的泛生态主义。在比托夫的《吵吵嚷嚷的人们》中，地球的资源已被人类耗尽，不再成为生命的生态环境区。作者以假想的情境呼吁人们尊重自然，珍爱自然，不要掠夺，不要暴力，而是与自然和谐共处，只有这样，人类才有可能克服世界文明所面临的危机，在“普世的人道主义”基础上建立起一个富有生命力的全球社会 - 自然共同体。

在后现代主义作家的创作理念中，文学的本体论观念被解构，文学作品的对象扩大至整个文化的互文文本，文学作品的语言也不再是传统意义上的文学语言，作家的意识（或无意识）也不再指向单一有序的结构体系，而是呈所谓的“块茎”状。

俄罗斯后现代主义的美学特征表现为：（1）语言和风格的杂糅，如加尔科夫斯基的《无尽的死胡同》里杂糅了文学语言和哲学语言，科罗廖夫的《地区天才》里混合了文学语言和美学语言。体现文学风格杂糅的作品有维涅季克特·叶罗费耶夫的《从莫斯科到彼图什基》（感伤主义、现实主义、社会主义现实主义）、索科洛夫的《红木》（现代主义和大众文化）、索罗金的短篇小说（社会主义现实主义、超现实主义、荒诞派）。（2）文本结构的断裂，如在比托夫、索罗金、别尔格、波波夫等作家的创作中有意地切断作品的线性结构，形成一个由各种异质成分构成的网状链接，而由此组成的整体并不表达一个恒定的真理，而是展示真理的多元状态。这种对作品稳定结构的破坏旨在确立思维的多元化模式，建立起多种可能的世界图景，是一种完全非线性的多样统一体的组织方式。（3）对话语和主体中心地位的消解。对话语

1. «Русская постмодернистская литература», Скоропанова И.С., Флинта, Наука, 2004, С. 242-244.

中心地位的消解表现在对话语成分的肢解和重构（《从莫斯科到彼图什基》），或是在宏观层面将解构的话语成分离散和杂糅（索科洛夫的《红木》、德鲁克的《电视中心》），这样，失去中心的话语变得无头无尾，不管是能指还是所指都无法掌控话语权力。对主体中心地位的消解表现为对作品人物形象的消解。与传统文学作品中有血有肉有主体意识的人物不同，后现代主义文学作品中人物要么带着作者的面具，如布罗茨基的《献给玛丽亚·斯图亚特的20首十四行诗》；要么操着各类引语说话，毫无个性可言，如彼得鲁舍夫斯卡娅的《男性区域》；要么只见引语不见人物，如伊尔坚尼耶夫（И.Иртеньев 1947-）的《我的莫斯科》。（4）游戏式的态度。游戏是产生多样性的一种重要手段，因为它建立在偶然性之上，没有事先预设好的规则，所以会产生多种可能的结果。在这个意义上，以游戏原则为基础的思维模式是非线性的、多维的、多元的，其目的是在事件的进程中引入不可预知的偶然因素，让事件向多个方向发展。游戏的态度反映了俄罗斯后现代主义者消解苏联时期意识形态的总体情绪，它是社会与智力解放的象征，是人的个性自由实现的标志。这方面的作品有西尼亚夫斯基的《与普希金散步》、普里戈夫的《请生活在莫斯科》（«Живите в Москве» 2000）等。

综上所述，我们认为，俄罗斯后现代主义文学的主要特点可以归结为互文性、游戏性和对话性。

1. 互文性

互文是指"每一个文本都不是孤立封闭的作品，而是处于一个由各种文本组成的巨大网络之中，每一个文本都与其他文本发生这样那样的联系，此文本总是存在于他文本之中，所有文本都是用其他文本的素材编织而成"[1]。互文性最主要的表现手法有移置、暗指、附会、引用、借用、改编、挪用、篡改、抄袭等。

俄罗斯后现代主义小说互文的范围包括社会主义现实主义文学的引文、形象、情节片段、语言套式，以及19世纪经典文学中程式化的样板。比如在比托夫的《普希金之家》中，各个章节的引言和标题全部取自19世纪的经典名篇，如《父与子》《当代英雄》《先知》《怎么办》《群魔》等。科洛廖夫在中篇《果戈理的头颅》中大量引用陀思妥耶夫斯基和屠格涅夫的作品，有时甚至是断章取义地引用果戈理、莎士比亚以及《圣经》的文本。捷尔茨的《与普希金散步》中的引用除了俄罗斯经典作家、评论家外，还有苏联报刊、

1. 《国外后现代文学》，唐建清，江苏美术出版社，2003年，134页。

官方普希金学以及梅里美、托马斯·曼、爱因斯坦等世界名人。

索罗金在谈到后现代主义创作时说，“我在各种不同的文体游戏中获得了巨大的快感，对我来说这纯粹是塑型工作——词就像塑泥。我可以真切地感受到，我是怎么粘贴文本的”[1]。作家在文本的所有层面都对社会主义现实主义小说进行着戏仿，比如作品的情节都是苏维埃时期非常常见的情节，人物形象也是大家非常熟悉的——工人、积极分子、冠军、少先队员、老兵、突击手、军人等等，但传统的事件却有着离奇的情节发展，荒诞的结局摧毁了苏维埃的神话，拆解了大众集体意识的框架，消解了一切社会理想和神圣仪式。

引用最极端的例子要数加尔科夫斯基的长篇小说《无尽的死胡同》，它包括949个对注解的注解，1个引文表，以及出自罗扎诺夫、列宁、别尔嘉耶夫、陀思妥耶夫斯基、列·托尔斯泰、契诃夫、纳博科夫、哈尔姆斯、巴别尔等作家作品的引文片段，展示了互文文本、超文本、文本中的文本等多种文本。小说的原文本却被丢弃一边，单独印刷。

我们看到，俄罗斯后现代主义者们将互文变成了一种新型小说体裁的结构要素，作家们用具有互文性质的引用文本、表单文本、注解文本、糖纸或扑克牌上的文本拼凑出一个新型文本。在这样的文本里,作者只是材料的“组织者”，而非某种思想的“表达者”。互文性消解了传统文学中作者的地位，宣告了“作者的死亡”，同时互文性在广义上催生了“世界就是文本”的概念体系，即世界是由无数个文化符号组合而成的超级大文本，这个文本在时空上都是不确定的，既无开端，也没有结尾，更没有确定的终极意义。

2. 游戏性

游戏性是后现代主义文学的另一个重要诗学特性。在解构崇高、削平中心的后现代叙事策略中，游戏性是构成文本结构和风格的重要方式。它涉及作者、文本和读者三个层面。作者制定游戏的规则和密码，由具有相关文化背景的读者参加。游戏的对象可以是任何话语、文本或者形象，也可以是时间、空间、现实、风格或体裁。俄罗斯后现代主义文学中最常见的游戏对象是俄罗斯经典文学和社会主义现实主义文学，具体表现在游戏性地引用主题、情节、美学结构、神话等。比如，小说《从莫斯科到彼图什基》的名称游戏了拉吉舍夫（А. Радищев 1749-1802）的《从彼得堡到莫斯科旅行记》的小说名；比托夫的《普希金之家》中的两个章节分别以“青铜人”和“贫

1. «Иван Петрович умер», Генис А., 1999, С.73.

穷的骑士”命名，显然是游戏了普希金的《青铜骑士》和陀思妥耶夫斯基的《穷人》；佩列文的短篇小说《黄箭》中，游戏的对象则是运行着的火车，游戏的特点表现在佩列文为火车增添的新特点，其中包括对火车声音的模仿、夸张、戏仿等。

俄罗斯后现代主义作品中的游戏性更典型地表现为对宗教的权威和神圣的消解。在很多作家的作品中，一切宗教形象和主题（诸如上帝、天使、基督、耶稣受难、耶稣第二次临世等）都失去了神圣的意味，变为作家们利用形象和意义进行互文游戏的玩偶，这些玩偶在混乱的情节交替中沦落为一个大型文本的拟象。

沙罗夫喜欢用福音书中的常见情节和预言来讲述俄罗斯民族和文化的命运，他常常站在先知约伯的立场上以启示录的形式诠释20世纪俄罗斯所经历的灾难。在长篇小说《彩排》（«Репетиции» 1992）中，俄罗斯被作为基督第二次临世的地点，于是人们年复一年地彩排着基督临世的场面。小说在叙事风格上戏仿了旧约的叙事风格，在结构上采用故事套故事的套娃结构，从而将一场原本庄严盛大的宗教仪式变成永无止境的文本游戏。

索罗金在长篇小说《四个人的心》（«Сердца четырех» 1994）中对宗教的受难精神进行了游戏式的消解。四个主人公是大家熟悉的社会主义现实主义式的主人公——小少先队员、孤独的老兵、奥运会射击冠军、勇敢的生产队长。他们经历了社会主义现实主义小说常见的情节——生产情节、战争情节、侦探情节、冒险情节。在通往神秘目标的路途上他们历经各种磨难，甚至包括死亡的考验，最终却满心欢喜地躺倒在恐怖的铡刀下。作者是这样描写他们的受难过程的：“棱形钢钉刺进了他们的脑袋、肩膀、肚子和大腿……28分钟以后，被轧成小立方体的四颗冷冻的心脏落入了专门装骰子的摇筒里。三分钟后摇筒将它们抛到浇满液体的冰面上。四个人的心脏分别停在几个数字上：6，2，5，5。”[1]

通过这段文字我们看到，心脏摆脱了肉体的桎梏，却没有获得救赎和升华，而是停在了存在的游乐场上。受难所具有的崇高宗教意义被消解为游乐场里的掷骰子游戏，为伟大理想而付出一切的受难者只不过是用来制造命运女神手中玩物的材料。

3. 对话性

后现代主义文学中的对话性不同于巴赫金的对话思想。如果说巴赫金的

1. «Соч.: В 2-х т.»(Т.1), Сорокин В. М., 1998, С.460.

对话性在于表明真理产生于多种不同声音的交汇处，那么在后现代主义观念中，不同的声音已经多到不可能产生唯一的交汇点，其结果就是众声喧哗下的混乱状态。所以，在后现代主义的作品中对话是无边的对话：不仅包括巴赫金对话理论中的多个思想和声音的对话，还包括在同一个文本中存在的多个世界、多个空间之间的对话。这些对话是虚构的，是发生在不同的文化和语言之间的，更是发生在不同时代、不同世界之间的对话，且这种对话没有好坏属性之分。比如佩列文的小说《恰巴耶夫与普斯托塔》就是作家虚构中的20世纪初和20世纪末两大时空之间的对话。

除了时空对话，文本和作者、读者之间也进行对话，这三者之间的关系是一个互动过程。也就是说，后现代主义文学作品都不是真正意义上完成的作品，需要读者去补充创作。这样，读者由对文本结局的关注转向了对文本创作过程的参与。这一过程永远是未完成的，也不可能完成。纳博科夫的《玛申卡》、《斩首之邀》、《天赋》，比托夫的《普希金之家》，维涅季克特·叶罗费耶夫的《从莫斯科到彼图什基》等后现代小说就展示了这样的互动过程。

后现代主义文学作品中作者和人物也不断进行对话，且两者的关系变幻多端，不再像传统文学一样，人物只是作家的代言人。后现代主义文学作品中的作者时而和主人公完全融为一体，不分彼此，主人公仿佛就是自传体小说的作者，比如在维涅季克特·叶罗费耶夫的《从莫斯科到彼图什基》、纳博科夫的《天赋》中，作者和主人公完全重叠，他们之间出现了零距离；但有时，后现代主义文学作家完全与小说人物相脱离而隐匿起来，比如索科洛夫的长篇小说《傻子学校》中，主人公是意识分裂的产物，因而在小说中几乎没有留下丝毫痕迹；更有时，主人公甚至可以与作者争论，在《普希金之家》中，作品的作者和自己的主人公列夫·奥陀耶夫采夫进行辩论。

对话手段在后现代主义文学作品中的过度使用也会使得和谐的复调变成不和谐的众声喧哗，作品也变成为了对话而对话的大杂烩，成了“自我”与“他者”、“文本”和“语境”、“自己的”和“他者的”等各种范畴的混杂。索罗金的后现代主义小说《队伍》利用过度对话原则塑造杂乱无章的现实世界，表面上看，偶然站在一起的人群构成了一个队伍，构建了一种秩序，但他们有着各自的声音和反应，而且这些声音是混乱的，从而造成了既不优美、也无任何意义的声音大杂烩。这样，作品也就丧失了确定性，成了一个流动着的、没有任何确定形状和意义的文本，其中反映的文化也支离破碎，没有任何确定意义。

参考文献：

1. Азадовский К. Виктор Пелевин[OL].<http://www.russ.ru/culture/99-05-07/aza dovsk.htm>
2. Богданова О. Постмодернизм в контексте современной русской литературы[M]. СПб., 2004a.
3. Богданова О. Постмодернизм в контексте современной русской литературы[M].М.,2004b.
4. Вайль П., Генис А.Страсти по Ерофееву[J]. Книжное обозрение, 1992, № 7.
5. Виртуальная конференция с Виктором Пелевиным[OL]. http://pelevin.nov.ru/interview/
6. Вдали от комплексных идей живешь как Рэмбо-day by day. Виктор Пелевин о себе и своей новой книге[N].// Коммерсантъ-Daily. 02 сент. 2003. №157(2760).
7. Виртуальная конференция с Виктором Пелевиным[OL]. http://pelevin.nov.ru/interview/
8. Генис А. Иван Петрович умер[M]. М.,1999.
9. Глинтерщик О. Очерки новейшей русской литературы. Постмодернизм[M]. Вильнюс, 1996.
10. Горичева Т. Православие и постмодернизм[M]. Л.,1991.
11. Губанов В.Анализ романа Виктора Пелевина 'Омон Ра'[OL]. http://pelevin.nov.ru/stati/ o-guba/1.html
12. Долин А.Виктор Пелевин: новый роман[OL].http://pelevin.nov.ru/stati/o-dolin/1.html
13. Ерофеев Вен.Мой очень жизненный путь[M].Вагриус, 2003.
14. Ерофеев Вен.Мой очень жизненный путь[M]. Вагриус, 2003.
15. Ерофеев Вен. Москва – Петушки[M]. Вагриус, 2007.
16. Ильин И.П. Постструктурализм. Деконструктивизм. Постмодернизм[M]. М.,1996.
17. Интервью. Виртуальная конференция с Виктором Пелевиным[OL].http://pelevin.nov.ru/ interview/
18. Коваленко А. Г.Литература и постмодернизм[M].М.,2004.
19. Кочеткова Н.Писатель Виктор Пелевин: Вампир в России больше чем вампир[N/OL].http://www.izvestia.ru/reading/article3098114/
20. Кропывьянский Л.Интервью с Виктором Пелевиным[OL]. http://pelevin.nov.ru/ interview/ o-bomb/1.html
21. Кузнецов С.Василий Иванович Чапаев на пути война[N].Коммерсанть-Daily,1996, 27 июня.
22. Курицын Вяч. Русский литературный постмодернизм[M]. М.,2000.
23. Курицын В.Великие мифы и скромные деконструкции[J].Октябрь, 1996, № 8.
24. Лейдерман Н. Липовецкий М. Русская литература XX века (1950-1990-е годы).Том 2 [M]. М., 2008.
25. Липовецкий М.Русский постмодернизм[M]. Екатеринбург, 1997.
26. Лихачев Д.С., Панченко А. М., Понырко Н. В.Л.Смех в Древней Руси[C]. Наука, 1984.
27. Маньковская Н. Эстетика постмодернизма[M]. СПб.,2000.
28. Минкевич А. Поколение Пелевина[OL].<http://pelevin.nov.ru/stati/o-mink/1.html
29. Нефагина Г. Русская проза второй половины 80–начала 90-х годов XX века[M]. Минск, 1998.
30. Пелевин В. О.Чапаев и Пустота[M]. Изд-во Вагриус, 2004.
31. Скоропанова И. Русская постмодернистская литература[M]. М., 2004.
32. Скоропанова И. Русская постмодернистская литература:новая философия, новый язык[M]. СПб., 2002.
33. Сорокин В.Соч.: В 2-х т.(Т.1)[C].М., 1998.
34. Тимина С. Русская литература 20 века: школы, направления, методы творческой работы[M]. М., Высшая школа, 2002.
35. Эпштейн М. Постмодерн в русской литературе[M]. М., 2005.

36. Эпштейн М.Истоки и смысл русского постмодернизма[J].Звезда,1996, № 8.
37. 大卫・雷・格里芬后现代宗教[M].孙慕天译，北京：中国城市出版社，2003.
38. 李瑜青.尼采经典文存[C].上海：上海大学出版社，2007.
39. 皮野.论韦涅・叶罗费耶夫创作中的戏谑艺术[J].济南大学学报（社会科学版），2008(5).
40. 任光宣.史诗《从莫斯科到彼图什基》文本的《圣经》源头[J].国外文学，2008(1).
41. 唐建清.国外后现代文学[M].南京：江苏美术出版社，2003.
42. 维克多・叶罗费耶夫.在诸多该死问题的迷宫中[M].莫斯科：苏维埃作家出版社，1990.
43. 维克多・叶罗费耶夫.小鹦鹉[J].邢淑译，王宗琥校，世界文学，2010(4).
44. 维克多・叶罗费耶夫.悼亡苏维埃文学[J].王宗琥译，世界文学，2010(4).
45. 维克多・叶罗费耶夫.少女与死神[J].崔晓菊译，王宗琥校，世界文学，2010(4).
46. 维克多・叶罗费耶夫.俄罗斯的恶之花：文选（第二次修订版）[C].莫斯科：马蹄铁出版社，1997.
47. 余一中.维涅季克特・叶罗菲耶夫和他的小说《从莫斯科到佩图什基》[J].当代外国文学，2004 (1).
48. 赵丹.多重的写作与解读——论俄罗斯后现代主义小说《命运线，或米拉舍维奇的小箱子》[M].哈尔滨：黑龙江人民出版社，2005.

第13章　20~21世纪之交的合成性艺术形态

Глава 13　Художественный синтетизм на рубеже XX-XXI веков

受现实主义文学自身变化与后现代主义文学思潮影响而发生艺术嬗变的当代俄罗斯小说，相继出现了数量可观的“合成小说”，或者换句话说，20世纪90年代后俄罗斯小说艺术流派中的一个重要现象是合成性艺术形态的勃兴和繁荣，它是新时期俄罗斯文学形态变化的一个重要标志。突破陈旧的艺术套路以文学流派的方式将“合成”发展成为普遍的创作意识并付诸创作实践，反过来又大大推动文学流派的变化和发展，这成为一大批俄罗斯作家在世纪之交对“诗性合成”的艺术追求。

巴赫金说，“小说从本质上说不可用范式约束……这一体裁永远在寻找，在探索自己，并不断改变自身已形成的一切形式”[1]。对小说新样式的寻觅和创新曾出现在俄国文学现代性转型的19～20世纪之交。1907年，勃洛克在《契诃夫》一文中指出，存在着“俄罗斯文学的各种各样的中间流派”[2]，当代文学史家莱捷尔曼也认为，“经典的与现代主义体系的合成趋势源于契诃夫”[3]。扎米亚京在他的一系列文学理论和批评论著中多次阐释并强调现实主义、现代主义等多种文学元素合成作为一种新的思潮流派的价值与意义。他在《新俄罗斯小说》一书中说，真正的艺术 —— 永远是一种合成。“现实主义 —— 乃是纲领，象征主义 —— 则是反纲领，而如今 —— 还有新的，第三种，合成，其中同时存在着现实主义的显微镜，导向无终结的象征主义的望远镜”[4]。这说明，“合成小说”作为一种独立的风格流派的说法是有理论依据的。流派、风格间的吸纳与借鉴尽管在文学发展的长河中无时无刻不在进行，但作为一种独立的、自成体系的流派的生成却大都只发生在文学的转型时期。

20世纪小说史家，塔季雅娜 · 达维多娃 (Т. Давыдова) 用“新现实主义

1. 《史诗与小说 —— 长篇小说研究方法论》，巴赫金著 //《巴赫金全集》(3卷)，河北教育出版社，1998年，544页。
2. «Магистралльный сюжет русской литературы XX века», Лейдерман Н.//《20世纪世界文化语境下的俄罗斯文学》，淼华编，外语教学与研究出版社，2007年，34页。
3. 同上。
4. «Некалендарный XX век, материалы Всероссийского семинара 19-21 мая 2000 года», Великий Новгород, 2001, С.263.

(合成主义)”指称20世纪前40年有别于象征主义、阿克梅主义、未来主义的俄罗斯现代主义文学流派[1]。1992年，乌拉尔国立师范大学的莱捷尔曼(Н. Лейдерман)教授在他的《20世纪俄罗斯文学研究的理论问题：初步意见》一文中首次提出了当代文学中在后现代主义与现实主义合成基础上出现的“新的诗学类型”的思想，并且明确指出，这种合成“已经远远超出一个民族文化的范畴，而成为新的宏大的艺术范式甚至具有更为宽广的意义：一种新型的文化意识”。一年后，他又第一次提出了“后现实主义”，即“现实主义+后现代主义”的新概念，并以马卡宁、彼特鲁舍夫斯卡娅、戈连施坦因(Ф. Горенштейн 1932-2002)等作家的作品为例，对这一新的艺术流派进行了具体的分析[2]。文学史家的这一看法曾在文学批评界引起过争论，许多文评家对“合成小说”作出过不同的定义和分析。然而，这场争论并没有在艺术合成的创新意义上得到评论界的深入关注，对这类小说的“诗性合成”也没有在更广泛的意义上（不仅仅是现实主义与后现代主义的合成）和理论体系层面上进行过研究。在当代俄国文学批评界和理论界它们更多地被分别列入“现实主义小说”“形而上的现实主义小说”“后现代主义小说”“现代主义小说”“假定性隐喻小说”“边缘文体小说”等定义中[3]，直到目前为止，它们都是在这些小说的语境和意义中被解读的。因此，“合成小说”作为一种新流派的意义和价值远未得到科学的确认和具体的分析。

有人把当代俄罗斯小说艺术的诗性合成现象看作是现实主义和后现代主义小说发展过程中的一个环节，是后苏联文学，特别是小说形态的一个共同特征。也有人把它看作是“不同代际和创作个性的作家们鲜活的和不无冲突的对话”[4]。这些看法都有道理，因为它的确表达了文学发展进程中不同流派、风格相互吸纳与借鉴的共同特征。日尔蒙斯基就说过，“任何一种文学流派都绝非一个封闭的体系，而是开放的，处于发展进程中的……所以在具体的文学流派与风格之间总有一些具有过渡性特征的现象”[5]。

但是，俄罗斯的小说创作实践证明，20世纪90年代后，“合成”不仅仅是小说发展过程中的一种特征、一个环节、一个进程、一种对话，而已经成为后苏联小说“杂色”中的一色，一种不无松散，但敏锐、灵动而又高度个

1. «Русский неореализм Идеология. Поэтика, творческая эволюция», Давыдова Т., Наука-Флинта, 2005, С.5.
2. «Современная русская литература.Книга 3. В конце века 1986-1990-годы», Лейдерман Н., Липовецкий М.,УРСС, 2001, 96-97.
3. «Русская проза конца XX века», Нефагина Г., Флинта-Наука, 2003, С.93, 113,172, 212.
4. «Русская литература XX века:школы, направления, методы творческой работы», изд. Логос, 2002, С.247.
5. «Реализм и постмодернизм в русской литературе конца XX века в вузовском изучении, Некалендарный XX век, материалы Всероссийского семинара 19-21 мая 2000 года», Костылева И., Великий Новгород, 2001, С.262.

性化的创作流派，体现了具有“先锋意识”的当代小说家对小说艺术形式革命的新成果。作为小说形式创新的一个重要成果，“合成小说”，如扎米亚京所说，它们已经成为一种“新的、第三种”思潮与流派。这一类作品之所以被笔者以除现实主义和后现代主义外的第三种流派——“合成小说”概念命名，是因为孕育于文学传统精神中的它们始终高扬不拘泥于任何一种流派传统规约的创新精神，在实现传统与创新两者有机、和谐统一的前提下，竭力倡导小说创作形式实验的“先锋性”，其独特的艺术表现形式与作家极富个性的创作精神具有其他流派小说所没有的内容和形式特征。

“合成小说”是另一种样式的“先锋小说”，具有与此间现实主义、后现代主义小说不同的某种“异质性”。这种“异质性”表现在它们在艺术意识上、话语形式上、表达手法上，都不同于当代小说的另两个重要形态，呈现出一种难以被主流小说话语命名和言说的特征。只有将它们单独地放在“合成小说”的语境中来考察，才能对其作出更准确的解读，更科学的分析。也只有这样，它们才会成为俄罗斯当代小说流脉中的一个种类并获得“合成小说”的学术命名。

“合成小说”无法按照对现有的浪漫主义、现实主义、现代主义、后现代主义等流派的现有定义进行界定，而且它们内部之间又是十分不同的，甚至各自具有大相径庭的艺术特征。如：叶尔马科夫的《野兽的标记》（«Знак зверя» 1989）、《入行前的品茗》（«Чаепитие в преддверии» 1995），彼特鲁舍夫斯卡娅的《新鲁宾逊》（«Новые Робинзоны» 1997），马卡宁的《地下人或当代英雄》（«Андерграунд, или герой нашего времени» 1998），艾特玛托夫（Ч. Айтматов 1928-2008）的《卡珊德拉印记》（«Тавро Касандры» 1995），库尔恰特金（А. Курчаткин 1944-）的《斩首机》（«Гильотина» 1993）、《客人》（«Гость» 1993），彼特洛夫（Д. Петров 1959-）的《大傻瓜》（«Дурак дураком» 1994）、《鲁康卡》（«Луканька» 1994）等这些作品主体上是写实的，而马卡宁的《出入孔》（«Лаз» 1991）、《审讯桌》（«Стол, покрытый сукном и с графином всередине» 1993），阿纳托里·金的长篇小说《约翰岛》（«Остров Иона» 1995），伊斯坎德尔（Ф. Искандер 1929-）的中篇小说《一个思考俄罗斯的美国人》（«Думающий о России амсрикансц» 1999），马姆列耶夫（Ю. Мамлеев 1931-）的《迷茫的时代》（«Блуждающее время» , 2001）等作品却具有非写实的荒诞主体。

“合成小说”的诗性合成既是流派的合成，也是文体的合成，而在小说的叙事上则呈现出时空跨度与心理跨度的合成。

所谓流派的合成，是指一部“合成小说”作品同时兼备多种流派的，如现实主义的、感伤主义的、自然主义的、浪漫主义的、现代主义的、后现代主义的等多种艺术元素。或者说，是削弱或淡化现有流派中那些固定的、支撑性的要素，取消它们在小说艺术构成中原有的那种举足轻重的地位，比如，现实主义小说中人物性格和行为的社会决定性、二元对立的艺术思维、情节冲突逻辑的因果性，浪漫主义小说中对人物情感和心理及情绪的关注、后现代主义小说中事件和场景及形象等的虚拟性、文本结构的互文性、价值判断的缺失，等等。

拒绝承认任何流派所属的马卡宁的小说容纳了超现实主义、后现代主义等多种文学元素，而作家在其艺术体系中引入各种跨流派元素的同时，并没有割断与俄罗斯现实主义文学体系的有机联系，始终坚持着一种不脱离社会现实的创作意向。评论家涅法金娜称马卡宁的中篇小说《审判桌》是 “存在主义心理小说”，在其现实主义体系中“融入了其他审美体系、流派、文体或体裁的元素”，如社会心理小说、感伤主义小说、自白小说、哲理小说等[1]。其实，这一表述与其说是一种流派的定义，莫如说是对作品创作内容的一种概括。被评论界称为“寓言体小说”的阿纳托里 · 金的长篇小说《约翰岛》是现实主义与现代主义、神话、寓言元素的融合。叶尔马科夫的《野兽的标记》中关于阿富汗战争的写实性描写始终与圣经神话元素交织，在一种不无魔幻的时空中进行。瓦尔拉莫夫的“历史长篇”《沉没的方舟》(«Затонувший ковчег») 既有写实的情节与人物，又熔铸了现代主义的幻想和神秘，被批评界称为后苏联文学的新现象 —— 象征现实主义小说。马姆列耶夫的以死亡为主题的小说始终具有超现实主义的品格，而他的长篇小说《迷茫的时代》显然是现代主义元素与现实主义元素、严肃文学与大众文学、细节真实与幻想荒诞的合成。

所谓文体的合成，是指在小说文体的基础上，兼及其他文体的优长，打破小说、评论、随笔、传记，甚至日记、书信等传统文体的界限，融多种文体为一炉。涅法金娜在总结后苏联俄罗斯小说的特征时说，“1980~1990 年代俄罗斯小说中发生的不仅仅是隐喻式假定性风格基础上神话与现实主义元素的合成，而且还将神话范式的具体元素融入了现实主义作品的结构中，从而大大拓展了其文体 - 风格的样式”[2]。

文体合成是一个远比流派合成更具创新意义的特征，是合成小说作者有意识地偏离小说文体常规，寻求一种特别的表现手段，以加强作品审美功能与叙事意义的必然结果。这既是小说文体的形式创新，也是不同审美功能的

1. «Русская проза конца XX века», Нефагина Г., Флинта-Наука, 2003, С.109.
2. «Русская проза конца XX века», Нефагина Г., Флинта-Наука, 2003, С.165.

合成。作家的艺术思维方式形态各异地表现在对命题、结构、手段、语言的选择上。艾特玛托夫是这样定义他的小说《卡珊德拉印记》的："一下子把几种问题、几种体裁结合在一起。这里既有幻想，又有现实主义，有时是新闻报道，有时带有电影的特点。总之，把脚本、小说、剧本、新闻报道这一切搅和在一起。"[1]以第一人称叙写的《审讯桌》是一部"自白小说"，是叙事者对自己饱经"审讯"的人生的痛苦回忆，它也是一部"心理小说"，是对"审讯者"与"被审讯者"心理的深刻揭示。它还是一部充满荒诞的象征小说，象征与隐喻两种"变形剂"的添入，把"同志式"的"审判"、庄重的"审判桌"、正襟危坐的"审判者"变成了俄罗斯社会人与人关系的存在神话。作品中还夹杂有历史文档 —— 布哈林亲属对刑讯的描述，它赋予了中篇小说一定的纪实成分。

时空跨度与心理跨度的合成是这类小说叙事的一个重要特点。莫斯科大学教授乌麦洛夫（Ш. Умеров）说，"俄罗斯小说的发展，其叙事形式的演变呼唤着各种新体裁的形成，并使其被接受和被理解为合理的和必然的现象"[2]。小说不仅通过时空的大跨度使得社会变化与个体的生命遭际得以充分的展现，而且小说家常常借助于叙事人的或是人物的极度跳跃的思绪流动、心理变化、意识更替来强化对历史与现实荒诞不经的本质的揭示。在这个合二为一的叙事过程中，心理跨度与时空跨度的节律相契合，让历史与现实外化为人的心理投影。这种合成从来不脱离对社会形态的思考，对生命意义的追寻，对人性状态的评判。

《约翰岛》《审讯桌》中的时空跨越了苏维埃社会生活的 74 年，其人文时空更为广阔，可以说融合了从拜占庭时代、16 世纪的马柳塔时代[3]到 19 世纪、20 世纪千年的民族历史时空。作家从这一广阔的时空中审视积淀于民族文化中的集体无意识 —— 虐淫心理。小说广阔的时空跨度还表现在以不同社会角色或生理特征为指称的形形色色的人物的生存时空中，他们是"社会愤怒分子""当书记的人""爱提问题的人""老头""外貌平常的女人""漂亮的女医生"……从他们的人生成长、家庭、私生活到社会政治、工作经历等在内的所有领域。人物从审讯者到被审讯者的角色更替而展现的心理变化既是历史时代的社会心理，也是从属于这一心理的个性心理异化的表现。审讯者受到审判反作用的戕害，发现并暴露着他们的另一个自我，这一自我被一种

1. 《当今俄罗斯文坛扫描》，张捷，人民文学出版社，2007 年，395 页。
2. «Русская невыдуманная проза 1980-1990-х годов»,Умеров Ш.//《20 世纪世界文化语境下的俄罗斯文学》，淼华编，外语教学与研究出版社，2007 年，88~89 页。
3. 马柳塔，即斯库拉托夫- 别利斯基，伊万雷帝的宠臣，掌握国家大权，是沙皇专制恐怖统治的执行者。

歹毒的自我保护的心理所掩盖。他们会由对自身的压抑变成对他人无意识的亵渎，直至病态的占有。

显而易见，“合成小说”已经大大超出了传统现实主义小说的艺术范式，这一融汇了不同流派多种艺术元素的小说样式，具备了作为特殊小说流派的诸多特点。

首先，体现在一种审美的艺术意识上。在这些小说中作家不再坚持二元对立的艺术思维，进步势力与落后势力的历史价值尺度在小说中不再适用，审美对象不再被区分为恶和善的社会力量的代表，也不再以传统的道德标准作丑与美的审美判断。小说家以不同的方式，从生命存在的角度，对人与环境、主体与客体、个体与集体、情感与理智等重大的、永恒的命题进行哲学本体意义上的观照。

其次，社会历史语境的淡化或是隐匿化是“合成小说”不同于现实主义小说的另一个明显特征。环境与人物的社会历史限定性的模糊使得这类小说的创作主体更关注的已经不是作为特定时代规约下的人的真实生存，而是传统的民族文化背景中人的一种精神存在。而这类小说中的人物、事件的审美功能是多重的。他们和它们既是某个社会形态中存在的，更具有超社会的普泛意义。

第三，“超现实”的荒诞变形成为实现这一艺术表达的一个至关重要的艺术原则。这种荒诞性变形已经不是作为一种创作手法和技巧，而是作为小说创作的一种理念，即在这种荒诞的变形中寄寓着小说家对现实与历史的、理性的和非理性的否定性把握。诚然，这种变形在不同的“合成小说”中具有不同的表现形式，荒诞的程度也会有整体的“主题性荒诞”和局部的“情节性荒诞”的区别。

最后，后现代主义文学所惯用的互文性是“合成小说”一个重要的文本策略。纵向与横向的文化参照、对文化经典和传统道德价值的重思和重构，成为“合成小说”家一个重要的文化取向。

与后现代主义小说相比，“合成小说”尽管同样具有明显的艺术反叛性特征，但二者间却存在着深刻的审美差异。

首先，在精神与价值取向上，即对俄罗斯文学中传统的人文精神和文化秩序的态度与立场上，后现代主义的反叛是绝对的、彻底的、虚无主义的，而在“合成小说”中却是相对的、有条件的、反虚无主义的。“合成小说”的反叛与否定并非“横扫一切”的，其冲决和批判的是传统人文精神中僵化和异化所造成的对个性与人性压抑、摧残的那一部分，它们所表达的荒诞感、疏离感是一种强烈的自我意识觉醒后对于异化了的生存状态所作出的精神反应。

其次，“合成小说”具有同现实主义传统诸多的精神上的和艺术形式上的相通性。比如社会历史限定性的模糊并不意味着社会历史表达的消失，它们都有或是对社会现实环境的感性说明，或是对某种政治情境的隐喻性表达，或是对某种历史动因和发展趋势的象征性暗示。在结构形式上，它们大都维护小说整体结构的统一性、秩序性、连贯性。在创作激情上是情感的、情绪的，充满了温情，如批评家巴辛斯基所说，是一种“心灵的文学”[1]。

第三，在小说艺术形式的追求和先锋性的表达中，作家对各种艺术手法的运用不是唯审美形式的，而是有着明确的人文精神追求。“合成小说”作家都有一种强烈的对历史与现实中的扭曲和异化现象的批判，同时普遍都有一种合理性的价值承诺，即都有期盼人性、和谐、真善美复归的审美理想，都有寻找和建立某种足以同这种扭曲和异化相抗争的精神力量的意图，都有对一种人生意义和存在价值的追求和维护。

从作品“现实的非现实化程度”的视角来审视，“合成小说”分成不同的两种类型：写实性的“合成小说”与非写实性的“合成小说”。

写实性的“合成小说”是一种以写实为整体构架的诗性合成。这种小说所描述的事件、人物与历史的和现实的外在真实更为靠近。它立足于现实，却把一只脚伸入非现实的荒诞层面，以一种写实性的文学手段显现于外。在显性的生活层面向现实领域切入，而在隐性层面上向虚幻、怪诞的非现实领域伸展。以现实性描写为叙事策略，将现实非现实化，现实与非现实互指，从而使现实虚拟化为一种假想的现实、替代的现实，成为一种现实的象征符号。这一特性，决定了它们是“近现实”的合成。在这样的小说中，作家不回避其作品对人具体而言的历史处境、现实处境的正面触及。但相对于“典型环境中的典型性格”的传统现实主义作家而言，他们已经从性格的刻画转向对境遇的绘制，他们更关注的是复杂的“语境”现实层面，只是这种现实已经不是客观的再现，而是作家心灵化了的、主体化了的现实。在这样的小说中，无论是人物，还是环境，都具有客观实在性的品质，是一个坚硬的存在。这种“合成小说”多描写现实本身的荒诞性，是一种“本分”的荒唐，荒唐而真实，不合情理却合乎逻辑，或者不合乎逻辑而合乎情理。

马卡宁的长篇小说《地下人》、彼特鲁舍夫斯卡娅的短篇小说《新鲁滨逊》、叶尔马科夫的《野兽的标记》等作品都有这样的特点。在这些不无荒诞的小说中，作者对人物所生活的现实都有比较明确、具体的交代。《地下人》仿佛是在讲述一个看门人的“真实”故事。他生活艰辛，精神苦难。无论在苏

1. «Как сердцу высказать себя? О русской прозе 90-х годов», Басинский П.//Новый мир, 2000, № 4, С.188.

维埃时代，还是在苏联解体后，他都抗拒现实，成为一个茕茕孑立、形影相吊的孤独者，一个“地下人”。看似真实的故事中布满了多重偶然性和似真似幻的情节。主人公命运的不可理喻之处在于他全部的生命活动都局限在他所看守的宿舍楼和关押精神病人的疯人院里。小说正常的人是不正常的，而不正常的人却是正常的。主人公喜欢文学写作，却从不求发表，他衣食无着，却喜欢读海德格尔的著作，他大胆妄为，几乎没有缘由地杀害过两个人，因此被关进了疯人院。反讽与偶然性的结合拆除了写实的一本正经，而使小说显得荒诞离奇了。《新鲁宾逊》中人物远离喧闹的城市走向大自然，渴望自由快活、原始农业的生活方式具有坚实的日常生活基础。以18岁少女心理独白的方式交代的故事的荒诞是戏谑性的、潜在的。与外部世界隔绝成为一家之主父亲的全部心思所在，生活的物质需求与生命的肉体存在成为全家人关切的中心。外面的人不断在死去，而森林中的这一家因为不会农活度日艰难。母亲收养嗷嗷待哺的孩子不是出于人道主义的怜悯和同情，而是把他们看作是人类种族能得以延续的希望。荒诞并不负载更多的深度意义。写阿富汗战争的小说《野兽的标记》有着坚实的现实时空和具体真实的情节内容，但人物的行为却是不无荒诞的。“残酷的杀戮和报复”——战争野兽的耻辱的标记印刻在所有人物的身上。护士成为死神的象征，每个爱上护士的人都难能逃脱死亡的命运；主人公格列勃打死了他情同手足的兄弟、战友，生命分裂了的他，一个坐着飞机回到了苏联，回到原先的生活进程中，另一个却与新征募来的士兵一同挤进直升机，重新飞往战场，注定继续进行兄弟间的残杀。小说中的人物既是实实在在的形象，又是隐喻意义的载体、象征性的符号。形象的能指具有现实的规约性，所指在隐喻关系中则构成一种明显的深度意义：充满邪恶、仇恨的现实世界只能产生形形色色的精神畸形的人类——杀戮者强盗，他们只能一次又一次地把人类拖入文明的毁灭和精神的窒息之中。

以非写实为主体的诗性合成具有外壳荒诞而内质现实的特征。显性层是一种虚幻、怪诞，而在隐性层面上具有现实的本质性特征。以非现实性描写为叙事策略，将非现实进行现实化，从而使非现实成为一种现实的佯装、现实的替代，成为一种现实的象征符号。在非写实性的“合成小说”中故事与现实生活呈现出明显中断的形态，荒诞由此生成。这种中断是以超现实或非现实的方式实现的。小说的主体内容、情节故事、人物形象是现实中根本不存在或基本上不存在，社会生活现实在小说中遭到遮蔽，悬置或消解。但这类小说并非真要否弃现实而彻底进入非现实状态，这仅仅是一种艺术策略，用非现实的荒诞手法将现实极度变形，彻底改装，在转喻的艺术置换中抵达现实的深度或现实的本质。因此，非写实性“合成小说”中的非现实是现实的一种抽象、一种象征，是现实能指的一种符号。人物的非现实特征保留着生活在特定社会现实中人的意识和情感特征，有着明显的现实内质。

马卡宁的中篇小说《审讯桌》是一部深度的荒诞性小说，故事、人物全都荒诞不经。无名无姓的各式人等、“社会愤怒分子”“爱提问题的家伙”“当书记的人”“老头”“年轻的狼”“漂亮的女人”等，成为坐在桌子一边的审判者，“我”，甚至包括在场的所有的人都在接受各种各样的审判。审判者与被审判者不断地在变化，但审判的内容与问答的话题却都有着明确的现实所指：发生在日常生活、政治生活、党的生活、两性生活等中完全可能的和逻辑上完全可以理解的事情。那是社会关系、人与人关系的总体异化。对“审判”——这一苏联社会主义时期令人深思的社会现象，马卡宁没有进行“合情合理”的故事编造，却是进行了创造性的想象，把幻觉直接写成了现实，使一种制度的精神实质直接面对读者，这部小说甚至可以说具有极其强烈的表现主义小说的艺术效果！小说中的“我”既可以看作是作者本人，又可以是任何一个经受过精神压迫的苏联公民的幻象，他的容量远远大于一般写实主义小说。

阿纳托里・金的长篇小说《约拿岛》是一部充满神话、历史、现实时空的“多维时空”小说。小说中没有贯穿始终的故事，更没有任何现实生活的细节，所展示的只是通过一个个不同时空引出的不同人物寻找“约拿岛”的漫长之路。穿流于小说中的人物或取自圣经神话，或虚构于历史以往。小说中有国内革命战争中遭受过哥萨克白匪强暴的女子，有枪杀过红军战士的白军军官；有误将魔鬼的话语当作上帝声音，以攫取财富为生命目的的美国人；有俄国贵族公爵的后裔，有为了精神独立自由而宁愿放弃优裕的物质生活的女子；有渴望创建一个新型国家的罗马尼亚王子，甚至还有化为同名作家的不同生命时代的阿纳托里・金，一个不愿意成为约拿、却携带着他的反叛因子的、天才与人类之间的中间人。他们似乎都是约拿的后裔，所寻找的那个“约拿岛”似乎是在遥远的东方，那里住着他们的祖先——圣经旧约中的人物约拿。他曾因违背天主嘱托受罚，被众人抛入海中而遭鲸鱼吞食，但他终于忏悔，改过，得到天主的宽恕而复生。约拿已逾 3 000 岁，其生命的永恒不是因为肉体的永驻，也不是财富的丰盈不灭，而是永恒的爱的精神、自由的获得。作家宣谕了一种人生哲学——不要盲目地追随他人的意志，要永远保持心灵的自由，实现自我的救赎。执著地寻找“约拿岛”之路实际上成为发现自我，寻找自由、爱之路的一种象征与隐喻。作品在叙事结构上，追求一种高度的象征和隐喻，采用了一种整体概括性的现代主义隐喻模式，吸取了作者“我”直接进入文本构筑小说话语的后现代主义艺术手法。

“合成小说”的这两种形式都具有对传统表现形式的超越性，同时又都表达出对传统表现形式的某种眷顾之情。这样的“超越”与“眷顾”正是其艺术合成的先锋性与传统性兼而得之的原因所在。而且，它们都具有对历史或当下现实的强烈的批判性。也许正是因为这样的批判性，所以虽然“荒诞”，却都有着与“现实”的深深的勾连。“合成小说”以新潮的面目出现，其极富独创性的特性与怪异的艺术表现形式是其他小说不可替代的。

参考文献：

1. Басинский П. Как сердцу высказать себя? О русской прозе 90-х годов[J]. Новый мир, 2000, № 4.
2. Давыдова Т. Русский неореализм Идеология. Поэтика, творческая эволюция[M].Наука-Флинта, М., 2005.
3. Костылева И. Реализм и постмодернизм в русской литературе конца XX века в вузовском изучении, Некалендарный XX век, материалы Всероссийского семинара 19-21 мая 2000 года[C]. Великий Новгород, 2001.
4. Лейдерман Н., Липовецкий М. Современная русская литература. Книга 3. В конце века 1986-1990-годы[C]. УРСС, Москва, 2001.
5. Лейдерман Н.Магистралльный сюжет русской литературы XX века[C].//淼华编．20世纪世界文化语境下的俄罗斯文学，北京：外语教学与研究出版社，2007.
6. Некалендарный XX век, материалы Всероссийского семинара 19-21 мая 2000 года[C]. Великий Новгород, 2001.
7. Нефагина Г. Русская проза конца XX века[M]. Флинта-Наука, М., 2003.
8. Тимина С. Русская литература XX века:школы, направления,методы творческой работы[M]. изд. Логос, 2002.
9. Умеров Ш.Русская невыдуманная проза 1980-1990-х годов[C].//淼华编．20世纪世界文化语境下的俄罗斯文学，北京：外语教学与研究出版社，2007.
10. 巴赫金.巴赫金全集（3卷）[C].石家庄：河北教育出版社，1998.
11. 巴赫金．史诗与小说——长篇小说研究方法论 [C].// 巴赫金全集（3 卷），石家庄：河北教育出版社，1998.
12. 淼华.20世纪世界文化语境下的俄罗斯文学[C].北京：外语教学与研究出版社，2007.
13. 张捷.当今俄罗斯文坛扫描[M].北京：人民文学出版社，2007.